体育场馆管理

李艳丽　主编

北京体育大学出版社

策划编辑　佟　晖
责任编辑　佟　晖
责任校对　韩培付
版式设计　李沙沙

图书在版编目（CIP）数据

体育场馆管理/李艳丽主编. --北京：北京体育大学出版社，2019.9（2024.3 重印）
ISBN 978-7-5644-3242-3

Ⅰ.①体… Ⅱ.①李… Ⅲ.①体育场-经营管理-教材②体育馆-经营管理-教材 Ⅳ.①G818

中国版本图书馆 CIP 数据核字（2019）第 225440 号

体育场馆管理　　李艳丽　主编

出版发行：北京体育大学出版社
地　　址：北京市海淀区农大南路 1 号院 2 号楼 2 层办公 B-212
邮　　编：100084
网　　址：http：//cbs. bsu. edu. cn
发 行 部：010-62989320
邮 购 部：北京体育大学出版社读者服务部 010-62989432
印　　刷：北京昌联印刷有限公司
开　　本：787mm×1092mm　1/16
成品尺寸：185mm×260mm
印　　张：26. 25
字　　数：672 千字
版　　次：2019 年 9 月第 1 版
印　　次：2024 年 3 月第 2 次印刷
定　　价：90. 00 元

编委会

主　　编： 李艳丽（北京体育大学）

编　　委：（按姓氏笔画排序）

刘平浩（北京建筑大学）

李圣鑫（北京体育大学）

张爱红（北京体育大学）

陶　倩（上海体育学院）

雷　厉（北京体育大学）

鞠　洋（北京科技大学）

前　言

改革开放40年来，我国体育场馆的数量有了大幅度增长。在中国经济发展新常态的大环境下，经济发展动力转向了以体育产业为代表的新增长点。在体育全面深化改革的大背景下，体育场馆已不仅是体育产业和事业发展的载体，更是体育产业中的支柱子产业。自《国务院关于加快发展体育产业促进体育消费的若干意见》（国发〔2014〕46号）发布以来，体育市场空前活跃，体育产业发展方式变化显著。体育场馆资产管理、体育场馆资本运营、体育场馆国有资产混合所有制改革等都是当前体育场馆管理中出现的新现象、新热点，需要从理论方面给予学生专业知识补充，以便其更好地投身体育实践。

作为一门相对年轻的学科，体育场馆管理的理论与实践尚处于不断发展变化之中。目前，有关体育场馆管理的教材还较少。近年来，为适应我国体育场馆管理活动和相关人才培养的需要，越来越多的体育院校（或体育学部）开设了与体育场馆管理相关的课程。本教材作为体育经济与体育产业相关专业必修课程的精品教材，在参考、借鉴国内外同类书籍的基础上，形成了自己的编写风格，它的主要特色为：教材知识体系与时俱进，具有一定的理论深度，框架结构新颖。本教材与已有的体育场馆管理相关教材的不同点包括：第一，紧跟体育场馆发展的热点，及时将体育场馆管理中的新问题、新行为需要的理论知识补充进来。例如，冰雪场馆运营管理标准与案例、智慧场馆建设等。同时，摒弃旧说法，用体育场馆改革的新成果更新原有的场馆基本理论体系，并引入最新的案例。另外，为体育场馆未来发展把脉，结合时代背景，大胆探索，提出场馆市场化运行的新方式。例如，国有体育场馆企业发展混合所有制经济。第二，本教材遵循理论与实践并重原则，给相关章节的内容提供了管理学理论或经济学理论基础。例如，在编写第五章“体育场馆资产管理”第一节时，首先介绍了资产管理基本理论，之后再阐述体育场馆资产分类、运营方式和运营绩效评价。第三，重新梳理了体育场馆管理的逻辑框架，建立了新的框架结构。本教材遵循“体育场馆内涵—体育场馆建设—体育场馆运营—体育场馆规划设计”的逻辑框架；同时，分别从场馆资产和场馆单位主体两个角度论述了场馆管理的相关知识。总之，全书结构完整、体例新颖，内容紧跟体育场馆经营管理的发展需要。

本教材是作者在多年从事体育场馆经营与管理研究和教学的基础上编写而成，力图体现最新的体育场馆实践经验和理论发展前沿。全书共分为十三章，编写组详细分工如下：第一章“概论”、第七章“体育场馆公共服务供给”，由北京体育大学李圣鑫编写；第二章“体育场馆发展历程”，由北京体育大学张爱红和北京建筑大学刘平浩编写；第三章

“体育场馆建设”、第五章“体育场馆资产管理”、第六章“体育场馆无形资产开发”、第十章“体育场馆投融资”、第十一章“体育场馆资本运营”、第十三章“体育场馆规划与设计”，由北京体育大学李艳丽编写；第四章“体育场馆运营管理模式”，由上海体育学院陶倩编写；第八章“体育场馆标准化管理”、第十二章“体育场馆风险管理”，由北京体育大学雷厉编写；第九章“体育场馆信息化管理”，由北京科技大学鞠洋编写。全书由李艳丽统稿、定稿。

本教材适合相关专业本科和研究生教学使用，也可以作为体育场馆经营与管理的实务工作者和研究者的参考书。

本教材能够顺利完成并出版，要感谢北京体育大学教务处教材科老师们的大力支持；感谢各位教材评审专家给予的建设性意见；感谢北京体育大学出版社佟晖老师给予的大力支持；感谢所有关心和帮助我们完成编写任务的同志。由于时间和水平有限，以及体育场馆管理实践的动态变化，书中不足之处，敬请读者不吝赐教，以便再版时修改。

本书编委会

2019 年 5 月

目录 CONTENTS

第十章　体育场馆投融资

第十一章　体育场馆资本运营

第十二章　体育场馆风险管理

第十三章　体育场馆规划与设计

附　录

参考文献

第一章　概　论

本章教学提示

1. 掌握体育场馆的概念及分类形式。
2. 在明确体育场馆概念的基础上进一步掌握体育场馆管理的组织形式。
3. 了解影响体育场馆管理的主要因素。

第一节　体育场馆的概念与分类

一、体育场馆的概念

（一）概念的性质

“什么是概念”是概念研究的一个中心问题。哲学家认为这个问题是概念的本体，概念的本体论决定了对其他问题的回答。概念本体论包含两个主要观点：第一，概念是抽象的对象；第二，概念是心理表征。用最简单的术语来说，概念就是将抽象视为具体或物质存在的名称或标签，抽象思想也是概念的象征。概念仅仅是一个符号，一个抽象的表示。显然，体育场馆本身也是一个概念，它代表的是现实生活中现实存在的实物，这些实物往往有很多共同特点。例如，占据一定空间面积，拥有一定数量的运动器械设施，人们来此的目的往往是活动身体、体育训练、愉悦身心等。可以看出体育场馆是现实中存在的实物，人们使用它的目的是开展体育活动，进行体育锻炼和训练。因此，概括上述共同特点，我们把“占据一定空间面积的，进行运动训练、运动竞赛的场所”称为体育场馆。体育场馆是概念，实物是人们活动的空间场所。通常我们把室外运动场所叫作场，把全封闭式的室内运动场所称作馆。

（二）概念与定义

概念可以被组织成一个层次结构，其中更高的层次被称为“上级”，也称为“属概念”；更低的层次被称为“下级”，亦称为“种概念”。此外，还有“基本”或“中等”的层次，人们可以很容易地将一个概念分类。例如，一个基本的概念是“体育建筑”，其上级是“建筑”，其下级是“体育场馆”。了解体育场馆的上级概念和下级概念，有助于我们更好地界定它的性质，清楚它的作用以及意义。

概念与定义总是相伴而行。一般来讲，一个概念是抽象而且概括的，定义是对一个概念的内涵和外延所做的简要说明，使词汇具有一定的意义和形象，有利于在交流中更好地识别和认同。在了解体育场馆这个概念之后，我们可以对体育场馆下定义，一方面有助于更好地理解这个概念；另一方面可以对体育场馆进行分类。通过国内外学者对体育场馆定义的梳理，能回答“体育场馆是什么”这一问题。

曹缔训定义的体育场馆：为满足运动训练、运动竞赛和群众健身娱乐的需要而专门修建的各类运动场所的总称。

钟天朗定义的体育场馆：为满足运动训练、运动竞赛和大众体育消费而修建的各类运动场所的总称。它主要包括对社会公众开放并提供各类服务的体育场、体育馆、游泳池，体育教学、训练所需的田径棚、风雨球场、运动场及各类室外场地，群众体育健身娱乐休闲活动所需的体育俱乐部、健身房、体操房和其他简易的健身娱乐场地。

赵钢和雷厉则指出：体育场馆是进行运动训练、运动竞赛及身体锻炼的专业性场所，是为了满足运动训练、运动竞赛和大众体育消费需要而专门修建的各类运动场所的总称。

日本学者宇士正彦指出：运动设施包括运动形成所必需的一切地理性、物理性条件的运动场所，并含有用具和设备。

通过对目前体育场馆概念界定的梳理，可以把体育场馆定义为："为进行体育教学、运动训练、运动竞赛、体育锻炼和体育娱乐等活动而专门修建的运动场所及其配套设施的总称。体育场馆是体育事业、体育产业发展的物质基础，是普及群众性体育运动、满足大众体育健身、提高竞技体育水平的重要载体。体育场馆是空间场所，也是现代城市建设规划必须考虑的因素。"

二、体育场馆的独有特征

体育场馆的独有特征是指体育场馆区别于其他场馆类型，结合"体育"这一特殊名词，呈现的场馆特殊性。

（一）本质特征是体育

体育场馆区别于其他建筑设施最本质的特征是体育场馆用于体育活动，即"体育"二字。与体育场馆相对应的有音乐场馆、美术场馆、博物馆等，可以看出"场馆"是其共同拥有的特征，而不同的场馆开展不同的活动，"体育"是体育场馆的本质特征。体育场馆的产生离不开体育运动，体育场馆的发展主要体现在竞技体育场馆的发展。体育场馆最能体现体育运动、体育比赛的诉求。

（二）体育场馆具有排他性

街道可以跑马拉松，社区广场可以打太极拳，一个人在家里也可以进行相关的力量练习，但以上所说的场地都很难叫作体育场馆。只有专门进行体育锻炼的地方才适合叫作体育场馆。在这样的空间场所里，人们的活动受到限制，进行体育活动能被认可和接受，因此，体育场馆又具有排他性。

（三）具有一定的空间面积

体育场馆是场馆的种概念，作为场馆，其面积的最低限制必然要有明确的规定，就如我们很难将几个人随意搭建的乒乓球桌区域称为体育场馆。因此，体育场馆需要有相应的空间面积，能同时满足多人进行体育锻炼、开展体育活动。根据《公共体育场馆建设标准》的规定，体育场馆的建设规模应按人口规模和竞赛要求确定。体育场馆按照人口规模可分为五级，即200万以上人口、100万~200万人口、50万~100万人口、20万~50万人口、20万以下人口。同时规定体育场馆由运动场地、看台、辅助用房和设施等部分组成，应根据相应赛事等级确定各部分建筑面积指标。

（四）存在安全隐患

体育场馆还具有另一个显著特征，即人们在体育场馆内容易受到身体伤害。这并不是说体育场馆具有安全隐患，能够直接导致活动人员受伤，而是体育活动本来就具有一定的危险性。对体育场馆的器材使用不当或者活动人员本身的身体状况不佳，都易使人在体育锻炼过程中受到伤害，而大型体育场馆的设施老化等问题也随时会给进行体育活动的人带来安全隐患。

三、体育场馆的一般特征

体育场馆随着人类社会的发展而具有一般场馆和人类社会的共同特征，体育场馆的发展历史是人类文明、社会进步的见证，是特定的历史文化积淀的结果，凝聚和展示着人类的认识、思想和智慧，体现着人们的意志、价值观念等各类文明的共有特征。

（一）体育场馆是人类文明的象征

体育场馆是具有深刻寓意的人文性体育建筑，它反映了一个时代、一个国家或民族的特征，影响着人们的价值观念。同时，体育场馆形成了新的人文景观，成为城市地标性建筑，发挥着推动和促进本地区经济发展与对外交流的作用，是社会繁荣、经济发展、科技进步的重要象征，是人类文明进步的体现。

（二）体育场馆是具体形态的文化

体育场馆是具体存在的建筑实体，北京的国家体育场鸟巢与悉尼的奥林匹克体育场，都有其具体的场馆形式，传递出不同的历史文化背景和文化内涵。体育场馆以具体的文化形态（体育建筑形态、体育建筑色彩、体育塑像、体育标志物等）成为城市文化亮点，影响人们形成健康的生活、休闲方式，从而形成体育文化形态和体育精神交融的整体态势。

四、我国体育场馆的发展特点

新时期里体育产业迅速发展，全民健身理念深入人心，人们对体育这一领域显示出前所未有的关注和热情，体育场馆的发展迎来了全面建设、科学发展的契机。各类体育赛事活动的举办为体育场馆带来了广阔的发展前景，同时人们的体育生活方式逐渐形成、体育消费群体不断壮大以及体育场馆自身功能的多样性，都不断促进体育场馆的建设与发展，并使之呈现出新的特点。

（一）体育场馆整体快速发展

随着社会经济的不断发展，各级政府对体育事业更加重视，各企业纷纷踏入体育市场，并不断加大对体育场馆的投入。改革开放以来，我国明显加快了体育场馆的建设力度，特别是2001年北京申奥成功带动了我国体育场馆建设进入飞速发展时期。据《“十三五”公共体育普及工程实施方案》显示，截至2015年年底，我国人均体育场地面积达到1.57平方米。与2003年第五次全国体育场地普查相比，体育场地数量增加1倍以上，人均体育场地面积增长52.4%。从地方到国家，从事业单位到各类企业甚至个人，都对体育场馆建设投入大量资金，使体育场馆整体建设处于一个快速发展的状态。

（二） 体育场馆建设投资多元化

近年来，各类体育竞赛和表演活动频繁举办，政府不断放松对体育赛事的审批，加快了体育场馆建设运营的市场化，同时吸引了各类社会资本对体育场馆的投入建设，体育场馆的融资、建设模式多元趋势逐渐形成。以盘锦市体育中心为例，在体育中心的建设过程中，形成存量资产的同时产生了大量负债，给政府财政带来了较大压力，为了缓解财政压力并满足体育中心发展对配套服务提出的更高要求，盘锦市人民政府拟在体育中心场馆及配套设施的管理运营中引入社会资本，借鉴先进的企业管理理念，为体育中心的运营管理注入新的活力，提高资源利用效率。

（三） 体育场馆建设理念不断更新

体育场馆设施建设、设计理念不断更新，呈现出新的特点。从总体布局来看，设计内容已经超越了单纯体育运动场馆的范畴，包含休闲、餐饮、购物、娱乐等其他元素，形成复合化的功能布局。如深圳宝安体育中心，体现了面向市民生活的复合化设计思想：城市中心的体育设施兼具文化和娱乐功能，除举办大型比赛外，其他时间最大限度地将可利用的各种设施提供给社区使用。

五、体育场馆的分类

分类是指按照种类、等级或性质分别归类。不同的体育活动对所需场地、运动设备等要求不一，修建和投资体育场馆的主体不同，参与体育运动的对象不同，也使体育场馆的归类不同。目前我国体育场馆种类较多、功能不一，按照不同的分类标准，可分为以下类型。

（一） 根据体育场馆的功能进行分类

根据功能不同，体育场馆可分为体育竞赛场馆、体育教学训练场馆、非竞赛场馆和体育健身娱乐场馆。

1. 体育竞赛场馆

这类体育场馆是按照国际奥委会和世界各单项体育协会制定的竞赛规则、特殊场地要求而建设的体育场馆，用于承接各类体育比赛。体育竞赛场馆有着相同的建造模式，一般配备有看台和必要的辅助设施。如北京奥运会共有竞赛场馆37个，北京残奥会有场馆

20个。

2. 体育教学训练场馆

这类体育场馆按照体育教学或运动训练的需要而建造，为学校体育教学提供场地，同时为参加各类体育赛事的运动队提供日常训练的场地和相关服务。如备战北京奥运会期间，北京体育大学的7座场馆入选“奥运训练场馆”并承担相关教学和训练任务。

3. 非竞赛场馆

非竞赛场馆是指在明确划定的安全区域内，正式用于举办奥委会或残奥会的非竞赛场地，由奥组委或其合作伙伴运作，是奥组委或其合作伙伴机构的专用场地，旨在为体育赛事提供专项服务，运行管理要求更高。北京奥运会确定的非竞赛场馆共有15个，如奥运村、北京奥运物流中心、奥林匹克大家庭饭店等。

4. 体育健身娱乐场馆

体育健身娱乐场馆是指为满足大众健身需要而修建的体育馆室或场地，主要包括各类健身房、健身馆、康体中心等，这类体育场馆提供健身设施的同时还提供各类健身指导、体质测评和运动处方等多方面的服务。

（二）根据体育场馆用途进行分类

根据体育场馆所适用的体育项目进行划分，可以把它们分为专用性体育场馆和综合性体育场馆两大类。

1. 专用性体育场馆

专用性体育场馆是指那些只适用于一类或一个项目的场馆，如游泳馆只适用于游泳、跳水、水球和花样游泳等项目，有一套供水、水处理、排水及水温、水质控制等设备。此外还有棒球场、自行车场、马术场、射击场、滑冰场等。这类体育场馆只能进行特定的体育项目训练和比赛，具有较高的专用性，如北京射击馆，只供射箭这一个项目的训练和比赛。

2. 综合性体育场馆

综合性体育场馆是指那些能适用几个不同类运动项目的场馆，如首都体育馆的场地可用于篮球、排球、手球、乒乓球、体操、拳击、滑冰等多种体育运动项目；北京工人体育场可用于田径、足球等运动项目的比赛。

（三）根据投资主体进行分类

依据体育场馆建设的主体对体育场馆进行划分，可分为由政府投资建设的国有体育场馆，由企业、社团或个人投资建设的私有体育场馆，由政府和社会（包括企业、社团、个人）共同投资建设的合资体育场馆。

1. 国有体育场馆

长期以来，多数的体育场馆，尤其是大型体育场馆的投资主体都是中央和地方政府，这是因为修建体育场馆被认为是政府的责任和义务，是政府提供公共体育服务的重要表现。此外，大型体育场馆建设属于基础性投资，具有投资规模大且资金回收期长的特点，较难吸引社会和个人资金的投入。政府一般负责重点体育场馆建设，如奥林匹克中心的建设、地方政府公共体育场馆的建设。

2. 私有体育场馆

由于政府用于体育场馆的投入资金有限，无法满足人民群众日益增长的对体育场馆的消费需求。为此，政府采取建设资金补贴、贷款、税收和土地征用等方面的优惠政策，引导社团、企业和个人投资建设体育场馆。私有体育场馆具有竞争性，它所建设的体育场馆和生产的体育产品具有较好的吸引力和市场购买力，通过市场自由定价收费，对场馆进行经营管理，从中获取私有利润。

3. 合资体育场馆

近年来，体育场馆投资结构呈多元化的趋势，特别是大型体育场馆，投资巨大，且体育场馆建成后的运营风险较大，政府难以独立投资建设和运营，此时，社会资本以及私人资本积极参与到场馆建设中，与政府携手建设运营体育场馆。我国新建的合资体育场馆的建设模式中，具有代表性的有 BOT 模式、TOT 模式和 PPP 模式。

（四）根据场馆适用项目进行分类

体育场馆的修建是竞技体育高度发展的结果，不同运动项目对体育场馆的要求也不同，根据体育场馆的适用项目可将其分为田径场馆、球类场馆、游泳类体育场馆、冰雪场馆和其他类体育场馆。

1. 田径场馆

田径场馆用于田径运动的教学与训练，同时可开展群众体育活动，组织各类田径运动的竞赛。田径场馆可分为标准田径场馆和非标准田径场馆，均内设由两弯道和两直道组成的环形径赛跑道及各项田赛区。

2. 球类场馆

球类场馆是指用于各种球类运动训练和竞赛的体育场馆，这类体育场馆的比赛场地因不同项目对场地的不同要求而具有不同的规格，如一般排球场的比赛场地包括比赛场区和无障碍区，其形状为对称的长方形，比赛场区为 18 米 ×9 米的长方形，其四周至少有宽 3 米的无障碍区；比赛场区上空有无障碍空间，从地面量起至少高 7 米，其间不得有任何障碍物，并且保证场地地面的平整性。

3. 游泳类体育场馆

游泳类体育场馆是为进行游泳运动而修建的体育设施。正式比赛游泳池长 50 米、宽至少 21 米、水深 1.8 米及以上，供游泳、跳水项目综合使用。游泳类体育场馆还建有辅助用房（如水质检测室、控制中心、沐浴更衣室等）和训练设施（如综合训练馆、陆上训练房等）。游泳类体育场馆的观众容量、功能内容、平面方式、结构形式等根据具体的使用和经济因素确定。

4. 冰雪场馆

冰雪场馆是向社会开放，能够满足人们进行冰雪运动（如花样滑冰、高山滑雪、单板滑雪等）有关项目的训练、比赛、健身休闲活动的场所，包括滑冰场、滑雪场、雪道面积、雪道长度等。这类场馆在修建时应配备相应的配套设施（如制冷设备、压雪机、索道等），参与者在进行运动和比赛时需使用的相关器材（如滑冰鞋、滑雪板、冰雪护具等）。

5. 其他类体育场馆

其他类体育场馆包括体操馆、射击馆、摔跤馆、柔道馆、自行车赛车场和马术场。

（五）根据标准程度进行分类

体育运动竞赛有着严格的规则规定，如场地的大小、器械设备等。按照标准程度可将体育场馆划分为非标准体育场馆和标准体育场馆。非标准体育场馆是指未达到标准体育场馆的要求，但可供群众开展体育健身活动使用，较为固定的室内外体育场馆，如室外的全民健身路径、羽毛球场、乒乓球场及半边篮球场等。标准体育场馆是指按照体育项目的国际协会所规定的标准而设计的体育场馆。

（六）按照体育场馆的隶属单位进行分类

全国的体育场馆可分为行政机关体育场馆、事业单位体育场馆、企业体育场馆、其他单位体育场馆。根据第六次全国体育场地的普查数据公报结果显示，其中行政机关管理的体育场馆有8.39万个，占5.11%，场馆面积0.86亿平方米，占4.40%；事业单位管理的体育场馆有68.66万个，占41.81%，场馆面积11.45亿平方米，占58.75%；企业管理的体育场馆有13.77万个，占8.38%，场馆面积4.11亿平方米，占21.11%。

（七）根据体育中心占地面积分类

为举办大型的综合性运动会，把各种体育场馆、运动员和工作人员的住所、新闻中心、记者村中建筑等集中修建的综合性体育设施的所在地称为体育中心、运动中心、奥林匹克体育中心、亚运会中心、体育公园等。一般认为，体育中心必须具备“三大件”：体育场、体育馆、游泳馆（或室外游泳池），并根据体育中心占地面积分为小型、中型、大型和特大型四种类型。

1. 小型体育中心

占地面积在20万平方米以下的称为小型体育中心，观众席容量在20 000以下（座），场馆设施涵盖基础体育场、体育馆、游泳池。我国南京五台山体育中心就属于这种类型。

2. 中型体育中心

中型体育中心占地面积为20万~60万平方米。场馆内一般具有多个体育场、多个专业体育馆及训练配套场所。我国的南宁体育中心占地50万平方米，举办过1976年奥运会的加拿大蒙特利尔奥运会体育中心占地50万平方米，均属于中型体育中心。

3. 大型体育中心

大型体育中心占地面积为60万~200万平方米。场馆设施包括多个体育场、多个专业体育馆、训练配套场所以及体育博物馆、研究院、档案馆等。我国为举办第11届亚运会兴建的国家奥林匹克体育中心的第一期工程，占地66万平方米，建有体育场、田径场、综合馆、游泳馆、曲棍球场、网球场、足球场、人工湖、体育博物馆、武术研究院、中国运动医学研究所、体育档案馆、电子信息中心等建筑，属于大型体育中心。

4. 特大型体育中心

特大型体育中心占地面积在200万平方米以上。这类特大型体育中心目前在国内暂时还没有，国外也不多见。国外比较典型的特大型体育中心有1972年慕尼黑奥运会的体育中心，它拥有一个主体运动场和体育馆、排球馆、篮球馆、游泳馆、摔跤馆、柔道馆、自行车赛车场、足球场、曲棍球场等，此外还有奥运村、新闻中心等，总占地面积300万平方米。世界上最大的体育中心是伊朗德黑兰阿里亚梅尔体育中心，占地500万平方米，可称为“体育城”。

第二节 体育场馆管理的组织形式

一、组织的定义

组织是指一个社会实体，它具有明确的目标导向和精心设计的结构与有意识协调的活动系统，同时与外部环境保持密切联系。当人们之间相互作用以完成实现目标的基本活动时，组织就存在了。首先，组织的形成和建立源于实现组织目标的需要；其次，组织中的所有者和管理者精心地组合和协调组织的资源，并在组织中承担着相关职务；最后，对组织中共同工作的人们所承担的职务进行设计和规范，确定职责和权限，保证各项活动规范有序地完成。在现代社会生活中，组织是人们按照一定的目的、任务和形式编制起来的社会集团。组织不仅是社会的细胞、社会的基本单元，而且是社会的基础。

组织形式是组织研究中的经典概念。在组织经济视角下，组织形式是指利益主体之间关系的权利配置方式或治理结构。在生态学视角下，组织形式是指将输入转换为产出的行动蓝图，是区分不同组织实体和划分组织群体所依据的关键特征，涉及组织的正式结构、活动规模和规范秩序等。汉南和弗里曼关于组织形式的定义：组织形式是指组织对环境中的其他部门（包括管理部门和其他普通行动者）公开宣称的、成文的关于组织的名称、宗旨、性质、正式结构、运行方式和运行规则、规范秩序的规定。

从组织形式的定义可以看出：首先，组织的形式是成文的规定，它往往体现在组织的法律条规、组织章程方面。其次，组织形式的内容对外公开宣称。最后，组织形式是关于组织的宗旨、性质、运行方式和规则、规范的集中表现。

二、体育场馆管理的组织形式类型

根据对组织形式的理解，本书所谓体育场馆管理的组织形式是指为了实现体育场馆的既定目标，通过建立体育场馆的组织机构，确定体育场馆经营管理模式，划分管理者的工作职责、权限、协调相互关系，使体育场馆的诸要素合理有效地配合，形成一个有机整体的活动系统。体育场馆的组织形式是在体育管理过程中逐渐发展，并根据环境的不断变化而调整形成的结构和具体表现方式。

（一）传统事业单位组织形式

1. 历史沿革与表现形式

单位制是中国计划经济体制下城市国有部门特有的组织形态和制度特征，由行政单位、事业单位和国有企业单位三种类型构成。在计划经济体制时期（1949—1978 年），体育场馆是隶属各级体育行政部门的事业单位。1955 年中华全国体育总工会颁布的《关于开展体育运动暂行办法纲要》中对体育场地的建设、保管和使用做出了明确规定。该时期的体育场馆实行场馆负责制，由各级体育行政部门实行统一的、自上而下的行政领导和事业管理。作为国家开展体育工作的重要物质载体，所有修建、维护体育场馆的经费，由国家统一拨款，实现统收、统支、统管的财政经济政策。体育场馆事业单位采用封闭式的组织形式进行管理，其所提供的产品和服务完全按照国家的计划和安排，服务和服从于上级行政部门，主要承担指令性的赛事活动和满足运动队的训练。

2. 标志性场馆

传统事业单位组织形式的标志性体育场馆有 20 世纪 50 年代的北京工人体育场、北京工人体育馆。北京工人体育场是由中华全国总工会于 1959 年投资兴建的，是北京最大的综合型体育场之一；北京工人体育馆位于工人体育场西侧，是 1961 年为举办第 26 届世乒赛而兴建的。由工人体育场和工人体育馆两大主建筑构成的超大型体育场馆建筑群，简称为“工体”，管理单位为“北京职工体育服务中心”，该中心是北京市总工会的体育事业单位，由国家全额拨款，管辖着体育场、体育馆和游泳场馆，设有工体服务科、人保科、行政科、机电维修科、场地科等。

3. 场馆特点

传统事业单位组织形式的场馆特点有：第一，体育场馆是各级体育行政部下属的事业单位，是国家财政全额拨款的政府部门单位。公共体育场馆的所有权、经营权完全属于国家，国家通过行政部门对公共体育场馆的人、财、物进行全面的支配和控制。第二，国家是体育场馆建设的投资者，上级政府部门只是负责贯彻执行国家的计划和指令，对公共体育场馆国有资产使用效益不担负直接责任。第三，公共体育场馆单位员工的收入完全取决于相应的行政级别，场馆无自主用人权。

传统事业单位组织形式为我国体育场馆和体育事业的发展做出了积极的贡献，但在市场经济快速发展的今天，传统事业单位这种组织形式难以适应场馆发展的需要，在诸多方面限制了场馆的市场化运营。场馆作为体育行政部门直属的事业单位，在人事、经营、财务等各方面接受体育行政部门的直接管理，缺乏自主性；在经营过程中，多数场馆对消费者缺乏了解，服务意识较差，服务种类较为单一，难以真正为群众提供优质的场馆服务。

（二） 事业单位内部企业化组织形式

1. 历史沿革与表现形式

改革开放后，我国政治、经济、文化发展步入新的历史时期，国家整体经济实力与国家地位的提升为体育事业的发展提供了基础和条件，同时也提出了更高要求。但在此阶段，大多数体育场馆利用效率低，资产闲置，缺乏经营意识，甚至无法满足人民群众的体育锻炼和开展社会文化娱乐活动的需要，为解决传统事业单位组织形式存在的弊端，国家各级体育行政部门采取了相应的改革措施。1984 年，国家体委在贯彻执行中共中央《关于进一步发展体育运动的通知的意见》中指出："体育场馆要改善管理，提高使用效率，成为开展群体活动和培训体育人才的基地，同时要讲求经济效益，积极创造条件实行多种经营，逐步转变为企业、半企业性质的单位。"这阶段的改革转变国家体委各行政的职能，要求体育场馆面向群众、面向社会，提高自身效率。事业单位内部企业化的组织形式逐渐形成。

2. 标志性场馆

采取此种模式的体育场馆在我国目前占有较大比例，如在事业单位内部企业化组织形式的运营相对比较成功的广州天河体育中心。广州天河体育中心作为广州市体育局直属的处级行政事业单位，下设体育场、体育馆、游泳馆、棒球场、网球学校和武术馆六大场馆，自 2003 年实行大中心统一管理后，中心下属各场馆依然保留独立法人的资格，财务独立编制预算、独立核算。中心机关设有办公室、政工部、经营部、场管部、竞训部、财务部、保卫部七个行政部门。广州天河体育中心作为政府的公益事业单位，不但开放场馆为广大市民提供一流的健身运动场所，而且还充分利用了各种社会资源举办各种体育活动和赛事，如开展了足球、篮球、游泳、武术、网球、羽毛球、乒乓球、棒垒球等十多个项目的社会培训班。各大场馆也拥有一定的收益分配权，充分调动了员工的积极性和创造性，保证了体育场馆的正常运营。逐渐形成事业单位内部企业化的组织形式，形成政府为主导和社会、民间力量共同参与的多元化经营格局。

3. 场馆特点

事业单位内部企业化是在传统事业单位的组织框架内对各项具体管理事物和形式的改进。它具有如下特点：第一，国家迫于经营体育场馆的财政压力，开始简政放权、鼓励有条件的事业单位体育场馆向经营性的企业单位转变，但公共体育场馆的所有权仍属国家。将经营权转让给下属体育场单位或民营企业机构，这一转变只是经营主体的改变。第二，体育场馆依旧是体育行政部门下属的事业单位，资金来源主要是政府部门投资，但政府部门对体育场馆实行差额拨款的财政政策。在体育行政部门的领导下，由体育场馆管理人员实行自主经营，通过精简人员、加强财务管理等措施，使体育场馆增收节支、以馆养馆。第三，主要采取的经营形式有集体或个人承包经营、租赁经营等。

事业单位内部企业化的组织形式下，体育场馆能得到国家的财政拨款、业务指导和政策扶持，在确保体育场馆公益性的前提下，实现体育场馆的自主经营、自负盈亏，在一定程度上提高了体育场馆的使用效率。但在体育场馆的管理方面，国家没有真正放权，同时社会经济水平不高、市民参与体育锻炼的意识不强、场馆经营管理者的能力有限等客观因素的存在，导致体育场馆投资主体和经营方式单一，社会参与程度不够，经济效益低下，阻碍了体育场馆的发展。

（三） 事业单位与企业双轨制组织形式

1. 历史沿革与表现形式

党的十四大召开以后，社会主义市场经济在我国不断发展，事业单位所依赖的国家经济基础逐步被削弱。1993 年，党中央印发的《关于党政机构改革的方案》中指出，要推进事业市场化，打破事业单位所有制，事业单位发展要与经济建设相符合。随着国家事业单位的社会化改革目标的确立，体育场馆的组织形式也发生着变化。1993 年，国家体委颁布了《关于培育体育市场、加速体育产业化进程的意见》，我国体育场馆开始了事业化、产业化的尝试。1995 年，国家体委下发《体育产业发展纲要》提出，“以体为主、以体养体、以副助体、多种经营”的多种体育场馆经营与管理体制，促使体育场馆由事业型向经营型转化。2010 年《国务院办公厅关于加快体育产业的指导意见》指出，“各级政府要立足国情、面向社会、服务群众、合理规划和布局公共体育场馆设施，切实加强城乡公共体育场馆设施在提供社会服务、满足群众体育需求方面的作用”。在这一阶段，国内部分事业单位性质的体育场馆根据市场需要在单位体制下引入企业机制，政府通过成立体育场馆运营公司对体育场馆实施管理，赋予体育场馆运营公司实际运营管理的权力，场馆运营公司对体育场馆进行开发和管理，在保证公益性的基础上，采取市场运作方式，将现代体育场馆打造成为公益性和经营性的综合体。

2. 标志性场馆

深圳大运中心的体育场馆采取双轨制的组织形式。为迎接 2011 年世界大学生运动会，深圳市政府投入巨资建设了大运中心大型体育场馆。世界大学生夏季运动会成功举办之后，深圳大运中心每年的运营维护费用高达 6000 万元，为减轻深圳市政府沉重的经济负担和加强大运中心的赛后利用，深圳市政府决定将大运中心的一场二馆整体委托给龙岗区政府管理。龙岗区政府通过公开选聘的方式，选择了大运中心的经营管理公司——佳兆业集团。2013 年，佳兆业集团正式转接大运中心并进行运营管理，通过构建联动的商业模式、引入财政资金支持、建立运营绩效考核机制等方式实现大运中心的公益服务和经营创收目的。

3. 场馆特点

双轨制的组织形式下，体育场馆经营管理具有以下特点：第一，在事业单位社会化和体育产业化的背景下，保留原有事业单位，同时成立具有企业性质的场馆运营公司，国家对体育场馆不再拥有绝对的管理权和经营权；第二，体育场馆在面向市场的过程中，以政府为主体，通过行政力量推进体育场馆的企业化，体育场馆的经济效益依赖于国家整体经济实力和居民消费能力；第三，体育场馆所开展的活动和服务既有公益性的也有非公益性的，在体育场馆管理过程中，行政手段和市场经济手段相互协调配合。

双轨制的组织形式，扩大了体育场馆的经营范围，提高了体育场馆的服务能力与水平，满足了人民群众对体育产品的多样化需求。在双轨制的组织形式下，需强调体育场馆的经营性与公益性并重，正确处理事业和企业之间的关系。

（四） 企业化组织形式

1. 历史沿革与表现形式

2013 年，国家体育总局等八部委下发的《关于加强大型体育场馆运营管理改革创新提高公共服务水平的意见》提出，积极进行运营管理体制改革和机制创新，引入和运用现代企业制度。2015 年国务院办公厅转发的《关于做好政府向社会力量购买公共服务工作的意见》中，明确将公共文化体育设施的运营和管理作为政府购买的重要内容。从国家政策的导向和场馆运营管理的现实来看，引入和运用现代企业制度，实施企业化改革，是解决体育场馆运营难题的重要途径和未来发展方向，根据国家关于体育场馆改革的总体指导意见，结合体育场馆的运营情况和所处体育市场的发展情况，体育场馆的企业化能促进政府职能的转变，满足人们对体育消费的需求。

2. 标志性场馆

武汉体育中心发展有限公司于 2000 年成立，由 4 家公司共同出资组建，非隶属于体育系统。公司主要负责武汉体育中心的建设、管理和运营。按照“企业化、市场化、社会化、专业化”运作模式，先后承接、承办和主办了国内外多项活动，如“2004 年雅典奥运会男足亚洲区决赛”“2005 年中国足协杯赛”“2006 年中超联赛”“2007 年女足世界杯赛”等，与湖北省、武汉市演出中心和楚天演出公司合作，承办了刘德华、张学友、周杰伦、李宇春、张惠妹、蔡琴、“纵贯线”等的演出活动及大型文艺活动，同时服务体育健身群众，接待参观和旅游观光，均取得了较好的社会效益和经济效益，实现了体育场馆的经营创收，使之成为湖北省、武汉市企业形象展示的平台和第三产业发展的亮点。国外比较著名的体育场馆运营集团主要有美国安舒茨集团（AEG）、全球谱公司（Global Spectrum）和谢菲尔德国际场馆管理集团（SIV）等。

3. 场馆特点

企业化组织形式下，体育场馆的经营管理具有如下特点：第一，体育场馆作为一个独立的企业，拥有独立法人地位，拥有包括体育场馆及其附属设施的所有经营性资产的财产权，对场馆资源拥有占有、使用和处置的权力；第二，成为企业的体育场馆，自主经营、自负盈亏，拥有独立的经营管理权。

企业化组织形式的体育场馆自身条件要求较高，一般是大型体育场馆和以盈利为目的的健身场馆所考虑和采用的模式。企业化组织形式的体育场馆在财务制度、用人制度、薪酬制度和决策经营的选择方面有充分的自主权，能根据市场和消费者的需求，及时应对市场环境的变化而调整本体育场馆的经营策略，从而实现体育场馆较好的经济效益和良好的社会效益。

第三节 体育场馆管理的目标

目标是“个人、群体或整体组织的期望的成果”（盖·斯蒂芬·罗宾斯），管理就是“把各种资源放到组织当中，借计划、组织、协调、控制及创新等活动，使所有部署能如期达到预定目标”。拟定体育场馆管理的目标，并对体育场馆的目标进行合理控制，使体育场馆充分发挥其特定功能，从而更好地满足人民群众开展体育活动的需要。

一、我国体育场馆的基本情况

根据我国开展的第六次全国体育场地普查数据公报显示，全国共有体育场地 169.46 万个，用地面积39.82 亿平方米，建筑面积2.59 亿平方米，场地面积19.92 亿平方米。平均每万人拥有体育场地 12.45 个，人均体育场地面积 1.46 平方米。相比第五次全国体育场地普查，全国体育场地数量增加 84.45 万个，用地面积增加 17.32 亿平方米，建筑面积增加 1.84 亿平方米，场地面积增加 6.62 亿平方米；人均场地面积增加 0.43 平方米，每万人拥有体育场地数增加 5.87 个。据统计，我国体育场馆数量、人均拥有场地面积逐年递增，体育场馆出现新一轮的建设热潮。

二、体育场馆管理内容

体育场馆管理是一项综合性强、横断面宽的管理工作，体育场馆必须有其接待和发展的能力。合理进行体育场馆的业务管理，强化对人员的管理，加强体育场馆风险管理意识，有效地开发体育场馆无形资产，才能使体育场馆的管理获得成功。

（一）业务管理

体育场馆的业务管理是指体育场馆业务管理主体对体育场馆业务进行组织、协调、控制、开发，以实现体育场馆管理目标的过程。体育场馆管理主体通过对现有的人力、物力、财力等其他资源的有机整合，力争实现体育场馆目标，使体育场馆获得最大的经济效益和社会效益。体育场馆的业务管理一般包括如下内容。

1. 体育场馆的建设

在体育场馆规划与设计阶段，首先，应考虑是兴建场馆还是改造原有场馆，是建设多功能体育场馆还是单一功能的体育场馆；其次，应充分考虑场馆的设计因素，如位置总体结构分布（场馆、停车场、交通）、场馆的位置走向、观众有关场馆设施（安全保障、座位、卫生间等）、比赛场地表面设计、新闻媒体使用场馆设施、比赛双方的使用场馆设施等；最后，进行设计成员的选择与选取及设计过程的实施与监督。在建筑实施过程阶段，其管理业务包括建筑单位的投标工作、各种合同的签订、方案的设计、建筑过程的监督与进程的督促、资金的使用管理等。

2. 体育场馆的业务维护

体育场馆的业务维护，包括体育场馆的信息管理、场馆品牌管理、客户关系维护和体育场馆服务管理。第一，建立场馆自身档案，还包括其他竞争性质的体育场馆信息收集。第二，塑造场馆的良好形象。树立场馆品牌，有助于吸引观众赛事运营商，又能吸引更多的知名参赛选手，提高赛事影响力及上座率，助力体育场馆营销目标的实现。第三，对场馆客户关系进行维护，分析客户特征，制定合理营销方案与消费价格，并根据市场动态随机应变；寻求体育场馆新的客户群体，保证更多的消费者对体育场馆进行消费。第四，场馆的服务业务维护，体育场馆服务是以提供各种类型的竞赛表演、举办大型活动的方式向广大体育消费者提供健身、观赏、休闲、娱乐、旅游等服务，管理者对各项活动进行合理的调节和组织，以保证体育场馆各项活动的有序运行。

（二）人员管理

体育场馆能正常高效地运转，其场馆中的人员扮演着至关重要的角色。体育场馆中的管理人员包括在体育场馆中长期从事管理工作和服务工作的人员（行政管理人员、业务管理人员、服务人员等）、在体育场馆规模和业务变化时的临时人员（专业运动指导人员、医疗服务人员、独立承包人员、志愿者等）。体育场馆的经营管理处在相对稳定而又不断变化的环境中，要求体育场馆的人员是实用型、复合型的管理人员，既要有体育的基础知识，又要懂得体育建筑、经营管理等其他方面的知识。

体育场馆的人员管理工作包括岗位设置、人员的选拔聘用与培训、工作效绩考核、员工福利、档案管理等。在人员管理的过程中应不断提高各类人员的业务素质，使之熟练地把控体育场馆所处的环境，准确应对各种复杂的环境条件下的场馆经营管理问题，把握场馆发展机遇，开拓新的市场，提高体育场馆运营水平和效益，并实现体育场馆的最终管理目标。

（三）风险管理

一般认为，风险是指在特定客观情况下，在特定期间内，某一事件预期结果与实际结果间的变动程度。变动程度越大，风险越大；变动程度越小，风险越小。风险具有客观性、负面性、可测定性、风险与收益的对立统一性等特征。风险管理是指对各种可能产生的风险进行识别、测量、分析和评价，并适时对风险实施有效的控制，妥善处置风险所致的损失，用最经济合理的方法实现最大的安全保障。

体育场馆的管理过程中，存在各类不同性质的风险，如设备器材风险、人员素质风险、同行竞争风险、资源闲置风险、自然灾害风险。体育场馆风险管理的目的就是对潜在的、突发的特殊事件或故意侵权事件所造成的风险进行控制，从而有效规避体育场馆运营风险，提高体育场馆经济效益，保证体育场馆安全、良性运营。

体育场馆风险管理方法包括：第一，完善风险管理组织。通过设立体育场馆风险管理部门，指派风险管理人员，赋予其风险管理职责，以保障风险管理有专人负责和评估。第二，制订风险管理计划并实施。风险管理计划包括四个步骤，一是确认风险，即体育场馆管理者将活动过程中可能出现的各种不同风险或损失提前列出，通过分析和风险评估咨询等方式来确认体育场馆存在的风险；二是区分风险，即将确认的风险或损失内容进行进一步区分，评估风险的频率与程度；三是处理风险，即在区分风险的基础上选择规避风险、转移风险、减少风险等方法来处理体育场馆所存在的风险；四是将制订的风险管理计划付诸实施。

（四）财务管理

财务管理是指在一定的整体目标下，关于资产的购置（投资）、资本的融通（筹资）和经营中现金流量（营运资金），以及利润分配的管理。随着经济的不断发展，经济环境也日益复杂，要实现体育场馆的可持续发展，现代的财务管理方法与制度尤显重要。2013年，国家体育总局发布的《关于加强大型体育场馆运营管理改革创新 提高公共服务水平的意见》指出，大型体育场馆应完善财政政策、税费政策和投融资政策，根据体育场馆的实际情况合理进行体育场馆的财务管理。

目前，国内外大型体育场馆的投资都是以政府为主，但经营管理模式多样。我国体育场馆的财务管理更多的是场馆运营内部的财务管理，包括以下两方面内容：第一，体育场馆日常财务管理。在体育场馆内开展各类日常事务都需要考虑成本开支与经营回报，对体育场馆的日常财务进行管理规划，包括体育场馆的人工管理费和场馆日常维护费用。第二，场馆运营活动中的财务管理。在提供公共服务的前提下，开展经营性的活动，解决场馆的资源闲置，并有效提高场馆经营效益，包括做好体育场馆经营的财务预算、财务监督制度、制定本场馆合理的财务管理方法等。财务管理工作对体育场馆的可持续发展具有重要意义，需在场馆管理过程中不断地实践、总结与提升。

（五）无形资产管理

无形资产是指由特定主体控制的、不具有实物形态、对生产经营与服务能持续发挥作用，并能在一定时期内为其所有者带来经济利益的资产。无形资产作为资产，是投资后能带来收益的资产；同时它是无形的，这是它区别于有形资产的特殊性。无形资产虽没有物质实体，但具有很大的价值，可直接转换为生产力，加速和放大有形资产的作用，节约资源，提高生产效率。无形资产一般包括专利权、商标权、专营权、专有技术、商誉和特许经营权等。

体育场馆无形资产是指依附在体育场馆及其相关设施上、不具有实物形态且能持续为体育场馆所有者和经营者带来经济效益的资产，主要包括体育场馆冠名权、场馆广告发布权、场馆品牌开发及场馆特许经营权等。对场馆无形资产的开发与管理具有拓宽场馆经营中汲取资金的渠道、转变场馆经营者的经营观念及为场馆与投资商获取“双赢”等现实意义。

三、体育场馆管理目标

（一） 突出公益属性，提供公共体育服务

体育场馆提供公共服务不仅是其主要职责，而且是其法定职责，现行法律法规就体育场馆提供公共服务职能做出了明确的规定。《中华人民共和国体育法》提出，公共体育设施应向社会开放，方便群众开展体育活动，提高体育设施利用率。《公共文化体育设施条例》规定，场馆应提供文化、体育等多种公共服务。2014 年 10 月，国务院印发的《关于加快发展体育产业促进体育消费的若干意见》提出，场馆设施开放利用要“积极推动各级各类公共体育设施免费或低收费开放，引导经营主体提供公益性群众体育健身服务”。

在我国，政府兴建体育场馆的目的不仅仅在于发展体育事业，满足群众体育文化需求，也体现了国家对公民体育权利的保障，能否提供优质、高效的体育场馆公共服务成为评价各类体育场馆（尤其是公共体育场馆）综合效益的重要标准。目前，我国体育场馆主要是由政府投入公共资金进行建设和开发的，体育场馆作为构建公共体育服务体系的重要组成部分，是提供公共体育服务、满足公共体育需求的物质基础。而且，随着社会经济的发展，场馆承载的公共服务功能的外延和服务范围不断拓宽，应急救灾、公众纳凉等逐步成为场馆向社会提供的公共服务内容之一。因此，体育场馆的管理过程，首先彰显体育场馆的公共服务属性，更好地为群众、为社会提供优质公共体育服务。

（二） 保证体育赛事服务功能

为竞技体育提供比赛场地是场馆建设的首要原因，也是体育场馆最主要的功能，体育场馆承办各类不同的体育竞赛和表演活动，保证各类体育赛事顺利开展，包括提供运动队赛前训练、赛事进行的标准场地、配备器材等具体内容，也包括满足赛后其他体育竞技赛事活动的需要。现今体育赛事项目多，赛事频次高，一些大型体育赛事竞赛水平高，观众、运动员和工作人员也相对较多，媒体和社会关注度较高。对体育场馆提出了更高的要求，保证体育场馆对赛事的服务功能日趋重要。

近年来，我国已经成功举办了各种级别和规模的体育赛事，如 2008 年北京奥运会、世界乒乓球锦标赛、世界一级方程式赛车锦标赛等，赛事的举办也相应建设了一批体育场馆，如鸟巢、水立方等。体育场馆和体育赛事交互促进，这也证明了当前的体育场馆作为赛事举办的物质承担者，满足和提供了赛事举办的条件和相关配套设施。

（三） 优化运营模式，提高运营能力

市场经济条件下，体育场馆管理目标也需适应社会经济的发展，国务院印发的《体育场馆运营管理办法》中指出：“应当在坚持公益属性和体育服务功能，保障运动队训练、体育赛事活动、全民健身等体育事业任务的前提下，按照市场化和规范化运营原则，充分挖掘场馆资源，开展多种形式的经营和服务，发展体育及相关产业，提高综合利用水平，

促进社会效益和经济效益相统一。”

体育场馆管理过程中，首先应优化运营模式。引导和支持各类体育场馆选择适合自身特点、符合行业发展规律、与地方经济社会发展水平相适应、能够充分发挥场馆效能的运营模式，实现资源、资金、人才与市场的有效结合。不断提高体育场馆的运营能力，提升大型体育场馆科学化、集约化管理水平，增强复合经营能力，促进服务转型升级。鼓励场馆运营管理实体通过品牌输出、管理输出、资本输出等形式，逐步实现规模化、专业化、社会化运营。

（四）以体为本、多元经营相结合

根据国务院印发的《体育场馆运营管理办法》，体育场馆管理应以为体育本体服务为主，做好专业场地、技术等服务。训练场馆和专业性较强的场馆在保障专业训练、比赛等任务的前提下积极创造条件对社会开放。同时考虑提供健身服务、竞赛表演、体育培训、运动指导、健康管理等体育经营性服务。在强化公共体育服务的同时，拓宽服务领域，提高服务水平，努力形成多元经营。体育场馆的公益性与经济性并不冲突，体育场馆的经营创收不仅能减轻国家财政负担，而且能解决体育场馆自身生存发展的问题。

体育场馆多元经营内容包括大型文体活动的运作、会议展览等相关组织服务、健身休闲娱乐业的经营、相关附属商业和无形资产的拓展。如上海东亚集团在多元化经营中，结合自身的场馆资源优势，针对市场的需求，积极开展相关多元化经营，成立了上海八万人商务服务公司、上海运筹国际广告公司、上海东亚演出有限公司、上海东亚文化投资管理公司、东亚体育经纪有限公司和东亚票务营销有限公司等经营实体。从单一的体育产业向文化演艺、住宿餐饮、休闲娱乐、商业等多个行业发展，实现场馆发展过程中的以体育产业为主、多元经营相结合的发展模式。

（五）打造体育服务综合体和体育产业集群

为贯彻全民健身和健康中国两个国家战略，适应经济发展新常态和推进供给侧结构性改革的要求，国务院出台的《关于加快体育产业发展促进体育消费的若干意见》强调，以体育设施为载体，打造城市体育服务综合体，推动体育与住宅、休闲、商业综合开发。国家体育总局等八部委联合印发的《关于加强大型体育场馆运营管理改革创新 提高公共服务水平的意见》要求，有条件的场馆要努力拓宽服务领域，延伸配套服务，打造特色鲜明、功能多元的体育服务综合体和体育产业集群。

场馆设施作为体育事业和体育产业发展的重要物质载体，有极大的产业带动效应。体育场馆的管理除了服务体育赛事、推动全民健身、直接产生经济效益外，还能带动城市经济发展、融合城市旅游业、促进地区间的交往；以体育场馆为载体，打造城市体育服务综合体，推动体育与住宅、休闲、商业综合开发；促进体育消费，促进体育竞赛表演业、体育健身娱乐业、体育资讯培训业等支柱产业的发展；带动当地经济社会发展、城市发展，引导消费特点和趋势，打造体育综合服务体，形成体育产业集群。

北京体育之窗公司运营的“工体”，在运营中提出“多重空间资源品牌化发展”的运营理念，以“工体”为核心，利用场馆及周边空间资源，以体育、娱乐元素为基础，引进餐饮酒吧、体育用品、先锋剧院、娱乐休闲、创意工作室、奢侈品展销等诸多业态，形成集运动休闲、文化娱乐、饮食旅游、艺术传媒、创意基地等多种时尚高端业态产、供、销一体化的文化创意产业功能区，实现了场馆资源的有效利用，带动周边产业和整个城市经济的发展。

四、实现体育场馆管理目标的措施

首先，依照国家颁布的法规条例，由政府提供公共体育的服务。体育场馆是政府提供体育公共服务的重要平台和物质基础，作为政府投资建设的社会公共设施，体育场馆自身也承担着提供公共服务的重要职能。政府在满足体育场馆为社会提供公共服务的前提下，引导和建设满足人民日益增长的体育需求的体育场馆。依托场馆，提供形式多样、价格优惠的体育公共服务，改善全民健身基础条件，提高服务效率和服务质量。

其次，在管理体育场馆的过程中，明确场馆的不同职责。体育场馆依体育赛事而建，既是政府部门发展体育事业的载体，也是促进体育产业发展的重要载体，具有社会和经济双重属性。在体育场馆管理过程中，分离体育场馆承担的体育事业、体育产业的职能。在提供公共体育服务的同时，依托其丰富资源，积极实施多元化经营，鼓励引入和利用其他企业举办体育赛事、文艺演出、展览等多种服务活动和经营性产品，拓宽服务范围，满足不同群体的多样性需求，提升综合服务能力。

再次，正确处理政府、市场和体育场馆内部的关系。体育场馆在发展过程中要求政府分离其承担的体育服务生产职能，将其转移给市场主体承担。体育场馆的市场化进程中，政府本身也应进行功能的重塑和职能转变，改变现行的政企政事不分的关系，改变二者之间现行的行政隶属关系，从体制上割断政府与市场之间的利益链条。在正确处理政府与市场关系的同时，积极推进场馆内部体制改革，建立比较完善、健全的体育场馆内部治理结构和运行机制，如建立健全激励机制、干部选拔制度，积极进行场馆运营方式改革等。

第四节 体育场馆管理的环境

管理环境被斯蒂芬·P·罗宾斯定义为对组织绩效起着潜在影响的外部机构或力量。管理的环境是组织生存发展的物质条件的综合体，它存在于组织界限之外，并可能对管理当局的行为产生直接或间接的影响。

体育场馆管理环境是指存在于一个体育场馆内外部的、影响体育场馆经营发展的各种力量和条件因素的总和，包括影响体育场馆的宏观环境、微观环境和组织环境。体育场馆所处的环境不同，在体育场馆管理过程中采取的管理方式不同，会产生不同的效果。不同时期体育场馆所面临的环境是场馆管理不可回避的因素，对体育场馆所处的环境进行分析，是推动体育场馆可持续发展的必要手段。

一、体育场馆环境管理的意义

体育场馆存在于一个开放的环境之中，体育场馆在管理过程中面临着复杂的环境，一方面，环境促使了体育场馆的管理，制约了体育场馆管理的定位、内容、方法和效果；另一方面，环境的复杂性促进体育场馆管理产生能动的反应，使体育场馆不断适应、改造环境，实现自身的发展。对体育场馆的环境进行管理，就是要探讨体育场馆与环境管理之间的辩证关系，掌握其一般发展规律，调控体育场馆与环境之间的相互作用，将体育场馆控制在最优的运转状态，产生良好的经济效应和社会效应。

二、体育场馆管理环境分类

（一） 体育场馆管理的宏观环境因素

宏观环境是组织之外客观存在的各种影响因素的总和。它是不以组织的意志为转移的，包括政治环境、经济环境、文化环境、人口环境、自然环境和国际环境等，是组织的管理者必须面对的重要影响因素。

1. 政治环境

政治环境包括一个国家或地区的政治社会制度，政治体制、政策方针、法律法规等。政治环境对体育场馆管理的影响主要表现在规范体育场馆建设、调整体育场馆运营结构和服务大众体育需求上。我国的根本政治制度决定我国体育场馆为满足人民群众的体育需求这一根本目标。《中华人民共和国体育法》《体育场馆运营管理办法》《全民健身条例》等相关法律法规的颁布，明确提出相关体育场馆管理措施问题，规范了体育场馆从选址到最终的体育场馆运营方向，同时推动体育场馆管理体制改革和运行机制创新。

2. 经济环境

经济是人类社会的物质基础。经济环境在影响体育场馆管理的众多因素中是最直接、最基本的因素。体育场馆管理的各个环节，都必须考虑当前国家经济状况、社会经济发展水平、经济制度和居民收入等。体育场馆的建设规模和发展水平取决于国家经济发展水平，取决于当前社会经济条件所决定的社会对体育场馆的具体需求。

3. 文化环境

文化环境包括一个国家或地区的居民文化水平、宗教信仰、风俗习惯、道德观念、价值观念等。体育是社会文化发展的产物，体育场馆作为社会文化发展的实物载体，是社会文化发展的表现形式，能反映出一定时期的文化传统、民族特征、社会结构、时代观念。各种社会文化环境因素都会对体育场馆的建设风格、功能定位、运营模式和消费行为产生影响，在体育场馆管理的过程中要考虑整个社会的文化环境，满足由社会文化而造成的人们体育消费的行为差异。

4. 人口环境

人口环境是指人口的数量、分布、年龄和性别结构等情况。人口环境是社会存在的基本条件之一，也是体育场馆存在的基本要素，不同类型的人口数量、人口结构、人口分布和人口流动，将直接影响体育场馆的分布与管理。体育场馆的修建需要必要的人力资源条件，人口数量的多少影响体育场馆的分布，体育场馆的管理又将以人口环境为参考，人口条件同样决定着体育场馆经营的内容和收益。

5. 自然环境

自然环境是指人类生存的自然地域空间、资源状况、地域位置，是人类社会存在和发展的自然基础，体育场馆管理的自然环境，是指体育场馆管理过程中所依赖的各种自然资源的总和。自然环境是体育场馆的客观物质基础，有什么样的自然环境往往就会产生什么样的体育项目，进而影响到不同地区体育建筑和体育文化的形成。在体育场馆管理过程中，体育场馆的建设要考虑当地的自然环境制约，体育场馆的建设规划，场馆开设的项目、开放的时间和提供的服务，都与当地的自然环境所形成的相应体育习惯密不可分。

6. 国际环境

国际环境是指一个国家与世界各有关国家、地区之间在政治、经济、文化、自然、地理方面的相互关系及其国与国之间的交往关系，它体现了国与国之间的相互联系、相互作用、相互制约、相互促进的关系。体育场馆作为举办各类国际赛事的载体，在国际交往方面扮演着不可替代的角色，同时良好的国际环境是体育场馆管理的必要保障。

体育场馆作为一个开放的系统，它的管理必然受到宏观环境的影响和控制。体育场馆管理的关键在于准确预测和把握宏观环境的现状及将来变化的趋势。体育场馆应利用宏观环境和把握自身发展机遇，避开由宏观环境所带来的风险，且不断适应复杂多变的宏观环境，不断调整场馆自身经营策略，进而满足人民群众对体育场馆的多样化需求。

（二） 体育场馆管理的微观环境

体育场馆管理的微观环境与宏观管理环境一样，都是影响体育场馆管理的重要因素，微观环境是体育场馆管理的控制存在和发展空间，是体育场馆赖以生存发展的土壤。微观环境对体育场馆的管理影响更为直接，场馆管理者可以通过合理的管理策略，对场馆的微观管理环境加以控制。体育场馆管理的微观环境主要包括体育市场、竞争因素、消费者状况、资源因素等。

1. 体育市场

在市场经济条件下，体育场馆管理目标的最终实现是在体育市场完成的，体育场馆管理中的体育市场，主要是交换体育产品和体育服务，包括有形的体育消费和无形的体育服务。随着社会经济的不断发展和社会购买力的不断提高，社会对体育的消费需求不断增长，深入分析体育场馆所处的市场环境，对于不同的体育场馆所处的特殊市场环境进行识别和控制，可以不断满足社会对体育场馆的消费需求和服务需求。

2. 竞争因素

体育场馆管理中的竞争因素是指同时平行存在的或者可以相互替代的各种其他场馆的

存在。在体育场馆建设和经营管理过程中，市场竞争策略往往是针对外部其他体育场馆或潜在竞争对手所做出的反应。因此，体育场馆管理需了解除自身场馆外的其他体育场馆，如其他体育场馆的管理目标、优势劣势等。通过对其他体育场馆的基本情况、竞争实力、发展动向的调查分析，调整本体育场馆的管理方法和经营对策。

3. 消费者状况

体育场馆的服务对象及体育场馆消费者的水平表明一定时期内的体育消费需要和实际满足需要，反映了人们对体育场馆消费数量的多少和质量的高低。因此，在体育场馆管理过程中，要分析研究当前人们对体育场馆的需求和体育场馆消费水平，根据社会一定时期的消费需求和水平，调整体育场馆自身管理和当前的维护运营等。同时根据不同地区、不同消费群体不同层次的消费水平进行体育场馆的管理，来满足消费者对体育场馆的需要和体育场馆应为社会提供的服务。

4. 资源因素

体育场馆的全部管理活动，目的就是最大限度地整合利用一切可利用的资源，实现社会对体育场馆所提供的产品和服务的需要。体育场馆管理包括对外部客观存在资源的有效利用和内部场馆资源的整合，各种资源是否能有效利用是体育场馆管理成败的必要条件之一。

微观管理环境是体育场馆管理内部的关联因素，是体育场馆进行管理的基础，是制定体育场馆管理发展规划的出发点和条件，是与其他体育场馆竞争并取胜的根本，微观管理环境与管理相互作用，在一定条件下对体育场馆起决定性的作用。

（三） 体育场馆的组织环境

组织环境是指内部各种影响因素的总和。它是随组织产生而产生的，在一定环境条件下可以控制和调节。组织环境影响场馆管理活动可选择的方式、方法，而且在很大程度上影响组织管理的成功与失败。体育场馆管理的组织环境是指体育场馆建设运营所具备的内在条件，这些内在条件包括体育场馆管理者的管理水平，管理者和服务者的素质，管理过程中的人、财、物的状况；体育场馆所提供的服务质量、服务水平和社会形象等。

1. 场馆管理者管理水平

主要反映在体育场馆负责人的决策能力、组织能力和管理者的专业素养方面，人力资源对于任何组织都是最关键和最重要的因素。把握体育场馆的人力资源环境，有助于实现体育场馆管理与人力资源的统一。另外，体育场馆的管理水平还包括体育场馆自身的管理体制、组织机构的设置和管理方法等。

2. 设施基础环境

体育场馆管理的基础是场馆设施，包括体育设施、体育器材等。体育场馆管理应协调体育场馆建设与城市规模、地域特点、群众消费之间的关系，同时应充分考虑体育场馆设施的功能是否单一，配套设施是否需要进一步完善。

3. 社会形象

体育场馆的管理离不开社会和时代的背景，体育场馆作为一种特殊的社会文化载体，拥有一定的社会形象。了解体育场馆在人民群众中的形象及社会影响，了解消费者对体育场馆的供给评价，使体育场馆的社会形象指引体育场馆的发展。

体育场馆管理不是孤立进行的，它必然受到所处环境的影响和制约。良好的体育场馆管理环境，能使体育场馆健康、高效地运行。体育场馆管理要受到社会、政治、经济、文化和自然环境的影响。社会环境是体育场馆赖以生存的基础要素，它为体育场馆的管理提供了可能；政治环境决定了体育场馆管理的根本性质、根本目标、发展的方针及政策；经济环境决定了体育场馆建设的进程、体育场馆的发展速度与服务质量；文化环境造就人民对体育锻炼方式的选择、健身观念的形成以及场馆管理的价值取向；自然环境是进行体育活动并创造体育场馆的客观物质基础，是体育场馆存在并发展的必要基础，也是体育场馆管理的物质环境，影响体育场馆的可持续发展；组织环境影响场馆管理策略，促使场馆文化的形成。

随着社会经济的不断发展，体育场馆的管理环境也将不断更新和变化，呈现出环境复杂性和多样性的特点。在进行体育场馆管理环境分析时，应充分考虑体育场馆所处社会、政治、经济、文化、自然和场馆本身等多种环境因素，针对各方面环境所带来的影响，作出准确判断，找准定位，提高体育场馆管理质量和效率。

三、体育场馆管理环境的基本特征

体育场馆的管理受多种环境因素的影响，一方面，体育场馆管理的环境因素各不相同，具有各自的特殊性；另一方面，体育场馆管理所面临的环境又存在相同之处，具有环境因素的普遍性，并相互联系、相互依存，在功能和性质方面存在相似的借鉴之处。正是环境的普遍性和特殊性构成了体育场馆管理的基本特征，总体来讲，主要包括体育场馆管理环境的综合性、社会性、复杂性和长期性。

（一）体育场馆管理环境的综合性

体育场馆管理的环境是由自然、社会、政治、科技等多种因素错综复杂地交织在一起而形成和发展的，这就决定了体育场馆管理环境的高度综合性。体育场馆的管理和运营过程中必须采取各种方式、手段、技术和行政等相结合，才能做到有效地管理体育场馆。

（二）体育场馆管理环境的社会性

体育场馆的管理环境因素，既有自然环境因素，又有社会环境因素，这些环境因素综合起来对体育场馆管理产生影响。体育场馆管理的环境更大程度上受社会环境因素的影响，体育场馆是社会活动形成的产物，场馆所处环境的社会性对体育场馆的发展起决定性作用。

（三）体育场馆管理环境的复杂性

体育场馆管理环境是多种环境构成的综合体，是一个开放且不断变化的大系统，所以场馆管理环境具有复杂性的特征。在体育场馆管理过程中，需掌握科学管理的方法，运用科学管理的理论，解决由复杂环境所带来的场馆管理问题。

（四） 体育场馆管理环境的长期性

在人类长期的生活实践中，体育活动逐渐形成并与其他活动分离，但体育场馆管理环境始终是人类长期面临的环境。体育场馆管理者需解决由旧的环境所带来的问题和不断面临新的环境变化。体育场馆管理者需要通过长期的不断努力，对各种环境熟悉把控，使体育场馆建设和管理能适应不断变化的环境因素，使其良好运行和发展。

思考题

1. 体育场馆的特点是什么？
2. 体育场馆的组织形式主要有哪些？
3. 体育场馆管理的内容主要包括哪些？
4. 体育场馆管理的主要目的是什么？
5. 体育场馆管理的宏观环境因素是什么？

第二章 体育场馆发展历程

本章教学提示

1. 体育场馆是伴随着体育这种社会文化现象而产生和发展的，早在原始社会末期，就产生了体育场馆的萌芽；随着人类社会的进步与发展，体育场馆的建筑风格、运营模式在世界各地呈现出不同的特色。

2. 我国古代体育文化追求“天人合一”、不提倡竞争等特征使得体育场地呈现出依附于自然条件、“有场无馆”的状态；我国近代社会的体育场馆建筑在建筑风格上呈现出中西结合的特征；新中国成立以来，体育场馆建筑逐年递增，在运营模式上经历了由事业型向经营型的转化，走上市场化、多元化和科学化的发展道路。

3. 学习本章内容，要将体育场馆从物质层面上升到文化层面，注意不同历史阶段体育场馆发展的历史背景和文化内涵。

第一节 国外体育场馆发展历史与现状

体育场馆是进行体育活动的物质条件之一，是人类社会达到一定文明程度的产物，在原始体育产生时期，人类借助天然条件进行走、跑、跳、攀爬、投掷、游泳等身体练习，并没有出现专门的运动场馆。原始社会末期，随着生产力的发展，体育活动脱离生产劳动过程而成为一种独立的社会活动，尤其是为“成年礼”、祭祀和军事演习等活动而进行的竞技赛会的产生，专门的、简陋的体育场所得以产生。在早期人类文明的发源地，都不同程度地发现了体育活动场所的遗迹，可以称为体育场馆的萌芽。随着古代世界多元体育文化的形成，直到轴心时代才有大规模的、专门用于身体训练和竞技比赛的体育场地和建筑。

一、古代文明中体育场馆的萌芽

根据考古资料，古代东西方社会文明遗存中，均发现了专门用于身体训练和竞技赛会的场地和建筑，虽然在这些场地和建筑中进行的体育活动多带有宗教、祭祀色彩，但是从其主要功能来说，仍然属于体育场馆的范畴。从建筑规模来看，古希腊、古罗马的体育场馆无疑是古代社会体育场馆的代表。

（一）古希腊、古罗马的体育场馆

1. 古希腊的体育场馆

古希腊的体育场馆包括露天运动场（Stadia）和赛马场（Hippodromes）两种类型，早在公元前8世纪，古代奥林匹克竞赛以及其他体育比赛就已经开始在这些运动设施内举行。

古希腊的露天运动场是“U”形状的，长边组成了起跑线，不同城邦的运动场建筑方式和长度不尽相同。在底比斯（Thebes）和埃皮达鲁斯（Epidauros）等城邦中，露天运动场仿照古希腊剧院的手法，依山而造，砍去局部的山体，形成赛场，利用剩余的山地形成天然的看台。位于伯罗奔尼撒半岛的奥林匹克运动场长192米、宽32米，可供20人同时起跑。该运动场利用山体地形设置可容纳45 000人的逐层上升的座位，运动场有两个入口，一个供大众使用，另一个则仅供裁判使用。

而在以弗所（Ephesus）、雅典（Athens）和德尔菲（Delphi）城邦中，露天运动场则是建在平地上的，通过稍稍挖低运动比赛表演的区域，在周围形成一圈很浅的座位。德尔菲的露天运动场长183米、宽28米，围绕运动场的长边和转角处设置了座位。裁判的座位位于长边的中间位置，同当代的运动场馆设施极为类似。雅典的露天运动场建造于公元前331年，可容纳50 000人，公元160年进行了改建。由于罗马帝国入侵之后，信奉基督教的罗马皇帝认为希腊的竞技运动会是异教徒的行为，应予以禁止，所以该运动场长期闲置。直到1894年，国际奥委会成立并决定在雅典举办1896年的第一届现代奥林匹克运动会，才重建该运动场。奥林匹克运动场如图2－1所示。

图2－1　雅典奥林匹克运动场

除了露天运动场，古希腊的体育场馆还有赛马场（Hippodrome），用于骑马和马车比赛，其长度为198～228米，宽度为37米，形状也是U形。赛马场均建造在山地上，利用山坡形成看台层。

古希腊的运动场和赛马场在城邦生活中扮演着极为重要的角色，运动场旁边一般建有神庙和祭坛，用于向神灵献祭，而在希腊各地轮流举办的竞技运动会也起到了促进城邦间和平交流和增强民族认同的作用。

2. 古罗马的体育场馆

罗马原是意大利半岛上的一个小城邦，从公元前6世纪开始，通过战争扩大自己的版图。公元前3世纪，罗马开始蚕食意大利南部的希腊城镇，公元前1世纪征服了希腊全境。罗马在一定程度上继承了希腊的体育文化和体育场馆艺术。

罗马帝国建立以后，罗马人不再喜欢希腊式的“文明”赛事，而是热衷于拳击、斗兽等血腥竞技活动。罗马统治者将凯旋游行、舞台节目、马车比赛、角斗士对决、集体处决、模拟战斗等项目整合起来，创造出一种前所未有的竞技表演赛会，以达到炫耀武功、威慑对手、笼络下层、娱乐全民的目的。为满足罗马社会越来越多的血腥竞赛表演需求，圆形剧院式的竞技场应运而生。

古罗马的竞技场称为“Arena”，源自拉丁语“沙子”或“铺设沙子的土地”，用于指代竞技场中铺在地面上用于吸附比赛时溅出的血的沙子。其形状是将古希腊的两个剧院拼合起来而形成的椭圆形，四周建造人工坡道，设置层层升高的座位层。座位材料最初使用的是木头，从公元1世纪起开始使用石头和混凝土。这些壮观的竞技场如今依然可以在阿尔勒（Arles）、尼姆（Nimes）、罗马（Roman）、维罗纳（Verona）和普拉（Pula）看到。阿尔勒的竞技场建造于公元前46年左右，有3层石头看台，21 000个座位。虽然历经风雨磨损，原本用于撑起帐篷屋面的第三层已经完全消失，但如今这个竞技场中依然进行着斗牛表演。尼姆的竞技场建造于公元2世纪，虽然规模较小，但却保留完整，仍在使用。维罗纳的竞技场建于公元100年，记载中其规模为152米×123米，如今由于外部通道损毁，缩小为73米×44米，是可以容纳22 000人的世界著名歌剧表演场地。

古罗马竞技场最具代表性的是科洛西姆（Coliseum）竞技场，从建筑工程和艺术层面来看，至今都是无法超越的经典。该竞技场始建于公元70年，历经12年完工。竞技场为长189米、宽155米的椭圆形，有4层看台，可以容纳观众48 000人，这一观众承载能力直到20世纪才被超越。竞技场中心的场地区域为88米×55米的椭圆形，由4.6米的高墙围绕。下面3层每层通过80个拱加以支撑，并有精致的柱子、柱头等装饰。地面的拱券开口为看台的入口。拱券结构的剖截面从上到下逐渐扩大，进而解决了三个问题：首先，人工坡度地形便于看台上的观众观赏竞技表演；其次，逐层坡度上升的座位层由一系列复杂的拱顶和拱桥支撑，将负荷分配到基础层，从而形成了一个稳定的结构体系；最后，由结构拱廊构成的内部通道设计极为合理，整个竞技场内的人可以在几分钟内全部疏散。竞技场的地下设置了大量的房间和通道，供参与表演的角斗士和动物使用。科洛西姆竞技场的座位按性别和社会阶层划分区域，有供罗马皇帝和贵妇们使用的豪华包厢，普通座位用顶部可伸展的帆布遮阳。科洛西姆竞技场用于角斗士的竞技、斗兽比赛、战车竞赛，甚至可以充水模拟海战。其功能多样，布局合理，外观和谐，表面造型富有表现力，可称得上是世界综合体育场馆的典范。古罗马科洛西姆竞技场剖面图及外观图如图2-2、图2-3所示。

图2-2　古罗马科洛西姆竞技场剖面图

图2-3　古罗马科洛西姆竞技场外观图

（二）古代埃及的体育场馆

意大利考古学者在埃及首都开罗西南郊的法尤姆绿洲地区发现了一处可上溯到古埃及托勒密王朝时期（公元前332—公元前30年）的建筑遗址，专家初步推断这可能是人类历史上最早的保龄球场。

2004年2月埃及旅游部发布的一份声明称，考古学者在这一地区首先发现一系列拥有宽敞大厅的房屋废墟，然后在房屋附近又挖掘清理出一片由巨大石灰岩铺就的平整地板，其中有一条深约10厘米、宽约20厘米的凹槽。石道中部还有一个边长为12厘米的正方形坑洞。

此外，考古学者还在附近发现了两个表面被打磨光滑的石灰岩石球，其中之一的直径与上述凹槽以及坑洞尺寸相符。意大利考古学者认为，这是考古界第一次发现如此构造的建筑，其有可能是人类最早进行保龄球运动和娱乐的场所。

根据有关考古资料，位于埃及西部沙漠地带的法尤姆地区在史前时期曾是一个沼泽凹地，吸纳尼罗河在洪水季节的溢流，是古埃及法老们理想的狩猎和娱乐场所。如今，法尤姆绿洲地区已经成为埃及的一个旅游景点，迷人的大漠风光每年吸引了众多外国游客。古埃及保龄球场遗址如图2－4所示。

图2－4　古埃及保龄球场遗址

（三）古代美洲的体育场馆

在西半球的美洲大陆，印加文明、玛雅文明和阿兹特克文明，并称为“印第安三大古老文明”。在印第安文明里，也已经有了关于对生命、身体、身体活动的初步思考，他们有“万物有灵”的观念，从而形成了与生产劳动和宗教信仰紧密相关的体育文化，并建造了专门的体育竞赛场地。

印第安人的传统体育项目是波塔波［Pok－Ta－Pok，这个名称来源于丹麦考古学家弗朗斯·布洛姆（Frans Blom）1932年写的一篇文章］球赛，阿兹特克人称为Tlachtli，玛雅人称为Pitz，这种球赛起源于公元前15世纪，至今在印第安土著居民中仍然流行。球场的形状是狭长的长方形，长宽比例为4:1，两个长边用石头建成或倾斜或垂直的墙壁，墙壁上常常绘有色彩鲜艳的壁画。早期的球场两端是开放的，后来也用石墙封闭起来，使整个球场呈I形。这种球场遗址从亚利桑那州一直到危地马拉再到洪都拉斯都可以找到，各地的球场形状相似，规模各异，其中规模最大的是奇琴伊察大球场（Chichen Itza Ballcourt，位于今墨西哥尤卡坦州），长 96.5 米，宽 30 米，而蒂卡尔（Tikal，位于今危地马拉）的球场长 16 米、宽 5 米。球员用肘部、膝部、臀部和前臂击球，使球穿过石环而得分。

石墙上的壁画显示这种比赛是宗教祭祀的一部分，常常伴有人祭等仪式。古代印第安人以球赛来比喻光明与黑暗的较量，球场象征着大地，比赛用的橡皮球则象征着月亮和太阳，所以球场往往建在寺庙建筑群之中。古代玛雅人的球场如图 2－5 所示。

图 2－5　古代玛雅人的球场

二、欧洲中世纪的体育场馆

欧洲中世纪是指从公元 476 年西罗马帝国灭亡到公元 1640 年英国资产阶级革命爆发这一历史时期。根据欧洲体育场馆的发展状况，可以将欧洲中世纪分为两个阶段：公元 5～13 世纪是欧洲体育场馆的萧条期，欧洲旧的体育场馆被摧毁或遗弃，基督教神学统治下的社会对修建新的体育场馆不感兴趣；公元 14～17 世纪是欧洲体育场馆的复兴期，随着欧洲三大思想文化运动的兴起，体育成为城市重建后市民生活的一部分，体育场馆也成为城市新建筑的一部分。

（一）欧洲中世纪体育场馆的演进

这是基督教神权统治欧洲的时期，由于基督教认为“身体是灵魂的监狱”，加之起源于古希腊的竞技体育运动属于异教活动，所以基督教对体育持排斥态度，除了骑士阶层外，其他阶层社会成员中的体育活动均遭到禁止。随着基督教席卷整个欧洲，教堂庙宇成为欧洲建筑的主流。古罗马时期的运动建筑大多遭到破坏，特意留存下来的也逐步转变功能，成为市场或是廉价公寓住宅，如阿尔勒的圆形剧院型竞技场被用作避难所，其包含了 200 多间住房和一个教堂。骑士阶层以“骑士七技”（骑马、游泳、投枪、击剑、打猎、下棋、吟诗）安身立命，效忠教俗封建主，他们进行的强身健体、增强作战技能的身体练习活动都是在各封建主的城堡和封地内进行的，所以文艺复兴之前的中世纪欧洲基本没有专门建设的体育场馆。

随着文艺复兴运动带来的人文主义思想勃兴，体育运动冲破教会的禁锢进入欧洲社会各阶层人们的生活中，与体育相关的场地、设施随之出现。

首先是学校里的体育场馆。15、16世纪，体育运动被写进欧洲人文主义学校的校规，体育课成为培养全面发展人才的重要手段。意大利人文主义教育家维多利诺（Vittorino）率先创办了不同于教会学校的“快乐之家”，让学生每天在老师的监管下进行两三个小时的体育活动，包括游泳、骑马、跳跃、射箭、击剑和球类运动等，这些体育活动都在学校专设的场馆里进行。这类由人文主义者创办的有体育课和体育场馆的新式学校逐渐遍布欧洲。还有一类学校是各国君主为贵族子弟创办的“骑士学院”，培养文武全才的社会精英。骑士学院有球类运动馆、击剑场地、舞蹈厅、骑马厅和骑马跳环跑道等。

其次是人文主义贵族为复兴“奥林匹克运动”或防止青年沾染赌博等恶习而建造的体育场馆。1555年隶属于威尼斯的维琴察（Vicenza）城市共和国的贵族成立了“奥林匹克科学院”，旨在促进各类艺术的发展，该学院以大力神赫拉克勒斯作为保护神，为了表示对他的敬意，于1558年举行了奥林匹克比赛。人文主义建筑师安德烈亚·帕拉第奥（Andrea Palladio）为学院设计并建造了“奥林匹克剧院”，他研究了古希腊的体育建筑，丈量了维罗拉、普拉、尼姆、罗马等地的大型竞技场并画了大量草图，“奥林匹克剧院”的外墙用古代竞技场的赛车场景作为剧院的标识。虽然该剧院的主要功能是演戏而不是体育比赛，但其建筑灵感来源于体育竞技场，设计风格也体现出许多体育元素，是欧洲中世纪第一座独立于基督教教堂的大型艺术建筑。同年帕拉第奥的学生文琴左·斯卡莫齐则在伦巴邸共和国的共扎格侯爵府第内建造了另一座奥林匹克剧院。黑森—卡塞尔侯爵莫利茨于1605年在宫廷守则中规定，“为防止沾染恶习，年轻贵族都要练习骑马”，并下令在他领地上的所有官邸都修建球类运动馆。1620年，英国国王拟在伦敦修建一座皇家竞技场，以便举行奥运会，但在清教派的反对下计划被取消。

再次是城市市民体育使用的场地设施。于公元12世纪开始重建的欧洲城市在自卫过程中组建了城市市民的“射箭协会”“摔跤协会”等体育组织，市民阶层也经常参加体育锻炼和体育比赛，当时城市里并没有专门的体育场馆设施。但到了15世纪，随着民族国家的建立，城市由国家常备军驻守，市民体育由军事训练变为市民的休闲娱乐活动，除了在街道上跑步或在草坪上玩九柱戏游戏外，舞厅、球类运动馆也相继建立起来。乡村民众的休闲娱乐活动一般在空地上进行，没有专门的体育场馆。

还有一类体育场地是“比武场”。16世纪的欧洲上层社会热衷于观看“骑士比武”和“模拟战争”等表演活动，建造了一些比武场地，并且为国王和贵妇等重要嘉宾观众设置有遮盖的看台区，但是这种比武场一般是根据需要搭建的临时设施，不像古希腊赛马场那样有相对固定的建筑模式。

在漫长的中世纪时期，体育场成为一种被遗忘的建筑类型，欧洲虽然已经存在了大量的体育运动形式和体育比赛，如马上枪术比赛、击剑、射箭、赛马、摔跤、各种球类运动以及早期拳击等，也有了许多小型的体育运动场所，但是却没有一所专门为训练和比赛而设计建造的大型体育场馆。

（二）欧洲中世纪后期体育场馆复兴的原因

体育场馆是进行体育活动的场所，所以它的历史命运与体育文化的兴衰紧密相连。作为社会上层建筑的一部分，体育文化则是整个社会发展的一个缩影。欧洲中世纪后期体育场馆复兴的具体原因有以下几点。

1. 经济的发展

中世纪后期，欧洲的经济组织形式和生产关系开始向资本主义经济转型，从而带来了欧洲社会对体育和体育活动场所的需求。首先，在新建或复兴的城市里出现了资本主义萌芽，在频繁的手工业、工商业活动中形成了城市新贵族和普通市民阶层。一些没落旧贵族也开始从事工商业活动而加入城市贵族行列，新旧贵族融合后都把旧贵族引以为傲的体育活动作为身份标签，从而使“骑士体育”转型为“绅士体育”；市民阶层也在行会的组织下进行经常性的体育锻炼和竞赛，以包围城市的自治权，从而出现了“市民体育”。欧洲城市的“绅士体育”和“市民体育”的兴起对体育活动场所有了需求。其次，14 世纪的黑死病造成了人口减少、土地荒芜、劳动力价格上涨，依赖封建庄园经济的大地主、封建贵族不得不转向以资本主义方式经营的畜牧业，与城市工商业联结成为产业链。甚至各国的国王也加入工商业活动中。身份的变迁带来生活方式的变化，加之黑死病带来的对健康的关注，新贵族们热衷于在自己的府邸里进行各种体育活动。最后，在欧洲的宗教改革中，强大起来的王权剥夺了罗马天主教在本国的教产，为新兴的资本主义生产提供了动力。英国国王亨利八世把没收的教产出卖给贵族和租地农场主，得到土地的人以资本主义方式经营土地，加速了英国资本主义经济的发展，也为体育活动和体育活动场所的增加提供了经济基础。

2. 体育观念的变化

文艺复兴后的欧洲，人文主义思潮兴起，人们开始重新审视体育的价值，意大利人文主义教育家弗吉里奥和维多利诺、英国启蒙思想家约翰·洛克和瑞士教育家斐斯塔洛奇等社会精英的思想和实践改变了社会对体育的认知。尤其是随着资本主义工商业的发展、海外贸易的竞争和开拓殖民地的活动需要大批知识丰富、身体强健、精明能干的管理、经营、军事与外交等各方面的人才，所以教育也适应这种需要而注重培养学生身体和精神两方面的素养，体育成为不可或缺的教育手段。随着体育教育的发展，欧洲的学校发生巨大变化，体育项目的开展和体育场馆设施的多样化成为吸引学生的重要条件。在学校体育活动的引导下，社会上体育休闲娱乐活动也日趋兴盛，骑士比武、拳击比赛、赛马比赛和草坪游戏等越来越受欢迎，而这些活动必需的场地场所也随着城市的发展而进入市政规划中。

3. 建筑业的兴盛

在文艺复兴新思想的孕育下，诞生了新的科学家、诗人、画家、雕刻家和建筑家，建筑师们利用新的艺术形式和手法在建筑结构、建筑形制和施工材料上追求鲜明的个性。同时，欧洲城市的重建和中央君权的强大，贵族阶层对豪华府邸、宫殿的热爱，市民阶层对休闲娱乐的追求和没落骑士阶层通过比武活动挽留昔日辉煌的愿望，推动了欧洲建筑业发展的新高峰，并使建筑大师们在建筑设计中预留了体育活动的空间，甚至在教堂的设计中也特意留出一大片空地以便于人们嬉戏娱乐。

三、欧洲近代体育场馆

（一）近代体育场馆的勃兴

17 世纪的英国资产阶级革命把世界历史推进到一个新的时期，世界资本主义体系开始形成、发展。资本主义对封建主义障碍的涤荡带来了人们生产、生活方式的巨变，随着体育运动重新进入人们的视野并引起人们的狂热追捧，体育场馆的需求大增，建筑师们也表现出极大的兴趣。

19 世纪中期到 20 世纪 50 年代是体育场馆的勃兴时期，这一时期的设计灵感主要来自古希腊和古罗马的体育场馆模式。古希腊体育场馆模式适用于较为轻松的体育运动，可以持续数小时乃至数天，因此被用于早期的板球场建筑。“大锅”式的古罗马体育场馆模式则更适用于足球、橄榄球以及美式足球等持续时间较短、攻击性较强的运动。早期的垒球公园和澳大利亚规则的足球场馆则是两种模式的综合。这一时期的体育场馆强调承载观众的数量，很少关注观众的舒适度，建筑的外观也缺乏建筑学层面的独特设计。场馆里几乎没有什么便利的设施，卫生间非常原始。主看台的建筑材质一般是砖、金属或木材，有用以遮蔽大雨的金属板，但是主看台的座位只能供教练、俱乐部领导和很少一部分观众使用，大部分观众是在露天的阶梯座位上观看比赛的，这些座位大多是由混凝土、回收的铁轨枕木或是煤渣建造而成。由于欧洲和美国的冬季极其阴冷，观众为支持当地的球队而观看比赛是需要极大勇气的。

体育场馆建筑的复兴始于英国。英国第一个板球场是玛丽勒邦板球俱乐部（Marylebone Cricket Club）于 1814 年建于伦敦的圣约翰·伍德体育场。1889 年，威廉·尼科尔松（William Nicholson）将原来的小看台建筑替换为漂亮的砖结构。这一维多利亚时期的建筑如今成为世界体育运动建筑的重要地标之一。1845 年，康沃尔的萨里郡板球俱乐部（Surrey County Cricket Club）的奥瓦尔（Oval）体育场建成，其看台建筑为砖石结构，包含一个钟楼和两边各一个小塔楼。1894 年，建筑师穆里海德（A. T. Muirhead）又为兰开夏郡板球俱乐部（Lancashire County Cricket Club）设计了位于曼彻斯特的老特拉福德球场（Old Trafford）看台。该看台是一个精美的 3 层砖石建筑，有 2 个铜顶的副楼。老特拉福德球场看台如图 2－6 所示。

随着全球板球运动的流行，板球场也在斯里兰卡、印度、南非、西印度群岛和津巴布韦等地建造起来。英国体育场馆建筑带动了整个欧洲体育场馆建设的氛围。大量的欧洲体育场馆，尤其是由意大利和德国政府规划建设运营的综合体育建筑开始呈现新的特色。例如，由意大利建筑师 Pier Luigi Nervi 设计的位于佛罗伦萨的 Stadio Comunale（1930—1932 年），虽然本身还是一个混凝土“大碗”，但他设计了一个巨大的悬臂式混凝土屋顶梁看台，这被称为“体育场建筑设计的一个伟大进步”。20 世纪 30 年代的其他包含流行建筑元素的大看台还有：1938 年建于 Bordeaux 的 Stade de Lescure，1937 年建于鹿特丹的费耶诺德俱乐部的金属框架的 DeKuip Stadium。而在建筑层面最具特色的体育馆建筑则是 1935

图2-6　老特拉福德球场看台

年由 Eduardo Torroja 在马德里设计的 Zarzuela Racetrack 的大看台。

棒球是美国人最喜欢的运动，但是美国的棒球场起初很小，也很简陋。1891 年，纽约的波罗球场（Polo Grounds）仅可以容纳 16 000 名观众。然而，棒球联盟比赛的观众人数从 1903 年的 470 万攀升至 1911 年的 1 000 万，所以 1909—1916 年出现了一股兴建棒球场的热潮。与欧洲不同的是，美国的这一建造热潮把关注点放在了棒球场的外部立面设计，而非内部场地设计。科米斯基体育场（Comiskey Park）“采用了硬朗的类似仓库的设计语言……并配以几何装饰”，而埃贝茨球场（Ebbets Field）则“采用了文艺复兴时期的砖石结构，配以柯林斯的装饰柱”。这些早期的棒球场依据不同的地理位置、规模以及不同的街区风格，形成了极具鲜明特色的建筑形式。在第一次世界大战之后，棒球进一步快速传播，新的体育场形式开始出现。1927 年，纽约的杨基体育场（Yankee Stadium）见证了新模式的转变，这一可容纳 75 000 人的超级体育场围绕场地设置了三层看台，采用了偏向于对称的古典建筑立面风格。纽约杨基体育场剖面图如图 2-7 所示。

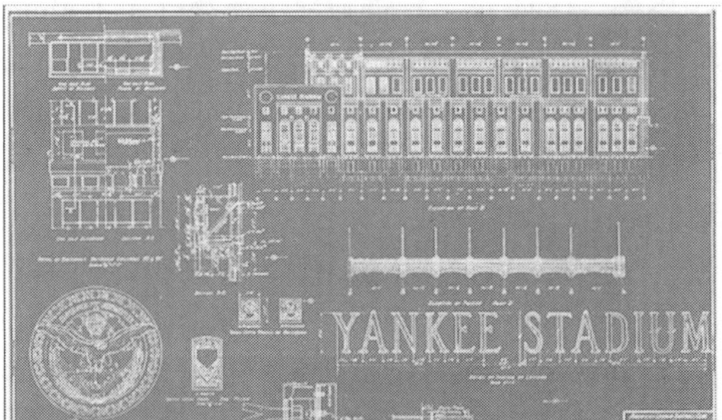

图2-7　纽约杨基体育场剖面图

澳大利亚最早的体育场多由夯土形成阶梯状看台，人们或站或坐在上面看比赛。位于摩尔公园（Moore Park）的悉尼板球场（Sydney Cricket Ground）建于1810年，一直作为板球、橄榄球等赛事场地，板球场于1886年建成的精美看台和1896年建成的女士看台保留至今。建于1853年的墨尔本板球场（Melbourne Cricket Ground）是澳大利亚最具代表性的体育场和澳大利亚规则足球的发源地。其形状虽然是混凝土“大碗”，但其空间形式经历了多次变化，2006年，为举办英联邦运动会（Commonwealth Games），进行了最后一次改建。

体育场馆建筑风格更新的另一个推动力是奥林匹克运动的兴起。在顾拜旦（Baron Pierre de Coubertin）的努力下，1894年现代奥林匹克运动诞生，成立了国际奥林匹克委员会，并决定在希腊的雅典举办第一届奥林匹克运动会。在希腊富商阿维罗夫的捐助下，建筑师Metaxas在古代奥运会运动场的废墟上重建了雅典大理石体育场。1896年，7000名观众在这里观看当代第一届奥运会。1908年，第四届夏季奥运会在伦敦举行，为此詹姆斯·富尔顿（James Fulton）设计了白城体育馆（White City Stadium），这是一个极为实用的钢结构建筑，可以容纳80 000名观众，它也是第一个专门为举办奥运会而建造的体育场馆。赛后，白城体育馆逐步萧条，于20世纪80年代被拆除。1916年，第六届夏季奥运会因第一次世界大战爆发而停办，但是主办国德国仍然在柏林建造了一个可容纳60 000名观众的大型体育场。这一体育场同古希腊剧院一样，利用自然的坡地修建看台，完全融入自然地形之中，而不是在城市中建造一个独立的地标。柏林体育场由建筑师奥托·玛赤（Otto March）设计，它为德国20世纪20年代体育公园的建设奠定了基础。1927年，美国为举办1932年第十届夏季奥运会而在洛杉矶建造了纪念体育场，主会场是一个罗马式的混凝土“碗”形建筑。1936年，第十一届夏季奥运会在柏林举行，设计师沃纳·玛赤（Werner March）将1913年建造的体育场扩建为一个椭圆形大型体育场，可容纳110 000观众，其中35 000人可以站成71排观看比赛。从体育场馆建筑层面来看，柏林体育场（Berlin Stadium）规划合理，立面采用柱廊形式，是体育场馆设计的经典之作。

19世纪中期到20世纪50年代，资本主义大国都有了适用于大型体育赛事的专门体育场馆。这一时期体育场馆的勃兴源于观众对足球、橄榄球、板球、美式足球以及澳大利亚规则足球等新兴体育运动的狂热爱好。但是这一时期的体育场馆建筑大多数仍然以木质结构为主，钢筋混凝土结构较少。这些体育场馆设计都比较简单，空间巨大但设施简陋。早期足球比赛的图片资料显示，观众有时站在木箱子上或是爬到体育场旁的树上来观看比赛。

（二） 近代体育场馆勃兴的原因

这一时期欧洲资产阶级革命和工业革命带来了社会结构和人们生活方式的巨大变革，体育不但成为社会各阶层人们的生活方式，而且被政府纳入社会治理的范畴。国家和社会的巨大需求促进了体育场馆的建设，体育场馆脱离教堂、官邸、剧院等而走上独立发展的道路，其具体的推动力如下。

1. 社会需求和体育自身的发展推动着体育场馆的专门化

现代工厂制造就了富有的资产阶级和庞大的工人阶级。资产阶级把体育运动视为高贵身份和高品质生活的象征，推动了体育俱乐部、职业体育和体育竞赛的发展，而在专门建设的体育馆进行这些活动，或者在体育场馆有属于他们的专用座席，也是他们区别于普罗大众的身份标签。工人阶级因为劳动时间的集中、劳动节奏的加快、流水线生产造成的身体活动局部化等而出现身体和心理的各种问题，在工作之余参与体育运动成为他们改变生活节奏、改善身体健康状况的重要方式。与资本主义精神血脉相连的竞技体育因其比赛程度的激烈性、结果的不确定性舒缓了人们紧张压抑的神经，激发出人们机械枯燥生活中的激情；同时，商品经济条件下体育的职业化和体育竞赛表演需要大量观众的参与。社会各阶层的体育需求和体育自身的发展使得体育运动从狭小的依附性场所走出来，进入专门的、具有一定规模的场馆之中，体育场馆走上独立发展之路，并随着社会需求的变化而得以改进和完善。

2. 政府治理推动了体育场馆数量和形式的增加

马克思主义的诞生和传播提高了工人阶级的阶级自觉，他们通过阶级斗争或工会组织争取本阶级的健康权、休闲娱乐权。面对工人阶级的壮大和市民社会的形成，欧洲各国政府的国家管理方式由“控制”向“治理”转变，以“足球和面包”来满足工人阶级的身心需求，把体育当作社会治理的抓手。资产阶级政府取缔一些血腥运动项目使体育走向文明化，同时通过立法限定工人工作时限、通过城市治理建造城市公园和运动场馆，使体育成为公民社会生活的公共空间。自 19 世纪 30 年代起，英国开始了“公园建造运动”，要求城市规划要提供“足够当地居民锻炼和娱乐之用”的公共空间和“公共体操房”。1972 年，格拉斯哥市工业区划出许多公共公园用地，并对公园内体育设施建设进行补贴，该市的亚历山德拉公园内就有游泳池、高尔夫球场、航模池塘等多种运动场地。19 世纪后半期，英国的“公园建造运动”扩散到德国、法国、美国、丹麦、瑞士、波兰等国家。随后，这些国家又成立了专门的管理机构对这些运动场所和设施进行管理和维护。

3. 奥林匹克运动的推动

在阿拉伯帝国得以保存的古代奥运会资料通过东征的“十字军”传到欧洲，引起欧洲人对古希腊体育和古代奥运会的浓厚兴趣。1763 年，现代考古学之父、德国学者约翰·温克尔曼率队在奥林匹克运动会遗址进行挖掘。1875—1881 年，由柏林大学教授埃·库尔季斯率领的德国学者经过 6 年的发掘，终于使古奥运会遗址的主要设施重见天日。建筑师们从古希腊奥林匹克运动场获得了创作灵感，从而出现了欧洲体育场馆建造的复古思潮，大型运动场配以有遮蔽的看台，建筑风格简化、雄伟。1894 年现代奥林匹克运动诞生后，到 1945 年第二次世界大战结束，每 4 年 1 届的奥林匹克运动会共进行了 10 届，举办国大多为这样一个世界综合性运动会在赛前专门建造新的体育场，这些体育场成为赛后本国体育场馆建筑的典范。

四、全球化时代的现代体育场馆

（一） 现代体育场馆的特征

第二次世界大战之后，国际奥林匹克运动蓬勃发展。由于奥运会项目的综合性和全面性，奥运会场馆在赛后可以满足多种项目比赛需求，所以为举办奥运会而修建大型体育场馆成为现代国际体育场馆发展的一大趋势，奥林匹克场馆也标志着世界体育场馆发展的新动向。第二次世界大战后以奥运会场馆为代表的现代体育场馆呈现出规格高、规模大、造型与效能并重、关注赛后利用等特征。

1. 现代体育场馆对舒适度、安全度等规格的提升

第二次世界大战结束之后，体育赛事的电视转播成为体育场馆建设现代化转型的推手。1936 年，柏林奥运会首次进行区域性奥运会电视实况转播，到 20 世纪 60 年代开始进行跨越洲际的体育赛事实况转播。1960 年的罗马奥运会实现了全球电视实况转播。1964 年 10 月 10 日，东京奥运会的开幕式通过卫星将画面同步传输至北美，实现了世界第一次跨太平洋的卫星电视转播。1966 年，近 2700 万观众在电视机前观看了足球世界杯决赛。电视逐步成为跨越全世界的公共传播媒介。电视对体育赛事的全球转播造成了前往球场实地观看比赛人数的急剧下降。因为这时的体育场馆大多数是设备简陋的混凝土“碗”形建筑，没有关注观众的舒服度，所以，提升体育场馆的服务设施、吸引观众重新回到体育场馆现场观看比赛成为现代体育场馆建设的一个重要目标。

吸引观众回到比赛现场的一个举措是提高体育场馆观看比赛的舒适度。最早设置全座席的体育场是位于瑞典哥德堡的新乌利维（Nya Ullevi）体育场，它是为举办 1958 年足球世界杯比赛而建造的，设计师是 Fritz Jaenecke 和 Sten Samuelson。其外部造型呈现出流畅的曲线美，起伏的屋顶由钢丝支撑。它对内部舒适度和外部造型美观的关注对此后的奥运会建筑产生了深远的影响。瑞典新乌利维球场如图 2 – 8 所示。

图 2 – 8　瑞典新乌利维球场

更为关注观众舒适度的体育场是美国于 1965 年为职业棒球大联盟的比赛而建造的阿斯托洛体育场（Astrodome），耗资 3 100 万美元，是目前世界上最大的室内多功能运动场，也是第一个采用空调设施的封闭式体育场。阿斯托洛体育场圆形穹顶的设计来源于罗马模式，场内装设了大型电视屏幕，以保证现场观看比赛的观众不会错过电视转播的体验。还有更为舒适的座椅、5 个 VIP 的观赛室（Sky Boxes）和一个价值 200 万美元的电子记分牌，更是将舒适度提升到一个全新的高度，美国阿斯托洛体育场被称为“世界第八大奇迹”，如图 2 – 9 所示。

图 2－9　美国阿斯托洛体育场

在观众被吸引回体育场馆后，安全问题又迫使体育场馆进行变革。1971 年，英国埃布罗克斯（Ibrox Stadium）体育场，在格拉斯哥流浪者和格拉斯哥凯尔特人比赛结束之后，66 名观众在离场时死于楼梯崩塌。1985 年 5 月 11 日，英国北部有 76 年历史的布拉德福德体育场木质主看台着火，56 名观众丧生；2 周之后的 5 月 29 日，在比利时的海瑟尔体育场（Heysel Stadium）进行的足球欧洲杯总决赛中，意大利尤文图斯队和英格兰利物浦队的球迷发生争斗，致使看台崩塌，39 人丧生，600 多人受伤。在体育场馆悲剧不断发生的情况下，英国哈德斯菲尔德于 1994 年建造的柯克利斯体育场（Kirklees Stadium）成为首个采用全座席、配备可伸缩屋顶的球场，这一建筑模式引领了欧洲体育场馆建筑的新风尚（如图 2－10 所示）。1994—2004 年，欧洲大量足球俱乐部都建造了全新的体育场设施，并配备了全座席。

图 2－10　英国柯克利斯体育场

国际大型体育赛事中发生的踩踏事件、恐怖袭击事件等都使得体育场馆在舒适的基础上进一步追求对观众安全的保障，从而出现了整个体育场馆空间规模的扩大，使得全座席、大型电子记分牌、多功能屏幕设置和钢架结构采用成为新的趋势。

2. 造型与效能并重

1960 年的罗马奥运会开启了奥运建筑的新时代。与以前将所有奥运会比赛集中到一个体育场馆不同，罗马奥运会采取了“去中心化”的规划思路，在城市中只设置了一个体育场，而将其他的奥运会设施规划在郊区。主体育馆——罗马奥林匹克体育馆由建筑师安尼巴尔·维特洛齐（Annibale Vitellozzi）设计，将古罗马体育场与现代体育建筑融为一体。这是一个三层高的无顶棚建筑，建筑立面采用石灰石贴面，装饰规整而有秩序感，可容纳 10.5 万名观众，其中座席 8 万个，站位 2.5 万个。1990 年，为举办足球世界杯决赛，在原建筑基础上添加了屋顶。罗马奥运会的其他场馆中，2 个完全室内的体育馆也极具代表性：罗马小体育馆（Palazzo dello Sport）可容纳 16 000 名观众；Palazzetto Dello Sport 体育馆可容纳 5000 名观众。两者均由建筑师安尼巴尔·维泰洛齐和结构工程师皮埃尔·奈尔维（Pier Luigi Nervi）设计，均为圆形，将优雅的造型和高效的功能完美地结合在一起。罗马奥林匹克体育馆如图 2－11 所示。

图 2－11　罗马奥林匹克体育馆

1964 年，第 18 届夏季奥运会在日本东京举办，日本著名建筑大师丹下健三（Kenzo Tange）为此设计的代代木国立综合体育馆（Kokuritsu Yoyogi Kyougijou）则将现代主义建筑艺术推向极致。代代木国立综合体育馆占地 91 万平方米，由一个主馆（游泳馆）和一个附馆（篮球馆）及办公与辅助设施组成。主、附馆悬链形的钢屋面挂在混凝土梁构成的角上，像是两个形状和大小不同的蜗牛。主馆用于游泳和跳水比赛，游泳池有一个隐藏起来的活动盖子，盖子合拢，就可以在上面举行柔道、滑冰之类的比赛，真是匠心独运。馆内两个新月凹口错位对接，形成一个圆形的观众席和当中的游泳池，圆形的两端伸出两个方向相反的尖角，形成宽阔的观众出入口。游泳馆可以容纳 4000 人，通过两根受力的钢筋水泥支柱连接数根自然下垂的钢索，再由建筑物底部的钢圈固定钢索，最终形成了具有东方柔性美感和运动动感的屋顶设计。国际奥委会主席艾弗里·布伦戴奇（Avery Brundage）称其为“游泳的圣殿（a Cathedral for Swimming）”。附馆在主馆的西南面，主要用于篮球或拳击比赛。它是一个直径 70 米的圆形建筑，入口也凸出在圆的外面。馆内可容纳

15 000 人。东西向宽敞的人行步道将主附馆连成一个统一的整体，并巧妙地将观众人流、车流明确分开，贵宾和管理人员入口在人行步道下面。地下部分有办公室、公共辅助设施及运动员的练习场地等。正如丹下健三所期望的那样，代代木国立综合体育馆的材料、结构、比例、功能高度统一，而且将现代建筑艺术与传统建筑元素融为一体，其造型艺术蕴含着直指人心的视觉冲击。代代木国立综合体育馆如图 2 – 12 所示。

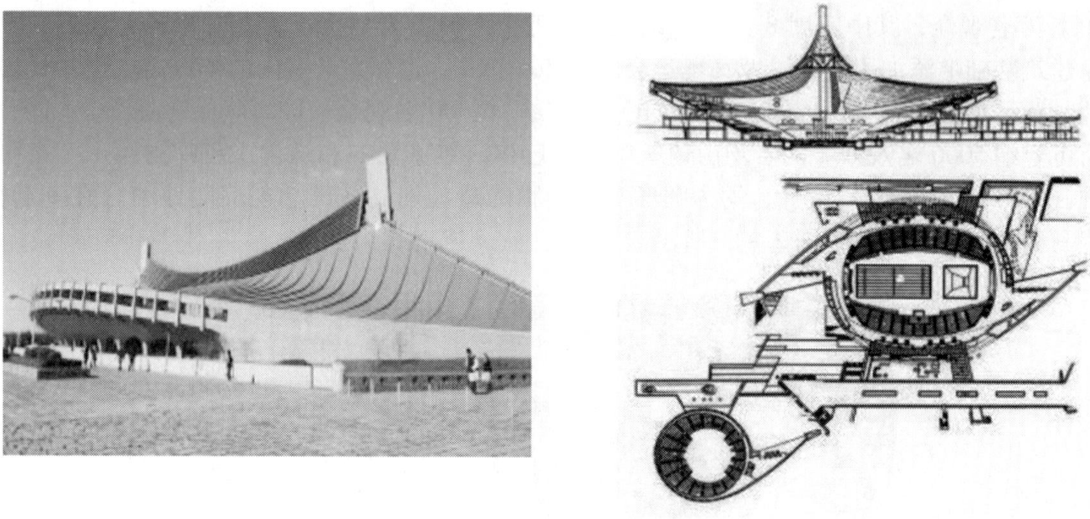

图 2 –12　日本代代木国立综合体育馆

1972 年，第 20 届夏季奥运会在德国慕尼黑举行。为扭转 1936 年柏林体育馆沉重、严肃的意象，本届奥运会场馆都采用轻盈的意象。主会场奥林匹克体育场的设计师是关特 · 拜尼施（Günter Behnisch），其一侧配备顶棚，形态上是由一系列锥形桅杆悬挂的钢网上的透明亚克力板组成，覆盖面积达 85 000 平方米，可以使数万名观众避免日晒雨淋；另一侧则完全是露天的，这使得整个建筑的形态活泼而自由。整个棚顶呈圆锥形，由网索钢缆组成，每一网格为 75 厘米 ×75 厘米，网索屋顶镶嵌浅灰棕色丙烯塑胶玻璃，用氟丁橡胶卡将玻璃卡在铝框中，使被覆盖部分内光线充足且柔和。在蜿蜒的奥林匹克湖的映衬下，主要比赛场馆覆盖在连绵的帐篷式悬空顶篷之下，以横空出世的气势将体育场馆与自然景观融为一体，为激烈的比赛带来了大自然的温馨。体育场不仅外形别具一格，而且配套设备齐全。运动场采用塑料跑道，看台共有 4. 7 万个座位和 3. 3 万个站席，观众距场上最远处的距离为 195 米。西看台上面最高处有体育评论员室，南北看台上方装有电子显示牌，看台下面设有更衣室、休息室、工程技术室、诊疗室、会议厅、贵宾室和新闻记者室等，还有停车场、小卖部、餐厅和必要的通信设施用房。场内铺设了天然草皮，草皮下 25 厘米处按照设计铺设了全长 18. 95 千米的管道，形成加热管道网，冷天可以导入热水，增加场地的温度，这样可以保证草皮四季常青。奥林匹克火炬塔安装在体育场南侧的小山丘上，从各个体育场馆都可以看到。慕尼黑奥林匹克体育场如图 2 – 13 所示。

图 2-13 慕尼黑奥林匹克体育场

3. 规模宏大

从 1952 年赫尔辛基奥运会开始出现以奥林匹克公园为中心的建筑群，体育场馆规模也越来越大。1968 年，墨西哥城奥运会的体育场馆呈现出返璞归真的设计理念，但是在容纳观众的规模上则实现了突破。主体育场“大学体育馆”（the University Stadium）最大的特色在于其低矮、自然的建筑形态，观众席的递升同自然地形几乎完全吻合，并且几乎没有使用任何附加的混凝土来加固，整个建筑完美地融入周边的自然环境中，内部有 87 000 个座位。阿兹特克体育馆（Aztec Stadium）被认为是世界上最大的有遮蔽的体育场馆，可容纳观众 107 000 人，建筑师为佩德罗·帕米雷斯·巴斯克斯（Pedro Ramirez Vasquez），近 11 万名观众在同一片屋檐下欢呼，给观众带来一种特别壮观而震撼的体验。

1976 年，蒙特利尔奥运会也修建了规模巨大、占地面积 50 万平方米的梅宗纳夫奥林匹克体育中心，它包括奥林匹克体育场、室内游泳池、跳水池和自行车赛场等。主场馆奥林匹克体育场（Stade Olympique）是由法国建筑大师罗格·塔利伯特（Rpger Taillibert）设计的，能容纳 71 920 名观众，有着质量非常好的标准 400 米塑胶跑道。整个体育场呈椭圆形，四周用 34 根钢筋水泥柱支撑，所有预制构件安装在柱子上，固定在柱子上的悬臂长达 100 米，离地面最高处为 54 米，所有固定看台均有顶棚，顶棚由悬臂支撑。体育场设有 213 米高的鹰嘴式高塔，塔顶悬挂着覆盖整个体育场的顶棚，电钮一开，整个由钢索悬挂的顶棚便可使体育场变成前所未有的室内运动场。场内有两块长 20 米、宽 10 米的巨大的记分牌，各装有 19 000 多个灯泡，从场内任何一侧都可清晰地看到牌上所显示的比赛成绩。奥林匹克体育场看台下面共有 6 层，安排有各种用途的厅室，还有一个体育博物馆。场馆设施表面都装饰了茶色玻璃，熠熠生辉，富丽堂皇，造型奇特的斜塔成为当今世界上最高的倾斜建筑。蒙特利尔奥林匹克体育场如图 2-14 所示。

图2－14　蒙特利尔奥林匹克体育场

2000年，悉尼奥运会的主体育场是奥运会历史上最大的室外体育场，可容纳110 000名观众，体育场跨度足够4架波音747客机并排停放。该体育场的设计考虑到了澳大利亚独特的气候，非全封闭的顶棚，既可使大多数观众免受日晒雨淋，又不影响草皮生长。另外，顶棚采用的聚碳酸酯材料，使草坪上的太阳阴影降到最小，为体育比赛的电视转播创造了最佳条件，这成为世界体育场建设的一大技术突破。悉尼奥林匹克体育场如图2－15所示。

图2－15　悉尼奥林匹克体育场

奥运会场馆的超大规模一方面为奥运会的举办提供了充足的空间，显示了举办国的文化和实力；另一方面也带来了建设超支和赛后经济的“赤字陷阱”。1976年的蒙特利尔奥运会就是由于造价超支，加拿大人用了31年才还清这届奥运会的债务。地广人稀的澳大利亚为举办悉尼奥运会建造的奥林匹克公园也遇到了赛后运营成本过高带来的经济问题，2003年亏损高达8539万澳元，2004年亏损1687万澳元。所以关注赛后利用和节约成本成为20世纪70年代后世界体育场馆的发展趋势。

4. 关注体育场馆的赛后利用

节约成本和关注体育场馆赛后利用的理念早在1972年德国主办的慕尼黑奥运会上就有所体现。奥运会结束以后，慕尼黑奥林匹克公园始终充满活力，每年游览慕尼黑奥林匹克公园的付费游客达到500万人次（不包括成千上万散步的游人，以及在那里跑步和游览不超过一个小时的人）。摇滚乐和流行音乐会、体育赛事、展览和博览会都在这里举行，奥林匹克体育馆一年中有超过200天的时间被预订，每一个场馆都有几百个体育赛事和活动。慕尼黑奥林匹克主体育场赛后成为两支著名足球队（拜仁慕尼黑和慕尼黑1860）的训练场地，迄今已举办了30次世界杯、12次欧洲杯和85次德国杯，接待了超过1.57亿人次游客和观众，得到了充分的利用。

作为首次进行商业运作的1984年洛杉矶奥运会场馆在节约成本方面做到了极致。洛杉矶有许多现成的体育场馆，如建于1927年的纪念体育场、建于1922年的玫瑰碗体育场，另外还有罗斯圆形体育场、长滩会议中心体育场、洛杉矶竞技馆、道奇体育场、富勒姆体育馆等，本届奥运会没有新建场馆，只是以较少的投资对现有场馆进行了修整。奥运会结束以后，纪念体育场成为洛杉矶一家职业橄榄球俱乐部袭击者队（Raiders）和南加利福尼亚大学橄榄球队的主场，各种活动和比赛都排得很满，使用该场馆至少要提前一年预约。玫瑰碗体育场赛后一直是加利福尼亚大学橄榄球队的主场，曾举办过5次美国橄榄球联赛决赛，还承担了男子足球世界杯（1994年）和女子足球世界杯（2002年）决赛阶段的比赛，也经常举办音乐会、庆典、宗教仪式、拍电影、商贸等活动。

1988年汉城奥运会的体育场馆推动了韩国国民的体育生活化进程，游泳场、体操场、网球场都改造成可以进行多种比赛的体育中心，供周边居民使用，大大地丰富了市民的业余生活。1992年巴塞罗那奥运会以“容纳”的理念将体育场馆的修建与城市改造结合起来，赛后体育场馆成为世界游泳锦标赛、世界曲棍球锦标赛、世界文化论坛的举办地，同时方便了市民的健身需求。2012年伦敦奥运会的体育场馆在设计时就做了大部分拆除以降低维护费用的规划。主体育场“伦敦碗”上面的4层也被拆除，容量由8万个座位缩减到2.5万个座位，改成一个小型足球场，主要作为社区体育场使用。

（二）现代体育场馆发展的原因

第二次世界大战以后，体育场馆的发展既是政治、经济、文化因素影响的结果，也是人类命运共同体对于全球共同面临问题的反映。具体而言，以下几种潮流成为现代体育场馆发展的推动力。

1. 体育功能的多样化推动了体育场馆的多元化

20世纪后半叶以来，体育的强身健体、完整人格教育、休闲娱乐、人际交往、服务国家外交、提高民族威望、改善产业结构等功能日益显现，体育在国家、社会、公民生活中占据着越来越重要的地位。尤其是国际奥林匹克运动的全球化发展和规模超大化，使得奥运会举办国修建大型综合性体育场馆群成为一种趋势，从而使奥林匹克体育馆引领了世界体育场馆建设的潮流。同时，体育功能的多样化也促进了各国体育场馆的多元化，除为体育竞赛而建的综合性大型体育场馆外，世界发达国家为便于公民健身、娱乐而建的小型体育场馆、各类球馆和健身俱乐部等逐渐兴盛起来，如日本在学校体育场馆对外开放方面提供了有益的经验。

2. 科技进步与建筑艺术的融合

第二次世界大战后的科技发展在建筑方面发挥了巨大威力，新材料和新施工技术不断出现，不但钢材和混凝土提高了强度，而且各种合金钢、特种玻璃、化学材料应用于建筑中，为大跨度和轻质高强度的屋盖提供了有利条件。而这一阶段的现代派建筑师也注重追求体育场馆建筑的个性特征和象征意义，在体育场馆设计中运用悬索结构、悬挂结构、张力结构、钢管结构、充气结构等空间结构形式来彰显其艺术灵魂。如日本建筑师丹下健三为 1964 年东京奥运会设计的代代木国立综合体育馆，就是利用悬垂结构与仿生造型将体育馆的实用功能与日本的民族风格融为一体，成为奥运场馆建筑的典范。而另一个日本建筑师桢文彦（Fumihiko，Maki）为藤泽市设计的秋叶台市民体育馆（Fujisawa Municipal Gymnasium，1984）则将钢网架拱肋结构和隐喻形象艺术相结合，引起人们的无限遐思。新技术与建筑艺术的结合使得体育场馆不但发挥了实用功能，而且激发着人们的艺术想象力。

3. 人类的文明与进步

随着人类社会的文明与进步，世界各国人民在共同面对人类和平、能源枯竭、环境污染等问题时，形成了人类命运共同体的观念，从而使得安全、健康、节能、环保、可持续发展成为第二次世界大战后体育场馆建筑的新诉求。美国于 20 世纪七八十年代先后建成了一些采用薄膜气承结构做屋顶的大型体育馆，如密歇根州的庞提亚克体育馆（Silver－dome in Pontiac）、洛杉矶市生克拉拉大学活动中心和塞拉克斯大学体育馆（New Carrier Dome in Syracuse），法国巴黎也在其东部建立了长 60 米、宽 40 米、高 19 米的充气体育馆。这类体育馆材料简单，安装、充气、拆卸和搬运都很方便。21 世纪以来，随着大气污染的加剧，这类充气体育馆改进为气膜体育馆，利用净化装置保持馆内空气的纯净度，成为体育场馆建筑的新趋势。1992 年挪威哈默尔冬季奥运会滑冰馆采用轻型木质拱架结构，三层叠落的屋面和中央屋脊不但产生了“空中飘浮”的外观效果，而且构成一条条弧形的采光带，有效地解决了大空间内部的通风和采光问题。“伦敦碗”作为 2012 年伦敦奥运会的主体育场，堪称节能型建筑的典范。在钢材日益稀缺的形势下，该场馆比其他体育场减用了 75% 的钢材；其建筑所使用的低碳混凝土来源于工业废料，比一般水泥含碳量低 40%；体育场的顶环由剩余的煤气管构筑而成；体育场下体构筑于碗形基底的策略进一步减少了钢材与混凝土的使用；体育场外围架设的附加看台由可拆卸的轻质铁架构成，便于赛后的拆除再利用。人类社会的文明与进步，使得体育场馆建筑融入维护人类生存前景的使命中。

体育场馆有着悠久的历史，它们的造型、结构和功能随着社会的进步、体育文化的传播和发展而不断更新。一代代体育场馆既记录了体育赛事兴衰的历史，也折射着人类建筑艺术和体育文化交融的文明之光。古希腊、古罗马的体育场馆代表欧洲古代社会体育建筑艺术的最高水平，而同时期的美洲、亚洲也都出现了各具特色的体育场馆建筑艺术。到中世纪时期，欧洲体育场馆建设随着体育文化的没落而进入衰落期，文艺复兴运动之后又伴随体育文化的回归而恢复，并随着资本主义全球扩张而影响着世界体育场馆建筑的风格。第二次世界大战后，奥林匹克运动的兴盛和超大规模发展使得为举办奥运会而兴建的体育场馆建筑群成为世界体育场馆建筑和管理的代表。如今，体育场馆已经成为21世纪城市发展的重要催化剂，不但推动着城市体育文化、体育产业的发展，而且影响着整个城市的规划。随着人类社会的文明与进步，体育场馆建筑呈现新技术和建筑艺术融合的新特征，在发挥体育场馆实用功能的同时，体现出“安全、环保、节能、健康、可持续发展”的人文关怀，同时以其卓越的艺术象征意义，激发人们的想象力和对美好生活的向往与追求。

第二节　中国体育场馆发展历史与现状

中国有着源远流长的体育文化，内容丰富，形式多样。中国古代体育活动得以进行的场地、设施逐渐由间接形式向专业化形式演进，成为中国古代体育文化的重要组成部分。与西方体育建筑相比，中国古代历史上并没有形成具有固定风格与形制的体育建筑，有记载的体育设施与场所也呈现出随意与不规范的性质。到中国近代社会，随着西方现代体育文化的引进和传播，现代体育场馆开始兴建起来，中国体育场馆逐渐融入世界体育场馆潮流之中。

一、中国古代体育场馆

中国先秦时期“国之大事，在祀与戎”的观念形成尚武之风，为提高士兵的力量和作战技能而进行射箭、击剑、举鼎、蹴鞠和骑马等体育运动和比赛活动。这时的体育活动还没有专用的场地设施，大多在旷野进行。南方的划船、游泳等活动则就近利用合适的水域进行。

两汉时期开始有了专门的体育运动场地，皇帝宫中和游乐的离宫一般都建有蹴鞠场地。据《汉书·戚夫人传》记载，西汉刘邦曾在宫苑内建造了供蹴鞠比赛用的“鞠城”，亦即古代足球场。这种鞠城呈东西走向，设有坐南朝北供观“讲肆”用的大殿。四周有围墙，称为“鞠城”。鞠城两端，分别有月状的“球门”，称为“鞠室”。一些贵族官僚的私宅也建有足球场，西晋奇才陆机的《鞠歌行序》中记载，“后汉马防第宅卜临道，连合、通池、鞠城，弥于街路”。马防是后汉马皇后的弟弟，家中的鞠场“弥于街路”，也就是说有一条街那么长。另外汉代还有野外的鞠场，这种鞠场没有“鞠城”，但鞠场两端有鞠室。如《史记》载，汉初名将霍去病在行军打仗之余，在营地建造鞠场，并亲自下场参加比赛。

汉代的角力活动盛行于百姓和军队中，经常有角力的表演和比赛，这种表演和比赛一般是在专门的角力台上进行的。如 1979 年湖北江陵凤凰山秦墓出土了一件木蓖，在其背面所绘的《角力图》表现的正是进行角力竞赛的情形。画面的上面，有一条下垂的似帷幕式的飘带，说明这场比赛是在饰有帷幕的专用角力台上进行的，反映出当时的比赛场地已经较为正规了。除了蹴鞠和角力，汉代也出现了马球活动并且有专门的球场。唐代诗人蔡孚的《打球篇》中就提到被董卓烧毁的东汉洛阳“德阳宫北苑东头”的马球场。

隋唐时期，体育活动场地更加规范，也越来越多。从唐代的史料记载、文物和诗文中可以看出，唐代马球活动盛极一时，皇帝的宫城及禁苑里就有含光殿、麟德殿、中和殿、保宁殿、清思殿、飞龙院、梨园亭等多个马球场地。西安唐代大明宫遗址出土的奠基石刻有“含光殿及球场等大唐太和辛亥岁乙未月建”字样，表明唐文宗李昂太和五年（公元 831 年）十一月在修建宫殿时也修建了马球场。唐代马球场一面建有殿、亭、楼、台供观赏者用，三面矮墙围绕。这些矮墙的作用有两点：一是作为边界线墙，提醒打球人，在接近边界时，应减慢奔马的速度；二是球出界，遇墙弹回，打球人可避免跑到很远的地方去捡球。球场面积较大，地表平坦光滑，有的还将油料铺洒到球场内，如《资治通鉴》卷二O九载，唐中宗的“验马武崇州、杨慎交洒油以筑球场”，用油料来修筑马球场，可以防雨防尘土，使场地平滑如镜。唐太宗将击鞠作为“用兵之技，存武之义”，所以除了宫中马球场，唐代军队驻地也设马球场。韩愈曾作诗《张仆射击球诗》赠予徐州刺史张建封，描绘其击鞠场上的丰姿，张建封也回诗一首《酬韩校书愈打球歌》，讲述自己弃笔从戎在马球场上培养将士骁勇技能的经历。根据考古资料，唐代马球场场地长约 120 米、宽约 50 米。1971 年，在唐章怀太子墓葬中发掘出 50 多幅壁画，其中《马球图》再现了几位马球高手奋力驱马争球的激烈场面。唐长安城大明宫含光殿打马球场复原图如图 2 – 16 所示，唐马球图壁画如图 2 – 17 所示。

图 2 – 16　唐长安城大明宫含光殿打马球场复原图

宋代体育场地较唐代有增无减，形式多样。从数量来说，首先是皇宫有专门供皇族娱乐和“内等子”训练的体育场地；其次是宋代以高俅为代表的官员投皇帝所好，以蹴鞠等体育活动作为自己休闲娱乐和升官晋职的捷径，其官邸中亦有专用体育场地；再次，宋代

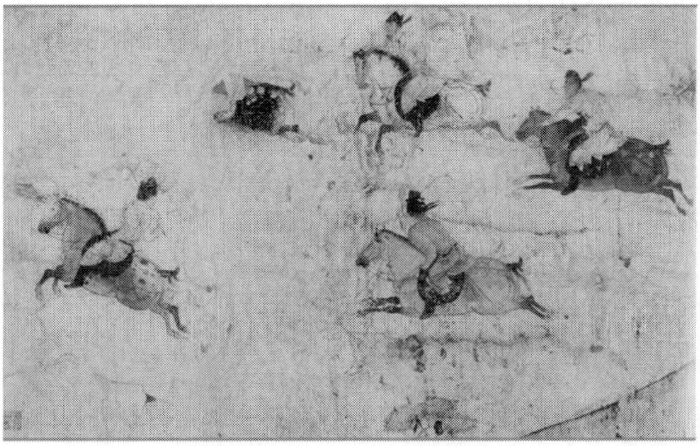

图2－17　唐马球图壁画

市民体育兴盛，出现了“锦标社”（射弩）、“英略社”（使棒）、“角抵社”（摔跤）、“弓箭社”（射箭）、“齐云社”（又称圆社，蹴鞠）、“角抵社”等民间自娱性体育社团，这些体育社团都有自己专门的训练和比赛场地。从形制来说，宋代体育场地呈现多样化发展趋势。以蹴鞠为例，既有设置球门的场地，也有不设球门的场地。前者的球门立在场地中央，“植两修竹，高数丈，络网于上，为门以度球。球工分左右朋，以角胜负”。后者不设球门，场地较为简单，比赛以踢花样为主，称为“白打”。宋代画家胡廷辉的《蹴鞠图》描绘了宋太祖赵匡胤与群臣踢球的场面，就是“脚头十万踢，解数百千般”的“白打”踢法（如图2－18所示）。除蹴鞠外，宋代的体育活动丰富多样，还有射箭、马球、相扑等，这些体育活动都需要在一定的体育场地上进行，尤其是民间相扑，还有专门进行比赛用的“擂台”。从《文献通考》《事林广记》《水浒传》等图书的记载来看，当时军事性的武艺训练和比赛一般在“校场”进行。陆游的《老学庵笔记》卷一中就有“淳熙己酉十月二十八日，车驾幸候潮门外大校场大阅”的记载，描绘了皇帝在校场检阅部队的场景。

图2－18　《蹴鞠图》（上海博物馆）

元代北方少数民族热衷体育活动，骑射、摔跤、马球等是他们经常参与的活动，也是元代军队训练的重要手段。元代体育活动和体育场地延续了前代传统，宫廷中还专门设置“勇校署”管理摔跤活动，组织宫中的摔跤比赛。明朝皇宫和民间都有大量传统娱乐活动，军队也有军事性的身体训练，但是由于封建社会的专制制度走向僵化，竞技性体育活动越来越少，体育场地也逐渐减少。清朝满族将其传统特色的冰嬉活动带入关内，成为宫廷和北方民间的传统娱乐项目，除皇家贵族有专门的体育活动场地外，民间体育活动多利用自然场地进行。

纵观来看，中国古代体育场地呈现出有场无馆、功能多样、依附于自然条件等特点，原因有以下几个方面。

（一）中国古代“天人合一”的体育文化理论基础决定了体育场馆对自然界的依附性

中国古代体育文化认为，人是自然的一部分，必须与天地即大自然保持协同才能保全性命，维持健康。在这种哲学身体观和生命观指导下的中国古代体育实践注重修身养性，按照自然界的变化调整人体内外环境的平衡，在体育锻炼场地方面注重利用自然界中的空间便利条件。

（二）中国古代社会等级森严的社会结构使得专门的体育场地仅限于少数官僚阶层使用

与西方古代社会有一个人数众多、身份平等的公民阶层不同，中国古代社会的社会结构呈金字塔形，少数贵族阶级拥有专门的场地设施以满足自己的休闲娱乐需求，而对于占人口绝大多数的乡村大众来说，高墙之内的宫殿、官衙成为壁垒森严的禁地，他们只能在有限的休闲时间内从事不需要场地或在自然环境中进行有限的休闲活动。即使是皇宫、官衙、贵族府邸和军队的健身娱乐场所，也因为其活动的封闭性，缺少众多的观众而未能建造大型满足观赏需求的“馆”，活动场地依附于生活型或理政型建筑的整体需求，而未形成独立形态的体育场馆建筑模式和风格。

（三）中国古代的专制制度和宗法礼制限制了大众公共需求的表达和满足

中国古代的专制制度缺乏西方古代社会的民主传统，通过严格的宗法礼制来巩固统治秩序。当然中国古代不乏有抱负的统治者，但他们追求的是“国泰民安”，希望平民百姓安分守己，并没有将满足百姓的休闲娱乐需求列为施政内容，也不鼓励以娱乐、狂欢为内容的公共性娱乐活动，从而排除了兴建专门的公共体育设施的可能性。虽然民间的庙会或传统节庆活动期间的擂台比武等也会建造专门的比武场地，但是这种活动持续时间较短，活动一结束，场地也就随之拆除。我国宋代都城也出现过比较活跃的市民体育和“勾栏瓦舍”这样的娱乐活动场所，但是仍因封建专制制度的制约而未能延续下来。

（四）中国农业社会的生活方式使得中国古代体育活动依赖于天然场所

古代中国处于农业社会，人们的体育娱乐活动和生活节奏随自然界的季节变化而改变。在长达数千年的农业社会的生活方式影响下，一些独特的季节性民俗体育活动，如龙舟比赛、舞龙、舞狮等，往往与一年中各种季节性的节日，如元宵节、端午节等联系在一起，成为节日庆祝活动的组成部分。因此，中国古代的体育场地多是在适当季节中所选择的天然场所，城市中的大众性体育娱乐活动也往往利用街道、河渠或是寺庙建筑等来进行。

中国古代体育场地在人文意蕴、物质特征和空间形态上与西方古代体育建筑迥然相异，尽管始终没有形成理性、规范的体育建筑形制，但也真实地反映了中国传统体育文化的独特内涵。

二、中国近代体育场馆建筑

中国近代体育场馆建筑的出现源于西方体育文化的输入。1840 年鸦片战争，西方列强以坚船利炮打开中国国门，封建的帝国开始被动地进入世界资本主义体系。西方体育文化伴随着侵略者的商品、科学技术和宗教浸入中国并与中国传统体育文化发生激烈冲突。包括体育场馆设施在内的中国体育文化被推入了一个蜕变与新生的历史阶段。

（一）中国近代体育场馆建筑兴起的社会背景

1. 西方近代体育文化的输入

西方近代体育文化的传入是中国自身寻找救亡图存途径的主观需要和西方殖民主义、资本主义势力扩张的客观传播作用共同导致的结果。

一方面，鸦片战争以后，中国沦为半殖民地半封建社会，近代中国精英阶层在西方资本主义入侵所造成的中华民族传统断裂和失去自主发展权的剧痛中觉醒，为了救亡图存，主动学习西方体育文化，涤荡中国数千年的文弱传统。清政府洋务派官僚以“中体西用”为理论基础在新军训练和洋务学堂中引入西式兵操，拉开学习西方体育的帷幕；资产阶级维新派提出“三育教育”观念，将体育列为学校教育的组成部分；资产阶级革命派倡导尚武风气，提倡军国民体育；新民主主义者提倡民主、科学和新体育，通过与“国粹派”的激烈辩论而使西方体育文化在中国得到进一步传播。

另一方面，基督教传教士在西方体育文化发展过程中承担着重要的角色。中国人最早是通过西方传教士开办的教会学校开始初步接触、了解和认识西方体育文化的。1842 年中英《南京条约》签订之后，基督教传教士来到五口通商的沿海城市进行传教活动，同时按照西方教育模式兴办学校，如 1844 年英国传教士兼东方女子教育协会会员阿尔德赛在浙江宁波开办了女塾，成为中国近代最早的女子学校。到 1920 年，基督教所办的教会学校的学生数量达到 245 049 人。教会学校都有体育课和课外体育活动。如北京的汇文书院，1895 年成立棒球队，1901 年成立足球队，1907 年起汇文书院和通州协和书院举行两校之间的棒球和足球比赛。上海的圣约翰大学在1890年就举行了运动会，1901年成立了足球队，并与英华书院、东吴大学等教会学校组织起大学体育联合会，每年举行田径运动会。此外，津、沪等地青年会也经常组织体育表演，并建造体育馆、游泳池，以吸引青年人参加体育活动。教会学校和基督教青年会的体育活动场地和建筑成为中国最早的体育建筑。

2. 政府改革对体育场馆建设的推动

20世纪前半叶，中国政府在民族救亡和维护统治的双重驱动下，开始进行体育改革，客观上推动了体育场馆建设的发展。

在近代社会改良主义思潮的推动下，清政府于1901年宣布实行"新政"，进行改革，1904年颁布"癸卯学制"，规定从蒙养院到高等学堂"各学堂一体练习兵操"。这样体育就作为教育的一项内容开始被纳入正规化社会组织建制——学校制度的结构体系之中，作为一种社会建制的官方教育制度，将体育纳入国民教育体系之中标志着中国主流社会对西方体育教育制度设置形式的认同与吸纳。

1912—1913年，中华民国教育部颁布"壬子癸丑学制"，规定从初小到大学各级各类学校开设体操科，推行军国民体育。1922年，国民政府教育部颁布"壬戌学制"，改"体操科"为"体育科"，学校里废除兵操，代之以田径、球类、游戏、体操等主要内容，确立了新的体育课程体系，西方现代体育在学校中得以推广。随着学校体育的推广，学校里的体育场地和设施相继增多，除学校的体育场外，还有1913年由民国教育部创办的京师通俗图书馆附属公共体育场。1915年，教育部通令各省筹设体育场。1917年，上海建成西门公共体育场后，各省仿效，到1927年南京政府成立初期，全国已有体育场1142个。

南京国民政府成立以后，陆续设立了中央政府与各级地方政府的体育行政管理机构。1929年颁布了第一部国民体育法，又相继颁布了包括《体育场规程》在内的一系列有关体育的法令。随着西方运动项目的输入、传播和普及，各种竞技运动组织形式，如学校运动代表队、区域和全国性的竞技运动团体相继诞生，各类体育运动竞赛和运动会相继举行，逐渐形成定期性、制度化的竞赛制度。到20世纪20年代，与国际竞赛体制基本相适应的中国竞赛体制初步形成。同时，现代体育协会团体不断在发展中壮大，并努力摆脱西方教会组织的控制，走上了本土化的独立道路。

在政府体育改革和体育社会组织发展的推动下，中国近代体育建筑的发展迎来了一个高潮，无论在数量上还是质量上，都是以往任何一个历史时期所无法比拟的。

（二）中国近代体育场馆建筑的发展

中国近代体育场馆建筑是中国建筑发展过程中的一个重要转折点，它打破了中国传统封建保守的建筑形制，逐步迈向现代化、科学化的方向，不论是设计思想、设计方法、建筑艺术，还是建筑技术与设备都已走上了新的道路。许多优秀的近代体育建筑师还在继承与创新方面做出了卓越的贡献。

20世纪30年代以前，中国早期的近代体育场馆建筑多是对西方古典建筑式样的模仿。为中国设计体育场馆的外国建筑师自然是直接移植西方体育建筑式样。我国早期体育建筑师也多为归国留学生，其设计实践也以追随和抄袭西方古典建筑手法，于是一批西方古典主义的建筑形式接踵出现，成为当时颇为流行的一种倾向。这一风格的体育建筑代表作品有上海跑马总会、沈阳东北大学体育场和体育馆、天津意租界回力球场、南京东南大学体育馆等。上海跑马总会如图2－19所示，上海跑马场如图2－20所示。

图2－19　上海跑马总会

图2－20　上海跑马场

当时的一些外国建筑师在我国设计的体育建筑中，除采用欧美古典建筑形式外，也有意识地运用中国古代的建筑手法，把中国建筑元素融入其建筑形式之中。这一类型多出现在教会学校的体育建筑中，西式体育建筑上拼凑出大屋顶和其他中国古建筑部件，这类建筑就其创作手法来说，实质上是折中主义的表现。武汉大学体育馆（见图2－21）是其中的代表，这座美国建筑师设计的体育馆运用了一个复杂变化的拱形密檐屋顶设计，力求表现中国古典建筑风格。

图 2－21　武汉大学体育馆

到 20 世纪 20 年代末期，国内民族主义情绪高涨，致使当时的体育建筑师开始对中国传统建筑形式进行重新认识和推崇。同时，国民党政府“尊孔复古”的文化取向也起到了推波助澜的作用。为了恢复中国传统文化，在“大上海计划”和南京的“首都计划”中，都明确提出要采用“中国固有形式”。在“中国古典复兴”的建筑设计思潮中出现了一批典型的复古式体育建筑，如南京中央体育场和上海市江湾体育场。

南京中央体育场（见图 2－22）建于 1933 年，由基泰工程司的杨廷宝设计。南京中央体育场总平面布局基本上以田径场的大门为轴线对称布置。建筑均系钢筋混凝土结构，建筑风格显得雄伟壮观，在立面重点部位集中模仿中国古典建筑形式，借鉴传统建筑中的牌楼加以装饰。内有田径赛场、游泳池、棒球场、篮球场、排球场、武术场、足球场及跑马道等，能容纳 6 万人，是当时全国最大的工程之一。南京中央体育场剖面图如图 2－23 所示。

图 2－22　南京中央体育场

图 2－23　南京中央体育场剖面图

在近代中国复兴古典建筑的潮流中，建筑师董大西却保持着清醒的头脑，他认为“纯采中国式样，建筑费过昂，且不尽合实用”“面积之利用难期经济”，因此他在设计“大上海计划”二期工程里的上海市江湾体育场时，就采取了“用钢筋混凝土模仿中国传统建筑的局部，代替模仿整体”的做法。

上海市江湾体育场（见图 2－24）原名上海市体育场，是为 1935 年民国第 6 届全国运动会而修建的。体育场由董大西主持设计，占地 20 000 平方米，由运动场、体育馆和游泳池三部分组成，总建筑面积为 28 000 平方米。运动场大看台为两层钢筋混凝土建筑，有可容纳 4 万人的座位、2 万人的立位。底层设 6 米宽回廊一周，设有各种辅助设施。体育馆长 82 米，宽 41 米，钢筋混凝土结构，拱形屋顶，层高 20 米。看台宽 11 米，共 13 级，可容纳 5 000 多名观众，可举行篮球、排球和体操等比赛。

图 2－24　上海市江湾体育场

上海市江湾体育场建筑群庄严宏伟、典雅大方，有鲜明的民族风格。建筑各部分比例恰当，平面布置功能合理，受到了当时建筑界人士的一致认同。上海市江湾体育场俯瞰图如图 2－25 所示。

图2－25 上海市江湾体育场俯瞰图

总体来讲，中国近代社会在救亡图存、引入西方体育文化的背景下，有了专门的体育场馆建筑。中国近代体育场馆建筑风格最初是照搬西方体育建筑式样，在“中国古典复兴”思潮中，体育场馆建筑开始融入中国古典建筑元素。复古式体育建筑虽有不实用的缺点，但体现了中国人的民族自觉，中国人开始理性地比较和认识中西方体育场馆建筑的优缺点。

三、新中国体育场馆发展

1949 年 10 月 1 日，中华人民共和国的成立标志着中国人民取得了新民主主义革命的伟大胜利，从此中国体育事业和中国体育场馆建设揭开了新的历史篇章。

（一） 奠基时期 （1949—1978 年）

1. 体育场馆的发展

新中国成立初期，国家面临着国民体质羸弱、运动水平低下和体育场馆匮乏等严峻形势。面对百废待兴的现状，中国共产党确立了新民主主义的体育方针，提倡发展国民体育，促进人民的健康、新民主主义建设和为国防服务。

1952 年 6 月，中华全国体育总会成立，其章程第一章第三条第 8 款将“设计并审查全国重要运动场地建筑设备”列为总会的任务。同年 7 月，中国体育代表团参加在芬兰首都赫尔辛基举行的第 15 届奥运会，基于苏联奥运会成绩的刺激，回国后团中央军体部部长、全国体总秘书长荣高棠向党中央递交了《关于参加第十五届奥运会的情况报告》，其中建议，“在各地酌量增设体育场及体育设备，在北京修建大型运动场”。中央人民政府政务院（1954 年改为国务院）副总理邓小平对体育场的批示是：“要建立，但不要离市区太远，否则交通工具接不上，所以先农坛体育场要立即进行设计。”国家体委（前身是 1952 年成立的“中央人民政府体育运动委员会”，1954 年改称为“中华人民共和国体育运动委员会”，简称“国家体委”）加强对体育场地设施的建设工作。1955 年，中华全国体育总工会颁布《关于开展体育运动暂行办法纲要》，对体育场馆的建设、维修、保养和利用做出明确规定。在国家政策的鼓励下，1954—1960 年出现了新中国体育场馆建设的第一个高峰期，平均每年新增体育场馆 15 座。

改革开放前，新中国体育场馆建设的第二个高峰期是在 1973—1978 年，这是因为 20 世纪 70 年代初，中国通过“乒乓外交”抓住了有利的外交形势，参加了 1974 年的第 7 届亚运会和第二届世界中学生运动会，1977 年又参加了第 9 届世界大学生运动会，并取得了不错的成绩，这使得国家对体育事业重视起来。国家体委于 1973 年和 1975 年分别颁布了《国家体育锻炼标准》和《国家体育锻炼标准条例》，推动了体育场馆的建设。

遗憾的是，1961—1972 年，由于政治、经济条件所限，体育场馆的建设停滞不前，已有的场地场馆也出现了被毁被占的现象。改革开放前中国体育馆体育场年增长曲线图如图 2 –26 所示。

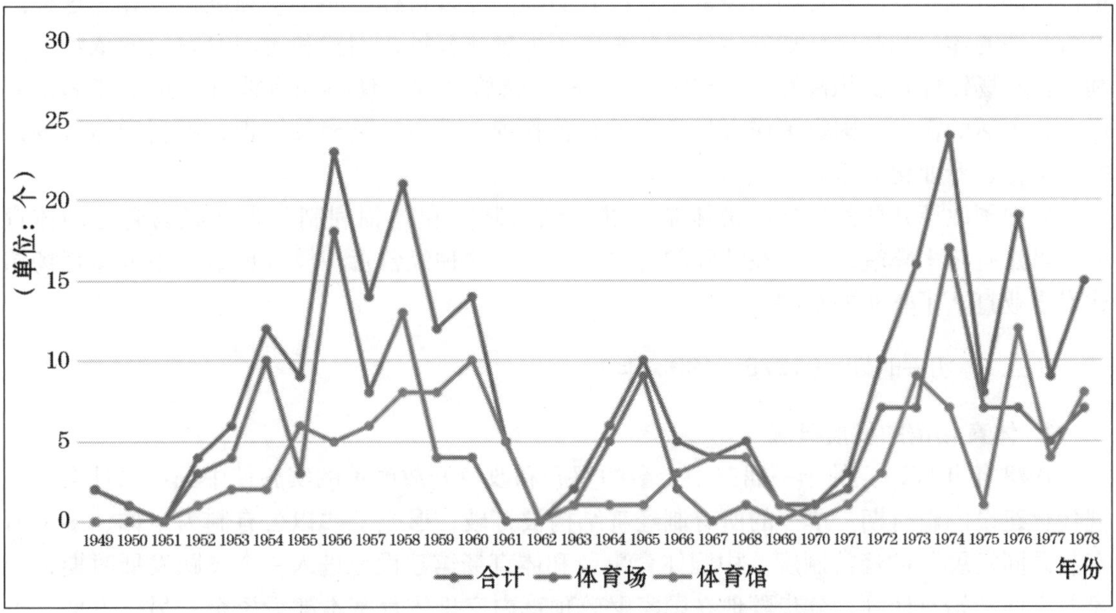

图 2 –26 改革开放前中国体育馆体育场年增长曲线图

数据来源：《体育场馆经营与管理导论》

2. 体育场馆的管理与经营

中华人民共和国成立初期，在“普及与提高相结合”的思想指导下，我国体育场馆形成了国家体委主管、中华全国体育总工会具体操作、教育部和中华全国总工会等部门系统相互协作的组织管理模式。20 世纪 60 年代，针对国家经济困难、资源匮乏的现状，国家体委进行战略调整，在“缩短战线、保证重点”的思想指导下，有限发展竞技体育，形成高度集中的体育管理体制，各行业协会和社会体育组织失去体育场馆的管理和经营权，高度集中统一的、自上而下的行政命令式的管理模式。国家体委掌握全部的体育场馆资源，主管全国体育场馆的资源配置，体育场馆资源的配置权力从国家体委到地方各级体委自上而下逐级递减。有关体育场馆的政策是国家体育出台，以行政命令的方式逐级下达、刚性执行。

高度集中统一的体育场馆行政管理体制决定了其经营模式为行政单位内部自主经营。体育场馆作为隶属各级体育行政部门的事业单位，其资源的配置主要通过国家计划分配。体育场馆作为国家财政全额拨款的事业单位，其投入主要来自国家计划“供给”。国家是体育场馆建设的唯一投资方，对体育场馆实行统收、统支、统管的财政经济政策，为体育场馆的建设和维护提供资金。

体育场馆作为国家分配给各体育系统的“福利”，一般是由体育场馆所属系统内部的某个部门负责运营管理，如学校体育场馆一般由学校后勤部门负责管理，体委系统的体育场馆由其中的一个部门来负责管理。而在运行机制上，体育场馆采取政府补贴的封闭式运营管理办法，体育场馆只承担系统内部或者上级机关分配的竞技体育训练比赛任务。这种单位内部自主经营的体育场馆经营模式没有明确的经营目标，亦不单独进行核算。这种国办行政性的体制和高度计划的运营机制造成了大量体育场馆闲置和对国家财政的依赖，不利于调动场馆经营的积极性；“条块分割”的经营管理模式使得现有体育场馆不能满足人民文化生活的需求；国家工作人员身份的经营管理人员也缺乏相关知识，不利于体育场馆的科学化、专业化经营。

新中国改革开放前计划经济体制下以“供给制”和“福利制”形式经营管理的体育场馆虽然有诸多弊端，但是在特殊的历史背景下，这种经营管理模式也给新中国体育场馆建设事业打下了坚实的基础。

（二）初兴时期（1979—1995 年）

1. 体育场馆的发展概况

1978 年年底，党的十一届三中全会的召开和改革开放政策的实施使中国进入社会主义现代化建设的新时期。单一的所有制经济结构被打破，形成了“以公有制为主体、多种所有制共同发展”的经济制度。中国体育事业和体育场馆建设也进入一个飞跃发展时期，国家一方面开始有计划、分步骤地在国家财政预算内安排体育基本建设资金；另一方面，也鼓励社会各行各业多渠道投资体育场馆建设。尤其是中国在国际奥委会合法地位的恢复和中国参加世界大学生运动会、世界中学生运动会及 1984 年洛杉矶奥运会取得的成绩极大地激励了国家对体育事业的关注和投入；同时，第十一届北京亚运会等综合性体育赛事的举办和全国大型运动会的举办也大大地促进了体育场馆的规范化建设，我国公共体育场馆的数量与规模出现前所未有的增长。

首先是体育场馆数量的增长。根据第四次全国体育场地普查的结果，截至 1995 年年底，全国拥有各类体育场地 615 693 个，占地面积 10.7 亿平方米，建筑面积 7 700 万平方米，以 1994 年年底全国总人口 11.985 亿人计算，每万人拥有体育场地 5 个，人均体育场地面积 0.65 平方米。在这些体育场地中，室内体育场地 26 023 个，占场地总数的 4.22%；室外体育场地 574 937 个，占场地总数的 95.78%。其中，现存新中国成立前的体育场地仅有 2 855 个。

从图 2－27 中可以看出，“第七个五年计划”期间，我国体育场地建设数量逐年递增，在 1990 年达到顶峰。整个“七五”期间，我国共建体育场地 149 069 个，比新中国成立前增长了 105 倍；平均 2 082 人拥有 1 个体育场，比新中国成立前提高约 53 倍；人均占用体育场地面积 0. 5 平方米。特别是党的十一届三中全会以来的 10 年，全国共新建各类体育场地 221 750 个，占全国体育场地总数的比例从 1982 年的 28. 1% 上升到 41. 9%，反映出经济发展对体育场地建设有着直接的推动作用。

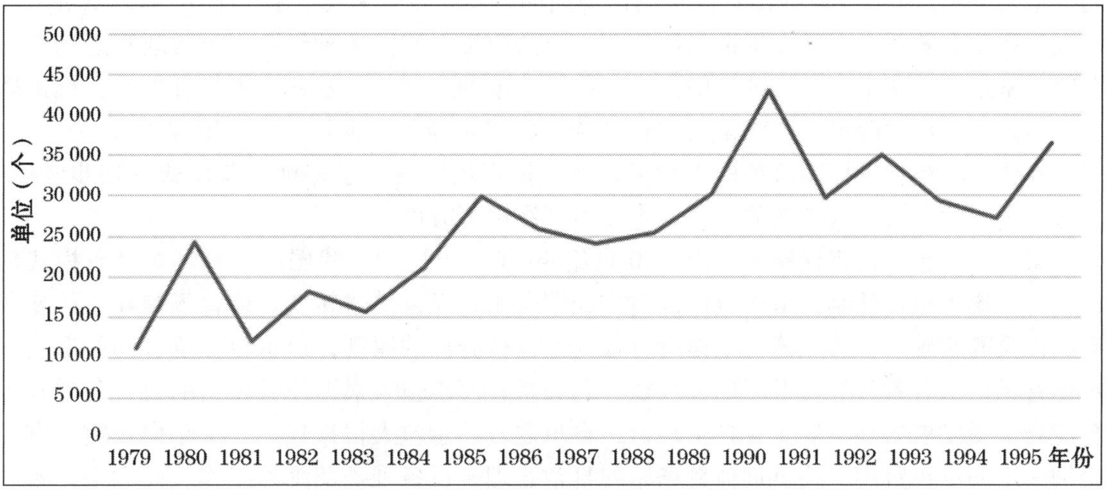

图 2－27 1979—1995 年新建体育场馆数量

数据来源：《第四次全国体育场地普查》

其次是体育场馆类型的增多。这一时期，全国体育场馆的类型从 27 种增加到 46 种，并新建了一批规模大、设备较先进的体育场、馆、池。截至 1988 年，全国除西藏外，29 个省、自治区、直辖市都建有体育场；除海南外，都建有体育馆。体育场总数比新中国成立前增加了 46 倍；平均 160 万人拥有 1 个体育场；体育馆共 488 个，平均 225 万人拥有 1 个体育馆，比新中国成立前增加了 54 倍；室内外游泳池共 4 249 个，平均 26 万人拥有 1 个游泳池，比新中国成立前增加了 47 倍。由于 1986 年国家体委颁布《关于体育体制改革的决定（草案）》，拉开了体育体制改革的序幕。1993 年体育体制改革进一步推动了体育场馆由“国家包办”向“国家办和社会办”相结合转变，鼓励社会力量办体育场馆，所以此后社会各行各业多渠道投资所建场馆大幅度增加。到 1995 年为止，全国体育场地中体委系统只有 14 410 个，占场地总数的 2. 34%，其余 97. 66% 都是由社会各系统、各单位投资兴建的。但是从地域分布上看，存在着不均衡现象，在体育场地投资额中，东部地区的投资额占全国总额的 70%，而西部地区仅占全国总额的 10%。

2. 体育场馆的管理与经营

1979—1995 年的 16 年间，中国体育场馆的管理与经营形成了举国体制下的稳定结构，经历了两次改革的洗礼。20 世纪 70 年代末，由于我国体育“走向世界”的需要，选择了“竞技体育适度超前”的发展战略，所以体育场馆的建设主要满足竞技体育的发展需求，到1986年国家体委颁布《关于体育体制改革的决定（草案）》之前，体育场馆基本是国家投资、国家实行自上而下的行政命令式管理的模式。

1984年11月，国家体委在《关于贯彻执行中共中央〈通知〉的意见》中指出："要积极改善发展体育运动的物质条件，增加体育事业经费和基建投资；同时，体育场馆要改善经营与管理，提高使用率，讲究效益，实行多种经营，逐步转变成企业、半企业性的单位。"这份文件指出了转变经营方式的方向。1986年4月，国家体委下发的《关于体育体制改革的决定（草案）》提出：体育场馆要面向群众，面向社会，提高使用率，要讲求经济效益和社会效益，在优先保证发展体育事业的前提下实行多种经营，由行政管理型向经营管理型过渡。这个决定拉开了中国体育体制改革的序幕，鼓励社会力量办体育，推进体育场馆管理体制的改革，主张采用"以体为主、多种经营方式并存"的管理方式。

在体育场馆管理体制改革的推动下，我国体育场馆开始了多种经营模式的初步尝试，体育场馆经营方式出现了新的变化，主要表现在以下方面。

第一，承包经营责任制的出现。20世纪80年代中后期，我国的体育场馆经营模式仿照农村联产承包责任制，由单位内部自主经营向租赁经营模式转变。体育场馆在不改变所有制性质的基础上，按照体育场馆所有权与经营权分离的原则，以承包经营合同的形式确定体育场馆所有者与经营者间的责、权、利关系，使承包人根据体育场馆的自身条件和体育健身市场发展的基本规律，自主经营、自负盈亏。承包人根据规定，每年向场馆所有者交纳一定的承包费用，并负责体育场馆的日常管理、设备维护及维修工作。而大型设备的更新、维修则由政府来投资。被承包的体育场馆不能改变其为大众提供体育健身服务的性质，必须保证为全民健身和运动训练提供场馆服务，但其提供的各种服务都要收取费用，收费标准一般由体育场馆主管部门同物价管理部门共同制定，这些条款要在合同中明确约定，承包人必须严格执行；同时，承包人对场馆原有职工有决定是否留用的权力。

第二，体育场馆实行差额拨款。在1986年改革之后，体育场馆的性质仍然是各级体育行政部门下属的一级事业单位，资金来源也依然依靠国家财政拨款，但开始实行差额拨款，体育场馆的主管部门和财政部门根据场地规模和数量，对公共体育场馆定任务、定人员编制、定业务指标、定经费补助。公共体育场馆内部实行增收节支的经济责任制和承包经营责任制，并开始走入"本体推进、全面发展"的综合型的体育产业开发阶段。利用体育比赛的周期性、季节性以及场馆的地理优势，出租运动员、教练员的休息室和公众休息室等空置用房，以获取租金收入，以补充场馆运营经费，"以副养体""以场养场"，由此拉开了我国体育场馆由"管制型"向"经营型"模式改革的序幕。

但是，体育场馆的资金来源仍然以国家财政拨款为主，政府对体育场馆管得过宽，统得过死，场馆自身经营的自主性和独立性不能充分的发挥，体育场馆的经营举步维艰。1992年6月，中共中央、国务院发布《关于加快发展第三产业的决定》，体育界掀起了关于如何加快体育产业发展的热潮。1993年，国家体委下发《关于深化体育改革的意见》及5个配套文件，开启了体育场馆性质由计划经济体制下的"福利产品"向社会主义市场经济体制下的"消费商品"、体育场馆"事业型管理"向"经营型运作"的转化。1994年8月，国家体委成立产业办公室，开启体育产业化改革；1995年，《中华人民共和国体育法》颁布，标志着我国进入“依法治体”的新阶段。

在体育体制改革的推动下，体育场馆建立起国家调控、依托社会、自我发展的管理体制和良性循环的运行机制，形成国家办与社会办相结合的管理格局，体育场馆经营与管理进入市场化、产业化、法治化和科技化发展的新阶段。

（三）发展时期（1996—2018 年）

1. 体育场馆的发展概况

《全民健身计划（2011—2015 年）》指出：“认真贯彻实施《公共文化体育设施条例》《划拨用地目录》（国土资源部令第 9 号）和《城市社区体育设施建设用地指标》（建标〔2005〕156 号）等文件规定，做好公共体育设施建设用地落实和储备，保障建设用地供给。”分别以第四、第五、第六次全国体育场地普查数据为 3 个点，可以看到 1996—2004 年和 2004—2014 年这两个时间段我国体育场地的变化，“四普”“五普”“六普”全国体育场地整体情况见表 2－1。

表 2－1　“四普”“五普”“六普”全国体育场地整体情况

指标	单位	第四次普查	第五次普查	第六次普查
全国体育场地总数	万个	61.57	85.01	169.46
全国体育场地总用地面积	亿平方米	10.70	22.50	39.82
全国体育场地总建筑面积	亿平方米	0.77	0.75	2.59
全国体育场地总场地面积	亿平方米	7.80	13.30	19.92
人均体育场地面积	平方米	0.65	1.03	1.46
每万人拥有体育场地数量	个	5.00	6.58	12.45

数据来源：全国体育场地普查办公室公布的第四、第五、第六次全国体育场地普查资料。

第一，体育场地整体增幅持续加速提高。数据显示，在 1996—2013 年的近 20 年间，全国（不含港澳台地区）各系统、各行业、各种所有制形式的体育场地增加了 107.89 万个，其中前 8 年（1996—2003 年）从 61.57 万个增长到 85.01 万个，增长率为 38.07%；2003—2013 年的 10 年间从 85.01 万个增长到 169.46 万个，增长率为 99.34%。全国体育场地总用地面积从 1996 年的 10.70 亿平方米增加到 2003 年的 22.50 亿平方米，再到 2013 年的 39.82 亿平方米，两个时间段的增长率分别为 110.28% 和 76.98%。从全国体育场地总建筑面积来看，1996—2003 年不但没有增长，反而略有下降，无论是否数据统计有误，都可以断定这一时期体育场馆建设并不景气；可以说，体育场馆建筑大幅增加是 2003 年以后的事情。从全国体育总场地面积来看，两个时间段的增幅分别是 70.51% 和 49.77%。人均体育场地面积方面，两个时间段的增幅分别为 58.46% 和 41.75%；每万人拥有体育场地数量从 1996 年的 5 个增加到 2003 年的 6.58 个，再到 2013 年的 12.45 个，增幅分别为 31.6% 和 89.21%。

由数据和增幅可以看出，全国体育场地面积和数量整体持续增加，尤其是2003年后增长速度加快，但是2003年前的体育场地总数增加主要表现在体育场上，2003年后的体育场总数增加表现在体育馆上。这主要是因为2004年后我国举办的大型体育赛事增多，政府重新规划建设了新的高质量的体育场馆。

第二，各系统体育场地面积均有提高。在第四、第五、第六次全国体育场地普查中，体育系统管理的体育场地分别是14 410个、18 481个和24 300个，1996—2003年和2003—2013年的增幅分别为28.25%和31.49%；教育系统管理的体育场地分别为413 583个、558 044个和660 500个，1996—2003年和2003—2013年的增幅分别为34.93%和18.36%；军队系统管理的体育场地分别为19 907个、23 418个和52 200个，1996—2003年和2003—2013年的增幅分别为17.64%和122.91%；其他系统管理的体育场地分别为167 793个、250 137个和957 600个，1996—2003年和2003—2013年的增幅分别为49.07%和282.80%。从1996年到2013年的3次全国体育场地普查数据可以看出，各系统体育场地数量均有提高；除教育系统外，2003年后的增幅均高于2003年前的增幅，说明2003—2013年这10年间其他各系统的体育事业发展势头高于教育系统，国家对学校体育的重视程度有待提高。“四普”“五普”“六普”各系统体育场地情况见表2-2。

表2-2　“四普”“五普”“六普”各系统体育场地情况　　单位：个

系统类型	第四次普查	第五次普查	第六次普查
体育系统	14 410	18 481	24 300
教育系统	413 583	558 044	660 500
高等院校	12 762	28 741	49 700
中小学	382 761	500 370	584 900
其他教育系统单位	18 060	28 933	25 900
军队系统	19 907	23 418	52 200
其他系统	167 793	250 137	957 600

数据来源：全国体育场地普查办公室公布的第四、第五、第六次全国体育场地普查资料。

第三，体育场地类型不断丰富和完善。从体育场地类型来看，第六次全国体育场地普查显示有82种主要体育场地类型，场地数量154.01万个，占93.77%；场地面积17.92亿平方米，占91.93%。其他类体育场地10.23万个，占6.23%；场地面积1.57亿平方米，占8.07%。与1995年普查的48种体育场地类型相比，2013年年底体育场地类型增加了34种，增幅达270.83%，包括人工滑雪场、室外人工攀岩场、攀岩馆、登山步道、城市健身步道、全民健身路径和户外活动营地等新的体育场地类型。由于3大球（篮球、排球、足球）成为中国职业化和产业化改革的试点，体育场地得到快速发展，新建了一大批高档的体育场馆。这一时期新建足球类场地0.71万个，场地面积2 136.99万平方米；篮球类场地47.69万个，场地面积28 179.67万平方米；排球类场地3.07万个，场地面积

960.6万平方米。从新增体育运动场地来看，我国体育场馆建设逐步向多元化方向发展，兼顾社会体育、学校体育的“强民”需求和竞技体育的“强国”需求。

1996—2018年是中国体育场馆摆脱计划经济管理体制束缚后得到长足发展的时期，体育场馆建设出现了初步兴盛局面。在此期间，我国成功举办了第6届亚洲冬季运动会、北京奥运会、世界大学生运动会、东亚运动会、广州亚运会、南京青奥会等具有一定国际影响力的体育赛事，推动国家加大对体育场馆建设的投资，新建了一批高标准、科技化、综合化的大型体育场馆。尤其是《国务院关于加快发展体育产业促进体育消费的若干意见》将体育产业和全民健身上升为国家战略，成为体育场馆发展的新契机。但是总体来看，也仍然存在着城市和农村、东部和西部的地域分布不均、项目类型分布不均和场地资源利用率偏低等问题。

2. 体育场馆的管理与经营

20世纪90年代，不断深化体育的改革和国际体坛竞争格局的重组推动着我国体育场馆运营管理体制改革的深入，体育场馆逐渐由“事业型”转变为“经营型”，大城市的体育部门开始进行场馆承包、出租、土地转让、兴办公司等有形资产的创收经营活动，同时开放体育竞赛市场、引进外资开发体育场馆建设。体育场馆也不断突破传统经营理念，不断创新运营模式，在原有承包责任制、租赁经营、股份制运营等模式基础上，不断探索适合我国国情的体育场馆经营与管理理念。经过十几年的改革和调整，我国体育场馆管理与经营模式从所有权归属上来看主要是事业型、企业型（国有企业或民营企业）。事业型体育场馆诞生于计划经济时期，1992年党的十四大召开，明确提出建立社会主义市场经济体制的改革目标，拉开了体育场馆事业单位改革的序幕。在中央提出事业单位分类改革要求后，许多省市开始对场馆进行“事转企”探索，新建场馆更是从建设之初就开始完全企业化运作。国有企业管理模式是构建完全独立的法人企业，产权明晰，国家不再对场馆拥有唯一的管理权和经营权，企业变成了场馆的主人，财务上执行企业会计制度。此类模式有体育系统自行组织并管理的公司，也有脱离体育系统、隶属国资委管理的形式，还有多家公司参股形成伙伴关系的公司管理模式等。伴随体育产业的不断发展壮大，尤其是体育场馆服务业的快速发展，民营资本的逐利性决定了其不断地进入市场，故而，民营资本投资的体育场馆数量不断增多，经营性质为民营企业的场馆数量仍在不断增长。需要说明的是，体育场馆经营与管理在新时代中国经济发展中，国有、民营多种运营主体并存。

综上所述，20世纪90年代后期以来，在国家政策的支持下，我国体育场馆建设出现了高标准、科技化、综合化等特征；在经营和管理方面真正实现了“事业型”“福利型”向“市场化”“经营型”的转变，出现了多元化经营与管理模式。但是由于我国体育体制尚在改革历程之中，在体育场馆经营和管理方面仍然存在许多问题，如事业性体育场馆因体制依赖而无法适应市场化改革发展趋势的问题；缺乏专业性管理人才，企业属性场馆市场营销手段不足、融资手段单一的问题；政策供给的分类与标准不明确，财政补贴与税收优惠不足，民营场馆缺乏政府扶持和监管不力的问题；相关法律法规缺乏，执法权限设置不明等问题。

3. 体育场馆经营管理的发展趋势

随着我国社会主要矛盾由“人民日益增长的物质文化需求同落后的社会生产之间的矛

盾”转变为“人民日益增长的美好生活需要和不平衡不充分的发展之间的矛盾”，随着“互联网+”、大数据时代的到来，我国体育场馆管理与经营应与时俱进，在发展方向上与体育强国和健康中国战略保持一致。

（1）精准扶贫，科学规划，改善区域布局。根据几次全国体育场地普查结果，体育场馆的地区差异始终是我国体育场馆最为突出的问题。大城市和经济发达地区在体制机制、经费投入、人才、赛事和配套服务等方面存在明显优势，中等城市以及经济欠发达地区体育场馆普遍缺乏。同时由于我国城市规划不够科学，城市中给体育场馆建设留有的空间不足，无法满足体育场馆建设用地需要。所以，今后我国体育场馆建设应加大对落后地区的投入，在新社区规划中预留充足的体育场地空间，根据使用主体对公共体育场馆的需求特征差异，进行公共体育场馆的规划布局。

（2）健全法制，优化管理与经营的政策供给。法律是规范管理的保障，今后应完善体育场馆管理与运营的相关法律法规，对体育场馆进行政策供给并明确与政策相配套的执行权限，提高执行力度。明确体育行政部门、企事业单位、社会组织的职能，建立责、权、利分明的公共体育资源配置服务体系。真正实现“政府要向市场、社会放权”，遵循市场规律对场馆资源进行配置，实现资源按市场需求流动。

（3）多元融资，调动社会积极性。创新体育场馆的经营与管理机制，充分发挥社会力量的作用，实现政府和社会的良性互动。探索适合中国国情的体育场馆建设投资模式，创新我国体育场馆融资的外部环境和体制，鼓励社会力量以独资、合资、合作、联营、参股和特许经营等方式积极参与到体育场馆的投资上来，把场馆的运营管理放手交给社会资本来运作。充分考虑融资模式、管理模式、盈利模式的综合作用，积极与相关产业相关联，建立价值链体系，提升体育场馆的产值。

（4）提高现有体育场馆的利用效率。面向全民健身的体育场馆，要充分利用“互联网+”带来的高科技优势，将智能产品、高新技术与创新服务相结合，打造“智慧场馆”，充分发挥体育场馆的社会效益和经济效益；为大型体育赛事而建造的大型或超大型体育场馆，赛后进行适应性改造，解决好赛时与赛后功能脱节建设和布局问题，提高体育场馆利用率；体制依赖严重的事业型体育场馆，转变经营管理理念，积极与周边产业联合进行多维度营销，提高场馆利用率和经济效益。

（5）加强不同资源条件场馆的分类改革。体育场馆运营管理的好坏与场馆的外部资源（经济发展水平、场馆的体育服务类型、场馆交通的便利性、群众的体育兴趣等）有着密切的关系。因此，首先要全面评估体育场馆的外部资源条件，根据评估结果对体育场馆进行性质定位（企业型或事业型），进而采取不同的政策进行分类改革，使我国体育场馆经营与管理走上科学化发展的道路。

我国体育场地设施伴随体育文化而出现，可谓源远流长。受我国古代“天人合一”哲学理念的影响，体育场地呈现出充分利用自然条件、“有场无馆”的特征；近代社会伴随着“救亡图存”的历史使命，我国开始引进西方体育文化并开始兴建大型体育场馆，并将中国传统建筑元素融入西式体育建筑风格中，体现了中国体育建筑风格中的民族自觉；新中国成立以后，为了提高人民体质、加强国防建设，体育场馆成为社会主义建设事业的重要组成部分。由于我国改革开放之前坚持公有制和计划经济体制，所以体育场馆的建设和管理都属于国家事业；20 世纪 90 年代以来的社会主义市场经济改革和体育体制改革推动我国体育场馆运营管理进入市场化、经营化的改革阶段。尤其是 2014 年《国务院关于加快发展体育产业促进体育消费的若干意见》的颁布推动了体育场馆运营管理的深化改革，出现了体育场馆经营与管理的市场化、多元化、科学化趋势。但是，由于传统经营管理理念转变的渐进性，该领域专业人才培养的长期性，加之相关法律、法规尚不健全，我国体育场馆的现代化经营与管理尚处在初步兴盛阶段，急需真正推动体育场馆经营与管理走上现代化、科学化道路。

思考题

1. 试从文化学角度分析西方古代体育场地设施的特征。
2. 西方近代社会体育建筑复兴的原因是什么？
3. 中国古代体育场地为什么呈现“有场无馆”的状态？
4. 中国近代体育场馆发展状况如何？
5. 中国现代体育场馆经历了哪些发展阶段？各阶段各有什么特征？
6. 第二次世界大战以后，世界大型体育场馆发展趋势是什么？

第三章　体育场馆建设

本章教学提示

1. 掌握体育场馆布局的影响因素和依据、体育场馆选址要求及体育场馆的布局模式。

2. 了解体育场馆主要建筑模式及其主要场地及辅助场地建设。

3. 理解体育场馆检测与评价的概念、作用和基本要素，掌握不同场地设施的检测方法和评价方法等知识。

第一节　体育场馆布局模式

一、体育场馆选址

体育场馆的选址依据主要有：第一，要为体育运动创造良好的条件；第二，要便于平时和赛时的使用；第三，要服从城市总体规划，兼顾与城市其他功能区的关系。选址时，要对体育场馆，尤其是大型体育场馆及体育中心在城市中不同位置所能获取的社会效益、经济效益和环境效益进行综合评价和分析比较，择优而定。由于选址是否合理不仅关系到体育场馆本身能否正常运营和效益大小，而且会对城市改造和发展产生不同程度的影响，所以体育场馆的选址至关重要。

（一）体育场馆用地一般要求

首先，体育场馆用地应是地势比较开阔，集散方便，与居民区联系密切，远离污染源，环境质量好，适合进行体育运动的地方；其次，体育场馆用地须避开未经开采的地下矿藏、滑坡、冲沟等有危险的地段及有高压输电线路等障碍物通过的地方；再次，应充分利用地形和自然条件（如和公园、绿地相结合），因地制宜地灵活安排；最后，应与城市总体规划相协调，并注意与其他功能区的关系，例如与医院、学校、图书馆、科研机构等建筑物之间有合理的隔声间距。

（二）体育场馆用地特殊要求

体育场馆，特别是大型体育场馆、体育中心，是承担国内、国际体育比赛的重要场所，是大量人流、车流集散的地方，因此，选址除了要满足上述体育场馆用地的一般要求外，还应考虑它对整个城市各个方面的影响，主要包含用地面积、自然环境、道路交通三个方面。

1. 用地面积

体育场馆用地应由体育场馆建筑、附属建筑、集散广场、停车场、道路和绿化用地组成，缺一不可（如图 3－1 所示）。其中体育场馆建筑包括比赛场地建筑和练习场地建筑；附属建筑包括检测、新闻、管理、医疗、商店等；停车场包括自行车停车场和汽车停车场，汽车停车场又分为内部用车停车场（贵宾、运动员、大会用车）和观众用车停车场；道路包括观众使用道路、内部使用道路（贵宾、运动员、工作人员）和公共交通站场。

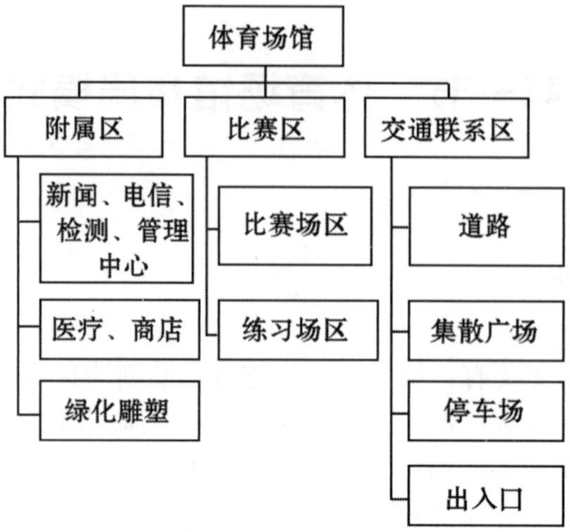

图3－1 体育场馆组成

2. 自然环境

为创造适宜进行体育运动和开展竞技体育活动的良好环境条件，大型体育建筑及体育中心用地应避开工业区，远离污染源，并十分重视对周围环境的选择。首先，体育场馆用地本身应尽量增加绿化面积，通常绿化面积应达到整个用地面积的30%以上，以美化环境，改善用地内小气候条件。其次，不能忽视体育场馆四周景观的陪衬作用，要有良好的大环境条件。

3. 道路交通

体育场馆举行比赛活动时，有大量人流、车流集散，给城市道路交通带来一定的影响。因此，体育用地附近道路交通的好坏是大型体育场馆能否正常使用的关键，也是选址必须考虑的重要因素。大型体育场馆用地对道路交通的要求是既要保证所有观众能安全迅速地集散，又要避免人流车流堵塞交通现象的发生。大型体育场馆用地也不能选在其他人流车流的集散中心，如商业中心、火车站、轮船码头等附近，以免造成城市局部交通负担过重。此外，还应考虑近期与远期相结合的问题，在经济不够发达的地方，可采取分阶段建设的方法，故选址时应注意留有充分的发展余地。

二、体育场馆布局相关理论

（一）马斯洛需求层次理论

马斯洛需求层次理论是人本主义科学的理论之一，它是由美国著名心理学家亚伯拉罕·马斯洛1943年在《人类激励理论》一书中提出的。马斯洛将人类需求由低到高像阶梯一样按层次划分为五种，分别是生理需求、安全需求、社交需求、尊重需求和自我实现需求。

根据马斯洛的需求层次理论，当人类基于生理的基本需求得到满足以后，总是向更高层次的需求迈进。根据国家统计局数据显示，2017 年全国居民人均可支配收入已达到 25 974元，人均 GDP 已超过 8 800 美元，2016 年我国城市居民恩格尔系数为 29.3%，农村居民恩格尔系数为 32.2%。（注：联合国粮农组织恩格尔系数划分标准：59% 以上为绝对贫困；50% ~59% 为温饱；40% ~49% 为小康；30% ~39% 为富裕；30% 以下为最富裕）。

随着生活水平的不断提高，居民追求更高质量的生活方式是社会发展的必然趋势，体育健身将成为生活中不可缺少的一部分，人们对体育场馆的需求呈现多样性和多层次性，体育场馆数量不断增多、类型不断丰富。在满足日常体育锻炼的同时，人们对体育赛事的观赏将有更大的需求，因此，各种大中型体育场馆也将得到建设和发展，对体育场馆布局的合理性和科学性将提出更高的要求。体育场馆的布局在满足人们现有需求的同时，应更具有前瞻性，把握人们需求层次和意识的改变，做好远期目标预测和规划，并在体育场馆布局时加强与自然环境的结合，满足多层次、个性化的需求。如乌鲁木齐市游泳体育场馆，大多集中在城市中、南部，而北部区域相对较少，导致无法满足北部区域游泳爱好者的健身需求。

（二） 中心地理论

中心地理论是由德国城市地理学家克里斯塔勒和德国经济学家廖什分别于 1933 年和 1940 年提出的，克里斯塔勒在其著作《德国南部中心地原理》一书中指出，中心地是指相对于一个区域而言的中心点，它可以表述为向居住在它周围地域的居民提供各种商品和服务的地方。根据中心地所提供的商品和服务的等级不同，可分为高级中心地和低级中心地。低级中心地的特点是：数量多，分布广，服务范围小，提供的商品和服务档次低、种类少。高级中心地的特点是：数量少，服务范围广，提供的商品和服务种类多。在二者之间还存在一些中级中心地，其供应的商品和服务范围介于两者之间。居民的日常生活用品基本在低级中心地就可以满足，但要购买高级商品或高档次服务就必须到中级或高级中心地才能得到满足。中心地理论如图 3－2 所示。

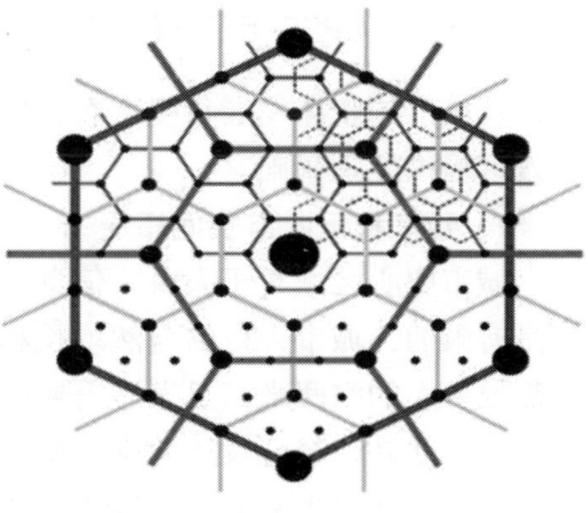

图 3－2 中心地理论示意图

体育场馆的布局可借鉴中心地理论，形成以大型体育场馆为中心，集中型、分散型的中小型体育场馆为基础的分级体系，在布局时结合各自合理的服务半径，形成较为均衡的布局，保证居民使用的公平性。

（三）倡导性规划理论

倡导性规划理论中较为突出的代表人物是丹尼斯（Dannis N.）和戴维多夫（Davidoff P.）。戴维多夫在1965年发表的《规划中的倡导性与多元主义》中首次提出实现自下而上的规划和多元化的规划理念，确立了倡导性规划理论。倡导性规划理论认为，社会由不同利益群体组成，城市发展受到城市中各种群体利益的影响，只有了解才有可能寻求解决途径。规划师作为倡导者，能够积极主动地参与到政治进程中去，为不同利益群体，尤其是弱势社会群体争取权益。从该理论来看，公众利益不再是一个抽象的语汇，需要通过公众参与城市规划过程得以保证。其中也蕴含了如社会公平与公正、保护弱势群体利益、公众参与规划决策的权力、规划师的社会责任等思想。因此，作为城市重要公益型社会设施之一的体育场馆，更应实践倡导性规划理论，坚持公众参与，在规划布局上保证社会公平，即实现场馆布局的“地域平等”，为居民提供相对均等的服务和公平使用的机会。

三、体育场馆布局依据

大型体育场馆的空间布局不仅要有利于大型体育赛事的成功举办，更要能够优化城市的空间结构，对经济、社会发展产生积极影响。众多国内外学者都认为大型体育场馆的合理布局能够对城市发展起到促进作用。

（一）优化城市空间结构

从城市的整体发展角度来看，体育场馆的合理布局能够促进城市空间结构优化，为城市发展提供地理基础。

1. 要有利于城市空间拓展

城市中心区域对于人口、信息、货币、物质等都有强大的吸引力，但一定空间的承载力是有限的，城市人口的自然增长和机械增长必然会给城市中心带来越来越大的压力，城市需要更大的空间来满足发展需要，尤其是经济快速发展的城市对拓展城市空间的要求更为迫切。此外，经济发达的中心城市，如北京、上海、广州等，它们的区内核心和边缘地区的经济发展较为平衡，其城市空间拓展阻力较二、三线城市要小。因此，对于这些城市来说，尤其适合通过大型体育场馆在城市开发区域的投放来拓展城市空间。

2. 要有利于城市空间优化

城市的发展不仅需要更多的空间，更重要的是需要合理的空间结构来激发城市发展潜力。陈辞等将城市空间结构界定为：城市是人类活动与城市功能组织在空间上的投影，是城市经济、社会存在和发展的空间形式，表现了城市各种物质要素在空间范围内的分布特征和组合关系，它反映了城市资源要素的分布状况和利用程度。大型体育场馆不是孤立存在的，它与城市社会、经济等有密切联系。尤其在赛后，合理的场馆布局往往能使场馆成为驱动其所在地区发展的核心之一，在相当大程度上引起资源要素在城市空间范围内的移动，进而引起场馆周边人口集中和相关产业集聚，最终使得城市的空间结构更为合理。

（二）集聚资源要素

体育场馆，特别是大型体育场馆能够集聚相关资源要素，为城市发展提供良好的经济条件。

1. 要有利于城市产业结构升级

如果在特定地区实施大规模企业投资或公共投资项目，这种投资会成为该区域增长的焦点所在。大型体育场馆作为大规模的投资项目，要成为带动地区发展的“增长极”。政府通过建设大型体育场馆，应能改善所在地的“硬件”设施和“软件”服务，为产业的进驻创造良好的外在条件，吸引相关企业向该地区集中，形成集聚经济，反过来又带动集聚企业的发展，最终促进该地区的经济发展。此外，在企业迁移过程中，不仅要注意城市的经济空间结构得到优化，还要淘汰重污染产业、夕阳产业和缺乏优势的产业，着力发展支柱产业、优势产业和未来产业，增加第三产业比重，促使城市的产业结构向工业化、后工业化的产业结构变化与发展。

2. 要加快体育产业及其相关产业发展

相对公平的公共体育资源配置，不仅有利于全民健身事业的发展，更有利于社会和谐。因此，大型体育场馆在布局规划上要结合当前城市体育资源分布现状，有目的地优化体育资源分布结构，不仅要在数量上做到相对公平，更要在充分考虑市民需求的基础上，在竞技体育与大众体育的资源分配上，在不同类型体育场馆的分布和建设规模上，多方面做到高层次的公平，并在保证公平的基础上不断提高资源的利用效率，推动城市体育产业发展。此外，大型体育场馆布局合理与否会影响城市体育产业链的形成。不合理的场馆布局致使有些场馆人满为患，而有些却无人问津，这间接影响了体育产业链在不同场馆周边的形成与发展。因此，大型体育场馆布局与建设还要考虑相关产业的发展需要。通过合理布局，发挥大型体育场馆的“增长极”作用，吸引社会资金投入到体育的各种关联产业中，带动它们发展，促使企业向大型体育场馆周边集中，促进体育产业链的形成与发展。我国体育场馆在建设布局时，应考虑到居民体育健身需求，促使其成为居民休闲健身场所，为城市提供和谐发展的社会条件。

（三）满足居民体育需求

1. 要有利于推进体育公共服务均等化

公共服务公平是社会和谐的重要条件，是满足市民身心休闲需要的必要前提。但当前，我国许多城市的大型体育场馆在布局上存在不均衡现象，这在一定程度上造成了体育公共服务的不均等。这是因为人们的体育活动空间受自身生活空间限制，若体育场馆处于自身的日常生活空间之外，便意味着其实际上能够得到的体育服务较少。因此，体育场馆布局不均衡会造成一部分市民能够享受到较多的场馆服务，而另一部分市民却少有机会进入场馆开展体育活动，这容易引起社会的不和谐。所以，大型体育场馆在空间布局时要考虑场馆服务的均衡化，使不同社会收入水平的城市居民都有机会享受到大型体育场馆的服务，确保他们的体育休闲权利得到实现，从而增进社会和谐。

2. 要方便居民体育锻炼

大型体育场馆的布局要增进市民体育锻炼的便捷性，就要充分考虑其体育活动的时间地理学特征。一般来说，市民的日常生活圈是500～1000米，周末生活圈是0.5小时车程，3天以上的长假日生活圈是1～4小时车程。场馆的选址要在分析市民这3个生活圈的基础上，选择一个能够使较多居民方便快捷到达的地点，这样能够使场馆持续保持较高的使用率，进而在较大程度上发挥大型体育场馆的作用。

四、体育场馆布局影响因素

（一） 自然因素

自然因素包括自然条件和自然资源两个方面。自然条件是指一个地域经历上千万年的天然非人为因素改造形成的基本情况，它包括地形条件、气候条件、土壤条件、矿产资源、动植物资源等。自然资源是指自然界或前任留下的，可直接或间接用于满足人类需要的所有有形之物与无形之物，它包括空气、土地、各种矿物和能源等。自然因素对体育场馆布局的影响主要体现在场馆的选址建设方面，在场馆选址时要考虑地形、环境等自然条件，选择地势较高、远离污染、阳光充足、绿化较好的地方，同时充分利用城市电力、热力、上下水管网等市政设施及道路交通条件。

（二） 社会因素

社会因素对体育场馆的布局影响主要体现在人口方面。体育场馆的修建需要满足人们对体育活动及体育赛事观看的需要，因此，体育场馆应建设在人口密度相对较大的地区。需要注意的是，人口密度和总人口数量的含义并不相同，在我国广大农村地区或城市远郊区，虽然人口数量相对较大，但由于人口密度相对较低，难以形成对场馆的集中需求，所以体育场馆的布局相对较少。

（三） 经济因素

经济发展水平、市场需求和经济区位等都会对体育场馆的布局产生一定的影响。经济发展水平和市场需求分别影响着体育场馆的供求。经济发展水平直接决定了一个地区的财力物力，即对体育场馆的供给能力。而市场需求则催生了人们对于体育场馆的需求，这种需求在一定经济发展水平的支持下，最终会导致场馆的新建和扩张。所以在经济发展水平较高、对场馆需求旺盛的地区往往会布局更多的体育场馆。经济区位是指某一地点与具有经济意义的其他地点间的空间联系。具体到体育场馆，对其有经济意义的因素包括交通、信息及场馆间的相互合作和聚集效应。

（四）技术因素

技术因素对体育场馆布局的影响主要表现为场馆建设的技术水平及人们对场馆功能的要求上。在经济发展水平较高和技术较为发达的地区，布局更多高规格、多功能的体育场馆是十分有必要的。

五、体育场馆布局模式

目前，城市公共体育场馆的布局有两种倾向，一是倾向于竞技体育，以竞技体育场馆为主；二是倾向于大众体育，以社区体育中心、体育公园等群众性体育场馆为主。体育场馆的布局模式主要有三种：分散式、集中式、集中与分散相结合式。

（一）分散式布局模式

分散式布局模式是指体育场馆的布局分布于城市的若干区域的布局模式。

分散式布局的优势主要体现在：分散式布局是在城市现有体育设施的基础上建设布局，能够有效地与现有体育设施相结合，提高体育设施利用率；节省投资，建设速度较快；距社区较近，方便群众使用，有利于场馆的赛后利用。学校体育场馆和群众体育场馆多为分散式布局。但该模式在赛事期间会存在诸多不便，如交通不便、安保负担重、运动员转场时间长等问题。例如，1984 年第 23 届洛杉矶奥运会，为节省投资，充分利用已有体育设施，赛事场馆分散式布局，给运动员、记者等往来交通带来不小的麻烦，安保工作也比较繁重。

（二）集中式布局模式

体育场馆的集中式布局模式是指为形成一定的规模效应而将多个体育场馆集中建设于一定的区域内的布局模式。

集中布局的优势主要体现在：大型体育场馆集中建设可以充分地利用有限的土地资源，为城市节省大片土地。如果分散建设则每一个体育场馆都需要一系列功能区域，体育场馆占地面积相加其数量就非常可观。如果集中建设，许多体育场馆可以共用功能区域，节省许多土地资源。由于大型体育场馆主要服务于大型体育赛事的举办，因此场馆需要具备完善的交通、通信、供水、供电、供气等系统，如果集中建设则可以节省建设投入。集中建设体育场馆可以加强大型体育场馆之间的联系和互动，降低体育场馆的经营和交易成本，形成集聚规模效益。然而集中兴建大型体育场馆也有十分明显的不足：集中建设的大型体育场馆其产业和产品性质具有成长长期性的特点，即体育场馆服务的整体性效益需要一个长期的培育过程；集中建设的大型体育场馆群管理难度极大，容易形成集聚不经济的局面；集中建设的大型体育场馆群必须有稳定的大型体育赛事、文化活动和商业活动，如果缺乏这些活动，集中兴建的大型体育场馆可能陷于亏损的境地。以承担竞技体育比赛为主的大型体育中心或大型体育场馆多采用集中式布局模式，能够更好地满足大型赛事的需要。例如，1974 年第 7 届亚运会在伊朗德黑兰举行，该届亚运会体育设施集中建设于占地 400 万平方米的阿里亚梅尔体育中心内，16 个比赛项目中有 13 个项目在此举行，运动会举行时，场馆使用十分便利，但体育设施过于集中，平时使用效率较低。德黑兰阿里亚梅尔体育中心总平面示意图如图 3－3 所示。

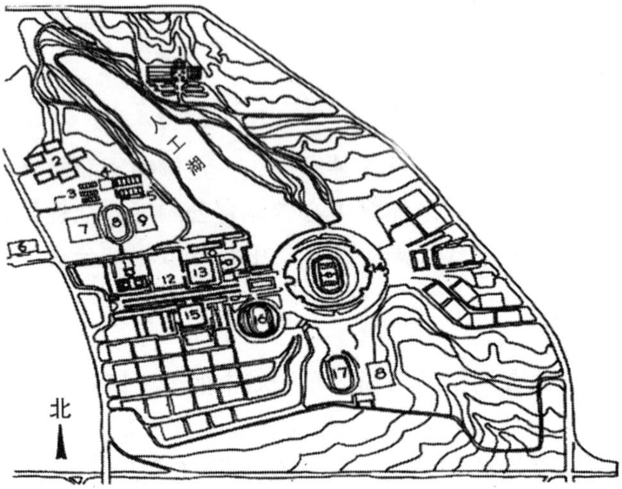

图 3－3　德黑兰阿里亚梅尔体育中心总平面示意图

（三）集中与分散相结合式布局模式

集中与分散相结合式布局模式是指为大型体育赛事服务的大型体育场馆在形成一个体育中心的基础上，其他体育场馆分散配置于城市其他地区的布局方法。集中与分散相结合式布局模式有着上述两种布局模式的优点，它分为两种形式，即“集中与分散相结合，以相对集中为主”的模式和“集中与分散相结合，以分散为主”的模式。

集中与分散相结合式布局模式的优点在于，能够照顾到城市中体育场馆布局的平衡性，关注到城市不同区域的城市居民的体育需求，给不同地区体育均衡发展创造条件；能够满足赛事的需要，减轻赛时交通压力，有利于城市中体育场馆的平衡布局，便于场馆赛后利用；集中与分散式布局模式使得大型体育场馆的管理难度相对降低。但该模式存在着一定的缺点：为满足大型体育赛事的需要，大型体育场馆包括了不同运动项目的场馆，而有些运动项目并不适宜居民日常参与或不受居民喜爱，因此，这些运动项目的场馆赛后利用率很难保证，同时居民的日常体育锻炼需求也难以满足。目前，大多数奥运会主办城市的奥运会场馆都采用集中与分散相结合式布局模式。以 2008 年北京奥运会为例，在奥运会场馆的布局上，北京市采取了集中与分散相结合式布局模式。北京奥林匹克公园的规划区域位于北京北城，包含中华民族园、国家奥林匹克体育中心及元大都遗址公园的广阔区域。规划总用地约 1135 万平方米，其中森林公园约 680 万平方米，中心区用地约 315 万平方米，其余为四环路以南的国家奥体中心及其南部预留用地。奥林匹克公园的中心区是奥运会场馆集中的地区，主要包括国家体育场（鸟巢）、国家游泳馆（水立方）、国家体育馆等大型体育场馆及国家会议中心。网球、曲棍球等少数项目在奥林匹克森林公园的临时场馆举行。奥运会的其他场馆主要分布在丰台体育中心、五棵松体育中心、顺义奥林匹克水上公园等区域内。此外，北京大学、北京科技大学、北京农业大学、北京工业大学等高校也建设了奥运会场馆。北京奥运场馆分布图如图 3－4 所示。

与悉尼奥林匹克公园、慕尼黑奥林匹克公园、汉城奥林匹克公园相比，北京奥林匹克公园从占地面积上均超过了其他奥林匹克公园，但北京奥林匹克公园集中的体育场馆数量远低于这些城市。因此，北京奥运会场馆采用的是大型的集中与分散相结合式布局模式。

图 3－4　北京奥运场馆分布图

第二节　体育场馆建筑设计

一、体育场馆建筑设计的整体性原则

（一）与城市发展理念相一致的整体性原则

毋庸置疑，体育场馆是体育发展的载体。但随着时代的变迁和发展，体育场馆已不仅仅是参与体育等娱乐活动的场所，更是一个地区、一个城市的标志性建筑，是经济、文化和科技理念的重要组成部分，是城市活力的名片。

城市的大型建筑物，承载城市历史和记忆的同时，在一定时期内又被赋予新的文化内涵，以期巩固和体现该建筑物在整个文化实体中的意义和表征。体育场馆建筑的设计不仅要满足举办大型体育赛事的需求，更要在整体设计上彰显城市的文化内涵、城市形象、所秉承的价值理念和时代的潮流趋势，将体育场馆打造成城市的形象名片。只有这样，才能通过体育场馆这个载体承载该城市的记忆，传达城市的文化内涵。

加拿大的蒙特利尔奥林匹克体育场被众人熟知，白色的体育场造型奇特，从外形上看就像一艘扬帆的巨轮静卧在蒙特利尔岛东部，它那高大的斜塔犹如巨轮的桅杆，是世界上最高的倾斜建筑。优美的曲线、精妙的设计、奇特的造型，表现着时代精神以及魁北克民族的独立精神和艺术才情。如今已有上千万人乘缆车登上过“桅杆”的顶端，在那儿，游客可以纵览蒙特利尔的美丽风光。所有这一切均表明，蒙特利尔奥林匹克体育场是蒙特利尔城市的象征。蒙特利尔奥林匹克体育场外观如图 3－5 所示。

图 3－5　蒙特利尔奥林匹克体育场外观

（二） 与大自然和谐共处的整体性原则

体育场馆要遵循与大自然和谐共处的整体性原则，就是要保证整个体育场馆从设计到建造阶段的绿色生态最大化。在体育场馆建筑设计之初，就需要在选材上保证建造材料的绿色、可持续。这里的“绿色”，首先，指节约能源和材料，最好使用最先进的建筑材料，尽可能选择可再生、可重复利用的资源；其次，最大限度地减少对大自然的破坏，处理好废弃物和废水；最后，控制噪声污染，不仅要控制场馆在建造时产生的噪声污染，也要提前考虑场馆运营后观众呐喊产生的噪声污染。

中国国家体育场——鸟巢是成功践行“绿色奥运”理念的产物。鸟巢在建造之初就设计了一套十分适合当地实际情况的雨洪利用系统。北京属于典型的大陆性季风气候，夏季高温多暴雨，冬季寒冷干燥，从全年看是一个少雨的地方。因此，为了减轻“南水北调”工程的负担，并且满足夏季暴雨排洪的需要，鸟巢建造了雨洪利用系统。这套系统分为雨水收集、处理、回用三个主要部分。经过收集、处理后的雨水将会应用于比赛场地草坪灌溉及树木绿化用水、空调水冷却、冲厕、消防等用途。这套系统相当于小型的水处理厂，先进的自动控制系统可以使雨水处理在全自动状态下运行，是目前建筑雨水深度处理回用规模最大、技术最先进的雨洪利用系统。

（三） 眼前需要与未来发展的整体性原则

体育场馆的建筑设计必须满足其核心需求，如大型体育赛事场馆必须满足竞赛需要，因此，除了比赛场地外，还应配套建设高质量的运动员、裁判员、赞助商等人员的休息室、淋浴更衣室、媒体信号室等。除此之外，还得留出适当的空间以供未来发展需要。上海体育场是1997年我国第8届全国运动会的主会场，现在是中超球队上海上港足球俱乐部的主场。作为我国当代早期较为成功的体育场馆，上海体育场有值得我们学习的地方。上海体育场在建造时，我国体育产业的发展并没有今日成熟，但上海体育场在建造时就充分考虑到赛后场馆运营的问题，在体育场馆看台下设计了商业设施等，保证了体育场馆日后的可持续发展。

（四） 功能布局整体性原则

一个完整的体育场馆建筑，除了核心的体育运动场地外，还包括许多附属配置，从场馆内部的观众座席、裁判座席、运动员休息室、裁判员休息室、淋浴更衣室、公共厕所、电讯广播室、媒体信号室、特许商品和餐饮等售卖店、储藏室、安全保障室、配电室、通风机房等，到外部的大门、广场、售票处、停车场、绿化带、观众入口等。这一切都是作为体育场地的附属配置，为整个体育场馆服务。因此，体育场馆建筑设计首先要把体育场地的设计放在第一位，其次必须将体育场地和其他附属空间视为同一个整体。体育场地应被设置在整个体育场馆的中心位置，其他附属空间则环绕在体育场地周围，按照其属性功能设置在合理的空间位置上，以确保整个体育场馆功能布局的合理性。某体育场馆平面图如图3－6所示。

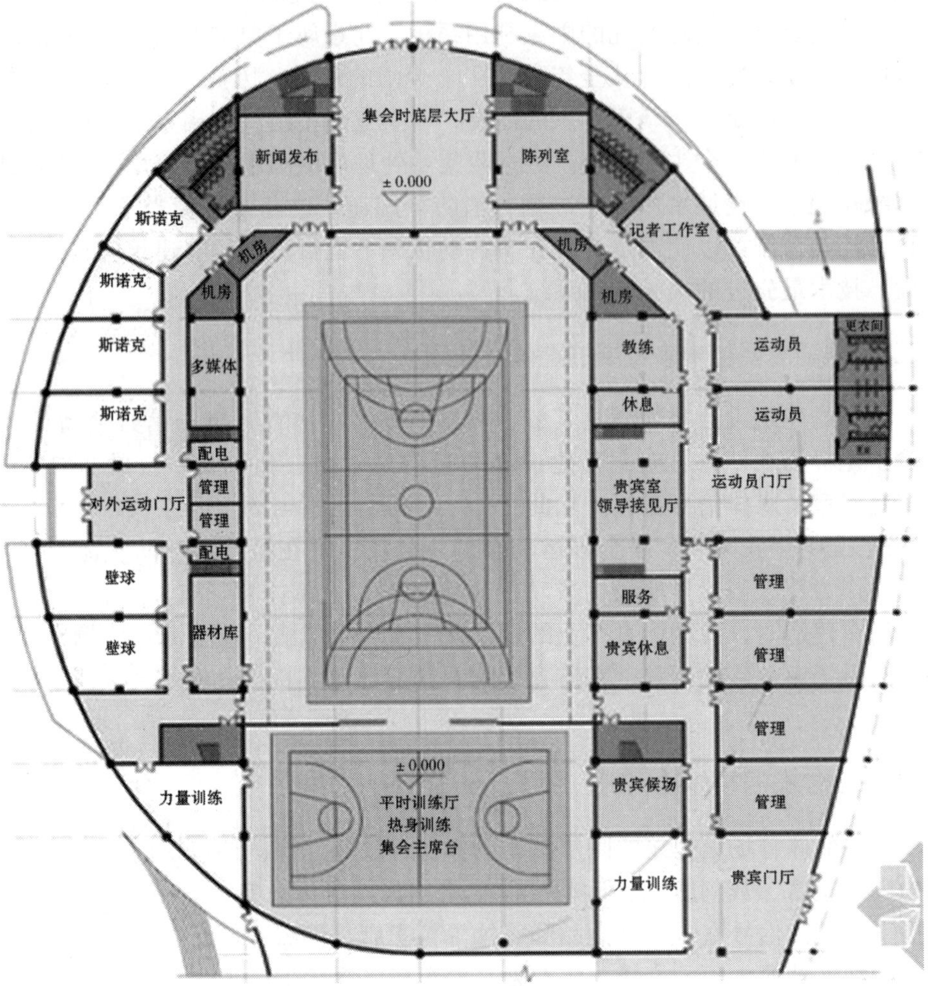

图 3－6　某体育场馆平面图

二、体育场馆主空间设计

（一） 体育场馆外观设计

体育场馆已经成为一个城市的标志性建筑，而体育场馆的外观形态相当于整个体育场馆的门面。同时，一座体育场馆建筑不仅展现了一个城市的文化和内涵，更彰显着这个城市的科技感和现代感。因此，体育场馆外观设计成为整个体育场馆建筑设计的首要任务。

目前，随着数字化和科技化的发展，当代体育场馆建筑有了多样化的形态的展现方式。具有强大的建筑信息模拟及计算能力的 RHINO 和 GRASSHOPPER 等数字软件及建筑信息模型（BIM），为体育建筑设计出自由动感或生态有机的外部形态。以我国 2022 年冬奥会新建场馆——国家速滑馆为例。国家速滑馆（见图 3 -7）造型呈椭圆形，其设计理念来自一个关于冰和速度结合的创意，银白色的外部结构宛如一圈圈冰丝带，旋转着攀缘、上升，象征着 2022 年的 22 条“冰丝带”交织成茧，新一代的奥运之星破茧而出。与国家速滑馆外观造型有异曲同工之处的还有 2020 年东京奥运会主体育场（见图 3 -8）、2022 年卡塔尔世界杯主体育场（见图 3 -9）。虽然卡塔尔的场馆现仍处于建设状态，未完全成形，但从它们的设计概念方案上我们可以看出，通过运用数字化的参数设计方法展现出来的超现实主义的非线性形态，无疑代表了未来体育场馆建筑形态的一种趋势。

图 3 -7　国家速滑馆设计方案

图 3 -8　2020 年东京奥运会主体育场

图 3-9　2022 年卡塔尔世界杯主体育场设计方案

但过度地效仿著名的体育场馆建筑外观设计并不是一个明智的选择。

首先，体育场馆代表的是该城市、该地区的形象、品牌，如果一味地模仿别的体育场馆，则会失去自我个性，也就无法凸显该城市、该地区的文化内涵和底蕴。

其次，体育建筑的外观形态必须与其功能空间相匹配。虽然整个体育场馆充满着动感、时尚的外形，但其不规则的形态会制约一些功能布局，如不规则的形态会使得部分观众席看不到体育场地，伦敦奥运会游泳馆就出现了这种情况。伦敦奥运会游泳馆虽然外观极具视觉效果，但在举行跳水比赛时，部分观众的视线受到阻碍，看不见比赛情形。

最后，体育场馆建筑外观的设计还需要考虑整个大环境。如果体育场馆是在一个经济较不发达、人口密度较低的地区，高科技的外观设计其实并不实用。那么体育场馆就需要考虑采用更简洁、质朴的外观设计，一方面可以节省开支，另一方面可以拿出更多空间来布置与体育活动相关的设施。以承德冰上运动中心为例，承德冰上运动中心作为我国 2022 年冬奥会备用场地，2016 年项目开始施工，经过一年多的建设，整个体育场馆已经建成，建设项目进入尾声。承德冰上运动中心在外观设计上并没有采用过于高科技的方法，而是将场馆建设重点放在场馆空间布局完善上，希望在保证场馆质量的前提下，尽快将场馆建成后交给专业队进行训练。承德冰上运动中心外观设计如图 3-10 所示。

图3－10　承德冰上运动中心外观设计

（二）体育场馆内部设计

1. 体育场馆运动场地设计

体育场馆运动场地设计主要分为天然草坪场地和人工合成面层场地两大类。

（1）天然草坪场地。这类场地由于要保证高质量的草坪，需要进行定期的修剪和种植，平日也需要有较好的阳光照射和水补给。因此，这类场地的建造和维护成本均比较高。使用天然草坪的体育场馆主要有足球场、草地网球场、高尔夫球场等。在这里，我们主要对足球场草坪进行详细介绍。

足球场草坪生长好坏与场地的基础密切相关。只有保证草坪植被生长情况较好，才能为足球选手提供一个舒适良好的比赛环境。拥有高质量的草坪要从以下几个方面着手。

第一，要种植适宜的植被。由于草坪植被的生长受气候、纬度等自然地理因素的影响，因此要想拥有高质量的草坪，必须选择适宜该地区生长的植被。如在纬度较高、气候较为寒冷的地区，则应种植抗寒能力较强的植被，可以选择草地早熟禾等类型的植被，这类植被适宜在气候寒冷、湿度较大的地区生长，只要保证场地常年有稳定喷水和较好的排水装置，这类植被就可以在纬度高的地区生长旺盛。除此之外，还应选择一些抗踩踏、较柔软、可再生能力极强的植被。因为足球场地上经常会有足球运动员激烈地、大强度地快速奔跑，如果草坪不抗压、较硬或者可再生能力较差，则会加大体育场地的维护成本，也会降低运动员运动时的舒适度。

第二，要有肥沃的土壤。只有拥有肥沃的土壤，植被才能健康茁壮地生长。同时，应选择可排水性较强的土壤，或者在土壤间铺填碎鹅卵石或粗砂砾，以增强排水渗透效果。

第三，要有高质量的补水、排水系统。到了非雨季，光靠大自然的降雨来补给草坪是完全不够的，必须配以高质量的喷水装置，根据气候和植被属性，按时、按量地给草坪进行浇灌。除此之外，光有水补给装置也不行，还应设置相应的排水系统。为了实现节能绿色场馆，可以效仿我国国家体育场的水循环系统，将雨季的雨水合理储集起来，通过循环再利用，到旱季时浇灌草坪。这样既有利于实现绿色节能，又可以节省场馆运营成本，从而保证场馆可持续发展。

（2）人工合成面层场地。体育场馆人工合成面层场地多用于田径场、篮球场、排球场、乒乓球场等。由于这种场地平坦均匀，色彩新颖多样，易维护保养，不受气候等条件影响，被称为“全天候”场地。人工合成面层场地按照材料可以分为聚氨酯类、丙烯酸类、橡胶类、PVC类等。在这里对塑胶类运动场地、聚氨酯类运动场地、丙烯酸类运动场地、PVC活动式运动场地进行详细介绍。

①塑胶类运动场地。像田径跑道等都是用塑胶制成的。塑胶跑道又称全天候田径运动跑道，它是由聚氨酯预聚体、混合聚醚、废轮胎橡胶、EPDM橡胶粒或PU颗粒、颜料、助剂、填料组成的。塑胶跑道拥有平整度好、抗压强度高、硬度弹性适当、物理性能稳定等特点，有利于运动员速度和技术的发挥，有效地提高运动成绩，降低摔伤率。

大型体育赛事的田径运动场，考虑到运动项目的完整性，在设计完田径运动场后，还要考虑跳高场地、跳远场地、三级跳远场地、撑竿跳高场地、铁饼投掷场地、标枪投掷场地、铅球投掷场地、链球投掷场地等。在这里就不一一介绍了。

②聚氨酯类运动场地。聚氨酯类主要用于篮球场、排球场、健身房等运动场地，它具有极强的耐磨、耐水、止滑、不容易撕裂、不变形等特点。

③丙烯酸类运动场地。丙烯酸类主要用于网球场、乒乓球场、健身房等运动场地，它拥有颜色亮丽美观、防滑、施工快捷、成本低廉等特点。

④PVC活动式运动场地。PVC活动式运动场地主要用于多功能运动场地，因为它对场地基础层要求不高，且安装简单、保养容易。

如今，由于城市用地面积逐渐减少，且体育场馆建设成本高，多功能运动场地成为现存体育场馆实现多功能化的重要手段。目前，我国多功能体育场地主要用于篮球场、游泳场转换成冰上运动项目。冰场使用PVC活动地板通常的做法是：场地由装有滑轮的活动木板拼成，当需要进行冰上比赛时，由电动牵引拖到场地的两端，叠放在可升降的木地板坑仓内。冰上比赛结束后，再一块块升起并平移到原来的位置。每块地板都有升降调节装置，保证活动地板每块之间的拼缝平整。我国五棵松篮球馆已经应用了这一技术，从篮球馆转换成冰球馆仅需6小时。值得一提的是，五棵松篮球馆的冰面是真冰制成，一直藏在PVC活动面板下，“冰面”藏在具有防潮、降温、硬化冰面等功能的“冰被”下面。同样为了实现场馆的多功能化，水立方也开始引进多功能运动场，把液态水变为固态冰，游泳池成功转换成冰上运动场。

2. 体育场馆看台设计

看台区按照观看人员可分为主席台、豪华包厢、记者席、评论员席、运动员席、一般观众席、残疾人观众席等。主席台应位于整个观众厅视觉质量最好的位置，一般设置在体育场地的正西面，体育馆场地的正北面，大概距场地视距为8～14米，且位于场馆座席中偏下的位置，大概在10排以后，以保证主席台座席视线有较好的深度感；豪华包厢应是一个独立的小包间，里面配有高级座椅、高清显示屏和高级的餐饮服务，豪华包厢应位于场馆较高的位置，保证贵宾有一个较好的视角综观整个体育场地；运动员座席应靠近主席台区域，以便运动员出入内场和接近跑道的起点；观众席一般位于场馆的东西两侧，按照阶梯状从下往上依次排列，越往下、越靠近体育场地，票价越贵。一般观众席座位的宽度是按照我国成年人平均肩宽计算得到的。一般座位宽度不小于 48 厘米。同时，观众席排与排的间隔也需要经过精密的计算，既要保证安排更多的座位，又要让观众坐在座位上时感到舒适、不拘谨。我国规定的排距为不得小于 80 厘米。

体育场馆看台区的视线设计是使体育场馆高效实用的重要方面。室内体育场馆的视线设计的基本要求是通视、明视、真实、舒适。通视是指视线畅通无阻，看得见观赏对象；明视是指座席上的观众处于可见视距内看得清观赏对象。室外体育场的看台视线设计有清晰度和深度视觉的要求。深度视觉是指观众在不同位置上对运动员和物体的前后移动具有分辨能力，包含了真实和舒适的因素。同时，体育场馆的看台区应设置合理的安全疏散通道和残疾人士通道。

三、体育场馆附属建筑设施建设

为了满足比赛及日常活动的需要，体育场馆除了拥有进行竞赛表演的建筑设施之外，还需要其他附属建筑对竞赛表演的开展提供基础服务。体育场馆附属建筑设施主要包括三个方面：一是体育场馆停车场及周围环境建设；二是附属房屋建设；三是相关安全设施建设。

（一）停车场及周围环境建设

1. 停车场建设

体育场馆的停车场可以直接设在体育场馆的外边，紧紧围绕在体育场馆周围，并且和体育场馆的入口在同一层，这样的设计无疑可以方便观众，但是也产生了土地使用浪费的现象。停车场的建设类型包括多层停车场、共用停车场、临街停车、停车接送。

多层停车场是指在设计体育场馆建筑的同时，设计在体育场馆的地下或在体育场馆周围的位于地上两层以上的停车场。将停车场建在体育场馆地下，可以避免光秃秃的柏油地面裸露在外边，与周围环境不协调，而且不利于体育场馆周围的绿化建设。但是这种多层停车场对技术条件和地质条件要求较高，如果建设土地的土壤条件太差或者建设者技术水平不达标，则不能建立这种多层停车场。美国辛辛那提体育场和蒙特卡罗体育场就是将停车场建在体育场馆地下。另一种是将停车场设计为多层建筑，这对建筑设计水平和土地条件要求较高。

共用停车场是指体育场馆与周围单位共用停车场。这种停车场的缺点在于若多方同时处于停车高峰期则将无法满足停车需求。这一类型的停车场需要体育场馆方与周围单位做好协调沟通，在双方都要用停车场时必须进行仔细周到的安排。

临街停车是指让观众将车停在马路旁边的空地上。这种停车方式并不是鼓励体育场馆让观众临街停车，而是对于那些坐落在大片空旷地段的体育场馆，如果停车场的泊位不够，观众可以临时将车停在体育场馆外的空地上。

停车接送是指当体育场馆周围空地面积不足或其他因素无法在体育场馆附近建设停车场时，可以在离体育场馆较远的地方建停车场，并在体育场馆和观众停车的地方安排专门的交通工具来回接送观众。

2. 周边绿化

体育场馆作为大型建筑，既可能为所处环境添彩也可能破坏周边环境。如今我国对环境保护、生态文明的建设愈加重视，因此在体育场馆建设初期要将周边绿化考虑在建设环节中。体育场馆周围环境的主要绿化方式是植树，该方法可以减少体育场馆对人造成的刺目及空兀的感觉，使体育场馆与周围环境更加谐调。如德国的科隆体育场，它坐落在一个体育公园内，到了夏季完全被周围厚厚的树叶遮住，以至于走在体育场旁边也很难发现它。

由于种种条件的限制，在体育场馆种植大量植被是不现实的，有必要种树的地方包括体育场馆周围、停车场、缓冲区、场内大道旁。体育场馆周围植树可以缓解体育场馆带来的巨大视觉冲击，也能使体育场馆看起来生机勃勃。停车场植树除了绿化外，还能为观众起到指引作用，也能有效规划区分停车位。缓冲区是指介于停车场和体育场馆之间的区域，这一区域必须要有一部分空地，以致发生紧急情况时可以有空地容纳避难的观众，通常可以在这片区域种植草坪。在体育场内沿着大道两旁种植一些树木，既可以界定观众走动的范围，也可以起到屏蔽建筑物的作用。

（二） 附属房屋建设

体育场馆的附属用房和设施主要包括观众用房、贵宾用房、运动员用房、器材及行政办公用房、媒体技术工作用房、其他技术用房及体育器材库等。

1. 观众及贵宾用房

观众及贵宾用房是观众直接使用的，包括过廊、休息廊、厕所、饮水间、电话间等，这一部分应尽量满足观众使用要求。另一部分是属于其他部门使用间接为观众服务的，包括小卖部、邮电服务部及书刊服务部等，这类用房可以根据具体情况灵活配置。

休息厅是观众看比赛和文艺演出时中间休息的场所。它与观众厅直接相连，设计上应避免休息时吸烟的烟雾或其他气味对观众厅的污染。休息区与内场要有明显的区分，尽量避免相互干扰。从国内各体育场馆的使用情况来看，在比赛或演出的进行时间观众离开观众席位到休息厅活动者较少，大部分观众都集中在比赛或演出的休息时间到休息厅，此时容易造成休息厅拥堵。我国各体育场馆休息厅的面积统计情况见表3－1。如果观众厅的平均密度为1～1.5人/平方米，那么休息厅面积应为0.2～0.3人/平方米。

表 3-1 我国部分体育馆休息厅面积统计表 人/平方米

名称	观众休息厅面积	名称	观众休息厅面积
首都体育馆	0.32	河北体育馆	0.33
上海体育馆	0.20	河南体育馆	0.17
南京五台山体育馆	0.17	内蒙古体育馆	0.37
辽宁体育馆	0.18	浙江体育馆	0.23
山东体育馆	0.22		

体育场馆观众厕所的布置一般附属于观众休息厅。由于体育场馆使用功能的多样性，导致男女观众比例不确定，通常会按照男女比例 1:1 配置。男厕按每 125 人一个大便器，150 人一个小便器，女厕按 33 人一个大便器即可。为了简便计算，可以不考虑男女比例，按观众总人数每 1000 人设男厕 8 个大便器，20 个小便器，女厕 30 个大便器。

贵宾用房通常与公共休息室分离，必要时它们有各自独立的出入口和相应的卫生设备、服务设施。贵宾休息室的面积可按 0.5～1 人/平方米设计。贵宾厕所厕位指标见表 3-2。

表 3-2 贵宾厕所厕位指标（厕位/人数）

	贵宾席规模			
	100 人以内	100～200 人	200～500 人	500 人以上
每一厕位使用人数	20	25	30	35

注：男女比例 1:1，男厕大小便厕位比例 1:2。

2. 运动员用房

由于体育场与体育馆所进行的主要比赛项目不同，所以运动员用房和相关设施设置数量是有所区别的，但基本设施种类相似。

运动员用房主要有休息室、更衣室、男女淋浴室、厕所、医务室、准备活动练习场地等。休息室供比赛进行前、比赛中间休息和比赛后休息、开会使用。运动员休息室和更衣室主要是在比赛前开预备会和更衣存放物品使用，面积不需要过大。以篮球比赛为例，每队包括领队、教练和医生在内一般 20 人左右，通常在同一时间段参赛队伍不超过 4 支，每队 1～2 间，每间 30～40 人。

乒乓球和体操等项目，同时参赛队伍较多且每队人数不等，可临时利用活动隔断，把一些练习用房隔成小间以解决运动员休息、更衣问题，每间为 10～15 人。对足球比赛而言，体育场要为每个主队都提供一个更衣室或衣帽间，至少要为客队提供一个更衣室或衣帽间。每个更衣室都要为一个运动员准备一个带锁柜和挂衣架，国际足联要求每个更衣室有 20 个这样的位置。橄榄球要求和足球类似。体育馆的淋浴室设计可以男女各一套，如有举办大型赛事的可能性，可再多加一套。体育场的淋浴室通常是休息室的一部分，与厕所及休息室相连，首都体育馆休息室如图 3－11 所示。体育场的更衣区域还应包含如图 3－12 所示的辅助房间。建议新建足球场为球员提供的更衣室设备见表 3－3。

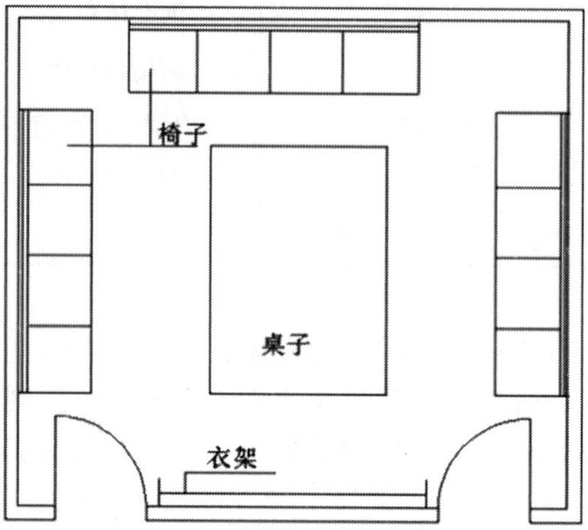

图 3－11　首都体育馆休息室

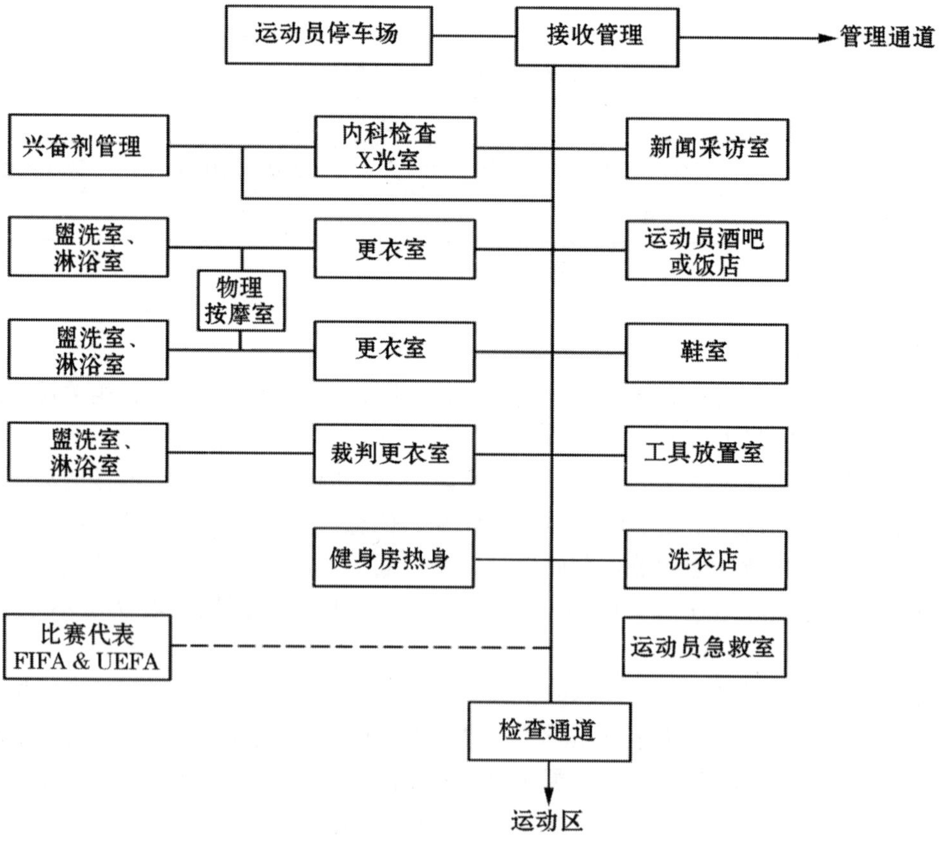

图 3－12　体育场更衣区辅助房间

表3－3　建议新建足球场为球员提供的更衣室设备

比赛	更衣室最小面积（平方米）	洗涤设施	厕所设施	按摩桌	医疗及其他要求
国际足联/欧洲足联建议	60	10个淋浴器； 5个洗脸台； 1个洗脚台； 1个洗靴池	3个小便池； 3个WC	2	更衣室一定要提供20个人的座位、加锁橱柜等；1个冰箱、2个修面台、2个头发吹干机、2个壁镜
足球联盟	18	1个浴盆（至少8平方米）或4个淋浴器； 1个洗脸台	1个小便池； 1个WC	1	在附近设独立的医疗室
苏格兰联盟	30	1个浴盆（至少8平方米）或8个淋浴器； 1个独立的医疗室； 2个洗脸台	1个小便池； 1个WC	1	独立的医疗室
GM Vauxhall联盟	18	1个浴盆（至少6平方米）或4个淋浴器； 1个附近独立医疗室； 1个洗脸台	1个小便池； 1个WC	1	在附近设独立的医疗室
Beazer Homes联盟	18	1个浴盆（至少6平方米）或3个淋浴器； 1个洗脸台	1个小便池； 1个WC	1	C级和D级，只需在主队更衣室附近设独立的医疗室
Diadora联盟	12	1个浴盆（至少6平方米）或4个淋浴器； 1个洗脸台	A级： 1个小便池 1个WC B级： 1个WC	1	1个（A级只需在附近设独立的医疗室）
HFS loans联盟	12	1个浴盆（至少4.5平方米）或4个淋浴器； 1个洗脸台	1个小便池； 1个WC	1	在附近设独立的医疗室

体育馆的使用如果以一般比赛为主，参加的队伍少，只配置供运动员在赛前做准备活动的活动室即可。如有条件放置较正规的场地，则应考虑平时方便使用的问题。经常接待大型比赛任务的体育馆，因参加队伍和运动员较多，通常需要一定数量的练习场地，以便在比赛期间供各队做准备活动和训练使用，其既可以靠近主体育场馆，与主体场馆组合在一起配置，也可在馆外另建。由于大型比赛一年只有几次，对于设有练习场地的体育场馆而言，要充分提高平时的使用率。

3. 器材库及行政办公用房

多功能使用的体育场馆，所用器材种类繁多，特别是经常举行各种大型运动会比赛的体育场馆，器材的数量和品种就更多了。因此，对于这类体育场馆，器材库的设计必须给予足够的面积，并且要解决好器材的垂直或水平运输和通风问题，否则易造成器材的损坏，也给使用带来很大困难。

行政办公用房，除必要的值班室外，一般不设置在主场馆内，以减少和主场馆的互相干扰，也有利于办公用房对外联系工作，如放在场馆内应设单独入口。其布置方法主要有三种：一是与主场馆脱开布置，在这种方式下进行对外联系工作较为方便，但离主场馆较远，一般规模较大的场馆多采用该种模式；二是设在主场馆外，但与主场馆相连通；三是设在主场馆内部。

（三） 相关安全设施建设

体育场馆的安全是业主和设计人员需要重视的头等大事，国内外在体育建筑安全方面有许多法规，国外在这方面的法规更加完善一些，法律上的这些要求使得设计人员在体育场馆安全设计的某些方面给予了更多关注，如紧急逃生、销售酒精饮料的相关条件、急救及设施的安全通道等。安全设计并不是始于安全系统的安装，第一道防线在于体育场馆的空间布局和建造方式。在体育场馆设计建筑过程中，需要考虑消防安全、事故受伤和急救等问题，同时还应考虑运动员安全问题，防止运动员与观众产生冲突甚至发生暴力事件。

1. 消防安全建设

消防系统是体育场馆针对火灾威胁的第二道防线，即在发生火灾后能及时减少伤害和损失。在进行体育场馆项目建设过程中，要和当地消防及安全机构进行协商沟通，确立消防系统布局。在规划体育场馆布局时防火分隔区是一个十分关键的因素。具体的分隔方式要根据体育场馆的大小、位置和布局来确定。现在普遍的做法是，用防火百叶门将高危区域与其他区域分隔开。还有一种方法是在公众大厅和楼梯处设置许多消防门，但这样会阻碍观众们的流动，容易造成逃生危险。在体育场馆设计初期一定要就体育场馆具体用途以及使用模式、体育场馆逃生方式和体育场馆建筑材料同有关部门和专家顾问进行商讨。在设计体育场馆逃生通道时，要保证体育建筑物能使消防队、警察和救护车很容易进入，体育建筑的外墙要有供这些救援人员和车辆进入的通道，体育建筑规模越大，这类通道就要越多。

在体育场馆的高危区域如厨房、线路集中区或易燃物品存放处需要安装火灾监测装置、火灾警报装置和灭火器设备。如果体育场馆的密闭性较高，需大面积安装这些装置。如果在完全封闭的体育场馆里举办商展或其他需要使用易燃材料的活动，需要全场到处都安装消防装置。

2. 事故受伤和急救

体育建筑内大多数伤害都是由体育活动引起的，人们可能被踢伤、相撞、跌倒或被设备伤害等。因此在体育场馆内应设有较为方便快捷的急救设备，在小型体育建筑里，专业急救设施一般很少被使用，但在大型体育建筑里，根据用户人数可能需要各种不同水平的急救设施。

除了必要的急救医疗设备外，体育场馆在建设时应注意细部找平处理，如体育场馆活动区域的门和侧柱最好与周围墙壁保持平齐；灭火器和其他放置在比较低位置的设备最好嵌在墙里边；尽量避免门朝交通通道方向打开。在体育场馆建成使用后，要定期对易松弛设备、地板及各个通道进行定期检查维护，设备维护和清洗时可能会用到的一些化学物品要被安全储存，管理人员要对化学物品的使用和储存进行监控。

3. 观众与运动场地隔离

体育场馆中由于比赛往往在一定时间内聚集大量的人群，有时一点小小的刺激都能让一群“观众”转变成为一群“暴民”，进而演变成一场“暴乱”。如果想尽量减少这种有害的刺激，必须在体育场馆建造项目的一开始就要考虑如何进行观众管理。目前使用最广泛的将观众和运动场地隔离的方法有三种，分别是建围栏、挖壕沟和抬高观众看台。

使用围栏隔离观众和运动场地有两个很好的优势：一是可以有效地保护运动场地内的运动员和官员，以免他们受到有敌意的观众的伤害；二是保护运动场地中的地板（草坪）及设施，如果观众来到运动场地内将加速地板和设备老化。同时这一方式也有两个缺点：一是视觉上的缺陷，大多数围栏都阻碍了观众看比赛的视线，而且这些围栏自身也不美观；二是围栏本身也具有不安全性，在紧急情况下，如发生结构倒塌或火灾，运动场地将是一个很明显的安全区域，看台上紧张的观众会纷纷涌向运动场地，而隔离围栏会阻碍观众到达运动场地，从而造成伤亡。

在运动场地边上挖壕沟相对来讲可以比较容易地阻止观众从看台进入运动场地，而且还可以在壕沟安排安保人员对观众试图入侵运动场地的行为进行控制。壕沟还能派上一个用场，就是作为人流通道和车流通道。但是，壕沟会增加观众和运动场地之间的距离，所以壕沟往往只适用于比较大的体育场。

另外，还可以采用升降结合的办法来阻止观众试图进入运动场地。“降”是指降低看台的第一排座位前面区域的标高，从而使第一排观众前面的区域陷下去，但是陷下去的深度要比壕沟浅；“升”是指在第一排座位前设置障栏，但是这个障栏比围栏矮。这种方法可以相当有效地阻止观众进入运动场地，同时也更方便官员们进出运动场地。这种方式又称为“斗牛场式”，在美国使用十分普遍，我国近期新建的体育场馆也借鉴了这种模式。但这种方式也仅仅是“比较有效”地阻止观众进入运动场地，或者说只能阻止那些并非强烈想要进入运动场地的观众，故此种方法最适合那些举止得体的观众或配备有优秀保安队伍的体育场。

第三节 体育场馆检测与评价

体育场馆是开展体育运动、承担体育赛事及提供其他体育产品和服务不可缺少的物质基础，体育场地设施是发展体育事业的基础设施。体育场地设施规划、设计阶段的建设理念、技术策略和措施贯彻的实际效果，在体育场地建设项目竣工后和使用中才能体现出来，这就需要对体育场馆进行检测和评价。建立体育设施检测与评价制度，是促进体育设施科学化、规范化管理，以及提高管理效益的重要手段，对体育设施进行质量检测与评价是体育设施管理中不可缺少的环节。另外，需要注意的是，在以往的体育场馆检测与评价中，更多的是注重体育场地设施的检测与评价，但是随着体育市场的发展，消费者对体育产品和服务的要求也越来越高，对体育场馆的空气和其他安全卫生环境也提出了更高的要求。

一、体育场馆检测与评价概述

（一）体育场馆检测与评价的概念

体育场馆是服务于体育运动、体育教育、体育锻炼、体育赛事、体育娱乐等活动的基础性硬件，其服务性质决定它必须要有一套严格的管理规则，检测预评价就是其中一项重要的规则。体育场馆的检测是指用规范的方法检验测试体育场馆中的体育设施是否符合技术性能指标，以及国家要求的安全卫生指标。体育场馆评价是根据体育场馆检测结果，对体育设施及环境进行分析与评估。概括地讲，体育场馆检测与评价，就是根据相关规则和标准完成体育场馆中体育设施及环境的测量与评价的过程。

（二）体育场馆检测与评价的作用及意义

1. 体育场馆检测与评价的作用

检测与评价是维持体育场馆场地设施性能和环境安全的重要手段和方法，其作用主要表现在以下两个方面。

（1）对体育场馆进行检测与评价可以保证体育活动的安全性。体育场馆是各种体育活动和体育比赛的物质基础，其质量对体育活动的顺利开展起着至关重要的作用。因此，对体育场馆进行检测与评价旨在对体育场馆的场地设施质量和安全进行综合分析与评估，这样就能避免由于体育场馆场地设施的质量或环境不佳所产生的安全事故，从而保证体育活动的安全性。

（2）对体育场馆进行检测与评价是体育场地设施维护与更新及环境监控的重要依据。体育场馆的检测与评价，是通过检测数据和评价的结果对体育场馆的场地设施和环境进行定量和定性的检查与评估。检测要素、检测指标、评价标准等内容都是体育场馆科学管理的依据，对体育场馆场地设施的维护与更新、环境的监控具有非常重要的价值。

2. 体育场馆检测与评价的意义

体育场馆检测与评价是体育场馆管理过程中必不可少的环节。

（1）检测与评价有利于保证体育场馆中体育场地设施的施工质量。体育场馆场地设施的设计、施工能否达标，必须通过一系列的程序和方法对其主要指标进行严格的检测和评估。体育场馆的场地及设施在建造施工时，必须由专门的技术监理人员对每一个阶段进行认真检测，倘若一个施工阶段有不符合质量要求的地方，应立即停止施工并采取必要措施予以整改，方能进入下一个阶段的施工。否则一旦出现质量问题，不仅不能投入使用，还会造成人力、物力、财力的浪费。

（2）检测与评价有利于体育活动的顺利开展。在各种体育活动和体育比赛中，运动员的成绩除了受主观因素的影响，还受到诸多客观因素的制约，其中体育场地设施是非常重要的一个因素。如运动场地面层的弹性、摩擦力大小、平整度等都会直接或间接地影响运动员的成绩。同时体育场馆中安全设施的合理合规建设，也关系到体育活动的顺利开展，所以在体育场馆项目施工和验收以及使用的过程中，对体育场馆进行检测与评价对体育活动的顺利开展至关重要。

（三）体育场馆检测与评价的要素

要完成体育场馆的检测与评价，必须确定检测与评价的内容。对不同体育场馆的场地设施，检测的内容也不一样。如篮球场地面层与足球场地面层在国际比赛场地的规定中就截然不同，一般训练场地与正式比赛使用的场地在标准上也有一定的差别，大众体育场地与竞技比赛场地也是不同的。但总体而言，体育场馆场地设施的检测内容主要包括体育场地的尺度、平整度、厚度、硬度等指标。体育场馆场地设施检测与评价的主要要素与方式如图 3－13 所示。

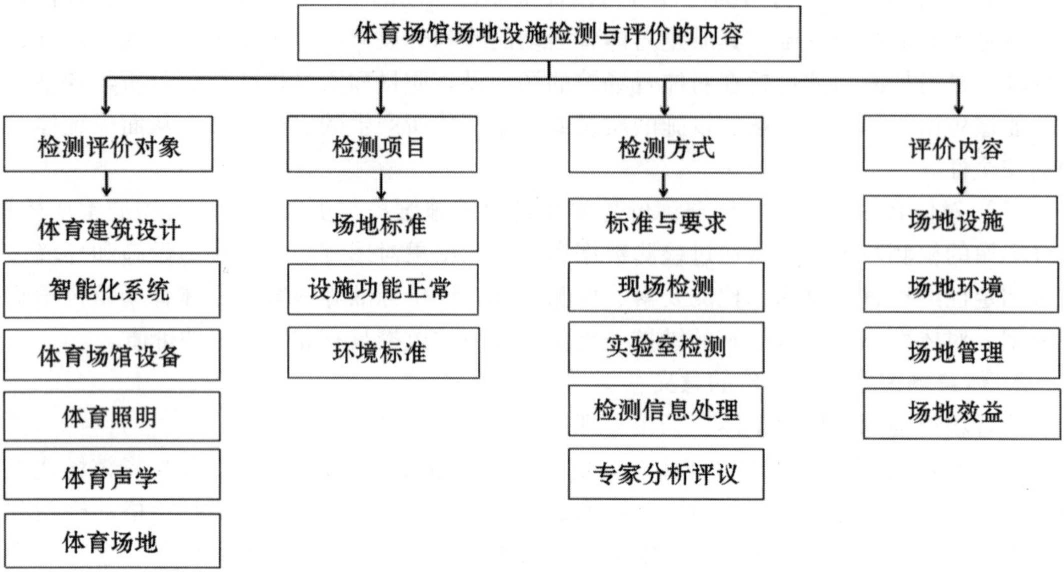

图3－13　体育场馆场地设施检测与评价的主要要素与方式

二、体育场馆的检测

体育场馆的检测是指确定体育设施是否满足体育运动要求的过程，是根据标准对体育设施性能和体育环境进行合格性判断的一个过程。没有科学、规范、有序的检测方法和步骤，就不能实现有效的检测。

（一）体育场馆检测的方法

体育场馆检测的方法是根据一定的测量原理，在实施测量过程中测量原理的运用及实际操作。检测的方法分为定性检测和定量检测两类。体育设施的检测中，通常采用定性与定量相结合的方式进行。

1. 定性检测的方法

定性检测只能得到被检测的体育运动场地设施等对象合格与否的结论，而不能得到其具体的量值。

2. 定量检测的方法

定量检测是在对被检测的体育场地设施等对象进行实地测量后，得到其实际值并判断其是否合格的方法。定量检测的核心是测量技术，通过测量得到的数据，不仅能判断其合格性，还能为分析体育运动场地设施等建造过程中的质量状况提供最直接而可靠的依据。

3. 定性与定量相结合的检测方法

在体育场地设施的检测中，通常采用定性与定量相结合、宏观数据与辩证分析相结合的方式进行，这也是相对科学与客观的检测方法。

（二） 体育场馆检测的步骤

体育场馆设施的检测一般应遵循以下几个步骤。

1. 确定被检测项目

认真审阅被检测体育场馆设施的图纸及有关的技术资料，了解被检测体育场馆设施的用途，熟悉各项技术指标要求，明确需要检测的项目。

2. 设计检测方案

根据体育场地设施检测项目的性质、具体要求、结构特点、检测设备状况、检测人员的能力等多种因素，设计一个能满足检测标准要求，且具有低成本、高效率的检测方案。

3. 选择检测器具

按照规范要求选择适当的体育场馆场地设施检测仪器与工具，或根据需要设计、制作专用的检测仪器与辅助工具，并进行必要的误差试验检测。

4. 检测前准备

清理检测体育场馆场地设施环境并检查是否满足检测要求，清理标准器、被测件及辅助工具，对检测仪器与工具进行调试，使之处于正常的工作状态。

5. 采集数据

在体育场馆设施的检测准备完成后，按照涉及的项目采集测量数据，并规范地做好原始信息、数据的记录。

6. 数据处理

对体育场馆场地设施的检测数据进行统计、计算和处理，获得检测结果。

7. 填报检测结果

将体育场地设施的检测结果填写在检测报告单及有关的原始记录中，并根据技术要求给出合格性的判定。

（三） 体育场馆场地设施检测

1. 体育场馆智能化系统

对体育场馆的智能化系统进行检测，针对功能区和服务对象、单项体育比赛和综合运动会、多功能应用和日常管理的适配性等方面，为体育场馆智能化系统是否具有扩展性、开放性和灵活性提供依据，也为体育场馆的服务能力提供依据。根据《体育建筑设计规范》GJ 31 的规定，将体育建筑的登记和规模划分成不同等级，相应的不同等级的体育建筑的智能化系统也应有对应的配置要求，见表 3 - 4。

表3-4 体育建筑智能化系统配置要求

系统类别	智能化系统配置	建筑等级			
		特级（特大型）	甲级（大型）	乙级（中型）	丙级（小型）
设备管理系统	建筑设备监控系统	√	√	○	○
	火灾自动报警系统	√	√	√	√
	安全技术防范系统	√	√	√	○
	建筑设备集成管理系统	√	√	○	×
信息设施系统	综合布线系统	√	√	√	○
	语音布线系统	√	√	○	○
	信息网络系统	√	√	○	○
	有线电视系统	√	√	√	○
	公共广播系统	√	√	√	√
	电子会议系统	√	√	○	×
专用设施系统	信息显示及控制系统	√	√	○	×
	场地扩声系统	√	√	√	○
	场地照明及控制系统	√	√	○	×
	计时、记分及现场成绩处理系统	√	√	○	×
	竞赛技术统计系统	√	○	○	×
	现场影像采集及回放系统	√	○	○	×
	售检票系统	√	√	○	×
	电视转播和现场评论系统	√	○	×	×
	标准时钟系统	√	√	○	×
	升旗控制系统	√	√	○	×
	比赛设备集成管理系统	√	√	○	×
信息应用系统	信息查询和发布系统	√	√	○	×
	赛事综合管理系统	○	○	×	×
	大型活动公共安全信息系统	○	○	×	×
	场馆运营服务管理系统	√	√	○	×

注：√表示应采用；○表示宜采用；×表示可不采用。

来源：JGJ/T 179—2009《体育建筑智能化系统工程技术规程》。

2. 天然材料体育场地检测——足球场地天然草面层

随着国内职业足球的发展，国内专业足球场地的建设需求也剧增。

（1）足球场地天然草面层检测指标见表3－5。

表3－5　足球场地天然草面层检测指标

检测项目	检测内容	检测标准与要求
基本检测项目	面层的外观	草坪颜色无明显差异；目测看不到裸地；杂草数量小于0.05%；目测没有明显病害特征；目测没有明显虫害特征
	标志线的外观	场地面层标志线界线分明，画线清晰、准确
	排水	经水浸泡，排水20分钟后，表面有积水的深度不能超过面层的厚度
实测项目	表面硬度	合格值应为10～100，最佳值应为20～80
	平整度	草坪场地表面凹凸的程度，3厘米长度范围内任意两点相对高差，其合格值不大于30毫米，最佳值不大于20毫米
	茎密度	单位面积内向上生长茎的数量，合格值应为1.5～4枚/平方厘米，最佳值应为2～3枚/平方厘米
	叶宽度	叶宽度不大于6毫米，可根据各地区具体情况，选择合适的草种
	有机质及营养供给	根系层要求应有足够的有机质及氮（N）、磷（P）、钾（K）、镁（Mg）等
物理性能检测项目	牵引力系数	合格值应为1.0～1.8，最佳值应为1.2～1.4
	球反弹率	足球垂直自由落向场地表面后反弹的高度与开始下落高度的百分比，合格值应为15%～55%，最佳值应为20%～50%
	球滚动距离	合格值应为2～14米，最佳值应为4～12米
	根系层渗水速率	实验室法应大于3.0毫米/分

来源：GB/T 19995.1—2005《天然材料体育场地使用要求及检验方法》第一部分：足球场地天然草面层。

（2）足球场地天然草面层检验。除特别要求外，本部分的测试环境为：草高1.5～4厘米，3级以下风速，常温，地表干燥。

- 场地规格、画线、朝向：采用标定过的钢卷尺或测距仪测定，其他事项采用实地勘察或提供证明资料。

- 表面硬度：用土壤表面硬度测试仪测定。
- 球反弹率：以标准足球（3 ±0.1）米（足球下缘）的高度自由下落，记录足球的反弹高度，按下列公式计算：

$$BR = \frac{H}{3} \times 100\%$$

式中：BR 为足球反弹率,%；H 为足球下落后反弹起的最高高度，米。

- 球滚动距离：用标准足球从 1 米高处沿 45°斜坡滑下，从斜面的前端，用标定过的钢卷尺测定足球滚出的距离。
- 场地坡度：在场地的长轴脊线和边线上确定至少 20 对点，用经纬仪测出场地长轴脊线高点和边线低点间的距离和高差，计算相应的坡度。
- 平整度：采用直尺法，将 3 米直尺置于场地面层上，测定直尺下缘与地面的高差。
- 茎密度：在比赛场地内选取有代表样方，在样方内选取面积为 10 厘米 ×10 厘米的小样。小样单位面积内向上生长茎的枚数。
- 草坪外观（均一性）：草坪颜色、裸地、病虫危害等特征，采用目测打分的方法进行评价。
- 有机质及营养供给：采用土壤取样器现场取样，实验室检测。
- 叶宽度：用标定过的、精确到 0.1 毫米的直尺测量叶子的最宽处。

3. 天然材料体育场地检测——综合体育馆木地板场地

现在木地板场地设施越来越多地被应用于室内体育场馆，定期对木地板体育场地设施进行检测与评价是非常重要的，是体育场馆管理不可缺少的环节。

（1）体育场馆木地板场地的检测标准见表 3 –6。

表 3 –6　体育场馆木地板检测标准

检测项目	检测内容	检测标准与要求
基本检测项目	木地板的外观	体育场地面层无剥落问题，色泽鲜艳美观
	接缝的外观	体育场地表面没有裂痕、高低不平等现象
	标志线的外观	体育场地标志线界线分明、画线清晰、准确
实测项目	面层的平整度	在任何方向和位置上，每 4 米的丈量尺距离上不能有超过 6 毫米的凹凸，在 1 米的丈量距离上不能有超过 3 毫米的凹凸

续表

检测项目	检测内容	检测标准与要求
物理性能检测项目	冲击力吸收指数	最低指数为0.53，即具有最低53%的冲击力吸收功能，也就是当木地板承受瞬时集中冲击时，这一冲击力的53%被地板结构所吸收，只有47%的冲击力反射回弹到运动员的腿上和身体上，这可使运动员免于受伤，更能减低疲劳度。
	谐振吸收指数	不大于0.15，即当地板承受5000牛顿冲击及运动带来的地板面震动时，在承受点上，地板的振幅是2.3毫米，离承受点500毫米处的谐振不大于15%，或者说只有0.345毫米
	摩擦系数	木地板的摩擦系数为0.5~0.7，如木地板表面太滑或太涩时，木地板表面摩擦系数增大时，这样就对地板施加了很重的负荷，给运动员腿上的肌肉和韧带也施加了很重的负荷，使运动员极易疲劳
	木地板的弹力	最小90%，球的回弹力是用正确充气的标准篮球来测定的，当球掉在水平的木地板地面上时，测量出回弹的高度，然后计算出木地板的回弹力大小
	滚动负荷强度	最小1500牛顿滚动负荷，可以用铁轮手推车将运动器材或重物在木地板场地里推动来测量。在木地板上每一个轮子在承受150千克荷载时木地板上不应有压痕

来源：王德炜主编《天然材体育场地使用要求及检验方法》第2部分：综合体育场馆木地板场地。

（2）体育场馆木地板的检测方法。为使体育木地板场地有较好的使用效率，必须定期检测。体育木地板的检测，可根据国际体育地板技术委员会标准将技术指标量化，并通过德国DINI832标准中所规定的体育木地板6项主要技术指标检测才算合格。

- 作用力的检测：该项检测指标用于检测地板是否具有良好的冲击力吸收性能。运动员在运动中脚落于木地板时，可最大限度地减小反弹力，尽量使运动员骨骼免受反弹力震动。
- 标准变形检测：当运动员在运动中以1500牛顿的力量落地时，落点地面瞬间垂直变形高度不应小于2.3毫米。此项指标要求木地板场地应有一定的“韧性”，而不能像混凝土场地地面一样坚硬。
- 变形控制检测：此项指标要求地板在具有一定“韧性”的同时，也应具有一定的“刚性”。具体测量方法是：当一个20千克的重物在一定高度落向地面时，落点地面垂直变形如果是A，在距落点500毫米测试垂直变形高度是B，那么要求$B/A \leq 15\%$。
- 弹性检测：体育木地板场地的弹性检测，可用标准的充气篮球来测定。具体测量方法是：当一个篮球从1.8米的高度落向混凝土场地地面时，回弹的高度是A，而从同一个高度一个篮球落向木地板场地时回弹高度是B，那么要求$B/A \geq 90\%$。

● 滑动摩擦检测：此项指标要求体育木地板场地表面的摩擦系数要适度，如果摩擦力太大或太小，运动员在运动过程中突然停止运动，就很容易摔倒。此项指标要求运动员在运动中脚步突然停下来直至脚步最后静止期间滑动距离保持在0.4～0.6米。摩擦系数检测还可用便携式阻力测试仪等工具检测。

● 滚动负载强度检测：检测时可用手推车将运动器械在运动场内来回推动，确保不会损坏地板，滚动负载最小值应为1500牛顿。

4. 天然材料体育场地检测——运动冰场

运动冰场的检测标准及检测方法见表3－7。

表3－7　运动冰场的检测标准及检测方法

检测项目	检测内容	检测标准与要求	检测方法
基本检测项目	冰面颜色	冰场场地的冰面颜色应为白色	通过实地目测的方法检测
	标志线的外观	标志线界线分明，画线清晰、准确	冰场可以承载不同的冰上运动，如冰球、冰壶、短道速滑、花样滑冰等；不同的项目有不同的场地规格
实测项目	平滑度	冰面应平坦，光滑且无障碍	采用目测法检验冰面平滑度
	冰层厚度	冰层厚度应为3～5厘米	采用游标卡尺及电钻对冰层厚度进行检测
	冰层水质	冰层应采用清澈透明、无可见杂质的中性洁净水	用玻璃杯随机取得浇冰车刮削的部分冰屑，融化后检查水样应清洁透明无悬浮物等杂质，并用pH试纸检查
	冰面高差	冰球及400米速度滑冰竞赛场地冰面的全场高度差小于6毫米；短道速滑及花样滑冰竞赛场地冰面的全场高度应小于4毫米；冰壶竞赛场地冰面的全高度差应小于2毫米	将精度为±1毫米的水准仪置于场地的中心位置，分别测量各点标高并计算最高点与最低点之差

续表

检测项目	检测内容	检测标准与要求	检测方法
实测项目	冰面温度	冰球竞赛场地的冰面温度应维持在 -6℃ ~7℃；短道速滑竞赛场地冰面温度应维持在 -4℃ ~ -6℃；400 米速度滑冰竞赛场地的冰面温度应维持在 -3℃ ~ -5℃；花样滑冰竞赛场地的冰面温度应维持在 -3℃ ~ -5℃；冰壶竞赛场地冰面温度应维持在 -4℃ ~ -5℃	采用精度为 ±0.2℃ 的红外线测温仪或在场地中预埋电阻感温器的方法
	冰场温度	冰场温度应为 15℃ ±2℃	将精度为 ±0.2℃ 的测温仪放置于距离冰面 1.3 米处进行测量，各竞赛项目测量点位不一，应对测量结果取平均值
	冰场湿度	冰场湿度应小于 70%	在场区周围均匀选取 4 个测量点，将精度为一级的干湿球湿度仪放置于距离地面 1.3 米处进行测量，并对测量结果取算术平均数
	冰场点位线	运动冰场的点位线应严格按照各项目竞赛规则的规定画线，点位线应清晰准确	
	冰面照度	竞赛用冰面照度应不小于 1500 勒克斯，训练用冰面照度应不小于 300 勒克斯	

来源：《体育场地使用要求及检验方法》第 2 部分：运动冰场。

5. 人工材料体育场地检测——网球场

网球场地的检测标准和检测方法见表 3 -8。

表 3－8　网球场地的检测标准和检测方法

检测项目	检测内容	检测标准	检测方法
基本检测项目	场地朝向	室外场地边线以南北方向为宜，与正南正北方向最大偏转角度不得大于 18°	依据场地定位图纸，用精度为 ±2°的经纬仪现场测量
	场地外观	场地颜色均匀；不应出现较大的色差；场地面层粘接牢固，不得有断裂、气泡、起鼓、脱皮、空鼓现象；所有画线应是同一颜色；场地四周挡网应使用较深颜色；全打区场地表面应比周围地面高出至少 254 毫米（10 英寸）；室内网球馆场地两边墙壁底部向上2. 438 米（8 英尺），场地两端墙壁底部向上 3. 658 米（12 英尺）的范围内应采取较深颜色	现场观测并用符合 QB/T 2443—2011《钢卷尺》规定的 I 级钢卷尺现场测量
实测项目	场地规格	规格尺寸允许误差为 ±5 毫米（±0. 2 英寸），包括单打场地主打区，场地画线宽度、缓冲区的规格	用精度不低于 ±10 毫米/kmde 测距仪或符合 QB/T 2443—2011《钢卷尺》规定的 I 级钢卷尺现场测量。当用钢卷尺测量时，应按钢卷尺的全尺长校正值及温度膨胀系数对钢卷尺示值进行调整
	场地固定物	场地固定物包括网柱、球网、挡网	
	场地基础及排水设施	包括场地基础和排水设施	现场观测并用符合 QB/T 2443—2011《钢卷尺》规定的I级钢卷尺现场测量
	场地坡度	单片场地应在一个斜面上	用精度为 ±1 毫米的水准仪测量每片场地边线或端线上 3 组点的标高，并计算每组点的高差。横向坡度和纵向坡度结果取各测量结果的绝对平均值
	场地平整度	用 300 毫米直尺测量，场地表面任何位置凹陷不应超过 2 毫米	

续表

检测项目	检测内容	检测标准	检测方法
物理性能检测项目	反弹值	≥80%	
	滑动阻力	60～100 牛顿	
	冲击吸收	5%～15%（一般运动）；15%～20%（国内比赛）；20%～35%（国际巡回赛）	
	地面速率	30～45	用于测量球和地面的摩擦作用，这是影响网球从场地面层反弹的速度及角度最显著的特性。将网球以某一角度击打到地面之后，测量网球入射和回弹的速度及角度的变化
	渗水率	0（毫米/分）	

来源：《人工材料体育场地使用要求及检验方法》第 2 部分：网球场地。

6. 游泳场地检测

游泳场地检测标准及检测方法见表 3－9。

表 3－9　游泳场地检测标准及检测方法

检测项目	检测内容	检测标准	检测方法
基本检测项目	场地外观	竞赛和训练池的池底和池壁应为白色，宜用游泳池专用瓷砖或颜色相同、耐用、易清洗的建筑装饰贴面材料。泳道标志线应为黑色或蓝色。游泳池出发和转身的两端，自水面以上 0.3 米到水面以下 0.8 米的所有池壁应平整、防滑	采用目测法进行检测

续表

检测项目	检测内容	检测标准	检测方法
实测项目	规格和尺寸	游泳场地分为游泳池、跳水池、水球池和花样游泳池，各自的规格和尺寸都不相同	使用计量检定合格的 50 米钢卷尺或激光测距仪测量
	附属设施	附属设施的检测主要是根据相关运动项目的竞赛规则进行的。例如，比赛池的出发台、泳道标志线、分割线、仰泳标志线及预埋件的位置和尺寸等应符合竞赛规则的要求。出入水的扶梯不应凸出于池壁；另外跳水竞赛池应设水面喷水制波或水下喷气制波装置。举办国家级以上比赛的跳水池旁边应设有可调节水温的按摩放松池和淋浴喷头；应在游泳场地深水、浅水区设置明显的水深标志；用于残疾人游泳运动的场地应做无障碍设计	采用目测法检测
	室内声学要求	室内声学效果要求应符合 JGJ/T 131—2012《体育场馆声学设计及测量规程》要求	对游泳比赛场地和主席台、看台各点位检测，取平均值，具体指标的测量方法可参照 JGJ/T 131 中有关规定
	采光与照明	游泳场地比赛区的照明灯光设置应避免对运动员产生眩光；游泳场地的自然采光，不应对运动员产生眩光，太阳光不宜直接射到水面；室内场地的照明灯光主光源应使用侧光；游泳场地照明应符合 JGJ 153—2007《体育场馆照明设计及检测标准》中 4. 1. 10 的规定，向公众开放的游泳场地照明参照训练场馆的要求	使用照度仪和光谱测色仪，依据 JGJ 153—2007《体育场馆照明设计及检测标准》中图 8. 2. 2 –3 进行选点测量。水平照度及 4 个方向的垂直照度应在各点位距离水面 1 米高处检测，摄像机方向的垂直照度应在 1. 5 米高处检测
	游泳场地水质水温	游泳池水质、水温应符合 CJ 244—2007《游泳池水质标准》的要求；新建、改建、扩建的游泳场地必须配备循环水净化消毒设备，循环水处理系统的设计和设施配置应符合 CJJ 122—2008《游泳池给水排水工程技术规程》的要求	水质卫生的检测项目应符合 CJ 244—2007《游泳池水质标准》中 8. 2. 3 的规定；经营管理检测由各游泳馆（场）负责进行

续表

检测项目	检测内容	检测标准	检测方法
实测项目	周边环境	游泳场地内空气的相对湿度应不大于75%；室内比赛池温度应比池水温度高1℃～2℃；室外游泳场地池岸边5米范围内不宜有裸露泥土、落叶树木，并且避开粉尘等污染源；池岸不应有给水，池岸旁边应设置适量冲洗地面的水龙头，池岸地面排水不应排入池内或进入游泳池水处理系统	采用目测法进行检测

来源：《体育场地使用要求及检验方法》第2部分：游泳场地。

三、体育场馆的评价

随着体育场馆建设的迅猛发展，对体育场地设施性能与质量以及环境的评价越来越重要。为了避免体育场地性能变化带来新的质量问题，需要对体育场地的质量状况进行分析与评价，即根据体育场馆场地设施及环境检测结果，对体育场馆场地设施的性能与质量进行评价。

（一） 体育场馆评价的目的

对体育场馆场地设施的评价，是按照一定的评价标准和方法对体育场馆场地性能与质量进行客观的定性与定量分析、评价和预测，实质上是对体育场馆场地设施及环境的质量优劣的评定过程。体育场馆评价主要有以下两个目的。

1. 为体育场馆场地设施及环境整体规划和管理提供科学管理依据

对体育场地设施的评价，就是通过掌握和比较体育场馆场地设施质量状况及其变化趋势，寻找问题及改进方法，为体育场馆场地设施整体规划及管理提供科学依据。

2. 为体育场馆场地设施良好的运行创造环境

体育场馆场地设施的评价，是根据体育场馆场地设施的检测结果，结合体育活动人群的实际情况对场馆场地性能、质量进行的分析与评估。这样有利于为体育场馆场地设施使用创造良好的活动环境，这也是对体育场馆进行评价的主要目标。

（二） 体育场馆评价的原则

体育场馆场地设施往往由于适用对象不同，而选择不同功能要求和建设标准的服务设施种类。这就要求根据不同情况具体评价体育场馆场地设施，在评价过程中一般应遵循以下基本原则。

1. 全面客观、统筹兼顾的原则

在体育场馆场地设施评价过程中，要通过对体育场馆场地前期检测结果的实证分析，全面考察影响体育场馆场地设施整体使用的各种因素，使评价结果能够客观地反映体育场馆场地设施的性能和质量状况。

2. 指导性与发展性相结合的原则

体育场馆场地设施评价是对体育场馆场地检测结论的一个总结与分析，其评价结果对体育场馆场地设施的改建与维护管理具有决策性的指导意义。因此，在体育场地设施评价过程中要遵循指导性、可行性、发展性相结合的原则。

3. 定量分析为主、定性分析为辅的原则

体育场馆场地设施评价指标体系主要以可计量的统计指标为主，所有定量分析数据都来自体育场馆场地设施的检测数据，有统一标准，要具有横向和纵向的可比性。当然，并不是所有的体育场馆设施都可以通过相应的检测指标来反映，而忽略这些因素将不能全面、客观、公正地反映体育场馆场地设施及环境的状况。因此，有必要采用定性指标与定量指标相结合的方式予以评价。

（三） 体育场馆评价内容

体育场馆场地设施评价对体育场馆的整体运行起着至关重要的作用。概括地讲，体育场馆场地设施评价主要包括体育场馆场地设施的性能与质量评价、体育场馆环境评价、体育场馆管理评价、体育场馆使用效益评价等内容。

1. 体育场馆场地设施性能与质量评价

体育场馆场地设施的性能与质量评价，一是依据体育场馆设施国家建造标准，二是依据对体育场馆场地设施检测数据分析的结果，进行对照分析得出评价结论。评价的内容则根据体育场馆场地设施的类型以及具体要求而确定。

2. 体育场馆环境评价

（1）体育场馆室外体育场地环境评价。体育场馆室外体育场地环境评价包括空气质量、噪声、室外照明、室外热舒适等方面，重要的是室外场地环境质量各项指标应符合国家现行标准规范。

对周边生态环境的影响。在对体育场馆和周边的环境和生物多样性进行现场观测后，再对竣工后的体育场馆场地建设项目对周边环境的影响做出评价。评价主要包括两个方面：一是体育场馆及周边的生态环境质量不因体育场馆场地建设而降低，并得到改善；二是体育场馆场地及周边的生物多样性和生物共存条件未被破坏，并得到适当改善。

原生环境保护和改善。通过对体育场馆场地建设项目竣工后的检测，考察体育场馆场地对原生环境的影响，要求原生环境的保护和改善符合规则设计要求，包括场地的地形、地貌未因体育场地建设而破坏；体育场馆场地及周边的水系、水体环境和景观质量未因体育场馆场地建设而降低，并得到适当改善。

室外热舒适与热岛效应。对体育场馆场地热舒适进行检测，以评价室外热环境质量。

室外风环境。在典型气象条件下对体育场馆场地风环境进行检测，以评价室外风环境质量。

室外环境噪声。通过对环境噪声的检测，以评价室外环境噪声对体育活动的干扰状况。

室外照明。通过对室外照明的检测，以评价室外环境照明质量。

（2）体育场馆室内体育场地环境评价。通过现场检测、检验，评估室内体育场地环境质量（包括室内空气品质、声环境、光环境、热环境）。室内体育场馆场地环境应符合国家现行标准和规范的规定，并与规划设计要求相符。

室内空气品质。通过对现场检测、检验，评估对室内空气物理性、化学性、生物性及放射性各参数指标的检测，包括室内甲醛浓度、二氧化碳浓度、一氧化碳含量、负离子含量、空气温度、湿度、风速监测、可吸入颗粒物含量等各项指标的检测结果与分析等，评价室内空气质量，预防和控制室内空气污染，以确保使用者的身体健康。

室内声环境。通过对室内噪声级别、分户墙和楼板等隔声性能的检测，评价室内声环境质量对体育运动的影响度。

室内光环境。通过室内采光、照明检测，评价室内光环境质量是否符合体育竞赛、群众体育和体育观赛的要求。

室内热舒适。检验室内热环境是否满足要求，以保证使用者健康、舒适、高效地从事各项体育活动。

（3）体育场馆的水环境评价。通过对体育场馆的给水、排水、雨水、再生利用等水系统的工程验收和调试运行，检验和评价水环境系统的效果。要求水环境系统应全面符合国家体育场馆场地的规范和标准，并与规划设计阶段的要求相符。实现水资源的可持续发展和利用，改善生态环境。

体育场馆给水系统。满足水环境规划要求，高效利用水资源，最大限度地节约用水，要求给水方式合理；采用先进技术，节约生活用水量5%以上；游泳池及跳水池供水系统为独立系统；采用先进的净化循环系统，增加循环用水次数，提高水的重复利用率。

体育场馆排水系统。污水、废水及雨水的排放对周围环境无不利影响，保护周围环境。排水系统应实行雨水、污水分流；中央空调冷却塔排放水、中央空调冷凝水、分体空调冷凝水及游泳池排放水设有回用系统或作为再生水水源；收集洗浴废水、洗衣废水及雨水等作为再生水水源。

体育场馆污水、废水处理与回用。实现污水、废水资源化，保护建设场地周围的水环境。要求污水、废水深度处理与再生回用设施的建设与运行对周围生态环境无负面影响，且具有合格的环境影响评估或评价报告；再生水供水系统，设有备用水源及相关切换设施；采用高效低耗污水、废水深度处理与再生回用设施；采用再生水作为冲厕、清扫、洗车、间接补给地下水及利用再生水和雨水补充水源水，再生水使用安全、可靠。

3. 体育场馆管理效果评价

对体育场馆管理效果的评价，一是对体育场馆设施的有效管理，使其发挥最大的使用效益；二是对体育场馆场地人力资源与制度的管理，通过不同的管理手段与模式，使其产生最大的价值。

4. 体育场馆的效益评价

体育场馆的效益评价主要包括两个方面：一是体育场馆场地设施使用的社会效益；二是体育场馆场地设施使用的经济效益。社会效益和经济效益的评价是复杂的，但却是体育场馆评价的主要环节。

（四） 体育场馆评价的方法

体育场馆场地设施评价是体育场馆场地建设过程中必不可少的一个环节，它是对体育场馆场地检测数据和结果的一个分析与评估，体育场馆场地设施评价模式主要包括两个方面：一是评价量化指标，对体育场馆场地设施提供数据分析；二是专家评价体系，主要是通过对体育场馆场地设施进行现场检测，得出评价结果。然后将其与量化评价结果进行加权评价，得出最终的体育场馆场地设施评价结论。其评价模式如图 3－14 所示。

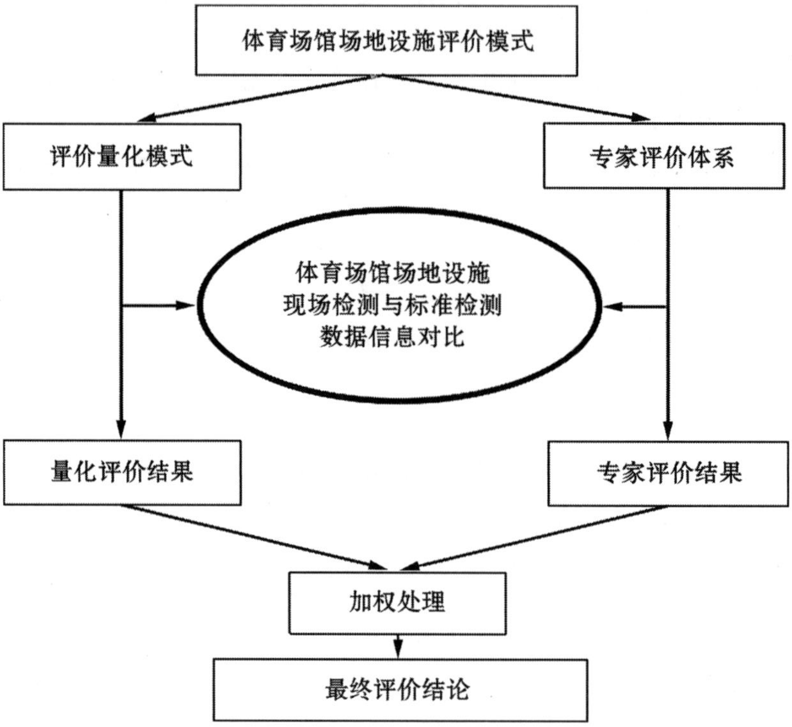

图 3－14　体育场馆场地设施评价模式

1. 量化评价

所谓测量是指依据给定的法则，用数学的方法对体育场馆场地设施的性能与质量进行描述。测量的三个因素是法则、数学、性能与质量。在体育场馆场地设施的检测与评价中，首先要把能反映体育场馆场地设施性能与质量的因素确定为测量的对象，然后选择科学合理的测量方法作为测量的标准。依据法则选取合适的数学方法和工具对测量对象进行测量，得到被测对象有关性质的量化描述。测量的三个因素是一个有机的整体，其中性能与质量是基础，数学是工具，法则是关键。离开了合理筛选的体育场馆场地设施检测与评价的因素，法则就是一句空话，没有正确的法则，就没有合理的数学方法，相反，没有合理的数学方法，法则也是空中楼阁。

2. 专家评价

测量是用来对体育场馆场地设施检测与评价的因素进行描述，那么评定则超出这种描述，是对体育场馆场地设施检测与评价因素的价值进行权衡。由此可知，评定具有三个因素，即定量描述、价值和权衡。定量描述是测量的结果也是评定的基础，价值高于定性描述，它是对体育场馆场地设施检测与评价因素的价值评议，这种评议取决于相应的法则，而权衡是对价值取向的决策，这种决策取决于所用的数学方法。在体育场馆场地设施检测与评价中，定量描述就是评价指标的量化得分，量化得分高低的权衡取决于数学方法，不同的数学方法可能会有不同的量化得分，量化得分的高低决定了体育场馆场地设施水平（价值）。评定的三个因素也是一个有机的整体，其中定量描述是前提，价值是中介，权衡是结果。

3. 综合评价

在体育场馆场地设施检测与评价中，定性就是体育场馆场地设施从质的方面进行鉴别和评价。但作为科学合理的定性，必须以定量为客观基础，因此要把两者有机地结合起来，使测评标准和测量方法有机统一。这样，一方面可以避免定性的盲目性；另一方面也可以避免定量的绝对性，在精确的定量与模糊的现实世界之间架起一座桥梁。在体育场馆场地设施检测与评价中，广泛应用定性和定量相结合的方法，就是要将专家的定性评价与量化系统的评价进行加权处理，二者结合构成专家评价的量化系统，从而使体育场馆场地设施的评价更加科学、更加规范。

第四节 体育场馆维护与管理

一、体育场馆维护与管理的概念

体育场馆的维护与管理是体育场馆运营的重要内容。保证体育场馆设施的正常使用并延长其使用寿命，是体育场馆设施管理工作的核心内容。体育场馆设施具有投资额度大，种类繁多、技术先进、维持费用高、安全要求严格等特点，这与普通的物业管理的服务对象有很大不同。因此，体育场馆设施管理应更加科学、细致和高水准，既不能遗漏任何一种设施，更要保证每一种设施的具体管理内容科学严谨。

二、体育场馆设施管理过程

体育场馆设施的正确使用是保证体育场馆设施正常运行，避免体育场馆设施的不正常磨损，防止事故发生，延长设施使用寿命和大修周期，减少维护费用，确保体育场馆正常运行的关键。因此，体育场馆管理人员和体育场馆设施使用人员，必须严格按照体育场馆设施使用规程，正确使用体育场馆设施。体育场馆设施管理的流程是从选购或自行设计制造到设施在服务经营领域内使用、维护、修理，直至报废退出服务经营领域为止的全过程。

无论是外购还是自制的体育场馆设施都要进行检查与验收，验收合格后才允许投入使用，要严格按照体育场馆设施维护计划及时进行维护，必要时还要进行改造与更新，直至报废。

（一） 体育场馆设施的选购

体育场馆设施的选购，一般要根据体育场馆的经营所需，由设施负责人填写体育场馆设施购置申请单，说明购置理由、用途及要求，报送部门审核；然后根据体育场馆设施申购要求，查找体育场馆设施制造厂家，确定体育场馆设施的型号、参数、配置、备件、备品及市场价位，提出建设性意见，报送相关部门与负责人审批采购。

（二） 体育场馆设施的检查与验收

体育场馆设施的检查与验收是体育场馆设施管理过程中的一个重要环节。在一般情况下，体育场馆设施购置后，应由体育场馆设施负责人接收、安装，经确认后，填写体育场馆设施验收、安装、移交单，再移交使用部门使用。体育场馆设施使用部门应及时联合设施、工艺、计量等相关部门对体育场馆设施进行运行确认。若验收不合格，则责成采购设施责任人办理退换或维护事宜，直至验收合格。

（三） 体育场馆设施的使用

体育场馆设施的使用主要包括两部分，一是体育场馆设施管理人员的岗位操作与使用；二是服务群体对体育场馆设施的使用。

验收合格的体育场馆设施，由体育场馆设施使用负责人遵照《体育场馆设施管理制度》安排投入使用。体育场馆设施使用责任人或委托下属按照体育场馆设施编号规则，对体育场馆设施进行编号，制作体育场馆设施信息标签，贴于体育场馆设施比较醒目处，且不影响体育场馆设施的使用。

体育场馆设施责任人应根据体育场馆设施制造厂家的使用说明资料，编制《体育场馆设施操作维护规程》，并按管理要求发放给相关人员，作为体育器材设施使用与管理的必备资料。操作人员应熟练掌握《体育场馆设施操作维护规程》，并严格遵照执行。重要设施应由体育场馆设施中心组织相关的操作、维护和使用培训，特殊体育场馆设施除进行培训外，还应对操作人员进行理论、实践考核。体育场馆设施责任人应编制体育场馆设施日常点检表，由体育场馆设施管理责任人或操作人员检查体育场馆设施的运行情况，并向指定部门汇报，由相关人员进行体育场馆设施运行情况统计，以便准确、及时、真实地统计体育场馆设施的完好率。体育场馆设施责任人应编制体育场馆设施维护、保养记录表，明确体育设施保养项目、频次、要求，并由体育场馆设施管理责任人或操作人员执行，同时体育场馆设施管理中心应不定期地进行检查。如遇体育场馆设施故障，应由体育场馆设施责任人尽快安排组织维护。

（四）体育场馆设施的更新与报废

体育场馆设施的更新与报废是体育场馆设施管理过程中的最后一个环节，必须严格按照制度及规定的程序进行。因体育场馆设施在使用过程中损耗严重，影响正常使用性能，确需对其进行更换的，由体育场馆设施使用部门先填写体育场馆设施报废申请书，经审批同意报废后，对报废资产进行清理。因体育场馆设施使用到规定年限，体育场馆设施缺陷已无修复价值，对安全、环境有重大隐患的体育场馆设施，由使用部门填写体育场馆设施报废单，填写报废单时应一式四联，注明报废物资名称、规格型号及资产原值，连同报废体育设施的固定资产卡片一起经过设施责任人确认，呈给体育场馆负责人审批后报固定资产管理部门和财务审核，办理设施注销手续，或从事经营型的体育场馆的资产设施报废还要报税务机关备案。原有体育场馆设施报废后如需重新购置，应由相关部门按“体育场馆设施采购、验收”管理流程执行。

三、体育场馆设施管理概述

体育场馆设施管理的核心内容是保证体育场馆设施的合理使用并在条件允许的情况下延长设备的使用寿命，提高体育场馆的经济效益。

（一）体育场馆设施管理的目的

体育场馆设施管理的目的是为设施的正常运行提供可靠的条件和保证，具体目的包括以下四个方面。

1. 正确选择体育场馆设施

正确选择体育场馆设施，避免体育场馆设施的落伍和闲置。体育场馆的多数设施都具有较长的使用寿命，因此在采购时应选择技术先进、使用寿命合理的体育场馆设施。

2. 保证体育场馆的合理运营

体育场馆设施功能正常，是体育场馆持续经营的基础。体育场馆应正确使用场馆设施，体育场馆经营者应组建专门的体育场馆设施维护管理团队，灵活采用各种方式进行维护保养，保证设施的使用寿命，提高体育场馆设施的综合利用效率，确保体育场馆的正常运行。

3. 合理控制设备损耗，提高体育场馆的运行效益

体育场馆要在保证设施良好的同时，加强对设施的经营管理，降低设备使用各个环节的费用，延长体育场馆设施寿命，从而促使整个体育场馆运行效益的提高。

4. 保证体育场馆设施的先进性

合理的体育场馆设施管理，可以在场馆经营过程中避免闲置。

体育场馆建筑设施管理工作，应针对体育场馆拓展新业务，改进现有服务水平，提高质量以及安全、节能等要求，有计划地进行体育场馆设施改造和更新，提高体育场馆建筑设施的完好率。

（二） 体育场馆设施管理的任务

体育场馆设施是现代体育场馆的经营工具，是体育场馆服务产生的要素之一。对体育场馆设施进行全面、认真的管理是体育场馆提供优质、低耗服务的基本条件。体育场馆设施管理的任务主要包含以下三个方面。

1. 追求体育场馆设施寿命周期费用合理化

体育场馆设施寿命周期费用是体育场馆设施使用期内的总费用，不仅包含设备的购买费用，还包含设备管理维护各阶段相继产生的费用的总和。在体育场馆设施规划决策方案的制定过程中，应追求体育场馆设施寿命周期费用最经济，不能只考虑某一阶段购买或使用行为的经济性。同时，还要考虑体育场馆设施的综合效率。

2. 建立合理先进的体育场馆设施管理模式

随着人们审美水平和品位的提高及体育活动种类的极大丰富，人们对体育场馆服务质量的要求越来越高，市场竞争进一步加剧。体育场馆服务的综合性导致体育场馆设施种类繁多、数量庞大。这就要求管理者要及时构建能满足场馆设施运行服务及发展所需要的先进、适用的体育场馆设施管理模式。

3. 加强体育场馆设施的维护工作

体育场馆设施管理的日常工作主要是体育场馆设施维护工作，这是体育场馆设施管理的重要环节。另外，体育场馆的设备管理工作是内嵌于体育场馆运营之中的，因此加强体育场馆设施的经济管理工作和组织管理工作，是实现体育场馆设施规范化和系统化管理的重要保障。

思考题

1. 体育场馆布局模式有哪些？
2. 体育场馆建设要遵循的依据有哪些？
3. 体育场馆检测与评价的基本要素包括哪些？
4. 简述体育场馆检测与评价的概念和意义。

第四章　体育场馆运营管理模式

本章教学提示

1. 掌握体育场馆运营管理模式的概念，了解传统运营管理模式中存在的问题。

2. 掌握体育场馆运营管理模式的规划、创新及评价方法。

3. 了解冰雪场馆运营管理模式的案例。

第一节 体育场馆运营管理模式的概念

自2008年北京奥运会之后，我国开始从体育大国迈向体育强国。在国家积极倡导和大力推动下，“群众体育”“全民健身”“终身运动”等概念日益深入人心。体育场馆作为群众体育和全民健身的重要配套设施，其运营管理模式也已成为当前亟须解决的关键问题。

一、体育场馆的相关概念

体育场馆是指为了满足运动训练、运动竞赛和群众健身娱乐的需要而专门修建的各类运动场所的总称，通常包括体育场和体育馆。

体育场是在室外进行体育锻炼和比赛的场地。大型体育场一般为综合型的运动场，主要建有一个标准田径场，在田径场内设置有一个标准足球场（或橄榄球场）。随着国内职业联赛的发展，未来将会出现各种专用型的球场。体育场地的四周多设有看台，与其他配套设施一起可进行多种体育项目的训练和比赛。一般的体育场多为开展单项比赛的场地，建有田径场，亦可设看台。均配有专职或兼职管理人员和教练员，负责训练和比赛工作。体育场按看台容纳观众人数分为：甲级25000人以上、乙级15000～25000人、丙级5000～15000人、丁级5000人以下。

体育馆是在室内进行体育运动的场所。体育馆按使用性质可分为比赛馆和练习馆两类；按体育项目可分为体操馆、篮球馆、游泳馆、冰雪运动馆、乒乓球馆、羽毛球馆、排球馆、田径馆等；按规模可分为大、中、小型；按照观众席位的多少可划分为：甲级6000人以上、乙级4000～6000人、丙级2000～4000人、丁级2000人以下。我国现把观众席超过6000个的称为大型体育馆，少于3000个的称为小型体育馆，介于两者之间的称为中型体育馆。

体育馆的地面、空间高度、光照度、温度、通风、音响等，均应符合该项比赛竞赛规则的要求。四周设置梯形看台，配有专门的管理人员和教练员，负责比赛业务和训练工作。基层体育馆一般按篮球比赛场地要求建设，也可进行其他项目的训练或比赛，四周也可设看台。学校还可以修建具有体育馆、电影场、会场等多种功能的综合馆。

目前，我国对体育场馆规模的界定尚没有一个统一的标准，划分的角度不同，标准也不同。以规模大小为标准界定的体育场馆，可以根据国家体育总局的体育建筑设计规范进行具体分类，体育场馆座位数量和类型见表4－1。

表 4－1　体育场馆座位数量和类型

分类	体育场座位数（个）	体育馆座位数（个）
特大型	6 万以上	1 万以上
大型	4 万～6 万	6 千～1 万
中型	2 万～4 万	3 千～6 千
小型	2 万以下	3 千以下

二、体育场馆运营管理模式的概念

运营是一切社会组织将它的输入转化为输出的过程，是一个投入一定的资源，经过生产运作系统的计划、组织、实施、控制和转换，使其价值增值，最后以某种形式的产出，提供给社会的过程。

运营管理是指对企业生产、交付或者服务的运营系统进行设计、运作以及改进。

需要甄别的是，体育场馆建筑与体育场馆企业（运营管理机构）的概念是不同的。体育场馆建筑一般是指体育场馆建筑这个资源，具体包括体育场馆的软件资源和硬件资源。而体育场馆企业（运营管理机构）则是一个组织，它采取各种行为决策来运行体育场馆的服务系统，以满足社会对体育场馆服务的需求。体育场馆企业（运营管理机构）可以通过对体育场馆中的软件、硬件资源的规划、组织、控制、整合等决策活动，为客户提供满意、优质、高效的体育场馆服务。本章所讲的体育场馆是指体育场馆企业（运营管理机构）这一组织。

体育场馆运营是体育场馆企业在市场经济条件下，将体育场馆内的人力、物力、财力、信息等资源通过协调配置、优化组合等各种管理行为转化为使客户满意的优质服务的过程的总称。其目的是为顾客或者客户创造优质服务，并且为自身创造一定的社会和经济效益，维持场馆的可持续发展。

体育场馆运营管理是指对体育场馆运营活动或运营系统进行计划、组织、控制等，它是对体育场馆运营系统的建立、运行所进行的管理。其目的是有效地建立和高效地运行一个体育场馆运营系统以满足顾客的需要，实现场馆企业的战略目标，提供有竞争力的服务。

体育场馆运营管理模式是指在体育场馆运营管理过程中固化下来的一套标准运营系统及其相应的系统业务操作流程。主要包括体育场馆服务产品及产品服务策略、服务流程设计及再造、服务运作步骤、服务供应链、盈利模式以及服务创新与服务改进的解决方案等。

第二节　体育场馆传统运营管理模式

一、我国体育场馆运营管理的发展历程

我国的体育场馆运营管理从 1949 年至今，共经历了以下四个发展阶段。

（一）计划经济体制下的体育场馆运营管理

公共体育场馆属于国家所有，主要用于学校体育教育、开展群众性体育活动、企事业单位体育活动、专业运动队训练比赛。在这一阶段中，公共体育场馆属于国家财政全额拨款单位，实行统收、统支、统管的财政经济政策。

（二）改革开放后的体育场馆运营管理

在市场经济为主、计划经济为辅的社会主义市场经济背景下，1985 年中共中央在《关于进一步发展体育事业的通知》中明确要求“体育场馆要逐步实现企业化和半企业化经营”，国家体委对公共体育场馆提出了“由事业型转变为经营型”的要求。这一阶段公共体育场馆主要由政府直接管理，采用经费差额管理的方式，公共体育场馆开始进行了“以副养场、以场养场”的转变，体育服务消费与供给不足的矛盾得到缓解。这一时期体育场馆运行管理的显著特点是管理层面开始了体育场馆管理体制的革新初探，尝试事业单位企业化管理，探索多种经营道路。

（三）社会主义市场经济体制下的体育场馆运营管理

体育事业发展的环境随着我国社会主义市场经济体制的确立发生了重大变化。1993 年、1995 年、1996 年分别出台了《关于培育体育市场，加快体育产业化进程的意见》《关于公共体育场馆向群众开放的通知》《国民经济和社会发展“九五”计划和 2010 年远景目标纲要》3 个文件，明确了体育事业要充分面向市场、社会及公众的发展思路，要形成市场化、产业化的发展道路。这一阶段公共体育场馆投资主体多元化趋势有所展露，市场化发展和企业化运作开始出现认同，专业人才开始进入管理层面，产业化管理初显，但在公共体育场馆的管理手段和管理模式方面还有待进一步的探索和创新。

（四）体育场馆运营管理深化改革阶段

这一阶段是对市场机制的探索阶段。在摸索中，探索了承包经营、租赁经营、委托经营、PPP 模式等大型体育场馆市场化运作方式。体育场馆的运营管理模式呈现多元化的特点，其中包括三种比较有代表性的运营管理模式：一是半企业化管理，在这种管理模式

下，大型体育场馆的性质仍然属于事业单位，公共体育场馆的法人、工作人员大多为在编人员。在具体经营管理中，经营权委托给社会组织或企业，在政府给予部分补贴的条件下，引入现代企业管理制度，终极目标是使大型体育场馆真正成为自负盈亏、自主经营的市场竞争主体。二是事业单位自主经营，体育场馆作为体育行政部门的下级事业单位，采取差额财政拨款或全额财政拨款形式进行管理。三是企业化管理，引入现代企业管理模式与方法进行经营与管理。体育场馆在政府体育主管部门的宏观管理下，自主经营、自收自支、自负盈亏。

从我国体育场馆运营管理模式的发展历程可以看出，长期以来，我国在体育场馆的运营中，更多的是采用事业单位管理模式，其在运营管理中更多关注的是体育场馆运营中的所有权、经营权等管理问题，很少重视体育场馆为满足客户需求提供服务的问题，以及运营中是否为客户提供了高质量的体育场馆服务和如何提高场馆运营服务效率等问题。

二、国内外体育场馆的传统运营模式

（一）国外体育场馆的传统运营模式

1. 美国

美国是体育产业发展较为成熟和发达的国家，已形成完整的体育产业链条。美国体育场馆运营管理没有固定模式，其运营管理有以下特点：

（1）运营策略多元。例如，设立豪华包厢和私人席位，出售场馆冠名权，开发场馆内广告市场，出售场馆消费品的特许经营权等。

（2）专业营销和市场细分。美国体育场馆奉行以球迷为核心的营销理念，一般较大型的体育场馆均有专属网站并设立市场营销部门，即时广泛地推送场馆和商业信息。同时注重市场细分，推出针对成年男性、女性、四口之家等套餐票券，提高场馆利用率。

（3）注重赛事场馆赛后运营。例如，利用比赛型场馆发展体育俱乐部，对场馆进行商业化经营，多功能开发场馆进行竞赛表演、竞技训练、大众健身、博览会、物业开发等。

（4）成熟的集团化托管。美国运营效益高的场馆大多采用集团化托管，通过雇用专业化的管理公司对同类项目进行集中管理，利用规模化的优势使资源得到最有效的配置。

2. 英国

英国体育场馆运营管理主要包括政府管理、委托管理和基金管理三种管理模式。

（1）政府管理。地方政府直接管理仍是英国大型体育场馆的主要运营管理模式，该方式能对体育场馆设施预算进行直接管理，但其经费预算受制于地方财政收入，该模式可能存在不太注重客户群体及营销模式创新的问题。

（2）委托管理。委托管理主要是指委托私人管理，该模式最大的特点就是注重客户需求，追求最大化的商业利润。私人管理更注重经济效益大的场馆，有可能造成体育场馆运营管理失衡。

（3）基金管理。基金管理形式近年来越来越受到管理者的青睐，基于基金会的“集团化”管理模式也是英国当前较为先进的体育场馆运营管理形式。该模式专注于体育和娱乐服务，所管辖体育场馆功能性强，运营效益高。

3. 其他国家

西班牙采用的是政府管理与社会经营结合的运营管理模式，同时组建股份制的俱乐部，走公司化、股份化的道路。

法国体育场馆采用市场化运作模式，政府投入只占运营经费中的很少一部分，绝大部分经费依靠电视转播权、门票、赞助等形式获取。

德国的大多数场馆由市政建设，乡镇和俱乐部是两大主要运营主体，德国的竞技体育、大众体育和学校体育等都是建立在俱乐部体制之上的。德国实行有限的市场化经营策略，将大众健身放在首位。

日本体育场馆管理分为行政机关直接管理和委托管理两类，实行经营组织的财团化和法人化。此外，日本在体育场馆运营管理思想上突出“因人而异”，关注不同人群的体育需求，除常规性体育场馆外，在各大城市专门建立老年人、伤残人士体育服务中心等。

（二）国内体育场馆的传统运营模式

1. 事业单位管理模式

目前，我国最主要的运营管理模式是政府掌握体育场馆的所有权和经营权，场馆的运营管理经费全部由政府体育行政部门承担，该模式能够较好地服务社会大众，促进我国全民健身体育事业的开展。但场馆经营可能出现安于现状、缺乏提升场馆运营效益的主动性等问题。

2. 企业化运作模式

体育场馆由政府投资建设，政府享有场馆所有权，企业享有经营权。企业自收自支，自负盈亏。该模式易于激发运营单位的主动性，通过各种渠道扩大消费群体，提高场馆利用效率。该模式减轻了政府财政负担，经济效益高，但存在权责不明以及监管体系不健全的缺陷。该模式的确立对运营场馆的交通便利性、场馆多样性、客户分布和需求性等要求较高。

3. 委托运营模式

政府与社会组织（专业机构、企业等）签订经营管理合同，经营者受政府委托，负责体育场馆的日常经营管理，政府提供一定的政策优惠。该模式适合专业性较强的场馆，有利于政府大力推动体育项目的开展，有利于提高专业性场馆的使用率，保证场馆的运营经费。该模式对委托企业的专业化程度要求较高，场馆运营效果对市场反应度敏感。

4. 租赁运营模式

政府通过签订合同、交付租金的形式将场馆的经营权转移，租赁者享有对场馆的管理权，按照自己的经营方向和目标去经营，获得经济效益，同时场馆租赁者也承担场馆的维护维修、税收、社会效益发挥等义务。

三、体育场馆传统运营模式中存在的问题

（一）体育场馆提供的服务产品较单一

体育场馆提供的服务产品一般只用于举办赛事、文艺演出或专业运动员培养和训练，体育设施、设备、场地的利用率较低，资源闲置浪费现象较严重。尤其是游泳馆类体育场馆，受季节的影响，经常会出现一定时期的场馆闲置。在体育场馆的运营中，运营方很少考虑客户的需求，为其提供丰富多彩的体育场馆服务产品。因而，不能充分地利用体育场馆资源，为广大客户提供更多高质量的体育场馆服务是传统运营模式中存在的首要问题。

（二）整体运营管理效率低下，运营专业化水平较低

我国大型体育场馆在运营过程中虽逐步向多元化方向发展，但缺乏合作意识和专业化理念，经营方式仍以自主经营为主，从业机构多为事业单位，运营主体单一。调查显示，80.0%被调查场馆主要的经营方式为自主经营，55.6%的被调查场馆未与专业机构合作，对于清洁卫生、安保、饮食等服务性工作，46.7%的被调查场馆也是以自我服务为主。场馆以“自我”为主的单一运营模式，在加大运营成本的同时使场馆在扩展经营范围和服务项目时，需承担较大风险。另外，由于场馆在赛事策划、广告开发、餐饮、娱乐休闲、酒店经营等专业化较强的领域以自我经营为主，而场馆内部相关人才有限、经验缺失，致使部分场馆在多元化经营过程中运营水平并不高。调查显示，51.1%的被调查场馆不经常策划、组织文体活动，在大型体育赛事、活动有限的情况下，场馆运营机构自己不积极策划、组织文体活动，也不与相关机构合作，致使其活动资源和内容资源严重缺乏，严重影响场馆的经营创收能力以及场馆的利用率。调查显示，被调查场馆的主要收入来源中，广告收入、餐饮、休闲等经营项目的收入不到总收入的10%，说明在激烈的市场竞争中，场馆单一主体的运营模式与专业机构相比，在服务质量、市场开发、专业化、风险承担等方面均缺乏竞争优势，运营专业化水平较低。

（三）冗员过多，市场开发人才缺乏

场馆人员问题一直是困扰我国大型体育场馆运营管理改革的大问题之一，虽然部分场馆在人事制度方面已做出调整，但目前我国大型体育场馆员工数量仍然庞大，给场馆带来沉重的成本包袱。调查显示，被调查场馆中平均每家拥有113名员工，39名离退休人员，每年人员支出占场馆运营支出的31.2%，2013年传统事业单位类型被调查场馆人员支出更是高达34.7%，成为场馆最主要的支出，明显高出其他性质场馆的人员支出，场馆管理机构只能“以馆养人”。部分场馆虽员工数量众多，但在人员结构上严重失衡，市场开发人才比较缺乏。据调查，我国场馆工作人员中场馆日常维护管理人员所占比例较高，市场开发人员相对较少，甚至在被调查场馆中有19家场馆根本就没有兼职或外聘市场开发人才。近年来，多数场馆已经意识到场馆经营开发人才的重要性，欲引进场馆经营管理人

才，但由于体育场馆运营人才缺乏，加之传统人事制度的约束，使得场馆难以招聘到合适的市场开发人才。

（四）场馆业态单一，过分依赖租赁业

场馆在运营过程中，虽积极开展多元化经营，但主要收入来源仍然是房屋租赁和场地出租。2007 年的体育产业分会调查报告显示，我国体育场馆的门面及房屋出租收入通常占总经营性收入的 40% ~50%，通过课题组实地调研了解，像芜湖市奥体中心这样经营状况较好的大型体育场馆 2012 年租赁业收入约占总经营性收入所得的 30%，本次调查结果亦显示，被调查场馆中 35. 6% 的场馆的主要收入来源为场地出租，有 28. 9% 的被调查场馆最主要收入来源为房屋出租，高达 88. 9% 的被调查场馆在文艺演出、展览等大型活动中仅仅扮演场地出租者角色，对于营销、推广、策划等衍生工作无力承担，这说明场馆房屋场地租赁收入仍然是我国部分体育场馆的主要收入来源。场馆这种过于依靠租赁业的业态结构，在改革初期不失为提高场馆闲置资源利用的方法之一，但随着我国营业税改征增值税的改革试点实施，并逐步扩大范围和地域，在“营改增”全面实施的情况下，体育场馆服务业适用的增值税税率较高，加之现有以租赁业为主的业态结构，难以获得进项抵扣，此时场馆服务业中的场地和房屋出租的税负会显著上升。而且当前我国场馆运营主要以自主经营为主，缺乏分工合作，场馆服务业难以获得较多的进项抵扣，这也会在一定程度上增加场馆整体税负，影响场馆持续发展。

（五）场馆资源利用不充分，利用效率较低

我国大型体育场馆在运营管理改革过程中，逐步探索市场化道路，力求在符合自身特点、满足市场需求的同时，积极利用场馆现有资源开展多元化经营。但调查显示，我国大型体育场馆经营范围仍以本体经营为主，虽重视有形资产的开发与经营，但场馆资源利用不充分的现象仍普遍存在。调查显示，37. 8% 的被调查场馆看台下空间和附属设施处于闲置状态，一般的场馆看台下空间和附属设施可达数万平方米，不加以利用会致使场馆大量可利用面积流失。部分场馆虽充分利用场馆有形资产，但对广告、冠名权、人才与服务输出等无形资产的开发方面重视不够。目前，大型体育场馆虽对群众健身开放，从表面上看利用率挺高，但实际利用效率较低，占大型体育场馆约 90% 面积的看台和看台下空间并未得到利用。大型文体活动和企业活动作为大型体育场馆经营的核心内容，被调查场馆在活动举办场次方面与改革之前相比虽有增加，但仍有待提高。2013 年举办各种活动的场次实行事业单位内部企业化管理的场馆比其他性质的场馆虽略多，但也仅有 42 次，这与年活动举办过 1000 场次的北京工人体育场相比，差之甚远。部分场馆举办活动次数有限，一方面与我国大型体育赛事数量有限、审批管理制度有关；另一方面也与场馆管理机构积极性不高、自身赛事运作能力较弱具有很大关系，51. 1% 的被调查场馆不自己策划、组织文体活动，忽视场馆内部建设，亦不积极营销、联系活动，主办方这种消极被动的态度直接影响场馆利用效率。

第三节 体育场馆运营管理模式的规划

一、体育场馆运营管理模式的主要内容

体育场馆的运营管理是体育场馆运营企业通过对其企业内的人力、物力、财力、信息技术和无形资产等资源进行协调配置及优化组合，来为客户提供高质量的体育场馆服务的过程。所谓体育场馆的运营过程实质上是体育场馆运营企业为客户提供高质量体育场馆服务的过程。

体育场馆运营管理模式是指在体育场馆运营管理的过程中固化下来的一套标准形式和操作方法。一般来讲，体育场馆运营的管理可以通过对运营的商业模式和运营的管理体制的设计及规划来固化成一套标准的形式及方法。

其中，运营的商业模式主要描述了体育场馆如何创造价值、传递价值和获取价值的基本原理。亚历山大·奥斯特瓦德（Osterwalder）和伊夫·皮尼厄（Yves Pigneur）在《商业模式新生代》中指出："商业模式由 9 大要素组成，涵盖了商业的 4 个纬度，即提供物（产品/服务）、客户系统、运营基础、财务生存能力。以这 4 个纬度构建的商业模式框架能够让人们清晰地了解到一系列静态的商业流程及相关活动"（见表 4 – 2）。商业模式的模型框架，如图 4 – 1 所示。

表 4 – 2 商业模式的组成要素

商业模式纬度	构成要素	描述
提供物（产品/服务）	价值主张	企业为特定客户细分创造价值的系列产品或服务
客户系统	客户细分	根据客户的需求、行为、偏好等属性对其进行分类，并提供有针对性的服务，即确定消费者的受众群体
	客户关系	企业为达到其经营目标，主动与消费者建立的某种联系
	渠道通路	企业用来沟通、接触消费者的各种途径
运营基础	核心资源	支持商业模式有效运转的实体、金融、知识资产或人力资源等
	关键业务	企业得以成功运营所从事的主要活动
	合作伙伴	商业模式有效运作所需的供应商与合作伙伴的关系网络
财务生存能力	收入来源	企业获取财富的方式
	成本结构	产品或服务中各项费用（人力、技术、机械设备等）及其所占的比例

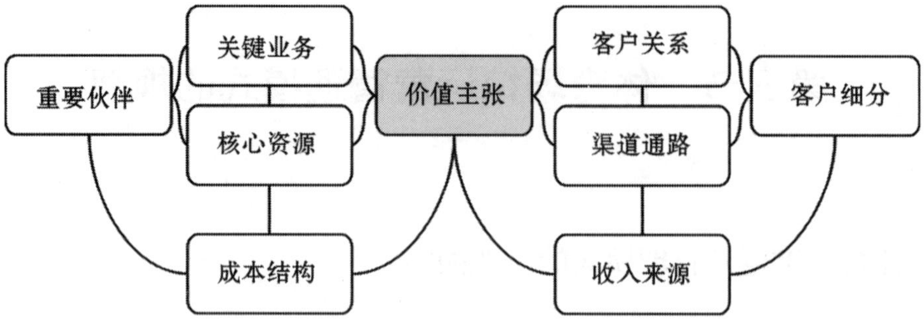

图 4－1　商业模式模型框架

管理体制是指管理的组织机构设置、管理职权划分、运行机制等方面所形成的相对稳定的体系与制度的总和。《辞海》对“体制”的含义解释为：国家机关、企事业单位在机构设置、领导隶属关系和管理权限划分等方面的体系、制度、方法、形式等的总称，如政治体制，经济体制等。管理体制的核心内容是管理机构的设置、各管理职权的分配以及各机构间的相互协调。

从管理学的角度看“体制”一词，主要是指国家机关、企事业单位的管理权限划分、机构设置以及相互之间关系的制度（如领导体制、学校体制等）。由此可见，体制具有丰富的内涵，同时还具有多样性、灵活性的特点。

社会管理学观点认为管理体制指管理系统的机构和组成方式，即采用怎样的组织形式以及如何将这些组织形式结合成为一个合理的有机系统，并以怎样的手段、方法来实现管理的任务和目的，管理体制的核心内容是管理机构的设置、各管理职权的分配以及各机构间的相互协调。根据管理体制这一概念的基本含义，体育场馆的管理体制就是指体育场馆这种文化系统的基本结构，即在体育场馆的组织管理中，为实现体育场馆合理有效的发展，其管理机构的设置、管理职权的划分、运行机制以及管理制度的实施等一系列与体育场馆组织管理有关的体系和制度的总称，其中包括了对体育场馆的工作人员、设备器材、资金管理及使用的规定。体育场馆管理体制是否健全以及在实施的过程中是否有序，直接关系到体育场馆的后续发展，是体育场馆保持高效、健康、积极发展的首要因素。

综上所述，对体育场馆运营管理模式的规划主要包括以下两大步骤：一是对体育场馆运营的管理体制进行规划；二是对体育场馆的运营模式进行规划。

二、体育场馆运营的商业模式规划

管理学大师彼得·德鲁克（Peter F. Drucker）说：“当今企业之间的竞争，不是产品之间的竞争，而是商业模式之间的竞争。”在经济日益信息化和全球化的今天，商业模式的重要作用已经得到社会各界的高度重视。按照亚历山大·奥斯特瓦德和伊夫·皮尼厄的商业模式模型，体育场馆运营的商业模式规划主要包括价值产品创新主张的提出、服务及产品的设计、客户系统的规划、运营基础的构建、盈利模式的设计五大部分内容，需要分别进行规划。

（一）价值产品创新主张的提出

价值产品创新主张的提出即是体育场馆的运营管理机构将为其客户提供什么样的能满足客户价值取向的体育场馆服务产品。

提出价值产品的创新主张是体育场馆运营模式规划的起点。服务及产品、客户系统、核心资源、关键业务、重要合作关系、盈利模式等部分的规划与设计，都是以价值产品的创新主张为基础的。例如，20 世纪 60 年代让购买家具的顾客可以从大仓库的扁平货架上挑选配件，然后回家组装成家具，宜家公司提出的这种价值产品创新主张，在我们今天看来是很普通的体验，但它在当时将原有的企业产品“成品家具”改变为“家具配件及组装”，从而满足客户 DIY 的需求，对其后续的产品设计及经营产生了很大的影响。

CEMEX 公司，一家墨西哥的混凝土制造商，承诺混凝土可以在 4 小时内送达施工现场，而不是行业通行的 48 小时，这一“快捷运”价值产品创新主张的提出，帮助 CEMEX 公司从一家墨西哥区域性的竞争者变成了世界第二大混凝土生产商。

汽车制造商不再销售汽车，而是提供服务。2008 年，戴姆勒公司在德国乌尔姆推出了 Car2go 服务，使得 Car2go 车队的用户可以在城市的任何一个租车点租用和归还汽车，并按照使用的时间（分钟数）支付机动服务费用，这一价值产品创新主张的提出，将企业原有的产品销售——“汽车销售”改为“租车服务销售”，解决了汽车销售的库存问题。

（二）服务及产品的设计

基于体育场馆的运营管理机构所提出的价值产品创新主张，体育场馆的运营管理机构需要进一步设计能创造价值的系列产品或服务。

体育场馆运营管理机构往往在其市场研究上投入大量的精力，然而，在其服务及产品的设计上却会忽略客户的观点，很少对客户关心的焦点及愿望等需求进行深入的理解。正如汽车制造商先驱亨利·福特曾经说过的那样：“当我问我的客户想要什么样的汽车时，他们却可能会告诉我需要一匹更快的马。”因此，了解客户的愿望及关心的焦点，是体育场馆运营管理机构进行服务及产品设计的前提与基础。

体育场馆运营管理机构在进行服务及产品设计时需要考虑以下问题：

1. 客户看到的是什么

主要考虑体育场馆的客户在他所处的环境里看到了什么，包括以下五个问题。

（1）其环境看起来像什么？

（2）谁在他周围？

（3）谁是他的朋友？

（4）他每天接触什么类型的产品或服务（相对于所有市场产品或服务）？

（5）他遭遇的问题是什么？

2. 客户听到的是什么

主要考虑体育场馆客户所处的环境是如何影响他们的，包括以下三个问题。

（1）他的朋友说什么，他的配偶呢？

（2）谁能真正影响他，如何影响？

（3）哪些媒体渠道能影响他呢？

3. 客户真正的想法和感觉是什么

需要考虑体育场馆客户所想的是什么，包括对他来说，什么是最重要的（他可能不公开说）。

4. 想象一下客户的情感，什么能感动他（她）

（1）什么能让体育场馆客户失眠？

（2）尝试着描述体育场馆客户的梦想和愿望是什么？

5. 客户说些什么，又做些什么

想象体育场馆客户可能会说什么，或者在公开场合可能的行为，包括以下三个问题。

（1）他的态度是什么？

（2）他会给别人讲什么？

（3）要特别留意在客户所说和他真正想法与感受之间的潜在冲突是什么？

6. 客户的痛苦是什么

考虑体育场馆客户的痛苦有哪些，包括以下三个问题。

（1）他最大的挫折是什么？

（2）在他和他想要事物或需要达到的目标之间有什么障碍？

（3）他会害怕承担哪些风险？

7. 客户想得到什么

了解体育场馆客户希望达到的目标是什么，包括以下三个问题。

（1）他真正想要和希望达到的是什么？

（2）他如何衡量成功？

（3）猜想一些他可能用来实现其目标的策略是什么？

考虑了上述所有问题后，再依据体育场馆客户的观点，设计满足体育场馆客户需求的服务及产品。一般来说，体育场馆的服务及产品主要包括以下五个层次：

（1）核心产品，向客户提供的基本效用或利益；

（2）形式产品，核心产品借以实现的形式，在市场上通常表现为质量、动能、款式、包装、品牌；

（3）期望产品，客户购买该产品时所期望得到的东西；

（4）延伸产品，客户购买形式产品和期望产品时所能得到的附加服务和利益；

（5）潜在产品，包括现有产品的所有延伸和演进部分在内，最终可能发展为未来产品的潜在状态的产品。

（三）客户系统的规划

基于体育场馆运营管理机构所提出的价值产品的创新主张，以及服务产品的设计，体育场馆运营管理机构需要分析哪类特定的客户细分能够认同其提出的价值产品创新主张，以及产品或服务。客户系统规划主要包括三部分。

1. 客户细分

根据服务或产品的定位，分析客户的需求、行为、偏好等属性，并对其进行分类，提供有针对性的服务，即确定消费者的受众群体。

2. 客户关系管理

企业为达到其经营目标，主动与客户建立的某种联系。

3. 渠道通路构建

以互联网平台、移动互联网络平台，以及各种新媒体为媒介，来构建能与客户沟通、接触的各种路径。

（四） 运营基础的构建

运营基础的构建主要包括三个部分，即核心资源的规划、关键业务的规划、重要合作关系的建立。

1. 核心资源的规划

核心资源的规划是指支持体育场馆运营管理机构的运营管理模式有效运转的组织结构、金融资本、知识产权及人力资源等的规划。

2. 关键业务的规划

关键业务的规划是指体育场馆运营管理机构得以成功运营所需要进行的业务系统设计、业务流程设计及业务流程再造、服务运作步骤等的规划。

3. 重要合作关系的建立

重要合作关系的建立是指使得体育场馆运营管理机构的运营管理模式能够有效运作所需要建立的供应商与合作伙伴的服务供应链的规划。

（五） 盈利模式的设计

盈利模式的设计主要包括两大部分：收入来源的规划和成本结构的规划。当体育场馆运营的成本结构比较合理，运营成本比较低的时候，体育场馆就容易盈利；当体育场馆运营的收入来源比较多，而运营成本比较低的时候，体育场馆就容易盈利。

1. 收入来源的规划

收入来源的规划是指体育场馆的运营管理机构在对创造产品或服务进行运营管理的过程中，依据其所提供的产品或服务，以及相关的客户细分市场，而对其运营的财富收入进行的规划和设计。

2. 成本结构的规划

成本结构的规划是指体育场馆的运营管理机构在对创造产品或服务进行运营管理的过程中，对需要花费的各项费用（人力、技术、机械设备等）及其所占的比例进行规划，以保证能以最小的成本，提供最优质的产品或服务。

三、体育场馆运营的管理体制规划

体育场馆的管理体制就是指体育场馆这种文化系统的基本结构，即指在体育场馆的组织管理中，为实现体育场馆合理有效的发展，其管理机构的设置、管理职权的划分、运行机制以及管理制度的实施等一系列与体育场馆组织管理有关的体系和制度的总称，其中包括了对体育场馆的工作人员、设备器材、资金管理及使用的规定。

无论体育场馆的产权是归属于政府还是企业及社会组织，在体育场馆投入运营之前，体育场馆的产权人均应考虑：体育场馆应由谁来负责运营管理；如何设置体育场馆的运营管理机构；进一步来说，还需要对运营管理的组织机构、相应的权属划分及运行机制等方面进行规划。依据体育场馆管理权力的归属以及政府在体育场馆管理中的地位和作用，目前，体育场馆的管理体制大致可以分为政府管理型、社会管理型和政府与社会结合型三种类型。

（一） 政府管理型管理体制

在政府管理型的管理体制中，一般由政府设置专门进行体育场馆管理的组织机构，这个由政府设置的体育场馆管理机构，将在政府的直接领导下进行体育场馆的运营管理。政府的权力高度集中，其运行机制是采取行政管理的模式，由政府设置的体育场馆管理机构是以行政管理的方式进行从宏观到微观各个层次的体育场馆的运营管理。

在我国改革开放前的计划经济时代，大多数国有体育场馆都是采取政府管理型的管理体制。目前，许多国有体育场馆都在进行体育场馆运营管理体制的改革。

（二） 社会管理型管理体制

在社会管理型的管理体制中，体育场馆的运营管理主要是由企业及社会组织来承担。其运行机制是采取市场化的运行模式。政府一般不设立专门的体育场馆管理机构，对体育场馆的运营管理也很少介入和干预，政府对体育场馆的管理通常是采用市场化的机制，运用法律和经济手段来进行简单的管理。

一般在民营体育场馆的运营管理中，大多采取社会管理型的管理体制。

（三） 政府与社会结合型管理体制

在政府与社会结合型的管理体制中，一般由政府和社会组织共同管理体育场馆，所采取的是体育场馆的所有权和经营权相分离的管理模式，其运行机制是采取政府指导和市场化运营相结合的运行模式。政府一般会设置专门的体育管理机构，或指派几个有关部门来对体育场馆进行宏观的管理和指导。政府的职责是指导和协调体育的发展，制订体育发展计划，对体育场馆行使法律职权，确定拨付经费等，而企业或社会组织则是在政府的宏观管理和指导下，负责具体的体育场馆的运营管理事务。

目前，中国的大多数国有体育场馆都是采取政府与社会结合型的管理体制。例如，政府对体育场馆的运营管理所采用的“PPP（社会资本与政府合作）模式”“委托代理运营模式”“租赁运营模式”等，由政府委托相关的企业或社会组织来负责体育场馆的运营管理。

第四节　体育场馆运营管理模式的创新

一、体育场馆运营管理模式创新的主要内容

设计新的体育场馆运营管理模式时，需要产生大量的运营管理模式的创意，继而筛选出最好的创意，这是一个富有创造性的过程。体育场馆运营管理模式创新不会向过去看，因为，对于未来的体育场馆运营管理模式而言，过去经验的参考价值是极为有限的。运营管理模式的创新也不是参照竞争对手的运营管理模式就能完成的，因为运营管理模式的创新不是复制或标杆对比就能解决的，而是需要设计全新的机制来创造价值，并获取运营收入。更确切地说，体育场馆运营管理模式的创新是挑战正统，设计全新的模式，来满足未被满足的、新的或潜在的客户需求。

依据体育场馆运营管理模式的主要内容可知，体育场馆运营管理模式的创新主要包括管理体制改革与商业模式创新两方面。

（一）管理体制改革

进行体育场馆管理体制的改革，将体育场馆的经营权和所有权进行分离，推行创新的市场化的运营管理体制。

（二）商业模式创新

商业模式创新主要包括四个部分，即服务及产品驱动创新、资源驱动创新、业务驱动创新、财务驱动创新。

1. 服务及产品驱动创新

了解目标客户需求的价值取向发展趋势，提出创新的体育场馆服务及产品的价值主张，为其客户提供满足其价值取向的创新体育场馆服务产品。

2. 资源驱动创新

整合体育场馆运营管理企业中的各种相关的核心资源，规划出创新的体育场馆服务模式。

3. 业务驱动创新

通过对体育场馆服务业务流程、服务运作步骤等的再造和创新，设计全新的体育场馆业务服务系统。

4. 财务驱动创新

对运营模式中的盈利模式进行创新设计，优化企业财务的成本结构。

二、体育场馆运营的管理体制和机制改革

管理体制是指管理的组织机构设置、管理职权划分、运行机制等方面所形成的相对稳定的体系与制度的总和。

体育场馆运营的管理体制改革是指对体育场馆的组织机构设定、管理职权划分、运行机制等方面所进行的改变。

随着我国经济社会和体育事业的不断发展，各地相继建设了大批的体育场馆，较好地缓解了体育需求快速增长与体育场馆资源相对不足的矛盾。但体育场馆在运营的管理方面，仍面临着体制机制不适应、运营效能不佳、服务能力不强、利用水平不高、配套政策不健全、持续发展动力不足等问题，亟须采取相关的措施予以改进。

体育场馆运营的管理体制改革的核心是对体育场馆管理权属划分的改革，围绕着不同的体育场馆管理权属的设定，需要设置与之相适应的组织机构和运行机制。

例如，政府将体育场馆的所有权与经营管理权分离，对体育场馆的运营管理采用"PPP 模式""委托代理运营模式""租赁运营模式"等模式时，政府需与社会组织或者民营企业签订合作运营管理协议。体育场馆的运营管理机构相应的就是由社会组织或者民营企业按照企业的组织形式进行设置，体育场馆的运行机制相应地采取政府指导和市场化运营相结合的运行模式。

三、体育场馆运营的商业模式创新

体育场馆的运营管理机构在设计其商业模式时，首要任务就是选择和定义精准目标客户。因此，进行体育场馆商业模式创新的首要任务就需要了解目标客户需求的价值取向发展趋势，规划出创新的体育场馆服务产品的价值主张，然后，基于创新的价值主张去精准定义认同这个价值主张的客户群体，为该客户群体提供满足其价值取向的创新的体育场馆服务产品。进一步，基于精准定位的目标客户群，可以通过资源驱动创新去整合体育场馆中各种相关的核心资源，规划出创新的体育场馆服务模式；也可以通过业务驱动创新，对体育场馆服务的业务流程、服务运作步骤等进行流程再造和服务创新，以设计出全新的体育场馆业务服务系统；还可以通过财务驱动创新，对盈利模式进行创新设计，进一步优化企业财务的成本结构。

每一个成功的创新商业模式，起点都是其对精准目标客户的定位。例如，在中国动向（集团）有限公司——Kappa 运动时尚服装的客户定位中，Kappa 服装针对的客户群体是那些"宣称要运动，也应该要运动，但从不运动的人"，或者是那些"要有运动的感觉，但不希望出汗的人"，这个客户素描非常生动，也很有趣。企业家、中高级经理人因为经常应酬、工作生活不规律，都变成了"三高"，有了脂肪肝，他们太需要运动了，但却有

多个理由不运动；同时，办企业、带团队都需要有激情，要有运动感，但他们却往往不想出汗。因此，这些企业家、中高级经理人正是Kappa标准的目标用户群。Kappa运动时尚服装公司的精准目标客户定位是其取得成功的良好起点。好的开始是成功的一半，商业模式成功的起点就是精准地定位目标客户群。

由此可见，客户素描越精准、越独到，寻找客户的速度就越快，成本就越低，甚至客户会自己找上门来，这样成功的概率就越大，风险就越小。目前，绝大多数的体育场馆运营都是与竞争对手抢夺同样的客户群，这意味着这些体育场馆正在“红海”中进行短兵相接的恶性竞争。所以，只有通过精准目标客户的定位，并规划出独特的体育场馆服务产品的价值主张，精准地定义与选择和市场主流体育场馆或竞争对手截然不同的、全新的目标客户群，体育场馆的运营管理机构才能开创一个全新的卓越商业模式，进入一个无人竞争的“蓝海”。

例如，基于大型的公共体育场馆赛后运营管理的难题，针对大型综合体育场馆的资源利用率不高的情况，可以提出“整合体育场馆的服务供应链，最大化利用体育场馆的各种资源，为客户提供优质的体育场馆服务”这一价值主张。由此，体育场馆运营商的目标客户群体就包括两部分：一是体育场馆服务的消费者；二是体育场馆服务的供应商。其服务产品就是整合体育场馆服务供应商所提供的各种体育场馆服务，为体育场馆服务的消费者提供优质、满意的服务。再进一步，基于上述精准定位的目标客户群，通过资源驱动创新，去整合体育场馆中各种相关的核心资源，规划出创新的体育场馆服务模式；也可以通过业务驱动创新，对体育场馆服务的业务流程、服务运作步骤等进行流程再造和服务创新，以设计出全新的体育场馆业务服务系统；还可以通过财务驱动创新，对盈利模式进行创新设计，进一步优化企业财务的成本结构。

第五节 体育场馆运营管理模式的评价

一、体育场馆运营管理模式评价的主要内容

若要评价一个体育场馆的运营管理模式是否适合该体育场馆企业发展，需要考虑两方面因素：一是评价体育场馆的运营管理模式是否满足客户的需求；二是判断体育场馆的运营管理模式是否具有较高的运营效益。

体育场馆运营管理模式评价指标体系的构建，可以借鉴当今国内外学术文献的研究成果，除了要充分利用国内外已有的评价指标体系外，还应根据需要借鉴其他相关领域的各种学科的研究成果。并在此基础上，通过科学的研究方法来构建体育场馆运营管理模式的评价指标体系。

对体育场馆运营管理模式的评价主要包括以下五方面的内容。

（一）评价体育场馆服务质量的满意度如何

可以通过文献综述，利用目前较成熟的服务满意度评价指标体系，对客户进行抽样问卷调查，再运用多元统计分析、运筹学分析等方法对问卷的数据进行分析和评价。

（二）评价体育场馆的客户服务系统是否有效

可以通过消费者对体育场馆服务质量的满意度评价、市场营销业绩的评价、产品品牌的传播效应以及信息管理系统的优劣等方面进行综合的评价。可以通过文献综述法、问卷调查法、专家访谈法、实地调查法、多元统计分析法、运筹学评价法、系统科学理论法等研究方法去构建相应的评价指标体系或模型进行评价。如果引用已存在的指标体系和测量量表，还需要通过相关的多元统计分析法等研究方法对指标的变量进行进一步的优化和筛选。

（三）评价是否提供了满足客户价值取向的服务产品

可以通过专家访谈法确定具体评价指标及相关的测量量表，设计相应的问卷调查客户对服务的满意度、目标客户对产品的价值取向等，再通过多元统计分析法、运筹学分析法等研究方法对问卷的数据进行分析和评价。

（四）评价体育场馆运营管理机构的运营架构设置是否合理

主要包括管理体制、组织结构、核心资源、关键业务、合作伙伴。可以通过专家访谈法确定具体评价指标及相关的测量量表，设计相应的问卷进行调查，再通过多元统计分析法、运筹学分析法等研究方法对问卷的数据进行分析和评价。

（五）评价财务生存能力如何

主要考察体育场馆的收入来源是否合理、财务成本结构是否合理、投入产出能力如何等。可以运用财务分析法等研究方法进行分析评价。

二、体育场馆运营管理模式评价的原则

（一）系统性原则

体育场馆的运营管理是一个多因素参与的复杂系统，是生态、社会、经济、场馆服务以及管理体系相互作用的结果，是运营主客体、运营环境和政策调控体系等因素融合在一起共同作用的结果。体育场馆运营管理的系统特征是不仅要追求体育场馆运营管理的经济效益，还要追求经济效益与社会效益、管理服务之间的和谐，要求实现社会、经济、环境、科技和管理多因素协调发展。因此，在设计评价体系时要运用系统原理和方法，遵循系统论的原则，才能更客观地评价体育场馆的运营管理模式。

（二） 科学性原则

为了真实客观地评价体育场馆的运营管理模式，并达到评价结果的有效性。评价指标的选择、指标权重系数的确定，评价数据的选取、计算与合成都需要建立在科学的基础上。在构建评价指标体系时，除了要考虑直接的、近期的、有形的评价指标，也应考虑间接的、长远的、无形的评价指标，以使评价指标体系能在较长的时间内具有可使用性。

（三） 全面性原则

评价指标要能全面地评价体育场馆的运营管理模式，要体现出不同属性的差别因素，对影响体育场馆运营管理模式有效性的评价因子必须从多方面选择，既不能遗漏也不能重复。同时，除了充分利用国内外学者已有的研究成果外，还应根据需要借鉴其他相关领域的各种学科的研究成果。

（四） 可行性原则

在构建体育场馆运营管理模式的评价指标体系时，应做到内容精练，虽然评价指标越具体、越细致，可能越有利于全面、具体地认识评价对象，但评价指标过多、过细，不仅操作困难，而且往往会因为缺少弹性而产生评价的误差，或失去重点。当然评价指标也不能过少，评价指标过少，则会难以反映评价对象的全貌，失去全面性、科学性。因此，在构建体育场馆运营管理模式的评价指标体系时，要在保证科学地反映评价对象本质特征的前提下，尽量减少指标数量。要从实际出发，切实可行；要具有可操作性，评价指标要具体，不能只是概念化的条文；评价手段及评价方法要简便，易于实现。

三、体育场馆运营管理模式的评价方法

评价方法是评价的核心问题，选择或构建合适的评价方法是科学、合理地做出评价的关键。人类在长期的评价实践中已形成了几十种到上百种评价方法，尤其是 20 世纪 50 年代以来，科学化决策的需要和管理科学的发展更是促进了评价方法的迅速发展，原有方法不断完善，新方法层出不穷，从最初的专家调查法、评分评价法、综合指数评价法、功效系数法到后来的主成分分析法、因子分析法、模糊综合评判法、灰色系统评价法、AHP 法、DEA 法，再到近些年的信息评价法、ANN（人工神经网络）法等，从单一属性、单一目标评价发展到多属性、多目标综合评价；从定性的判定与评价发展到定量的、模型化的评价；从静态评价发展到动态评价；从个体评价到群组评价，评价方法日趋复杂化、数学化、多学科化。

体育场馆运营管理模式的评价可以采用常规评价方法、多元统计评价方法、运筹学评价方法、系统科学理论方法等。

（一） 常规评价方法

常规评价方法一般指定性评价方法和定量评价方法，它不涉及多元统计、模糊数学、

运筹学、灰色系统理论、人工神经网络等其他学科的知识，是最早出现的评价方法，也是目前实际应用最广泛的方法。

1. 定性评价方法——专家调查法

定性评价方法主要用于难以量化的复杂系统评价及具有重大决策意义的评价问题。专家调查法是出现较早、应用较为广泛的一种定性评价方法，它是运用一定的方法，综合专家们的个人经验和知识，对评价对象做出主观的判断、描述和评价。专家调查法的方式有许多种，较为常用的有专家个人判断法、专家会议法和德尔菲法。

（1）专家个人判断法。这应是最早出现的专家调查法，以征求专家个人意见为形式。专家个人判断法简单易行，专家的判断不受外界因素的干扰，可以最大限度地发挥专家的能力；但是这种方法由于受专家个人的知识水平和资料占有的影响，评价结果带有一定的片面性。

（2）专家会议法。专家会议法是指根据规定的原则选出一定数量的专家，按照一定的方式组织专家会议，发挥专家集体的智能结构效应，对评价对象未来的发展趋势及状况，做出评价的方法。通过专家会议，有助于与会专家们相互启发，相互交流，取长补短，求同存异，克服专家个人判断导致的片面性，有助于得出正确的结论。这种方法的缺点是容易使专家在面对面讨论时受到心理压力的影响，易屈从于权威和大多数人的意见，影响评价结果的正确性。

（3）德尔菲法。德尔菲法（Delphi）是在专家个人判断法和专家会议法的基础上发展起来的一种专家调查法，是采用匿名的方式广泛征求专家的意见，经过反复多次的背对背的信息交流和有控制的反馈修正，使专家的意见趋向一致，最后根据专家的综合意见，对评价对象做出评价的一种定性预测、评价方法。近十几年来，德尔菲法已经发展成为一种比较成熟和完善的评价方法，不仅可以用于预测领域，而且可以广泛应用于各种评价指标体系的建立和具体指标权重的确定过程。

德尔菲法一般包括建立预测工作组、选择专家、设计调查问卷、组织调查实施和汇总处理调查结果等几个步骤，方法具有匿名性、信息反馈性和结论收敛性等特点，既充分发挥了专家的独立思考和判断，又克服了专家会议法可能存在的屈从于权威或盲目服从多数的缺陷。其缺点是过程比较复杂，耗时较长。

2. 常规定量评价方法——综合指数法和功效系数法

综合指数法是刘亮等在 1983 年第三次全国统计科学讨论会上提出来的，1985 年被国家统计部门用于对全国工业企业经济效益的综合评价考核。综合指数法是通过将不同计量单位、不同性质的各项指标进行标准化处理，转化为同度量的指标，来计算出综合指数值，用以综合评价经济效益的一种方法，综合指数值越大，经济效益越好。

功效系数法是 1982 年由西南财经大学教授庞浩等根据多目标规划原理提出来的。在 1982 年我国的经济效益问题大讨论中，庞皓、谢胜智又提出了“改进的功效系数法”对该模型进行了修正。其基本思路是：根据多目标规划原理，对每一项评价指标确定一个满意值和不允许值，以满意值为上限，以不允许值为下限。然后计算各指标实现满意值的程度，并以此确定各指标的分数，最后经过加权平均进行综合，从而评价被研究对象的综合状况。

综合指数法和功效系数法在当时的统计学界产生了很大的影响，在许多文献和教材中，都被当作重要的综合评价方法来使用（包括经济效益综合评价、居民生活质量评价等）。此后，功效系数法和综合指数法又发展出了一些不同的变形方法和形式，如指数型功效系数法、对数型功效系数法、简单综合指数法、加权综合指数法等，并且被广泛应用于评价指标的无量纲化处理过程。

（二）多元统计评价方法

多元统计是 20 世纪 20 年代发展起来的数理统计的一个重要分支，是对多个变量进行统计分析的一种定量分析方法。而评价又往往是多变量（多指标）的定量分析问题，因此各种多元统计分析方法就自然而然地被引入评价实践中来。特别是随着电子计算机技术的发展，SAS、SPSS 等商品化统计分析软件的推广应用，使得多元统计分析方法在各类评价实践活动中的广泛应用成为现实。

从目前的评价实践来看，多元分析中的主成分分析法、因子分析法、判别分析法、聚类分析法、典型相关分析法等都先后被人们应用于各类的综合评价活动中。其中，主成分分析法、因子分析法等都可以对所构建评价指标体系中的量表变量进行合并同类项，以达到量表变量降维的目的。因子分析法还可以用于评价指标体系中检验量表的建构效度。判别分析法、聚类分析法、典型相关分析法等也都可以用于在构建评价指标体系时，对量表中的不同变量进行分析、归类。

1. 主成分分析法

主成分概念最早是卡尔·皮尔逊在 1901 年提出的，1904 年心理学家斯皮尔曼发表了著名的《对智力测验得分进行统计分析》一文，正式提出了主成分分析法（principal components analysis，PCA），主成分分析法最初的目的是在尽量减少原始指标数据信息损失的情况下，对高维数据进行降维处理，以减少统计分析的工作量，降低分析的难度。到后来又逐渐被推广应用于样品的分类与排序，以及评价指标的筛选和处理等方面。

2. 因子分析法

因子分析法（factor analysis）是在主成分分析法的基础上发展起来的，不同的是，主成分分析法是将一组具有相关关系的变量变换为一组维数相同、但互不相关的变量，而因子分析法则是通过研究多个指标变量的相关矩阵的内部依赖关系，找出控制所有变量的尽可能少的公共因子，将每个指标变量表示成公共因子的线性组合，以再现原始变量与因子之间的相关关系，从而构造一个结构简单的因子模型。

自 20 世纪 50 年代以来，随着计算机技术的发展，因子分析在社会学、管理学、经济学等领域得到广泛的应用。目前，因子分析的理论发展研究主要包括因子旋转问题、权数问题、指标重叠信息消除问题等几个方面。

3. 判别分析法

判别分析法（discriminant analysis）是一种广泛应用的多元统计分析方法。判别分析法在评价中的最大应用领域是“分类评价”。

判别分析法的基本思想可以概括为：有 m 个 p 维总体 G_1，G_2，…，G_M，分别服从一定的分布 F_1（X），F_2（X），…，F_m（X），现有一个新的 p 维度样品，$X=(X_1, X_2, \cdots, X_P)^T$，它可能来自这 m 个总体中的某一个。问题是要依据该样品的 p 项指标，判别它最可能来自哪一个总体。按照不同的判别原则，判别分析形成了不同的判别方法：按判别组数不同可分为两组判别分析和多组判别分析；按区分不同总体所用的数学模型可以分为线性判别和非线性判别；按判别时所处理的变量方法不同可以分为逐步判别和序贯判别；按判别的准则不同，可分为距离判别法、Fisher 判别法、Bayes 判别法和逐步判别法等等。

判别分析法以有训练样本为前提，根据样本评价指标的观察值来推断样本的所属总体，它实质上是一种统计推断，即在总体样本分布情况已知的情况下，推断给定样本隶属于总体的情况，在已经掌握了分类规律、建立了判别公式后，遇到新事物时，可以根据已有的判别规则判别样本的所属。

4. 聚类分析法

聚类分析又称群分析，起源于分类学，是 20 世纪 30 年代多元统计分析被引入分类学以后，逐渐从数值分类学中分离出来的一个分支。

聚类分析是对样品或指标进行归类的一种统计方法。其基本思想是：首先定义能度量样品（或变量）间相似程度（亲疏关系）的统计量，在此基础上求出各样品（或变量）间相似程度的度量值；然后按相似程度的大小，把样品（或变量）逐一归类，关系密切的聚集到一个小的分类单位，关系疏远的聚集到一个大的分类单位，直到所有的样品（或变量）都聚合完毕，把不同的类型一一划分出来，形成一个由小到大的分类系统；最后把整个分类系统中的“亲疏”关系或“远近”关系用一个图形形象直观地描述出来。与判别分析不同，聚类分析属于“无师分类”，是在分析样本的总体分布未知或没有明确的分布状态时，由样本自身的特征决定分类的结果。

聚类分析评价法根据其所应用的理论不同，可以分为系统聚类、动态聚类、有序样本聚类、模糊聚类、灰色聚类、神经网络聚类等。根据类间距离的计算方法不同，可分为最短距离法、最长距离法、中间距离法、重心法、类平均法、可变类平均法、可变法、离差平方法等。

聚类分析法应用于评价主要有两方面的内容：一是指标聚类，即将聚类分析法当作优化综合评价指标体系的重要方法来使用；二是样品聚类，如作物品种分类、土壤分类、地质分类等。判别分析和聚类分析是研究事物分类的两种基本方法。

5. 典型相关分析法

典型相关分析（canonical correlation analysis），也称典则分析（canonical analysis），是 1936 年霍特林（Hotelling）提出的用于分析两组变量之间相互关系的一种多元统计方法。

典型相关分析的基本思想是，首先分别在两组变量（即两个随机向量的各个分量）之中选取若干有代表性的综合变量，每一个综合变量都是这组变量的一个线性组合，而且综合变量之间是互相关联的，称为典型相关变量。然后通过这一组典型相关变量的相关关系的研究，代替原来两组变量之间相关关系的研究。

在评价实践中，典型相关分析主要用于对评价结论进行深入的因素分析，探讨影响评价结论的不同因素变量之间相关关系的表达方式和强弱的度量。

实践中的多元统计评价方法还有许多，在这里不再一一赘述。这类评价方法的最大优点是数学机理比较严密，且一般为客观赋权，无须人为确定，评价结果比较客观；但其缺点是需要根据样本资料的期望值、方差等统计变量对总体样本的分布做出估计，得到的评价函数其实是“样本评价函数”而不是“总体评价函数”，造成评价结论对样本数据的依赖性，即样本构成变动将会造成评价结论的改变。

（三）运筹学评价方法

运筹学产生于20世纪30年代后期的第二次世界大战时期，最早应用于军事领域中，在第二次世界大战以后的20世纪四五十年代得到了迅速的发展。运筹学理论在评价中的广泛应用是20世纪六七十年代以来随着多目标规划理论的发展而发展起来的，其中最为著名的评价方法是数据包络分析法。

数据包络分析（data envelopment analysis，DEA）是1978年美国著名运筹学家查恩斯（A. Charnes）和库柏（W. W. Cooper）等学者，以相对效率概念为基础发展起来的一种效率评价方法，用来评价多输入和多输出的“部门”（称为“决策单元”，DMU）的相对有效性。其数学原理就是对于某个选定的DMU，在给所有DMU的每个投入指标和每个产出指标乘以一个合适的加权系数（即该DMU权变量的解）后，如果该DMU产出加权和与投入加权和之比在所有的DMU中是最大的（最大为1），则该DMU是DEA有效的，否则为非DEA有效。DEA有效的决策单元可以认为其生产经营已处于理想状态，即根据现有投入实现了最大产出；而非DEA有效的决策单元则可以根据其在相对有效面上的“投影”，找出非有效的原因并进行相应改进。因为某个决策单元是否DEA有效是相对于其他决策单元而言的，故称为相对有效性评价。

至今，DEA模型、理论、方法和应用还在不断发展和完善，目前对DEA的扩展研究主要体现在DEA有效的决策单元的灵敏度分析、随机DEA模型、多阶段DEA模型研究、DEA与其他统计方法的结合以及含决策者偏好信息的DEA模型研究等方面。

DEA方法特别能有效处理多种投入、多种产出指标时的评价问题，最适合于效益类问题评价，但不适合以排序为目的的评价问题。

（四）系统科学理论方法

系统科学是20世纪40年代以后迅速发展起来的一个横跨各个学科的新的学科，它是从系统的角度去考察和研究整个客观世界。系统科学理论在评价中的应用是贯穿评价整个过程的，从评价指标的选取到评价模型的建立，其最显著的例子就是层次分析法。

层次分析法（the analytic hierarchy process，AHP）是指将评价问题的有关因素分解成目标、准则、方案等层次，然后在此基础之上进行定性和定量分析的一种评价方法。

AHP的特点是在对复杂决策问题的本质、影响因素及其内在关系等进行深入分析的基础上，利用较少的定量信息使决策的思维过程数学化，从而为多目标、多准则或无结构特性的复杂决策问题提供简便的评价方法。

不同于运筹学评价方法的最优化思想，AHP 法体现的是一种系统思维方式，它根据系统科学的层次性原理，把复杂的问题分解为各个组成因素，将这些因素按支配关系分组形成一个有序的递阶层次结构，然后通过两两比较的方式确定层次中诸因素的相对重要性，最后综合人的判断以决定每个方案相对于决策系统的总目标的排序权值，整个评价过程充分体现了分解、判断、综合的系统思维方式。

第六节　冰雪场馆运营管理模式的案例

一、乔波冰雪世界室内滑雪馆的基本情况

2005 年，启迪控股携手中国首位冬奥会奖牌获得者叶乔波女士打造乔波冰雪世界室内滑雪馆。乔波冰雪世界室内滑雪馆是一家可提供四季滑雪的运动场所，是我国首家以室内滑雪为特色，集娱乐、会议、拓展培训和滑雪运动学校为一体的体育休闲主题公园。滑雪馆内采用了加拿大知名厂商的造雪设备和国际先进的制冷技术，在烈日炎炎的盛夏，场内积雪仍超过半米厚，环境温度则始终维持在 -3℃左右，确保滑雪爱好者四季都能享受滑雪运动带来的无穷乐趣。乔波冰雪世界室内滑雪馆建筑面积近 4 万平方米，日接待能力 3 000人次，包括单板、双板、戏雪等多项娱乐运动。初级道长 200 米，宽 40 米，平均坡度 8%，引进了国际先进拖引设备“魔毯”，使初级滑雪爱好者在保证安全、便捷的情况下，充分体验滑雪的魅力；中高级道长 300 米，宽 40 米，平均坡度 17%，使用了“拖牵伸缩杆”式的索道帮助滑雪爱好者登上滑雪场的至高点，一种惊险刺激的感觉油然而生，让中高级以上水平的滑雪者过足瘾；滑雪馆还专门为孩子们设计了“儿童戏雪乐园”，使他们在冰雪的童话世界中充分展现他们活泼天真的本性。同时，滑雪馆还可承办各类比赛及演出活动。乔波冰雪世界室内滑雪馆还设有乔波滑雪培训学校，滑雪培训学校借鉴国外先进的滑雪体系、理论和方法，聘用经过国家相关机构认证的优秀滑雪教练，以安全、快乐、科学为教学宗旨，在单板、双板滑雪的动作和技术上为学员提供规范、细致的指导。

如今，乔波冰雪世界室内滑雪馆在北京、绍兴、安徽、重庆等地均开设分馆。据乔波冰雪世界室内滑雪馆官方网站的介绍，后期启迪冰雪集团还将以乔波室内滑雪馆、冰雪小镇、膜式冰球馆、启迪体育城和 PPP 校园合作模式在全国范围内加速扩张。启迪冰雪集团下有启迪冰雪星光汇体育文化有限公司、北京乔波冰雪世界体育发展有限公司、启迪世纪星室内冰场运营公司。乔波冰雪世界室内滑雪馆的外观、内景及示意图分别如图 4 -2 至图 4 -4 所示。

图4－2　乔波冰雪世界室内滑雪馆外观

图4－3　乔波冰雪世界室内滑雪馆内景

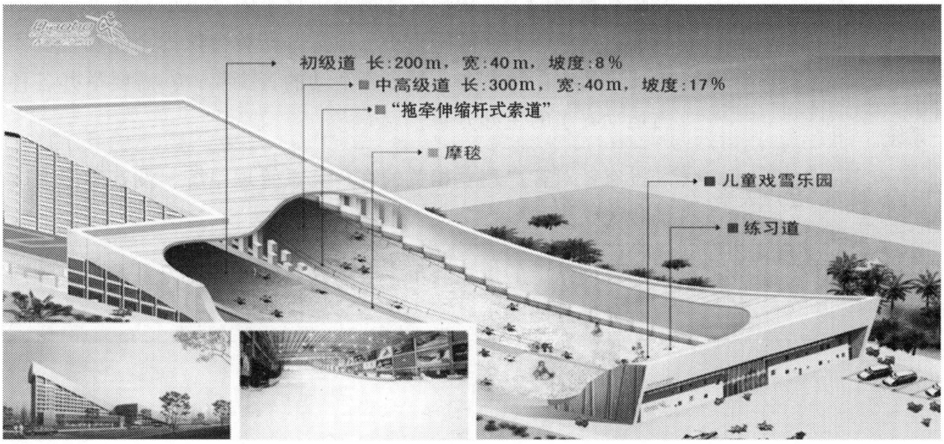

图4－4　乔波冰雪世界室内滑雪馆示意图

二、乔波冰雪世界室内滑雪馆的运营管理模式分析

（一）管理体制分析

乔波冰雪世界室内滑雪馆是由启迪控股集团携手中国首位冬奥会奖牌获得者叶乔波女士共同投资打造的。乔波冰雪世界室内滑雪馆由北京乔波冰雪世界体育发展有限公司团队负责运营管理，滑雪馆所采用的运行机制是市场化的运营模式。目前，乔波冰雪世界室内滑雪馆在北京、绍兴、安徽、重庆等地均开设分馆。

（二）商业模式分析

乔波冰雪世界室内滑雪馆是一家可提供四季滑雪的运动场所，是我国首家以室内滑雪为特色，集赛事、娱乐、会议、拓展培训和滑雪运动学校为一体的体育休闲主题公园。

按照亚历山大·奥斯特瓦德（Osterwalder）和伊夫·皮尼厄（Yves Pigneur）在《商业模式新生代》中所构建的商业模式模型，可以对乔波冰雪世界室内滑雪馆的商业模式进行分析。具体分析内容见表4－3。

表4－3　乔波冰雪世界室内滑雪馆的商业模式分析表

商业模式纬度	构成要素	分析内容
提供物（产品/服务）	价值主张	为热爱冰雪运动项目的客户提供能够四季进行冰雪运动的室内运动场所和观赛环境，以及提供室内冰雪运动项目相关的附加服务
客户系统	客户细分	①需要四季使用室内冰雪运动场地的个人或企业用户；②需要学习冰雪运动技巧的个人用户；③需要进行室内冰雪运动拓展培训的企业用户或社会组织；④需要租用场地举办相关会议的企业和社会团体；⑤需要进行室内冰雪冬、夏令营活动的青少年；⑥需要举办各种室内冰雪运动赛事的主办方
	客户关系	没有针对客户建立相关的客户关系管理系统，没有专门去收集客户的相关信息
	渠道通路	通过网站上的信息展示、电话联系、现场交流来进行业务沟通和完成服务产品的购买

续表

商业模式纬度	构成要素	分析内容
运营基础	核心资源	室内冰雪运动场地，冰雪运动的教练，冰雪运动的教学视频，举办各种会议及餐饮的场地
	关键业务	①提供四季室内的冰雪运动场地；②提供冰雪运动技巧的培训；③举办室内冰雪运动的拓展培训；④提供举办各种会议的场地出租；⑤举办室内冰雪冬、夏令营活动；⑥举办各种室内冰雪运动赛事
	合作伙伴	餐饮公司、冰雪运动的赛事组织机构等
盈利模式	收入来源	室内冰雪场地及观赛的门票收入，室内冰雪场地的出租费收入，冰雪运动的培训费收入，会议场地的出租费收入，冰雪运动相关的增值服务所获取的收入
	成本结构	室内冰雪场地设施及相关器材的维护费，冰雪运动教练的工资，其他员工的工资

思考题

1. 选择一个体育场馆运营企业，运用本章所讲述的知识，并查询网上该公司运营管理的公开资料，尝试进行该企业运营管理模式的描述、创新及评价。

2. 什么是体育场馆运营管理模式？

3. 相比传统的体育场馆运营管理模式，创新的体育场馆运营模式的差异性体现在哪些方面？

第五章　体育场馆资产管理

本章教学提示

1. 掌握资产管理相关概念。

2. 理解体育场馆资产分类。

3. 掌握体育场馆经营性资产运营方式和体育场馆非经营性资产运营方式。

4. 了解体育场馆资产运营绩效评价方法。

第一节　资产管理基本理论

一、资产的概念

随着经济的发展，对资产的定义也有一个变化发展的历史过程。资产作为一个会计学科中的核心概念，至今人们仍有不同观点，尚无统一的界定。其中原因十分简单，资产是经济发展的产物，经济形式不断创新，资产的种类日益繁多，这给资产的合理界定增加了新的挑战。目前，对资产的定义主要限于会计学的领域，往往仅限于企业微观层面。其中具有代表性的定义有：

资产是由特定主体由于过去的交易或事项而拥有或控制的可能的未来的经济利益。（美国会计准则委员会，1985 年）

资产是由于过去的交易或事项发生的结果而被一个主体控制的经济资源，从这些经济资源中，主体将可能获得未来的经济利益。（加拿大特许会计师协会，1991 年）

资产是由过去交易或事项形成的、由主体控制的未来经济利益的权利。（英国会计准则委员会，1999 年）

资产是企业过去的交易或者事项形成的、由企业拥有或者控制的、预期会给企业带来经济利益的资源。（中国会计准则委员会，2006 年）

资产是主体因过去的事项而控制的资源，这种资源预期可以为该主体带来未来的经济利益。（国际会计准则理事会，2010 年）

上述定义，分别将资产定义为一种“资源”“未来的经济利益”和“权利”。综上所述，我们对资产的定义做如下概述：资产是主体由于过去交易或事项而现在拥有并可以控制的，能为主体带来未来经济利益的一种资源。

通过上述定义，我们可以归纳出资产的几个特点：一是主体现在所持有的，是过去的交易或事项产生的结果，并且对主体影响至今；二是主体所能控制的，这种控制包含对其拥有并进行决策的权利；三是主体是多元的，这里所指的主体不单指企业，还包含各种社会组织、事业组织和政府部门；四是能给主体带来经济利益的，这是指资产具有能直接或间接导致经济利益流入主体的潜力。这种潜力可以来自主体的各种经营活动，经济利益可以是现金或者现金等价物，也可以是能够转化为现金或现金等价物的形式存在。

二、资产管理的概念

对资产管理的探讨，是随着人们对资产保值和增值需求的日益增强而日渐产生的。19 世纪初期资产管理业务产生，但这主要限于金融中介的开展。目前，对资产管理没有一个明确的定义。为了探讨资产管理的定义和内容，我们将管理定义为“一定组织中的管理者，通过实施计划、组织、协调、控制、创新等职能来协调他人的活动，共同实现既定目标的活动过程”。资产管理是指以资产为管理对象而进行的有组织、有计划的协调和控制的过程。

资产管理可以简单地理解为资产管理人接受资产委托人的委托，依照委托人的意愿或请求对委托人的资产进行管理运作，以实现特定目标的行为过程，这种特定目标可以是资产的保值、增值，也可能是其他目标。相对严格的资产管理的定义可以有广义和狭义之分。广义的资产管理是指资产所有人以其资产（包括有形资产和无形资产）委托专业机构进行管理，以实现所有人对资产的期望目的的行为，体育场馆中非经营性资产也适用于这一概念；狭义的资产管理特指证券市场范围的资产管理业务，即资产委托人以其货币或证券资产，委托专业中介机构管理，专业中介机构根据委托人的意愿在证券市场中投资运作，以实现委托人期望的保值、增值或特定目标的行为。

资产管理可以由一个企业或单位在内部自己组织管理，也可以将其委托给相应的管理机构进行管理。从两方面对资产管理进行定义，一是指机构投资者所收集的资产被投资于资本市场的实际过程，资产管理者可以是也可以不是机构投资者；二是指委托人将自己的资产交给受托人，由受托人为委托人提供理财服务的行为。资产管理的另一种方式是作为资产的管理者将托管者的财产进行资产管理，主要投资于实业，包含但不限于生产型企业。

第二节　体育场馆资产分类

一、按照资产特性进行划分

（一）资产使用期限长短

体育场馆中的资产按照使用期限的长短可以分为流动资产和长期资产。

1. 流动资产

流动资产是指预计在一年内变现或交换其他资产、负债能力不受限制的现金或现金等价物。流动资产也可以指预计在一个正常营业周期内变现、出售或耗用的资产，主要为交易目的而持有。

流动资产一般包括库存现金、各种银行存款以及其他货币资金、应收账款与预付款项、存货以及其他流动资产等。现金是指体育场馆的库存现金，包括各部门用于周转使用的备用金。各项银行存款是指体育场馆所具有的不同类型的银行存款。应收账款是指体育场馆因出售产品等应向购买方收取的款项。预付账款是指体育场馆按照购货合同规定预付给供货单位的购货订金或部分货款。

流动资产与固定资产相比主要有四个特点：一是循环周转速度快。流动资产保持其实物形态往往只有一个生产周期，之后便改变了其原有形态，其价值也转移到产品价值中去，并在产品销售之后得以回收。因此，循环周转速度较快是流动资产的一个显著特点。二是变现能力强。各种形态的流动资产都可以在较短时间内出售和变卖，具有较强的变现能力，是体育场馆及各类企业对外支付和偿还债务的重要保障。三是占用形态同时又相继转化。在体育场馆及其他企业的再生产过程中流动资产依次经过购买、生产、销售三个阶段，并分别采取货币资产、储备资产、生产资产和成品资产等形态，不断地循环流动。四是波动性。流动资产容易受到外部经济环境、经济秩序等因素的影响，使其总占用量以及流动资产的不同形态构成比例出现波动。

2. 长期资产

企业拥有的变现周期在一年以上或者一个营业周期以上的资产叫长期资产（非流动资产）。长期资产包括长期投资性资产、固定资产、无形资产、递延资产和其他长期资产。长期投资性资产是指不准备随时变现、持有时间超过一年以上的投资性资产。固定资产是指使用期限在一年以上，单位价值在规定的标准以上，并在使用过程中保持原来物质形态的资产，包括房屋及建筑物、机器设备、运输设备、工具器具等。

（二）是否具有具体形态

体育场馆资产按是否具有具体形态可以划分为有形资产和无形资产。

1. 有形资产

总体来讲，有形资产就是有一定实物形态的资产。它主要包括房屋、机器、设备等。有形资产有狭义和广义之分，狭义的有形资产通常是指企业的固定资产和流动资金，广义的有形资产则包括企业的资金、资源、产品、设备、装置、厂房、人才信息等一切生产要素。有形资产可以依据资产使用时间长短划分为固定资产和流动资产。实物类流动资产主要包括各种材料、低值易耗品、在产品、产成品等。

以具体物质产品形态存在的资产包括生产有形资产和非生产有形资产。生产有形资产是指生产活动创造的资产，非生产有形资产是指由自然提供未经生产而取得的资产。生产有形资产包括有形固定资产、存货和珍贵物品。其中有形固定资产又按住宅、其他房屋和建筑物、机器和设备、培育资产分类核算；存货按原材料及用品、在制品、制成品、转售货物分类核算。非生产有形资产包括土地、地下资产、非培育生物资源、水资源。

2. 无形资产

（1）无形资产的内涵与特点。“无形”与“有形”是相对的。无形资产是在生产、经营和管理过程中使用的，不具有实物形态的非货币资产。从定义可知，无形资产最大的特点在于没有实物形态。关于无形资产，从不同角度有多种定义。从会计学、评估学角度来定义，无形资产是智力创造成果形成的能带来经济效益的经济资源。从经济学角度来定义，无形资产是智力创造成果的资本。无形资产有广义和狭义之分，广义的无形资产包括货币资金、应收账款、金融资产、长期股权投资、专利权、商标权等。狭义的无形资产是指专利权、商标权、商誉权、知识产权等。体育场馆中的无形资产主要是指狭义的无形资产。

无形资产主要有三个特点：一是无形资产的无形性。无形资产与有形资产相比最重要的特点是不具有实物形态。无形资产所体现的是一种权利、技术或获得超额利润的综合能力，它没有实物形态，人们无法感觉到无形资产的存在，因为它经常要依附在一定载体上或者与其他资产结合才能发挥作用。二是无形资产的独占性。无形资产的独占性主要体现在两个方面：一是在法律保护下，无形资产属于特定的主体，其他人是不能无偿占有和使用的；二是不受法律保护但具有经济性、机密性的无形资产，只要其主体不泄密，则无形资产也是被它独占的。总而言之，无形资产所有者依法享有所有权，排他专有，不容他人侵犯。三是无形资产收益的不确定性。由于无形资产是依附于一定的物质和社会条件而存在的，所以无形资产自身价值的确定具有一定的困难。

（2）体育场馆中的无形资产。体育场馆中的无形资产包括体育知识产权、体育场馆的技术秘密和商业秘密及体育特许经营权。

体育知识产权是指体育领域内的知识产权。包括体育场馆冠名权、冠杯权、广告发布权、广播电视转播权、标志使用权、体育场馆的域名与声誉等。冠名权是指体育赛事的举办者将赛事或其他活动的名称出售给某一企业或厂家，拥有命名赛事或活动名称的商家具有利用该赛事或活动介绍自己打响知名度的权利。冠杯权是指出资方购买命名某一赛事或活动奖杯（奖牌）的权利。广告发布权指在体育馆内或举办赛事活动过程中，出资方为自己打广告谋取商业利益的权利。广播电视转播权是指举行体育比赛及相关活动时，主办方允许他人进行电视转播，由此获得报酬的权利。

体育场馆的技术秘密是指体育领域中未公开的、且未申请专利的、受法律保护较低的，但在生产经营活动中能够产生经济效益的体育产业知识技巧，可以呈现为技术规范、材料配方、不成文的知识和诀窍等多种形式。体育场馆商业秘密指为体育生产和经营部门所具有的未公开的信息或资料。如体育场馆经营决策权、体育场馆管理方法和数据、体育领域的各种资源整合途径和关系等。这两类无形资产的共同特点是信息在一定时间范围不为公众所知，但是能够使所有者和使用者在竞争中处于有利地位。

体育特许经营权指出现在体育领域中的各种体育产品、商标等的特许经营的权利。体育特许经营权分为政府授予的特许经营权、体育产业本身享有的特许经营权、体育产业允许其他产业享有的特许经营权等。

二、按照是否参与经营划分

企业类体育场馆是根据自身情况自主运营的独立法人，而事业类体育场馆既要向正常企业一样进行资产运营管理，又由一定的公益性资产组成，不仅包含自主经营性收入，还有国家、政府与社会团体等单位的资本注入。在事业类体育场馆中，存在大量的国有资产，这类体育场馆中的国有资产是指国家以各种形式投资以及其收益、拨款、接受馈赠、凭借国家权力取得或依据法律认定的各种类型的大型体育场馆财产和财产权利。大型体育场馆国有资产可以划分为经营性资产和非经营性资产。一般来讲，场馆行政事业单位的资产大多属于非经营性资产，即不以营利为目的投资的各种资产，体现了场馆的公益性。但是，随着我国行政事业单位管理体制改革的不断推进，场馆行政事业单位的部分非经营性资产逐步转化成了经营性资产。因此，大型体育场馆经营性国有资产包括企业类大型体育场馆资产、行政事业单位场馆占有与使用的非经营性资产通过各种形式而转做经营的资产。大型体育场馆非经营性国有资产是国家行政机关、事业单位及其他组织履行行政管理职能、为社会公众提供公共体育产品和公共体育服务的物质基础保证。

（一） 体育场馆经营性资产

经营性资产是指能够在生产和流通领域产生商品和服务的资产，经营性资产是以追求价值增值为主要经营目标。体育场馆经营性资产是指能够通过资本运营、为场馆带来资产增值的资产。体育场馆经营性资产存在于各个类型的场馆中。

经营性资产是指企业在开展自身生产经营活动过程中所拥有或控制的，在使用中能够为企业带来正常经营利润的资产，包括在总资产中扣除（对外）投资性资产之后的各项资产。在新准则条件下的资产负债表中，各项投资性资产分项目单独列示，因此，投资性资产包括交易性金融资产、可供出售金融资产、持有至到期投资以及长期股权投资等项目。而经营性资产的全部项目可以大体分为两类：经营性流动资产和经营性非流动资产。经营性流动资产包括现金、应收账款和存货等项目；而经营性非流动资产包括厂房设备等固定资产、生物资产以及无形资产等项目。

（二） 体育场馆非经营性资产

非经营性资产是指不投入或不直接投入生产经营和流通领域的产权属于国家的资产。体育场馆非经营性资产是指不投入或不直接投入体育场馆经营活动的产权属于国家的资产，其通常具有以下特征：

（1）不直接从事生产领域和流通领域的经营活动，所以是非经营性的。尽管资产从其属性来讲都是能产生收益的，但既然被界定为非经营性质，就不能以营利为目的，否则就违背了非经营性的本质。

（2）非经营性国有资产的使用是资产的纯消耗过程，不直接带来资产的货币化收益，因此它们不承担经营性资产的增值任务，否则会导致现实中追求资产营利的欲念膨胀，威胁到资产的安全，从而影响体育场馆公共物品的提供。

（3）非经营性国有资产主要是由国家财政拨款形成的，由接受拨款的体育场馆及公众无偿使用或部分有偿使用。

（4）非经营性资产的性质决定了其在管理目标、绩效考核、评价机制、管理体制等方面应有别于经营性国有资产。

第三节　体育场馆经营性资产运营方式

一、建立混合所有制经济

我国体育场馆的发展面临重大历史机遇。一是体育全面深化改革，体育场馆运营管理改革是重中之重；二是借力 2022 年冬奥会，冰雪场馆需求旺盛。在国家大力推进供给侧结构性改革的大背景下，存量场馆市场化改革和新建场馆有效供给是体育产业发展新常态下亟须解决的两大问题。并且在市场化改革不断深入的背景下，具有一定经营能力的大型体育场馆越来越多地进入市场化运营的行列中。场馆经营性国有资产混合所有制改革不仅有利于已有场馆国有资产服务供给改革，还有利于民营资本参与新建场馆建设，从而从供给端促进了体育场馆国有资产的有效利用。大型国有体育场馆实施混合所有制，可以引入新的战略投资者，解决融资难题，有利于先进管理制度的引进，有利于促使场馆经营者增强市场竞争意识，加强运营内容建设。

关于体育场馆混合所有制改革的研究，国外进行得较早、较充分。例如，20 世纪60—80 年代，美国建设的体育场的股份 100% 属于公有制，联邦政府、州政府以及地方政府承担公共体育服务供给的责任，并进行直接经营。随着体育场馆供给数量的不断增加，公私合作经营的模式逐渐盛行。民营化成为美国体育场馆经营管理的趋势。

在我国体育深化改革的背景下，国内少数体育场馆陆续尝试混合所有制经营。例如，广州体育馆由广州市政府联合珠江实业集团共同出资建设。广州体育馆建成后，体育竞赛场所的资产归广州市政府所有，商业服务场所的产权归珠江实业集团所有，该集团同时享有体育馆及其附属设施的经营权，经营收益归经营单位所有。国家体育场“鸟巢”项目同样由政府与民间资本共同投资，北京市政府投资 20.3 亿元，占总投资的 58%，其余 42% 的投资由中标人——中信集团联合体筹措。政府出资人代表——北京市国有资产经营有限责任公司与中信集团联合体共同组建项目公司，负责项目的建设和运营，并成立了中外合作性质的项目公司——国家体育场项目公司，该公司获得了国家体育场 30 年的运营权。尽管后期实际运营期限未达到 30 年，但该合作案例为国内体育场馆实施产权混合提供了前车之鉴。

（一）混合所有制经济施行模式

1. 大型国有体育场馆挂牌新三板

对于具有一定经营能力、经营期限满两年的大型国有体育场馆可尝试申请新三板挂牌，通过协议方式或转让方式引入新的投资者，从而实现国有资本与民营资本的对接。新三板的创立为实现大型国有体育场馆产权交易提供了新平台。相比主板市场上市条件的严格性，新三板挂牌的条件相对宽松。截至 2015 年年底，已有 30 家体育企业登陆新三板。但是，已挂牌的 30 家体育企业中，只有涉足体育场地设施建设领域的绿茵天地通过新三板开始融资，场馆服务类企业尚未涉足。

挂牌的体育场馆公司可以将公司股票公开转让给注册资本 500 万元人民币以上的法人机构；实缴出资总额 500 万元人民币以上的合伙企业；投资者本人名下前一交易日日终证券类资产市值 500 万元人民币以上且具有两年以上证券投资经验，或具有会计、金融、投资、财经等相关专业背景或培训经历的自然人。此外，挂牌的体育场馆公司还可以实施定向增发和发行新股筹集资本，实现股权多元化。

2. 大型体育场馆 PPP 模式

PPP（public private partnership）模式，即公私合作伙伴关系方式，强调政府与非政府部门一起合作，两者按照契约分担风险和获取收益。PPP 模式的实质在于政府依据非公部门的投资情况给予其相应的收益权和经营权，以加快基础设施的建设与提升运营水平。实践中，私人资本介入 PPP 模式，不仅通过货币资金或其等价物进行投资，还可通过融资租赁的方式实现国有资本与民营资本的有效结合。就大型国有体育场馆而言，从建设到运营的整个过程中，大型体育设施、游乐设施等购置，可以由合作方非国有融资租赁企业提供，场馆定期偿还给的租金作为合作方的投资，合作方拥有场馆的部分经营权和与之对应的收益权。

大型体育场馆实施 PPP 模式成功的关键在于治理结构的确立。通常来说，场馆 PPP 模式可采用公司型合资和有限合伙型两种。公司型合资是指场馆的投资各方共同成立项目公司或合资公司，项目公司或合资公司按照现代企业制度运行，全面负责场馆从建设到运营中的再融资、建筑设计、无形资产开发等相关事宜。有限合伙型是指场馆政府投资方承担有限责任，不负责场馆的经营管理，社会资本投资方作为普通合伙人，负责场馆的经营管理。明确的治理结构有利于保护场馆社会资本投资人的权益，降低政府与社会资本投资人之间不对等合作关系带来的风险。

3. 资产证券化

资产证券化是将缺乏流动性但能够产生未来现金流的资产，通过结构性重组，转变为可以在金融市场上销售和流通的证券，并据以融资的行为。2012 年，中国资产证券化迈出实质性步伐，涉及领域扩展到基础设施、信贷资产、不良资产、应收账款等，并向纵深突破的趋势明显。随着金融脱媒化、利率市场化以及社会融资结构变化的加剧，中国的资本市场在逐步地走向成熟，尤其在债券市场上得到了充分展现，这也为资产证券化提供了有利渠道。

随着国有资产管理体制改革和全国大型体育场馆综合运营管理改革试点工作的不断推进，具有一定经营能力的场馆越来越多地进入到市场化运营的行列中。脱离了政府财政支持的大型体育场馆，面对着激烈的市场竞争，资金成为制约场馆可持续发展的重要瓶颈。大型体育场馆资产证券化不失为融通资金、加速场馆产权交易、盘活场馆资产、分散经营风险的有益尝试，同时也为场馆吸引更多的社会投资者，为推进场馆混合所有制改革提供了一条新路径。

4. 股权众筹模式

股权众筹是互联网金融的主要形式之一。股权众筹融资主要是指通过互联网形式进行公开小额股权融资的活动；股权众筹融资必须通过股权众筹融资中介机构平台（互联网网站或其他类似的电子媒介）进行；股权众筹融资中介机构可以在符合法律法规规定前提下，对业务模式进行创新探索，发挥股权众筹融资作为多层次资本市场有机组成部分的作用。

实践中，对于大型体育场馆或大型体育中心而言，可采取集团化运营模式，并允许集团中的每个体育场或者馆注册为公司法人，分摊场馆总资产规模，从而获取股权众筹的资格；抑或众筹模式可以配合 BOT（build - operate - transfer，建设—经营—转让）模式和 PPP 模式，共同促进体育场馆混合所有制改革。例如，政府或是企业可以把新场馆跑道、草坪、健身房等作为众筹项目，配合其他融资方式，吸引更多的民间资本或民间企业参与。因此，该模式对于社会资本参与大型国有体育场馆混合所有制改革具有必要性和可行性。

（二） 体育场馆混合所有制经济存在的问题及解决方案

长期以来，出资人为国家的国企与民营企业之间的天然关系不对等是导致大型国有体育场馆混合所有制改革进展缓慢的主要因素，并且在实践中，非公有制经济财产的产权保护状况和平等的法律地位并不乐观。有效的产权保护是大型国有体育场馆混合所有制有效推行的基础，能促使交易各方的交易费用最少。产权保护机制应成为场馆混合所有制改革中亟须建立的配套制度。

大型国有体育场馆混合所有制改革中产权保护机制的设计可基于契约制度和产权制度两个维度进行。契约制度是政府为帮助大型国有体育场馆产权交易双方低成本地执行契约，并达成交易而提供的保护交易双方权利的法律和司法体系，产权制度是指制约政府和大股东掠夺场馆产权交易者财富的相关制度。

1. 增强场馆国有股东的契约精神

大型体育场馆混合所有制改革的关键在于国有资本和民营资本产权比例的确定。长久以来，国有资本和民营资本之间存在不对等关系。

建立产权保护制度是使混合所有制场馆破除国有资本和民营资本两者之间的藩篱，既使民营资本入股大型国有体育场馆建设和运营领域，又使国有资本破除政府保护真正实现市场化运作的重要制度设计。根据我国大型国有体育场馆的现实情况，部分场馆来源于事业单位转型。改革后的场馆与上级管理部门在管理上的权力和责任尚不明确，大型体育场馆事业单位管办不分离，因此，增强体育场馆国有股东的契约精神是十分必要和紧迫的。

2. 完善场馆内部治理机制，引入外部治理机制

大型体育场馆的公司治理机制建设的完善程度直接影响场馆的运营效率和效益。所谓公司治理机制实际上是解决现代公司由于控制权和所有权分离所导致的内部人包括经理人和控制性股东代理问题的各种机制的总称，它包括外部治理机制和内部治理机制两类。

外部治理机制包括法律对投资者权利保护、市场竞争、公司控制权市场、媒体等，内

部治理机制包括大股东监督、董事会和监事会、经理人薪酬契约和机构投资者的角色等。治理机制是否完善，直接决定了制度安排是否合理。在体育场馆运营过程中，完善的公司治理机制有利于协调体育监管部门、场馆国有股东、非国有投资方、社会公众等多方利益相关者的权责关系。就大型体育场馆运营的现实情况而言，国有资本和民营资本对接，董事会、监事会等内部治理机制的建立较为容易，但外部治理机制和机构投资者等部分外部治理机制的建设则需要管理者的理念创新和较长时间。

3. 建立和完善场馆产权交易体系，降低产权交易成本

场馆混合所有制的正常运行必须建立和完善与之相适应的多层次、多功能的产权交易市场体系，建立健全审计评估、产权转让、股权登记、涉税鉴证等一体化的中介服务体系，提高场馆产权交易的市场化程度，为场馆混合所有制经济的发展提供有效运转的平台，保障场馆产权流转的有序运行，促进混合所有制场馆经济效率和社会贡献度的提升。

按照对产权持有、流转及收益环节分别征税的逻辑，形成涵盖场馆产权持有税、产权流转税、产权收益税的税收体系，以此形成对场馆产权内部各项权能的有效保护。即构建产权持有税实现对产权主体拥有合法产权的认同与保护，保障产权所有者拥有产权相对应的各项权能；构建产权流转税实现对产权流转行为的认同及流转额的确认，保障产权流转的有序性和效率性；构建产权收益税实现对产权收益额及分配额的确认、计量与征税，保护产权所有者在产权流转中的合法权益。构建符合产权逻辑的税收体系，可以有效保护产权，提高税收效率，充分发挥税收作为产权保护人的角色价值。

4. 健全社会资本参股国有场馆信息披露制度

在场馆产权交易过程中，往往存在信息披露不完整、不及时等问题，这将不利于国有资本与民营资本的混合。一种情况下，民营资本要参股国有场馆，通常通过购买与资产交换的方式，这都涉及国有资产定价问题。在定价过程中，民营资本与国有场馆之间的交易存在高估和低估交易资产的可能性，从而出现低价出售使国有资产流失，或者高价出售则民营资本受损的情况，不利于民营资本参股国有场馆。另一种情况下，当国有资本控股时，民营资本往往只是名义上参与公司决策，没有实际的控制权。这时民营资本就面临着道德风险。根据现代公司理论，由于控制权人拥有控制权私人收益，如对权力和控制的追求，追求在职消费，使用和转移公司资源得到私人好处，通过秘密转移等方式增加控股股东的份额等，有控制权的国有资本很容易从自身利益出发做出决策，从而损害民营资本的利益。

公开交易平台的建立和对混合所有制场馆实行强制信息披露制度，可以提高场馆产权交易的有效性。具体而言，公开市场是最有效的交易场所，双方在这里发现适宜交易对象的可能性最大。混合所有制是为了提高资源配置效率，发挥市场的决定性作用。公开交易平台，场馆可以挂牌公开信息，产权交易的信息便汇集起来。因此，可以在一定程度上避免以上两种不利于混合的情况出现。

二、利用国有资本投资公司运营场馆资产

具有经营性的大型体育场馆企业应属于公益类国有企业。国有企业划分为公益类和商

业类，通常认为竞争行业的国有企业属于商业类国企，公益类国有企业以保障民生、服务社会、提供公共产品和服务为主要目标，可以采取国有独资形式。《国务院关于改革和完善国有资产管理体制的若干意见》中明确提出，“改组组建国有资本投资、运营公司，可选择具备一定条件的国有独资企业集团改组设立，以服务国家战略、提升产业竞争力为主要目标。”因此，设立大型体育场馆国有资本投资公司具有可行性。

（一）大型体育场馆国有资本投资公司的定位与功能

1. 投资导向功能

（1）支持大型国有场馆建设和大型体育场馆设施改建。大型体育场馆国有资本投资公司作为政府的投资主体，以企业的形式为体育基础设施建设重大项目筹措基金，从而解决政府体育财政资金和体育发展专项基金供给的不足。例如，上海久事公司就是其中的一个典型案例，该公司实施“政府性项目、市场化运作”的模式，投资建设了上海国际赛车场。目前，上海国际赛车场以公司制形式运营。其中，上海久事公司持有上海国际赛车场92%的股份，上海国际汽车城（集团）有限公司（国有独资有限责任公司）持股8%。

（2）按照国家对大型场馆的整体布局投资配置场馆。地区间大型体育场馆的资产配置不平衡是场馆运营中的一个突出矛盾。大型体育场馆国有资本投资公司作为政府的投资主体，在进行场馆投资时，应优先考虑国家整体场馆的布局和地方体育产业的发展需要，一定程度上规避大型体育场馆重复建设和资产配置的不合理，减少土地资源浪费，满足人民群众对于大型体育设施消费的需求。这也是国有投资公司投资导向功能的体现。

（3）带动社会资金进入大型场馆建设领域。国有资本投资公司具有较强的投资示范和带动效应。对于大型体育场馆投资回收效益的质疑，大型体育场馆国有投资公司通过PPP等模式发展场馆混合所有制形式，吸引社会资金进入场馆投资领域，发挥较强的投资杠杆作用。例如，对于部分大型体育场馆建设项目，由于具有前期投资大、回报少、周期长、风险大等特点，以追求经济效益最大化的民营企业投资意愿明显不足。此时，国家资本投资公司在不计成本的情况下，先承担前期投资任务。当项目运营并进入盈利周期后，会吸引一些民营资本进入，从而补充下一阶段建设和运营所需的资金。这些重大基础设施项目投入运营后，通常会产生较强的关联带动效应，创造更多相关产业或领域的投资机会，对民营资本发挥较强的作用。发起设立体育产业投资基金，是国有资本投资公司引导社会资金投资方向的另一个重要途径。国有资本投资公司与民营企业共同设立体育产业投资基金，实现国有资本和社会资本的融合，集合社会资源共同搭建高效的资本经营平台，对带动地方体育产业发展、拓展体育企业融资渠道均发挥了积极的促进作用。例如，北控集团与北京市体育局协商决定以设立基金的形式打造体育事业战略发展平台，首期发起设立的1亿元人民币，分别由体育引导资金出资5000万元，北控集团出资5000万元，成立了北京市体育发展投资基金。该体育发展投资基金主要用于综合性体育场馆运营、综合性国际体育展会、发展国际化品牌赛事落地、职业化体育俱乐部引进运营［三大球（篮球、排球、足球）、高尔夫球项目等］、青少年体育发展（后备力量引进及培养、赛事活动等）、体育经纪服务等方面。

2. 资本经营功能

（1）提高体育国有资本的流动性。体育资本流动性的强弱是决定体育资源配置效率的一个关键因素。体育场馆国有资本投资公司作为由政府授权行使体育国有资本出资人代表职能的特殊企业法人，基本经营模式是通过“股权投资—股权管理—股权转让”，获得投资分红和股权转让收益，在有序进退中实现体育国有资产保值增值。在“阶段性持股”运营模式的指导下，大型体育场馆国有投资公司采取多种方式提高资本的流动性。通过阶段性持股的经营模式和各种灵活机动的资本经营策略，可以明显提高大型体育场馆国有资本经营效率，谋求收益的最大化和可持续化。

（2）提高体育国有资本的投资效率。对于大型体育场馆国有资本投资公司而言，资金的集中管理是提高运作效率的重要手段。通过实施资金集中管理，有效降低参股、控股企业的融资成本，并加强各企业资金流向的适时控制，防范集团的财务风险，切实提高资金的运作效率，保障资金的周转。

3. 改革创新功能

（1）完善大型体育场馆国有资产管理机制。党的十八届三中全会以后，组建国有资本投资公司和运营公司成为改革的核心内容，也标志着国有资产管理体制的重大变革。一方面，“国资委—国有企业”的二级管理体制向“国资委—国有资本投资运营公司—国有企业”的三级管理体制转变；另一方面，国资委对国有企业的监督管理方式从“管人、管事、管资产”逐渐向“管资本”转变。国有资本投资公司作为国有资本经营管理的平台，是国有资产管理体制中承上启下的一个重要环节，并且具有股权多元化、国有资本的流动性和资本回报的稳定性等特点。

（2）推进大型体育场馆混合所有制改革。大型体育场馆国有资本投资公司发展混合所有制经济，主要通过以下形式实现：一是在场馆增量项目投资中积极发展混合所有制企业。通过控股、参股、引资等不同方式，与民营资本、基金、外资合作，实现股权多元化。二是引入外部战略投资者，将存量场馆企业变更为混合所有制企业。对部分全资和控股场馆企业引入社会资本，参与场馆企业的改制重组。三是利用基金模式探索大型体育场馆混合所有制的实现形式。

（二）大型体育场馆国有资本投资公司的运营模式

依据国有资本投资公司演变的历史和实践改革的进程，国有资本投资公司的运行模式大致分为四类：第一类是经营控制型，即通过强有力的总部功能来协调和随时支持业务单元的经营；监控业务单元的关键财务和运营指标。第二类是职能控制型，即制定或修正业务单元战略，并领导其执行；每月详细审阅业务单元财务和经营业务表现。第三类是战略控制型，即设定总体战略方向，并通过各业务单元之间的协同效应创造价值。第四类是财务控制型，即专注于通过兼并收购来优化业务组合，重点控制业务单元的投资回报。

针对我国大型体育场馆企业而言，应根据场馆的具体情况而定。第一，由大型体育场馆国有资本投资公司独立投资新建的大型体育场馆，在场馆建成后的运营初期（通常是3～5年），两者之间应采取经营控制型和职能控制型混合模式。待场馆运营出现微利后，一是采用转让场馆一定比例股权的方式，引入新的投资方，此时，管理控制模式逐渐转向战略控制型；二是采用出售特许经营权或托管的方式引入合作方，此时，管理控制模式逐渐转向财务控制型。第二，由大型体育场馆国有资本投资公司与社会资本合作新建大型体育场馆，管理控制模式应为战略控制型和财务控制型混合模式。第三，对于盈利较强的存量大型体育场馆，国有投资公司管理控制模式应为战略控制型和财务控制型混合模式；对于盈利较弱的存量大型体育场馆，国有投资公司管理控制模式应为经营控制型和职能控制型混合模式。

第四节　体育场馆非经营性资产运营方式

大型体育场馆非经营性国有资产主要是指归属于场馆事业单位及其他单位的，为社会公众提供公共体育产品和公共体育服务，不以营利为目标的一系列国有场馆资产。共享共用机制和内部市场化模式是以公共服务为导向的大型体育场馆非经营性国有资产运营机制优化的必要路径。

一、立足共享共用机制

互联网时代为大型体育场馆非经营性国有资产共享共用机制的探索提供了强有力的条件。大型体育场馆非经营性国有资产共享共用是场馆资产使用与管理的一种形式，即通过共同使用、重复利用、高效使用等科学化、精细化、集约化的管理方式和手段，对各类闲置、在用、处置、稀缺、新增等存量和增量资产加以充分利用，以提高资产使用效率和效益，防止浪费、节约资源。大型体育场馆非经营性国有资产共享共用机制，是场馆资产管理部门为实现资产共享共用目标而建立的职责机构、制度规范、管理方式，以及相应的运行、保障、监督措施和工作流程的总称。

（一）大型体育场馆非经营性国有资产共享共用机制建设的意义

1. 共享共用机制是提高体育公共支出和国有场馆非经营性资产使用效率的有效手段

建立资产共享共用机制是实现体育财政投入资金和由此形成的大型体育场馆非经营性资产使用效率和效益最大化的一种有效形式。首先，资产共享共用机制变分散使用为集约化的集中使用，可以加强大型体育场馆之间的联系和互动，降低体育场馆的经营和交易成本，形成集聚规模效益。例如，北京奥林匹克公园中的国家体育场、国家游泳中心、国家体育馆、国家会议中心击剑馆、奥体中心体育场、奥体中心体育馆、英东游泳馆、奥林匹克公园射箭场、奥林匹克公园网球场、奥林匹克公园曲棍球场这 10 个奥运会竞赛场馆在赛后为了降低运营成本，尝试部分场馆辅助设施采取园内场馆间共享共用模式。其次，资产的共享共用是资产配置和处置的桥梁。一方面，在资产配置环节，可以避免不同国有场馆非经营性资产的重复配置和修建；另一方面，在资产处置环节，可物尽其用，避免随意处置，进而节省了场馆资产配置的资金。最后，将场馆非经营性资产开放给具有提供社会体育公益服务的其他场馆使用，不仅提高了资产的使用效率，更发挥了资产的社会效益。

2. 共享共用机制是深化大型体育场馆非经营性国有资产运营机制改革的重要组成部分

大型体育场馆非经营性国有资产共享共用机制的创建，顺应了大型体育场馆运营管理改革的时代要求，满足了人民群众日益增长的多元化、多层次体育场地需求，弥补了体育场馆非经营性资产有效供给不足的问题。在大数据时代，大型体育场馆非经营性国有资产管理信息系统的建设不仅有利于加强场馆资产内部管理，还有利于相关管理部门了解和掌握场馆资产的基本情况，摆脱长久以来依靠全国体育场地普查的困境，从而提升场馆资产的静态管理和动态管理的效果和效率，实现了国有场馆管理理念的提升、管理制度的变革、流程的再造、方式手段的多样化，推动了大型体育场馆国有资产管理改革在深层次上的创新和突破，有利于大型场馆信息化和智能化发展。总之，共享共用机制是深化大型体育场馆非经营性国有资产运营机制改革的重要手段。

（二）大型体育场馆非经营性国有资产共享共用的类型分析

依托于互联网和管理信息技术的大型体育场馆非经营性国有资产共享共用机制，根据不同标准有多种划分方式。

1. 按照共享共用的范围分类，可分为内部共享和外部共享

内部共享和外部共享关键在于非经营性场馆国有资产隶属范围的确定。同属于一个体育中心或体育公园的多个体育场、体育馆、游泳馆建立内部管理信息系统，由专人负责中心（或公园）不同场馆之间非经营性国有资产的调配。同样地，同属于一个行政区域或体育产业园内的非经营性场馆国有资产之间亦可形成一个共享共用管理系统。

2. 按照目前大型国有体育场馆非经营性资产共享共用开展情况的特点来分类，可分为体育场馆信息网络共享平台、体育场馆资源共享一体化工程

体育场馆网络共享平台由非经营性场馆国有资产管理者共同组建。该平台的主要功能包括：一是设置共享平台的管理功能，便于实现对体育场馆非经营性资产信息的发布和更新等；二是设置共享平台的协调功能，让平台上的各家场馆能够最大限度地合理配置和使用存量的非经营性场馆资产、软硬件和网络。

体育场馆资源共享一体化工程是从更高层面上，由政府、公共体育服务领域有关部门牵头组织的，包括各类资产共享共用、信息共享平台、运行服务平台、人员管理、财务管理等一系列管理机制和制度构成的体育场馆非经营性资产共享的综合性系统工程。此共享系统工程由若干子系统构成，如体育场馆资源共享工程，其中就涉及体育信息资源共享平台建设，体育馆、体育场、体育中心（或公园）等场所、设备等非经营性资产管理，经费管理、维护人员管理等。

（三）大型体育场馆非经营性国有资产共享共用机制的制度设计

1. 目标责任机制

一是明确机制运行的职责机构及确立相应的资产共享目标。财政部门、主管部门、非经营性国有场馆管理者分别按照行政事业单位国有资产管理的各自职责，履行财政职能部门对行政事业单位国有资产的“综合管理”职责，主管部门履行“对本部门所属行政事业单位非经营性国有资产实施监督管理”职责，行政事业单位负责“对本单位占有、使用的非经营性国有资产实施具体管理”。二是依据集约化管理的要求，按照各自职责权限确定共享共用具体资产及其共享的目标要求。三是建立补偿激励机制，发挥资产共享引导作用。

2. 操作运行机制

按照非经营性国有资产共享的目标要求，通过建立和运用“统筹协调、市场方式”制度，采用特定的运作形式，搭建共享共用平台，对场馆资产资源进行整合利用，达到节约资源的特设目标。

3. 基础保障机制

一是必须由专业化的场馆国有资产管理人员进行管理；二是共享资产的管理必须遵循资产管理的各项制度，即资产综合管理办法、资产配置、使用、处置各项各类配套制度及操作规程，同时，还应有共享共用特定用途时的制度规范；三是日常管理保障，保障场馆资产共享基础信息数据统计的准确性。

4. 监督反馈机制

确定共享共用资产绩效管理目标，开展资产绩效评价，对场馆资产共享共用产生的效率和效益进行综合评价；形成结果反馈，加强结果运用，为场馆资产共享共用的新循环提供决策参考。推行新增资产配置与预算结合，制定和执行资产配置标准。同时，查处超标准配置、使用浪费、随意处置资产的违规行为。

二、内部市场化运营

公共服务领域中的内部市场化模式是在由公共部门提供并负责生产的公共服务领域，将提供公共产品和服务的部门人为地划分为生产者和购买者两方，建立模拟市场展开内部竞争，并用明晰的委托代理关系来限制公共服务提供者的权力，以提高公共服务效率和质量的方式。对于承担公共服务功能的大型体育场馆非经营性国有资产的运营同样适用，从而有效解决场馆事业单位运营机制不活、职责不清、反应迟缓、效率低下的通病。

（一）大型体育场馆非经营性国有资产内部市场化的核心要素

1. 场馆资产的运营有明确的提供者和购买者

场馆管理者需根据各部门分工的不同，明确买卖双方的关系。例如，场地管理方与全民健身活动组织方，在建立了内部市场后，二者即存在买卖关系，场地管理方是资产的出租方，全民健身活动组织方是体育场地服务的购买方。同样地，场地保洁部门要为场馆管理部门提供保洁服务，此时，场地保洁部门便成为服务的出售方，场地管理部门则成为服务的购买方。因此，在场馆资产运营的内部市场上，单独的个体部门既可能是提供者也可能是购买者，但是，在单一的买卖关系中，每一环节都会有明确的服务提供方和购买方。

2. 场馆资产的内部市场化须签订商业契约和合同

场馆资产使用权的提供者和购买者之间的买卖关系是通过契约来确定和运作的，契约规定了双方各自的义务和权利，提供服务的标准，支付费用的具体章程等各项内容。体育服务的购买契约是场馆资产内部市场化交易的保证和依据，使内部市场化有据可依。

3. 场馆资产的内部市场化由内部价格机制作为保障

建立内部价格机制是推行场馆非经营性国有资产内部市场化管理的核心。推行内部市场化管理，要求对场馆内部的各业务主管部门、职能科室所提供的产品或服务，转化为用内部价格衡量的价值和为上下交易环节所认可的商品，做到内部市场精细化管理，有量可计，有价可依。

4. 场馆资产的内部市场化需用严格绩效考核制度评价运营效果

科学合理的场馆绩效评定是对场馆资产内部市场化管理制度运行效果的考核。绩效考核指标的确立，应注重经济效益和社会效益相结合，以绩效合同严格约束场馆内部市场化各主体行为，分级分类对流动资产、固定资产的保值增值能力进行客观评估。一是坚持顾客导向，保障服务购买者的权益，使服务对象对服务数量与质量进行监督、控制，特别是在绩效目标制定与绩效考核中强化服务对象的参与。二是绩效考核制度要采取短期静态评价和长期动态评价双重机制。三是绩效考核要从内部市场实施过程中部门成本和效益两个角度去考核，成本降低也是效益提升的一种表现形式。

（二）大型体育场馆非经营性国有资产内部市场化的步骤

大型体育场馆非经营性国有资产内部市场化模式是深化场馆事业单位国有资产管理机制的新尝试。改革是一项复杂的系统工程，需要不断地探索，这场改革具有深刻性的同时，必然存在着一定的不确定性。因此，我国大型体育场馆非经营性国有资产管理改革需有序进行。

首先，全面启动国有体育场馆非经营性资产清产核资工作，建立资产数据库。依托国家体育总局和地方体育局展开普查，全面了解和掌握全国国有体育场馆非经营性资产的总量、地区分布和结构分布，对国有体育场馆资产账实不符的、盘亏和盘盈的情况，按照规定程序进行资产的确认。同时，建立国有体育场馆资产管理数据库，为推进下一步内部市场化模式试点做好基础性工作。

其次，选取典型场馆进行试点非经营性国有资产内部市场化模式，进而制定内部市场化的运作标准流程和制度设计。其中，需注意一点，典型场馆的选取要具有场馆非经营性国有资产经营的共同特征。

最后，将场馆非经营性国有资产内部市场化模式扩展应用到全国的体育场馆非经营性国有资产的运营中。

（三）大型体育场馆非经营性国有资产内部市场化的配套制度

大型体育场馆非经营性国有资产内部市场化模式的建立及作用的发挥离不开配套制度的支持。根据改革的需要，要建立与之相关的财务管理制度、会计制度、财政制度和资产管理人才队伍建设等配套制度与措施，从而形成一个相互作用、相互促进、共同发展的现代场馆非经营性国有资产管理体制。

1. 树立成本管理理念，加强场馆非经营性国有资产运营成本管理与控制

长期以来，场馆事业单位的成本管理理念非常淡薄，这主要源于在现行财务制度中，事业单位采取收、支两条线的核算方法。通常情况下，独立核算的场馆事业单位只对经营性业务进行成本核算。随着场馆事业单位改革的推进，为了激活场馆事业单位的运行机制，提高公共体育服务的质量和效率，树立成本核算理念十分必要。具体而言，改革后的场馆不仅要求非经营性资产的运营追求以较低的成本提供较高质量和效率的公益服务的目标，还要适时引入企业成本管理方法体系加强对场馆非经营性资产的管理，进而实现以最低的成本实现最大收益的目标。

2. 加强场馆非经营性国有资产的会计信息披露，增强内部市场监督力度

会计信息是财政资金分配、运用及其结果的反映，既是衡量事业单位运营状况好坏的标尺，还是我国政府对事业单位评估考核的重要指标。既然场馆非经营性国有资产实施市场化运营，与市场交易对应的会计信息也应对市场上的交易各方公开与公布。根据英、美公共服务机构资产运营的经验，为了让社会公众了解财政资金的流向与提升资产使用效率，定期对外公布公共服务机构资产的财务信息、会计数据已是惯例。随着我国政府部门会计信息公开化的推进，加快场馆非经营性国有资产会计信息披露的步伐已成为大势所趋。结合新《事业单位会计准则》的规定，相应的会计信息披露应集中在以下方面：资产负债表、收入支出表或者收入费用表、财政补助收入支出表以及与之相关的会计数据来源的详细信息等。

3. 加大财政扶持力度，提高场馆非经营性国有资产运营能力

体育产业不仅是衡量国家综合竞争实力的重要标识，更是满足公众日益上升的精神文化需求的重要途径。显然，目前体育产业所获得国家财政投入与其重要的社会地位不匹配。因此，需要进一步加大国家财政对体育事业尤其是大型体育场馆运营的扶持力度，转变政府职能，加大公共财政投入力度，提高大型体育产品和服务的供给能力。把体育场馆运营纳入财政资金扶持的重点领域，把体育场馆重大活动项目建设纳入财政总体安排。通过安排财政专项贴息、重点项目建设投资、关键环节政府补助资金等方式鼓励大型体育场馆国有资产运营方式创新。发挥地方财政优势，提取一定比例的省级体育彩票公益金，用于设立大型体育场馆发展基金，积极发挥财政资金的引导和带动作用。

4. 加强大型体育场馆资产管理人才队伍建设，助力内部市场化模式推广

人才建设是我国大型体育场馆非经营性国有资产管理改革成败的重要因素。不管改革方案设计得如何完美，如果没有专业的人才来落实方案，无疑会对场馆资产管理改革起到掣肘的作用。目前来看，我国大型体育场馆的经营管理人才缺乏，尤其是既懂体育又了解资产管理的专业人才更是稀缺。针对这一现实情况，加快我国大型公共体育场馆资产管理人才队伍建设，建立可持续的人才引进和培养制度具有现实意义和紧迫性。

（1）培育体育职业经理人市场。体育职业经理人市场一方面可为场馆选择称职的经营者提供渠道；另一方面也使得在职的经理人感到潜在的竞争压力。为了加快体育场馆经营管理人才建设，要加大海外体育职业经理人的引进力度和国内场馆高层次体育管理人才的培养，依据企业家理论，职业经理人应具备企业家特质和企业家精神。同时，为了保证职业经理人市场的可持续发展，要建立员工职业生涯成长计划，拓展成才通道。

（2）加快场馆资产管理技术人员培养制度建设。除了场馆高层管理者的引进和培养外，场馆资产管理改革还需要专业的技术人员的支持。根据场馆目前的情况，改革队伍中应加入部分体育财会部门的人员。但是，借调财会人员只是权宜之计，必须通过招聘、人才引进的方式有效配置人力资源。为了加快改革和落实改革政策，必须加强场馆资产管理技术人员培养制度建设，通过场馆资产管理专业能力培训、后续教育等方式，不断壮大和优化资产管理的队伍结构，以保证改革的成功。

第五节 体育场馆资产运营绩效评价

一、绩效评价导论

（一）绩效评价概述

绩效是管理活动中最常用到的概念之一。对这一概念的定义，如今主要有两种观点。一种观点认为，绩效是指在一定时间内，由特定的工作职能或者活动所得到的产出，即该观点认为绩效是对一种工作或活动结果的衡量。另一种观点则认为，绩效不单单是对工作结果的描述，还应包括对工作过程的描述，即该观点认为“绩效是行为”。我们在讨论体育场馆资产运营的绩效问题时，通常更注重对资产运用结果的绩效考量和评价。

绩效指标是指能够客观地、高质量地反映各部门与各项目的绩效水平的各种标准。各种绩效指标都是用于衡量具体的绩效水平的，如效益、生产力、成本、客户满意度等。绩效评价就是一个完整的定义、衡量和运用这些指标的过程。这一过程是一个从制订绩效计划（指标）开始，历经实施绩效评价与提供绩效反馈，最终以指导绩效改进而结束的动态持续的过程。

（二）绩效评价的运用

绩效评价是一个动态过程，检验绩效评价有效性的最好方法是在一定时间之后看它是否有助于组织和工作项目绩效的切实改进。在体育场馆资产运营中，绩效评价工作主要用来支持以下管理功能。

1. 监测和报告

绩效评价最传统的用法是监控和反馈工作项目的进展情况和运作状况。在体育场馆资产运营中，绩效评价有利于高层管理者、决策者及时了解场馆资产的运用状况，对资产的运用进行监督，及时发现运营中可能存在的问题。

2. 预算和财务管理

绩效评价可以被尝试用于编制预算过程中的几个不同阶段，这主要是由于绩效考评可以为管理者反馈信息。在体育场馆资产运营中，绩效考评的结果可以为管理者和决策者对资产运用的计划制订做出指导。

3. 绩效管理

绩效管理是关于指导和控制组织中的员工和工作团队，并激励他们达到更高的绩效水平的一个过程。向员工提供关于他们绩效的反馈是有效的绩效管理方法的一个核心要素，而这种反馈通常是由绩效评价来提供的。在体育场馆资产运营活动中，有大量的员工和团队参与，为了对其工作状态及效率进行评价和提高，通常会用到绩效管理的方法。

4. 外部标杆管理

所谓外部标杆是指在管理活动中将一个机构或单位的绩效与外部其他相似机构或单位的绩效进行比较。在体育场馆资产运营活动中，可以分析不同主体资本运营的绩效指标中相似的统计绩效指标，这种比较可以在场馆与场馆之间进行，也可以在场馆与其他企事业单位之间进行。

二、体育场馆经营性资产运营绩效评价

前文介绍过，我国国有资产可以分为经营性资产和非经营性资产，由于两种资产的性质不同，追求的运营目标不同，所以在运营绩效评价中，将两者分开讲述。

（一） 价值评价法

经营性资产以自身价值的保值和增值为主要经营目标，以盈利为目的，资产的价值可以反映其运营的绩效。价值评估法将体育场馆中的经营性资产看作一个整体，依据经营性资产中的全部资产状况和整体获利能力，充分考虑影响体育场馆获利能力的各种因素，结合所处的宏观环境及场馆背景，对体育场馆经营性资产的整体价值进行综合性评估。

资产价值评估的基本假设有持续经营假设、清算假设。持续经营假设假定被评估资产在评估基准日后仍然按照原有的经营目的、经营方式持续经营下去。清算假设假定被评估资产面临清算或具有潜在的被清算的事实或可能性。不同的假设直接影响资产价值评估的价值类型及评估方法，并最终决定评估结果。

下面我们对体育场馆经营性资产中的无形资产、流动资产及长期投资性资产的价值评价方法进行介绍。

1. 无形资产评估

对于体育场馆经营性资产中无形资产的评估方法主要有收益法和成本法两种。

（1）收益法。收益法是指通过估测被评估资产未来预期收益的现值，来判断资产价值的各种评估方法。它主要涉及三个基本要素：被评估资产的预期收益、折现率或资本化率、被评估资产取得预期收益的持续时间。从这个意义上讲应用收益法的基本前提是被评估资产的未来预期收益可以预测并可以用货币来衡量；资产拥有者获得预期收益所承担的风险也可以预测并可以用货币来衡量；被评估资产预期获利年限可以预测。根据评估无形资产转让或许可使用选取参数的渠道不同，收益法在应用上可以按下列两种方式表示。

$$\text{无形资产评估值} = \sum_{i=1}^{n} = \frac{K \times R_i}{(1+r)^i},$$

式中：K 为无形资产分成率；r 为折现率；R_i 为第 i 年使用无形资产带来的收益；i 为收益期限序号；n 为收益期限。

$$\text{无形资产评估值} = \sum_{i=1}^{n} = \frac{R_i}{(1+r)^i},$$

式中：R_i 为被评估资产第 i 年的超额收益额；i 为收益期限序号；r 为折现率；n 为收益期限。

1）无形资产超额收益的计算。

第一种计算方法是直接估算法，即通过未使用无形资产与使用无形资产的前后收益情况对比分析，确定无形资产带来的收益额。运用该种方法计算超额收益又可以分为三种情况。

①在销售量不变、单位成本不变的情况下，形成的超额收益为：

$$R = (P_2 - P_1)Q(1 - T),$$

式中：R 为超额收益；P_2 为使用被评估无形资产后单位产品的价格；P_1 为未使用被评估无形资产前单位产品的价格；Q 为产品销售量；T 为所得税税率。

②在单位价格和单位成本不变的情况下，形成的超额收益为：

$$R = (Q_2 - Q_1)(P - C)(1 - T),$$

式中：R 为超额收益；Q_2 为使用被评估无形资产后产品的销售量；Q_1 为未使用被评估无形资产前产品的销售量；P 为产品价格；C 为产品的单位成本；T 为所得税税率。

③当假定销售量不变、价格不变时，计算超额收益为：

$$R = (C_1 - C_2)Q(1 - T).$$

式中：R 为超额收益；C_1 为未使用被评估无形资产前产品单位成本；C_2 为使用被评估无形资产后产品的单位成本；Q 为产品销售量；T 为所得税税率。

第二种计算方法是差额法，即采用无形资产和其他类型资产在经济活动中的综合收益与行业平均水平进行比较，可得到无形资产获利能力。首先，收集有关使用无形资产的产品生产经营活动财务资料，进行盈利分析，得到经营利润和销售利润率等基本数据。其次，对上述生产经营活动中的资金占用情况（固定资产、流动资产和已有账面价值的其他无形资产）进行统计。再次，收集行业平均收益率等指标。最后，计算无形资产带来的超额收益。使用这种方法有时计算出的超额收益不完全由被评估资产带来，往往是一种组合无形资产超额收益，还需要进行分解处理。

超额收益 = 净利润 – 净资产总额 × 行业平均利润率。

第三种计算方法是分成率法。这一方法中，较为复杂的是测定无形资产分成率。

无形资产收益额 = 销售收入 × 销售收入分成率 ×（1 – 所得税税率）。

2）无形资产评估中折现率的确定。折现率中一般包括无风险报酬率和风险报酬率。通常无形资产风险率较强，所以无形资产的折现率通常高于有形资产的折现率。无形资产的收益率可以根据无形资产的不同种类情况，对未来收益风险的影响因素及收益获得的其他外部因素进行分析，科学地测算其风险利率，以进一步测算出其适合的折现率。

3）无形资产收益期限的确定。无形资产收益期限或称有效期限，是指无形资产发挥作用并具有超额获利能力的时间。无形资产没有物质实体，它的价值不会因它的使用期限的延长发生实体上的变化，即它不会产生实际的有形损耗。并不是说无形资产不会产生耗损，在以下情景下无形资产的价值降低：新的、更经济的无形资产出现，这种新的无形资产可以代替旧的无形资产；当原有的无形资产无利可图时；当无形资产不再为该体育场馆单独具有时，这种无形资产的所有者获得超额收益的能力降低。

体育场馆无形资产使用期限的确定方式主要包括：法律或合同分别规定法定有效期限和受益年限的，可以按照法定有效期限与受益年限孰短的原则确定；法律未规定有效期，合同中规定受益年限的，可按照合同中规定的受益年限确定；法律和合同中均未规定有效期限和受益年限的，按预计受益期限确定。预计受益期限可以通过统计分析或与同类资产比较得出。

（2）成本法。成本法是指首先估测被评价的体育场馆无形资产的重置成本，然后估测该评估资产可能出现的各种贬值因素，并将其从重置成本中予以扣除，进而得到被评估资产价值的方法的总称。体育场馆中的无形资产成本包括研制或取得、持有期间全部物化劳动和活劳动的费用支出，相对于有形资产成本，其研制或形成的费用有自身的特点。

采用成本法评估体育场馆中的无形资产，其基本公式为：

无形资产估值 = 无形资产重置成本 ×（1 – 贬值率）。

从公式中可以看出，准确地确定无形资产重置成本和无形资产贬值率是进行无形资产估值的关键。无形资产重置成本是指现时市场条件下重新创造或购置一项全新无形资产所耗费的全部货币总额。按体育场馆无形资产的取得途径划分，可以分为自创无形资产和外购无形资产，不同类型无形资产的重置成本的估算方式有所区别。

1）自创性无形资产重置成本的估算。自创性无形资产的成本是由创造该资产所消耗的劳动构成的，通常这部分费用在账面中不会单独呈现，需要进行估算。估算的方法主要有核算法和倍加系数法两种。

核算法：

无形资产重置成本 = 成本 + 期间费用 + 合理利润。

其中，

期间费用 = 管理费用 + 财务费用 + 销售费用。

倍加系数法：

$$无形资产重置成本=\frac{C+\beta_1 V}{1-\beta_2}\times(1+L)。$$

式中：C 为无形资产研制开发中的物化劳动消耗；V 为无形资产研制开发中活劳动消耗；β_1 为研究开发人员创造性劳动倍加系数；β_2 为创造的平均风险系数；L 为无形资产投资报酬率。

2）外购无形资产重置成本的估算。外购无形资产通常具有购置费用的原始记录，也有可以参照的现时市场价格，所以相对于自创无形资产，外购无形资产重置成本较容易估算。外购无形资产的重置成本包括购买价和购置费用两部分，一般可以采用市价类比法和物价指数法两种方法。

市价类比法是指在无形资产交易所市场中选择相类似的参照物，再根据该无形资产的功能、性质、适用性等属性，对其价格进行调整，从而确定其现行购买价格，购置费用可根据现行标准和实际购买价格核定。

物价指数法是以无形资产的账面历史成本为依据，用物价指数进行调整，进而估算其重置成本。其计算公式为：

$$无形资产重置成本=无形资产账面成本\times\frac{评估时物价指数}{购置时物价指数}。$$

3）无形资产贬值率的估算。无形资产贬值率通常可以采用专家鉴定法和剩余经济寿命预测法进行确定。专家鉴定法是指邀请有关技术领域的专家，对被评估无形资产的先进性、适用性做出判断，从而确定其贬值率的方法。剩余经济寿命预测法是由评估人员通过对无形资产剩余经济寿命的预测和判断，确定其贬值率的方法。其计算公式为：

$$贬值率=\frac{已使用年限}{已使用年限+剩余使用年限}\times 100\%。$$

在计算折现率时一定要注意时间问题，折现率的大小可能会随着时间的变化而产生相应的变化，并且这种变化往往不是非线性的。

2. 流动资产评价

流动资产可以分为实物类流动资产和现金、银行存款、应收账款及其他流动资产。其中实物类流动资产主要包括各种材料、低值易耗品、在产品、产成品、包装物等。

（1）库存材料的价值评价。在对库存材料进行评估时，可以根据材料购进情况的不同选择相适应的方法。近期购进的材料库存时间较短，在市场价格不变的情况下，其账面价值与现行的市价基本接近，可以采用成本法也可以采用市场法。对于购进时发生运杂费的材料，如果是从外地购进的，因运杂费数额较大，评估时应将由被评估材料分担的运杂费计入评估值；如果是从本地购进而运杂费数额较小的，评估时可以不考虑运杂费。

购进批次间隔时间长、价格变化较大的库存材料。对这类材料评估时，可以采用最接近市场价格的材料价格或直接以市场价格作为其评估值。

缺乏准确现行市价库存材料的评估。体育场馆库存的某些材料可能购进的时间早，市场已经脱销，目前无明确的市场价格可供参考或使用。对这类材料的评估，可以通过寻找替代品的价格变动资料来修正材料价格；也可以在分析市场供需的基础上，确定该材料的供需关系，并以此修正价格；还可以通过市场同类商品的平均物价指数进行评估。

呆滞材料价值的评估。呆滞材料是指从场馆库存材料中清理出来需要进行处理的材料。这类材料通常长期积压，库存时间较长，可能会因自然力作用或保管不善等原因造成使用价值下降，对这类资产的评估首先应对其数量和质量进行核实和鉴定，然后按不同的情况进行评估。

（2）低值易耗品的评估。低值易耗品是指不构成固定资产的劳动工具。低值易耗品按其用途可以分为一般工具、专用工具、替换设备、管理工具、劳动保护用品、其他低值易耗品等；按其使用情况可分为在库低值易耗品和在用低值易耗品两种类别。通过第一种分类方式，可以按照大类进行评估，简化评估方法，第二种分类方式则是考虑了低值易耗品使用的具体情况，直接影响评估方法的选择。在库低值易耗品的评估，可以根据具体情况，采用与库存材料相同的评估方法。在用低值易耗品可以采用成本法进行评估，计算公式为：

$$\text{在用低值易耗品估值} = \text{全新低值易耗品的重置价值} \times \text{成新率}。$$

对于全新低值易耗品的评估价值，可以直接采用其账面价值（价格变动不大的情况下），也可以采用现行市场价格，还可以在账面价值基础上乘以其物价变动指数确定。成新率的计算公式为：

$$\text{成新率} = 1 - \frac{\text{低值易耗品实际已使用月数}}{\text{低值易耗品可使用总月数}}。$$

（3）在产品的评估。在产品包括生产过程中尚未加工完毕的在制品和已加工完毕但不能单独对外销售的半成品，在对这部分资产进行评估时，一般可采用成本法或市场法进行评估。成本法是根据技术鉴定和质量检测的结果，按评估时的相关市场价格和费用水平重置同等级在制品及半成品所需合理的料工费计算评估值。成本法在产品评估中的应用主要有以下三种方法：

一是根据价格变动系数调整原成本。这种方法主要适用于生产经营正常、会计核算水平较高的体育场馆的在产品的评估，评估价值计算的基本公式为：

$$\begin{aligned}\text{某项在产品的评估价值} = & \text{原合理材料成本} \times (1 + \text{价格变动系数}) \\ & + \text{原合理工资、费用（含借款费用）} \\ & \times (1 + \text{合理工资、费用变动系数})。\end{aligned}$$

二是按社会平均消耗定额和现行市价计算评估值。此法即按重置类资产的社会平均成本确定被评估资产的价值，基本公式为：

$$\begin{aligned}\text{某在产品评估值} = & \text{在产品实有数量} \times (\text{该工序单间材料工艺定额} \\ & \times \text{单位材料现行市价} + \text{该工序单件工时定额} \\ & \times \text{正常工资费用})。\end{aligned}$$

三是按在产品的完工程度计算评估值。因为在产品完成的最高形式为产成品，因此可以在计算产成品重置成本基础上计算确定在产品评估值，按在产品完工程度计算确定在产品评估值，计算公式为：

$$\text{在产品评估值} = \text{产成品重量成本} \times \text{在产品约当量},$$

在产品约当量 = 在产品数量 × 在产品完工量。

采用市场法是按同类在产品和半成品的市价，扣除销售过程中预计发生的费用后的估值。通常被评估资产通用性较好，能够作为产成品的部件或用于维修等，其评估的价值较高，对不能继续生产又无法通过市场调剂出去的，就只能按照废料回收价格进行评估。基本公式为：

某在产品评估值 = 该种在产品实有数量 × 市场可接受的不含税的单价
　　　　　　　　－预计销售过程中发生的费用，

某报废在产品评估值 = 可回收废料的重量 × 单位重量现行的回收价格。

（4）产成品及库存商品的评估。产成品及库存商品是指已完工入库和已完工但未入库的产成品以及商品流通企业的库存商品等，对此类存货应依据其变现能力和市场可接受的价格进行评估，适用的方法主要有成本法。采用成本法主要是根据生产、制造该项产成品全过程发生的成本费用确定评估值，具体过程可以分为以下两种情况：

一是当评估基准日与产成品完工时间较接近，成本变化不大时，可以直接按照产成品的账面成本确定其评估值，计算公式为：

产成品评估值 = 产成品数量 × 产成品单位成本。

二是当评估基准日与产成品完工时间相距较远，产成品的成本费用变化较大时，产成品评估值可按下列两种计算方法计算。

方法一：

产成品评估值 = 产成品实有数量 × ［合理材料工艺定额 × 材料单位现行价格
　　　　　　　＋合理工时定额 × 单位小时合理工时工资、费用（含借款费用）］。

方法二：

产成品评估值 = 产成品实际成本 × （材料成本比例 × 材料综合调整系数
　　　　　　　＋工资、费用成本比例 × 工资、费用综合调整系数）。

（5）应收账款及预付账款的评估。体育场馆的应收账款和预付款主要是指体育场馆在运营过程中由于赊销等原因形成的尚未收回的款项以及根据合同规定预付给供货单位的货款等。由于应收款项存在一定的回收风险，因此，在对这些资产进行价值评估时，主要从两方面进行：一是清查核实应收账款数额；二是估计可能的坏账损失。应收账款评估价值的基本计算公式为：

应收账款评估价值 = 应收账款面余额 － 已确定的坏账损失
　　　　　　　　－预计可能发生的坏账损失与费用。

（6）应收票据的评估。应收票据是由付款人或收款人签发、由付款人承兑、到期无条件付款的一种书面凭证。应收票据按承兑人的不同可以分为商业承兑汇票和银行承兑汇票；按其是否带息分为带息商业汇票和不带息商业汇票。商业汇票可依法背书转让，也可以向银行申请贴现。由于商业汇票有带息和不带息之分，所以对不带息票据，其评估值即为票面金额。对于带息票据，应收票据的评估值除票据面值外还应包括票据利息。应收票据的评估可按以下两种方法进行：

一是按票据的本利和计算，即为票据的面值加上应计的利息，其计算公式为：

应收票据评估值 = 本金 × （1 + 利息率 × 时间）。

二是按应收票据的贴现值计算，即应收票据的评估价值为按评估基准日到银行申请贴现的贴现值，其计算公式为：

应收票据评估值 = 票据到期价值 - 贴现息，

贴现息 = 票据到期价值 × 贴现率 × 贴现期。

3. 长期投资性资产评估

长期投资性资产是指体育场馆经营性资产中不准备随时变现，持有时间超过 1 年的投资性资产。长期投资性资产其投资的性质可以分为长期股权投资、持有至到期投资和混合型投资等。长期股权投资是指为了获取其他企业的权益或净资产所进行的投资，如对其他企业的股票投资、为获取其他企业股权的联营投资等。持有至到期投资是指企业的长期债券，如购买其他公司的债券、购买国库券、购买金融债券等。混合型投资是指兼有股权和债券双重性质的投资，这种投资通常表现为混合型证券投资，如购买的优先股股票、购买的可转换公司债券等。

（1）债券评估。债券作为一种有价证券，从理论上讲，它的市场价格是收益现值的市场反映。当债券可以在市场上自由买卖、变现时，债券的现行市价就是债券的评估值。如果企业购买的是不能在证券市场上自由交易的债券，其价值就需要通过一定的方法进行评估。

上市交易的债券是指可以在证券市场上交易、自由买卖的债券，对此类债券一般采用市场法即现行市价进行评估，按照评估基准日的收盘价确定评估值。特殊情况下，某种可上市交易的债券市场价格严重扭曲、不能代表实际价格时，则应采用其他评估方法进行评估。运用市场法评估债券，债券评估价值的计算公式为

债券评估价值 = 债券数量 × 评估基准日债券的市价（收盘价）

对于非上市交易债券不能直接采用市价进行评估，应采取相应的评估方法进行价值评估。对于距评估基准日 1 年内到期的债券，可以根据本金加上持有期的利息确定评估值，超过 1 年到期的券，可以根据本利和的现值确定评估值。根据债券付息方法，债券又可以分为到期一次还本付息债券和分次付息、一次还本债券两种。对于一次还本付息的债券，其评估价值的公式为：

$$P = \frac{F}{(1+r)^n}.$$

式中：P 为债券的评估值；F 为债券到期时的本利和；r 为折现率；n 为评估基准日到债券到期日的间隔。

对于分次付息，到期一次还本债券的评估宜采用收益法，计算公式为：

$$P = \sum_{i=1}^{n} [R_i (1+r)^{-1}] + A (1+i)^{-n}.$$

式中：P 为债券的评估值；R_i 为第 i 年的预期利息收益；r 为折现率；A 为债券面值；i 为评估基准日距收取利息日期限；n 为评估基准日距到期还本日期限。

（2）股票投资的评估。股票投资是指企业通过购买等方式取得被投资企业的股票而实现的投资行为。股票按照不同的分类标准可分为记名股票和不记名股票、有面值股票和无

面值股票、普通股股票和优先股股票、公开上市股票和非上市股票等。对于股票的价值评估，一般分为上市交易股票和非上市交易股票。上市交易股票是指企业公开发行的、可以在证券市场上市交易的股票。对于这类股票的价值评估，正常情况下可以采用现行市价法，即按照评估基准日的收盘价确定被评估股票的价值。非上市交易的股票，一般采用收益法评估。非上市交易股票按普通股和优先股的不同而采取不同的评估方法。普通股没有固定的股利，其收益大小完全取决于企业的经营状况和盈利水平；优先股是在股利分配和剩余财产分配上优先于普通股的股票，优先股的股利是固定的，一般情况下要按事先确定的股利率支付股利。

普通股的红利分配方式不同，使得价值评估的方式有所不同，主要有以下方法：

一是假设企业经营稳定，分配红利固定，并且今后也能保持固定水平，在这种条件下，普通股股票评估值的计算公式为：

$$P = R/r.$$

式中：P 为股票评估值；R 为股票未来收益额；r 为折现率。

二是红利增长型股利政策下股票价值评估，该类型的假设条件是发行企业并未将剩余收益分配给股东，而是用于追加投资扩大再生产，因此红利呈增长趋势，在这种假设前提下普通股股票价值评估值公式为：

$$P = R/r\ (r-g)\ (r>g)\ .$$

式中：P 为股票评估值；R 为股票未来收益额；r 为折现率；g 为股利增长率。

三是分段型股利政策下股票价值的评估。由于前两种股利政策过于模式化，很难适用于所有的股票评估，因此，针对实际情况采用分段型股利政策模型对股票的价值评估更具有客观性，该模型可以采用两段式或多段式。

优先股通常在发行时就已规定了股息，评估优先股主要是判断股票发行主体是否有足够税后利润用于优先股的股息分配。我们可以根据事先确定的股息率，计算出优先股的年收益额，然后进行折现计算，便可得出评估值。计算公式为：

$$P = \sum_{i=1}^{\infty} \left[R_i\ (1+r)^{-1} \right]\ = A/r.$$

式中：P 为优先股的评估值；R_i 为第 i 年的优先股收益；r 为折现率；A 为优先股的年等额股息收益。

如果非上市优先股有上市的可能，持有人又有转售的意向，这类优先股可参照下式评估：

$$P = \sum_{i=1}^{\infty} \left[R_i\ (1+r)^{-1} \right]\ + F\ (1+i)^{-n}.$$

式中：P 为优先股的评估值；R_i 为第 i 年的优先股收益；r 为折现率；n 为优先股的持有年限；F 为优先股的预期变现价格。

（二） 绩效指标评价法

体育场馆中的经营性资产以自身的保值增值为主要目标，所以在进行绩效指标评价时，通常将财务绩效定量评价指标作为主要评价指标，另外还包括管理绩效评价指标。绩效指标评价通常分为三个步骤：首先进行财务业绩定量评价；然后在财务定量评价结果的基础上，进行管理业绩定性评价；最后将财务业绩定量评价和管理业绩定性评价的结果结合在一起，计算综合业绩评价分值，形成综合评价结果。

1. 财务绩效定量评价

根据国资委印发的《中央企业综合绩效评价实施细则》(2006 年) 的内容，财务绩效定量评价指标由反映企业盈利能力状况、资产质量状况、债务风险状况和经营增长状况四个方面的 8 个基本指标和 14 个修正指标构成，用于综合评价企业财务会计报表反映的经营绩效状况。财务绩效定量评价指标见表 5－1。

表 5－1　财务绩效定量评价指标

评价指标	基本指标	权数（70%）	修正指标	权数（70%）
盈利能力状况	净资产收益率	20	销售利润率	10
	总资产报酬率	14	盈余现金保障倍数	9
			成本费用利润率	8
			资本收益率	7
资产质量状况	总资产周转率	10	不良资产比率	9
	应收账款周转率	12	流动资产周转率	7
			资产现金回收率	6
债务风险状况	资产负债率	12	速动比率	6
	已获利息倍数	10	现金流动负债比率	6
			带息负债比率	5
			或有负债比率	5
经营增长状况	销售增长率	12	销售利润率	10
	资本保值增值率	10	总资产增长率	7
			技术投入比率	5

正向指标，即指标值越大越好；逆向指标，即指标值越小越好；适中指标，即指标值越趋向于某一数值越好。

在进行财务业绩定量评价过程中，需要用到财务业绩定量评价标准，该标准分为国内行业标准和国际行业标准。国内行业标准根据国内企业年度财务统计数据，运用数理统计等技术方法进行统一测算。国际行业标准是根据各行业中有代表性企业的财务指标实际值，或者根据该行业中相关财务指标的先进值，剔除该行业不同企业间会计核算差异后统一测算。在体育场馆经营性资产财务业绩绩效评价中，可以采用国内该行业财务指标的先进值作为评价标准，划分为优秀、良好、平均、较低和较差 5 个档次，对应这 5 档评价标准的标准系数分别为 1.0，0.8，0.6，0.4，0.2。

财务绩效定量评价基本指标计分是按照功效系数法计分原理，将评价指标实际值对照行业评价标准值，按照规定的计分公式计算各项基本指标得分。计算公式为：

$$基本指标总得分 = \sum 单项指标得分,$$

$$单项基本指标得分 = 本档基础分 + 调整分,$$

$$本档基础分 = 指标权数 \times 本档标准系数,$$

$$调整分 = 功效系数 \times （上档基础分 - 本档基础分）,$$

$$上档基础分 = 指标权数 \times 上档标准系数,$$

$$功效系数 = \frac{实际值 - 本档标准值}{上档标准值 - 本档标准值}。$$

财务绩效定量评价修正指标的计分是在基本指标计分结果的基础上，运用功效系数法原理，分别计算盈利能力、资产质量、债务风险和经营增长四个部分的综合修正系数，再据此计算出修正后的分数。计算公式为：

$$修正后总得分 = \sum 部分修正后得分,$$

$$部分修正后得分 = 部分指标分数 + 该部分综合修正系数,$$

$$综合修正系数 = \sum 部分修正指标加权修正系数,$$

$$加权修正系数 = \frac{修正指标权数}{该部分权数} \times 该指标单项修正系数,$$

$$某指标单项修正系数 = 1.0 + 本档标准系数 + 功效系数 \times 0.2 - 该部分基本指标分析系数,$$

（单项修正系数控制修正幅度为0.7～1.3）

$$某分基本指数分析系数 = \frac{该部分基本指数得分}{该部分权数}。$$

财务绩效定量评价指标权重确定为70%，管理绩效定性评价指标权重确定为30%。实际评价过程中，财务绩效定量评价指标和管理绩效定性评价指标的权数均按百分制设定，分别计算分项指标的分值。

2. 管理绩效定性评价

管理绩效定性评价指标的计分一般通过专家评议打分形式完成，聘请的专家应不少于7名，评议专家应在充分了解场馆管理绩效状况的基础上，对照评价参考标准，采取综合分析判断法，对各项管理绩效指标做出分析评价，给出各项指标的评价等级和评价分数。计算公式为：

$$管理绩效定性评价指标分数 = \sum 单项指标分数,$$

$$单项指标分数 = \frac{\sum 每位专家给定的单项指标分数}{专家人数}。$$

最后在得出财务绩效定量评价分数和管理绩效定性评价分数之后，应按照相应的权重进行综合评价计分。管理绩效定性评价表见表5－2。

表5－2　管理绩效定性评价表，管理绩效（30%）

评议指标	权数
战略管理	18
发展创新	15
经营决策	16
风险控制	13
基础管理	14
人力资源	8
行业影响	8
社会贡献	8

三、体育场馆非经营性资产运行绩效评价

（一）非经营性资产的特点

1. 非经营性资产的非生产性

体育场馆非经营性资产一般处于生产过程之外。

2. 非经营性资产以社会效益为首要目标

非经营性国有资产不直接创造物质财富，使用必须服从于全社会收益原则。非经营性国有资产所提供的用途一般属于公益性服务，也就是说，所提供的特定服务是不收取费用的，或者所收取的费用往往不足以回收投资甚至不能够弥补运营成本。主要作用在于在为社会提供正常、安定、有序的社会秩序和经济发展环境，保障社会事业健康发展，实现社会效益最大化。

3. 非经营性资产来源的单一性

非经营性国有资产的形成、补偿和扩大的资金来源主要来自国家财政拨款这个单一渠道。行政事业单位是国家为满足社会公共需要而设立的，主要行使国家社会管理和公共服务职能，没有社会生产职能。因此，行政单位在履行职能过程中的资金耗费主要依靠国家财政拨款，不可能像企业那样通过生产经营成果的销售，实现价值补偿并取得利润，进而实现简单再生产和扩大再生产。

4. 非经营性资产使用的无偿性

行政事业单位可以无偿占有和使用非经营性国有资产。行政事业单位国有资产主要配置在非生产领域，使用目的上具有广泛的服务性。所以，这部分国有资产在占用、使用过程中只能接受国家财政补助，以满足顺利、有效地开展行政事业工作的需要。这一点不同于经营性国有资产的要求，经营性国有资产不仅要保值，而且必须不断增值。

（二）非经营性资产的主要绩效评价指标

1. 难点、特点

（1）追求公共利益的最大化。非经营性资产与经营性资产相比，绩效评价的难点在于前者追求的是公共利益最大化，后者追求的是个体利益最大化。由于非经营性资产不创造物质财富，自身不具有积累功能，一般认为资产的效益性不仅难以判断而且没有意义。非经营性国有资产绩效评价的目的是使用有限的资源通过资产评价完善使用和配置方式，在不牺牲公共利益的前提下发挥最大效益，避免公共资源的浪费和闲置，实现公共福利最大化。对非经营性资产的绩效评价的难点在于其追求的是资深社会价值的实现。

（2）绩效水平难以确认及难以计量。资产本身是一种能够以货币计量的经济资源，资产的成本、收入等投入产出绩效指标无疑要以货币为主要计量单位。但是，由于非经营性资产投入产出不同于经营性资产，其收益及价值很难确认并货币化。

2. 主要评价指标

体育场馆非经营性资产绩效评价注重社会效益层面，不涉及资产的保值、增值，评价指标的重心应放在资产安全、效率、偿债能力与发展。

（1）资产安全。有关资产安全指标见表5－3。

表5－3　资产安全指标

一级指标	二级指标	指标特征
资产安全	资金预算来源	正向指标
	资金投入使用	正向指标
	资金使用效果	正向指标

资金预算及来源。资金预算及来源情况是资产安全性指标的基础部分，因此资金预算的合理、适度关系到资金分配的公正、效率，关系到整个预算的质量。

资金投入使用。资金投入使用管理的加强，将促进财政资金投入保障机制，客观评价非经营性资产的投入产出效益性。

资金使用效果。通常用资金使用效率来评价，用资金使用的有效性和充分性来衡量。资金充分有效的使用，将在一定程度上缓解资金短缺的困境，有利于降低闲置资金。

（2）资产效率。有关资产效率指标见表5－4。

表5－4　资产效率指标

一级指标	二级指标	指标特征
资产使用效率	固定资产使用率	正向指标
	单项资产使用率	正向指标
	固定资产共享率	正向指标

固定资产使用率是指事业单位在用固定资产包括仓库占事业单位固定资产总额之比。

单项资产使用率是指体育场馆中某项非经营性固定资产使用时长与总工作时长之比。

固定资产共享率是指体育场馆非有偿使用者使用资产的时间与总工作时长之比。

(3) 资产偿债能力。有关资产偿债能力指标见表5－5。

表5－5　资产偿债能力指标

一级指标	二级指标	指标特征
资产偿债	现金流动负债比	正向指标
	速动比率	正向指标
	资产负债比	逆向指标

现金流动负债比是指体育场馆非经营性资产运营活动现金流入减去运营活动现金流出之差与流动负债之比。如果现金流量为负数，则表明对单位负债的偿还完全无法依靠运营活动产生的现金流量，只能依靠部门内部自有资金的周转。

速动比率是指事业单位的速动资产占流动负债之比。与流动比率不同的是，速动比率剔除了存货的影响，在非经营性资产中，存货不用于生产经营，因此使用速动比率这一指标更加合适。

资产负债比反映总资产中有多大比例是通过负债取得的。通过资产负债比可以衡量现有资产对债权人利益的保障程度。一般资产负债比越低，负债越有保障，企业偿债能力越强。

(4) 资产发展。有关资产发展指标见表5－6。

表5－6　资产发展指标

一级指标	二级指标	指标特征
资产发展	人均拥有资产	正向指标
	资产积累率	正向指标
	单位支出形成资产率	正向指标

人均拥有资产是指体育场馆非经营性资产运营部门中职工（含在编职工以及长期聘用的合同制职工）人均拥有的资产数额。这一指标反映了体育场馆非经营性资产规模和发展实力。正常情况下，人均资产数额越高，表明非经营性资产越雄厚，具备更强的发展潜力。

资产积累率是指本年体育场馆非经营性资产部门的所有者权益增加额与本年初所有者权益的比率。这一指标反映了本期资产与上期资产相比的积累速度。

单位支出形成资产率是指体育场馆中非经营资产的运营单位每单位的事业支出形成的资产比率。事业支出按其用途分为两类：一是消费性支出，即不形成任何资产的支出，包括个人消费性支出和公务消费性支出，前者如用于职工工资、奖酬金、离退休人员支出等个人消费性支出；后者如办公、日常业务活动和公务活动等方面的消费性支出。二是支出形成了有形或无形资产的支出，包括新增实物资产存货和固定资产、对外投资和无形资产等。

3. 评价方法

针对以上评价指标主要有两种评价方法：一是定性评价，二是定量评价。

定性评价是不采用数学的方法，而是根据评价者对评价对象平时的表现、现实和状态或文献资料的观察和分析，直接对评价对象做出定性结论的价值判断。定性评价是利用专家的知识、经验和判断通过表决打分进行评审和比较的评价方法。这里采用定性评价方法评价资产安全性这一指标。将一级指标资产安全性下的 3 个二级指标的实现程度划分为最差、次差、一般、良好、最好 5 个等级。在评价过程中，二级指标可以根据体育场馆非经营性资本的运营情况再进行细分。定性评价指标表见表 5 –7。

表 5 –7　定性评价指标表

一级指标	二级指标	三级指标	评价等级				
			最差	次差	一般	良好	最好
资产安全性	资金预算来源 资金投入使用 资金使用效果						

对可以量化的指标，可以采用单项指标评价法对各项指标进行评价。单项指标评价法是直接用该企业单项指标的报告期数值与基准期数值对比，或用不同企业的同一指标实际数值对比得出相应的结论。它的特点是从某一方面反映企业的经营业绩，非常直观、明确，操作起来也比较简单，只要数据准确，排序是很简单的。

思考题

1. 体育场馆资产的类型有哪些?
2. 简单分析体育场馆经营性资产与非经营性资产的区别。
3. 体育场馆经营性资产的运营方式有哪些?
4. 体育场馆非经营性资产的运营方式有哪些?
5. 体育场馆经营性资产进行价值评价的内容主要有哪些?
6. 体育场馆非经营性资产绩效评价的指标有哪些?

第六章　体育场馆无形资产开发

本章教学提示

1. 掌握体育场馆无形资产的相关概念与分类。
2. 了解体育场馆无形资产开发的原则。
3. 理解体育场馆无形资产开发的程序。
4. 了解体育场馆无形资产开发的策略。

第一节　体育场馆无形资产的概念与分类

一、体育场馆无形资产的概念

无形资产是相对于有形资产而言的。无形资产是指依附在一定实物上，但不具有实物形态的非货币资产。它有狭义和广义两个方面的定义。狭义的无形资产是指通过企业财务报表、统计报表能直观地看到它的价值总量和消耗量，有可确指性的，能够独立存在和运行并计价和核算的资产，它包括商誉、专利权、非专利技术、商标权、著作权、土地使用权和特许经营权等。广义上的无形资产，除了包括上述狭义的无形资产外，还包括一些综合性、基础性、条件性资源要素，如企业形象、企业营销关系网络、企业文化、企业战略规划与政策等。

无形资产主要有以下几个特征：一是由企业拥有的或控制的，并能为企业带来经济效益的资源。二是不具有实物形态。三是具有可辨认性，它可以不依赖有形资产而独立发挥作用。四是属于非货币性资产。五是具有再生性，即使实物资产被毁掉后，企业仍可以凭借其无形资产重新白手起家等。六是具有垄断性，有些无形资产在法律制度的保护下，禁止非持有人无偿取得，或排斥他人非法竞争，如专利权、商标权等；有些无形资产的独占权虽不受法律保护，但只要能确保秘密不泄露于外界，实际上也能独占，如专有技术、秘诀等；还有些无形资产不能与企业整体分离，除非整个企业产权转让，否则别人无法获得，如商业信誉。七是具有不确定性，一方面，无形资产的有效期受技术进步和市场变化的影响很难准确确定；另一方面，有效期不稳定。

结合无形资产的定义，可以导出体育场馆无形资产的定义，体育场馆无形资产即指依附在体育场馆及其相关实体设施上的，不具有实物形态，并能持续为体育场馆所有者和经营者带来经济效益的资源。

同样地，体育场馆无形资产除具有无形资产的一般特征外，还有一些自身独有的特征，开发时必须定位准确。如与竞赛有高度的相关性特征，就要求我们在开发体育场馆无形资产时，必须归根于抓住体育赛事的特色；具有时效性特征，意味着超过了时限，体育场馆无形资产的商业价值就微乎其微了，这就要求无形资产开发者必须抓住每次开发的最佳时机，实现无形资产价值最大化。

二、体育场馆无形资产的分类

目前，我国体育场馆无形资产按性质大致可分为四类：资源型无形资产、知识型无形资产、权利型无形资产和经营型无形资产。具体分类如下：

（一）资源型无形资产

体育场馆资源型无形资产是指体育场馆自然存在的、依托于实物资产而形成的使用权、租赁权、处置权、收益权等相关资产，主要包括豪华包厢使用权、俱乐部座席使用权、永久性座席使用权、场馆租赁权、场馆使用权和处置权等。

下面对豪华包厢使用权、俱乐部座席使用权和永久性座席使用权进行详细的介绍。

1. 豪华包厢使用权

在欧美发达国家体育场馆无形资产开发经验中，豪华包厢使用权和冠名权，被认定为最核心的体育场馆无形资产。自20世纪80年代以来，豪华包厢使用权已经成为国外大型体育场馆的一大重要的无形资产开发项目。豪华包厢使用权一般是以套餐的形式出售的，除了拥有豪华包厢的使用权外，还会配套其他福利待遇，如高品质的食物和饮料、VIP停车服务、贵宾私人入口、俱乐部会员、大型赛事套票等。豪华包厢的设计不仅要考虑其专业化的跟踪式服务，如与附近的五星级大酒店合作，由酒店方负责所有中晚餐、酒水饮料、茶点和服务人员；还要考虑包厢的私密性，如专门配备单独入场通道和足够的隔音墙等，这些都让每个包厢相当于一个“小型社交圈”，贵宾在这个空间里可以充分享受时尚娱乐、休闲及商务的洽谈。

以美国安舒茨娱乐集团（AEG）下属的“家得宝体育中心”为例。2003年，“家得宝体育中心”开业，2013年6月1日更名为“斯塔克中心”。这座拥有27000个座位的主体育场是美国第二大体育场，专门为大联盟杯足球比赛而设计。“家得宝体育中心”也是洛杉矶银河队的主场，他们每年7月4日都会在此举行比赛。

“家得宝体育中心”致力于提升体育场馆的套房服务质量。套房包厢服务项目包括贵宾私人入口和停车场、星级酒店的餐食和服务、优质的观赛位置，除此之外，还有美国运通俱乐部的会员资格。众所周知，高端人士经常会举办宴会、聚餐等交际活动。“家得宝体育中心”的经营者正是意识到了这一点，与美国运通体育场俱乐部合作，“家得宝体育中心”为俱乐部引进高消费、高素质的顾客，俱乐部则给“家得宝体育中心”提供一个平台，使其在套房包厢使用权的销售中加入这一利好条件，一定程度上可以吸引高端人士购买套房包厢。拥有了一个专属稳定的私人俱乐部空间，包厢的使用者就可以在俱乐部里宴请客户，也可以和家人、朋友日常聚餐，充分满足高端人士各种聚会的要求。除此之外，还有一点也值得我国体育场馆在无形资产开发时借鉴。众所周知，美国的体育产业发达，各体育产业链完善且健全，职业联赛发达，因此，培养了一大批职业联赛的忠实粉丝。“家得宝体育中心”的经营者正是意识到了这一点，在套房包厢使用权里还加上了“体育商品折扣”一项，包厢会员可获得20%折扣优惠的“家得宝中心”洛杉矶以及其他南加州洛杉矶地区队的商品。这一利好项不仅吸引了职业联赛的忠实粉丝慕名而来，还增加了体育场馆的经营收入。

2017年，为了适应委托人的使用，体育场东侧第二甲板看台上的座位都被替换掉了，它们被搬到北侧并增加了1000个座位。在体育馆的东南角竖起了一个新的上层看台，上面有330个座位。此外，豪华套房也被重新装修，新座椅、社区餐桌等家具，以及硬木地板和新闻盒都进行了改造升级，第三排增加到主包厢。重新调整和装修后，包厢可以容纳35～53人。

由此可见，体育场馆无形资产是具有时效性的，必须随着时代和社会的发展和要求不断地更新，从而持续满足体育场馆无形资产使用者的需求。

2. 俱乐部座席使用权

虽然俱乐部座席使用权的收入并没有豪华包厢使用权的多，但它更适合中产阶级的体育爱好者，因此也备受国外发达国家体育场馆经营者的关注。俱乐部的座席一般位于私人座席的下方，拥有较好的视野。除此之外，俱乐部座席还会提供其他的福利，如专业化的服务、优先购买季后赛门票的待遇、VIP停车位等。

以2000年悉尼奥运会主体育场为例。体育场馆的经营者向社会发行34 400个“黄金会员”座席，单价1万澳元，发行“白金会员”席位600个，单价3.4万澳元。这些黄金会员和白金会员，不仅可以参加2000年奥运会的开、闭幕式，还可以获得额外的优惠条件，如白金会员资格有效期为32年，有固定的包厢；如果今后在该体育场馆举办体育赛事（奥运会、世界杯足球赛等顶级赛事除外），白金会员还可以获得两张免费的门票，黄金会员则保证可以购买到每场比赛的门票，有专门的休息室。同样地，由于西方发达国家的体育氛围较为浓厚，为体育赛事培养了一大批忠实的体育粉丝，这些都让体育场馆的经营者有可以开发体育场馆固定包厢和座位席的机会。美国四大职业联赛建设的体育场馆也采取了相应的提前出售座位席的措施。

3. 永久性座席使用权

永久性座席使用权是体育场馆经营者在体育场馆建设完工之前就已经售出的，体育场馆经营者根据市场行情、周边球迷数量、赛事影响力等因素，确定数量、位置、价格不同的永久性座席使用权。以休斯敦的瑞兰特体育场为例，体育场馆经营者对场馆内的永久性座席使用权进行了如下定位和设置：

（1）一次性购买永久性座席使用权的费用为600～3 900美元（平均费为1 925美元），视座位位置而定；

（2）购买者永久性拥有对所购座位席的控制权，他们可以随时向任何人转让或出售永久性座席使用权；

（3）支持三年期免息付款计划；

（4）帮助新体育场培养可能的球迷等。

众所周知，美国的体育联赛发达，其中四大联赛（橄榄球、棒球、篮球、冰球）更是被世人所熟知。美国的职业橄榄球赛是四大联赛中体育粉丝最多的，也是收益率最高的联赛。因此，不少体育场馆都会与各NFL球队签署合作协议，将该体育场馆作为该支NFL球队的主场，由该支橄榄球队负责该体育场馆的运营。图6－1为各个NFL体育场及其开发的永久性座席使用权的具体情况。

（二）知识型无形资产

知识型无形资产是指人类智力发明创造的成果在一定条件下形成的资产。体育场馆知识型无形资产主要包括场馆名称、徽记、标识使用权；场馆外观设计；场馆的核心经营技术等。

这里就体育场馆名称使用权和场馆外观设计进行详细的介绍。

1. 体育场馆名称使用权

体育场馆名称是一个体育场馆在没有获得冠名权之前的名字。它是体育场馆的一个标识，社会大众对一个场馆的认知，首先是从这个体育场馆的名称开始的。虽然它不是体育场馆最本质的东西，但是通过名称却能反映出该体育场馆组织所肩负的职能、所处的地位，如五棵松体育馆，即2011年万事达卡冠名五棵松体育中心，冠名后更名为“万事达中心”。在未冠名前，大众一看五棵松篮球馆就知道它是一家位于北京五棵松的篮球馆。

在建设伊始，这个体育场馆就已经设计好了，其名称应本着“简约、明了、令人印象深刻”等标签进行设计，需要凸显这个体育场馆的核心定位，让社会大众一看便明了。另外，体育场馆名称既然是一个体育场馆的标识，就应当避免过于频繁地变动，否则既不利于大众的熟识，也不便于媒体宣传。

2. 体育场馆外观设计

体育场馆除了是大众参与体育活动的公共场所，它还是一个城市、一个地区的标志性建筑。因此，体育场馆的外观设计必须秉承“美观、大气、能体现城市文化魅力”等特征。体育场馆进行建造方案设计时，场馆设计师应确保每一个场馆在保证功能性的同时，还要更多地融入当地城市文化，体现时代潮流理念和发达的科技。以美国洛杉矶的斯台普斯中心为例，斯台普斯中心位于美国加利福尼亚州洛杉矶市中心，毗邻 L. A. Live 开发区，坐落于菲格罗亚街上的洛杉矶会议中心建筑物群旁。斯台普斯中心由洛杉矶体育馆公司（L. A. Arena Company）与安舒茨娱乐集团（AEG）营运。而现在它不仅仅是作为体育职业联赛聚集的体育场馆，更是成为洛杉矶当地的地标性建筑——著名的旅游景点之一。斯台普斯看上去有些像外太空的建筑，而且洛杉矶的夜空总是能给球馆打上好莱坞的印迹。由于场馆外观引人瞩目，大部分来当地旅游的人会在斯台普斯中心门前合影留念。

（三）权利型无形资产

体育场馆权利型无形资产是我国体育场馆无形资产的基础，它主要包括场馆冠名权、特许经营权、商业赞助开发权、广告开发权、场馆形象权（图形、录像、照片）等。

这里就体育场馆冠名权、特许经营权和广告开发权进行详细的介绍。

1. 体育场馆冠名权

上文曾提到，以冠名权和豪华包厢使用权为代表的无形资产开发收入是国外体育场馆最主要的收入渠道。体育场馆冠名权开发是指体育场馆经营者将具有社会认知性的体育建筑物、设施名称进行有偿转让，并为冠名企业提供有形的经济利益和无形的社会效益的过程。开发大型体育场馆冠名权是一个实现多方共赢的过程：在这个信息变换快速的时代，企业需要用一个速记符号来让大众迅速且持续地记住它，这就可以通过冠名体育场馆，或通过与体育场馆所有者协商达成一定年限的合作，让大众持续注意到冠名企业的品牌，从而提升冠名企业的品牌形象和知名度。

同时，随着冠名权的发展，冠名权协议已经从原有的一维标识协议，变为多维、打包式的综合协议。如为冠名企业提供款待其重要客户的豪华包厢成为冠名权交易协议中一项基本条款。除此之外，冠名企业能获得的权利还有很多，如每年可以在场馆内开展览会和组织企业内部员工活动、获得赛事门票、制造销售相关特许商品、在体育场馆内展示和宣传冠名企业标识等一系列权利。

由于国外发达国家体育产业链齐全且完善，体育场馆冠名权发展较早且日渐成熟，曾一度出现“体育场馆建设之初就已有企业要求冠名”的现象，德国慕尼黑安联球场就是这样一个案例。德国慕尼黑安联球场是由慕尼黑 1860 队和德国最成功的俱乐部拜仁慕尼黑队联合出资于 2005 年建造。体育场的表面由透明的菱形膜结构构成，在阳光下闪烁着微光，有种魔幻的视觉效果。而在夜间，它可以由灯光打出红蓝两色（拜仁慕尼黑队与慕尼黑 1860 队的颜色）。安联球场是全球第一家由赞助商——德国安联保险集团冠名的体育场。安联球场无论从经营、销售、宣传等众多方面来说，都是现代化市场运营的场馆之一。德国慕尼黑安联球场不仅在建设初期就获取了盈利，同时场地的建设者在设计阶段就将体育冠名的商业模式引入它的体育场馆之中，有利于使整个球场运营更符合市场化运作模式，也有利于冠名赞助商实行其冠名权益，可谓是两方共赢的结果。德国慕尼黑安联球场如图 6 – 1 所示。

图 6 – 1　德国慕尼黑安联球场

2. 体育场馆特许经营权

体育场馆特许经营又称特许权、专营权，是指通过支付相应费用，获得在体育场馆区域内享有经营和销售体育产品以及服务的特许经营的权利，包括餐饮销售、产品展示、招待活动、广告经营等。体育场馆特许经营权是最为活跃、盈利最显著的一类无形资产。

目前，体育场馆特许经营权常与冠名权等无形资产结合，打包进行销售，以增强对冠名企业的吸引力。上文也曾提到，冠名企业除了能获得体育场馆的冠名外，还会配套获得许多其他权利，制造和销售相关特许商品就是其中一项附加权利。当体育场馆足够知名后，场馆本身可以利用其自身的知名度和粉丝忠诚度，开发相应的特许商品，如吉祥玩偶、马克杯、T 恤衫等特许商品。这样不仅可以获得一定的利润，又可以提升该体育场馆的服务品质。例如，我国国家体育场，场馆经营者利用场馆独具风格的外形设计，制作了一系列深受大众喜欢的特许商品。2022 年北京冬奥会，“鸟巢”也将作为北京赛区的重要场馆，“鸟巢”的经营者又利用这次机会，也为了纪念其建成十周年，于 2018 年制作了一批精美的冬奥会特许商品和十周年纪念品，并在馆内开了首家北京冬奥会特许商品零售店。“鸟巢”建成十周年纪念币如图 6 – 2 所示，冬奥会特许商品零售店如图 6 – 3 所示。

图 6 – 2　“鸟巢”建成十周年纪念币

图 6 – 3　冬奥会特许商品零售店

3. 体育场馆广告开发权

体育场馆广告开发权指的是体育场馆经营者有权利向外招募有关企业，企业利用一定媒介或形式，如展板、电子屏幕等，发布各类广告，利用其他形式发布带有广告性质的信息经营活动。许多时候，体育场馆的所有者和经营者都会忽略这一方面的无形资产开发。在这一方面，以美国为代表的发达国家已经开发得比较完善了。以美国麦迪逊广场花园为例，麦迪逊广场花园位于美国最大的火车站之一——宾夕法尼亚车站上面，许多乘坐火车来纽约的外地游客，第一眼看到的就是麦迪逊广场花园，其因此名声大振。麦迪逊广场花园是美国职业篮球联赛（NBA）的纽约尼克斯队和北美职业冰球联赛（NHL）的纽约游骑兵队的主场。除了冠名权和豪华包厢使用权等主要体育场馆无形资产开发外，花园还对场馆内的各种空间都进行了充分的开发和利用。如在通往球场的过道上，展示各种赞助商广告；在球场内的电子屏幕和观众席区的电子显示屏上也会滑动播放赞助商的广告。除此之外，比赛的门票背面还会印刷当地一家知名快餐店的广告。可以说，麦迪逊广场花园的运营者充分利用了一切可以想象到的空间，最大化地满足赞助商的权益，这样不仅可以加强与消费者之间的互动交流，更可以使赞助商觉得这次赞助是有回报的、有价值的，从而会加大赞助合同续签的可能性。

（四）经营型无形资产

体育场馆经营型无形资产是指市场营销活动中形成的与经营活动相关的构成经营环境的资产。经营型无形资产主要包括经营企业的管理模式、营销关系网、商业秘密、经营管理方法、公共活动机会、商品销售、展示、演示机会等。

1. 体育场馆经营企业的管理模式

体育场馆经营企业的管理模式是指体育场馆经营企业为实现其经营目标组织资源、经营生产活动的基本框架和方式。企业主要的管理模式包括自主经营、共同经营和外包三种。

同样以NBA竞赛场馆为例，NBA竞赛场馆的运营企业主要有三种情况：一是NBA球队独自运营或其他联盟球队独自运营；二是NBA球队与其他联盟球队共同运营；三是专业体育场馆管理公司运营。这三者在长期的市场活动中，已经建立起了较为稳定的供应系统、销售系统和顾客关系系统，这些系统又构成了更完整的运营链，形成了覆盖全部经营行为的网络。

2. 体育场馆经营企业的商业秘密

体育场馆经营企业的商业秘密，指的是不为公众所知悉、能为体育场馆经营企业权利人带来经济利益，具有实用性并经体育场馆经营企业权利人采取保密措施的技术信息和经营信息。体育场馆经营企业的商业秘密是体育场馆经营企业的财产权利，它关乎该企业的竞争力，对企业的发展至关重要，有的甚至直接影响到企业的生存。体育场馆经营企业的商业秘密通常包括客户名单、公司文件、财务报表、公司重大决策、企业档案、有情报价值的商业信函等。

这就要求我国体育场馆经营企业要时刻保持商业保密的警惕性，建立维护场馆商业机密的保护体系，并与企业中各层级的管理者和员工签署保密协议，尽最大可能地保护企业的核心商业秘密不被泄露，保证自身的合理权益不受侵害，维护企业的竞争力和利益。

第二节　体育场馆无形资产开发的基本原则

体育场馆无形资产开发除了要遵守市场原则外，还必须根据无形资产的一般特征和体育场馆无形资产的独有特征进行开发。体育场馆无形资产在开发时，一是必须注重开发的实效性；二是必须对自身进行准确的定位，同时引进的无形资产赞助商必须与已有赛事高度相关；三是注重体育场馆无形资产的综合开发；四是处理好合作方与观众等利益相关者的关系，在保证自身盈利性的同时，避免场馆过度商业开发，造成观众的观赛反感等。

一、必须重视体育场馆无形资产开发的时效性

体育场馆无形资产具有时效性，这个时效性既体现在使用的特定时限，又体现在合同规定期限。无论是二者中的哪一种，只要超过了时限，体育场馆无形资产的开发价值就会大打折扣甚至微乎其微了。这就要求体育场馆无形资产开发者必须抓住每次开发的最佳时机，前期做好充分准备，实现无形资产价值最大化。

以体育场馆的冠名权为例。目前，我国一般情况下的体育场馆冠名权期限为3～5年，

期限较短，也就要求无论是体育场馆经营者还是冠名企业，都必须抓住这仅有的3~5年，实现体育场馆的冠名权效益最大化和合作双方利益最大化。2011年万事达卡和五棵松体育馆业主华熙集团签订冠名权合作协议。双方紧密合作，凭借着五棵松体育馆在篮球方面的优势，大力将国内顶级篮球赛事揽入囊中，成为国内举办篮球比赛的首选场馆。

二、必须重视体育场馆无形资产与赛事的高度相关性

从体育产业的分类来看，体育赛事是体育产业的核心，体育场馆建造业、体育培训业等都是体育产业的副产业，都必须依托于体育赛事发展。如以冠名权、会徽等为标志的特许经营权等，这些无形资产都是与体育赛事直接相关的。因此要求我们在开发体育场馆无形资产时，必须归根于抓住主场赛事的特色，根据赛事本身挖掘其可开发的无形资产价值。

目前在我国寻找到体育场馆的冠名赞助商不难，难的是冠名商权益的实现。现在存在的情况是，体育场馆经营者仅仅在场馆冠名方面给予冠名企业权益，而简单的冠名并不能给冠名企业带来过多的市场影响力和市场效益。所以，不少冠名企业与体育场馆经营者合作时间并不长，很少出现续签合同的情况。有“CBA第一馆”之称的东莞篮球中心（现冠名为“东风日产文体中心”）在赞助商权益维护方面下了一定的功夫。东风日产作为东莞篮球中心的冠名企业，其冠名商权益得到体育场馆很好的回报——东风日产不仅在场馆冠名上得到了权益回报，而且场馆方还在内容上和赛事上都体现了东风日产的赞助，间接地提升了东风日产的品牌价值。对演出方和赛事方来说，这样不但降低了成本，还打开了市场。

三、必须对自身进行准确的定位

体育场馆无形资产开发时要定位合理，如果有能力，要进行必要的、科学的契合度分析。以体育场馆冠名为例，历史上有许多体育场馆在开发冠名权时，因为没有找到与自身相匹配的赞助冠名商，导致冠名效果不理想。如果冠名企业的品牌形象不佳，或是与体育场馆的契合度不高，其冠名合作是没有意义的，既不利于冠名企业树立很好的品牌形象、提高知名度，也不利于体育场馆获得长期、持续的冠名利润。

2017年11月5日，五棵松体育馆再次更名，未来5年将命名为“凯迪拉克中心”。作为第三次更换场馆冠名，凯迪拉克有关负责人表示，五棵松体育馆与凯迪拉克倡导“胆识、格调、创新”的品牌主张相契合，这是凯迪拉克选择冠名五棵松体育馆的原因所在。

四、各种体育场馆无形资产综合开发

目前，我国体育场馆无形资产开发主要是以冠名权为代表的权利型体育场馆无形资产开发为主。但从国际上看，以美国为代表的发达国家是遵循“多种体育场馆无形资产综合

利用开发”原则的，相比于冠名权的开发，它们更侧重于以豪华包厢使用权为代表的资源型体育场馆无形资产开发。如前文提到的“家得宝体育中心”，体育场馆经营者在冠名权、豪华包厢使用权、俱乐部座席使用权等多项主要体育场馆无形资产方面均有重点地开发，从而整个体育场馆在无形资产运作方面优于其他体育场馆。

五、必须注重体育场馆赞助的合作互利性

这里的体育场馆赞助主要指的是体育场馆冠名权和商业赞助开发权等权利型体育场馆无形资产。体育场馆冠名权强调的是多方参与、多方合作互利共赢的理念。这就要求体育场馆经营者要时刻注意冠名企业或赞助企业权利的体现。如上文提到的麦迪逊广场花园，花园的经营者会在通往球场的走廊上展示各种赞助商的广告；在球场内的电子屏幕和观众席区的电子显示屏上也会滚动播放赞助商的广告；比赛的门票背面会印刷当地一家知名快餐店的广告等。这些措施都是在最大限度地满足和保证赞助商的权益，使体育场馆赞助行为取得互利共赢的结果。

六、必须注意体育场馆无形资产开发的度

积极开发体育场馆无形资产，不仅有利于最大限度地实现体育场馆的商业价值，也有利于积累稳定的客流量，保证体育场馆的使用率。但不能过度开发体育场馆的无形资产，否则会适得其反。如果电子大屏幕上总出现赞助商的 Logo，也会在一定程度上影响观众观看比赛的效果，从而引起观众的不满。

七、注重体育场馆无形资产开发的创意性

体育市场是随时更新变换的，这就要求体育场馆经营者在开发体育场馆无形资产时，要保持创新、与时俱进的思维。因为体育场馆无形资产的开发涉及商业、体育、艺术、传媒、建筑、文化等多个方面，同时也需要和多个利益相关者进行协商沟通，必须随时留意市场的变化更新，才有益于提供最先进、最新颖的开发方案。五棵松体育馆在我国体育场馆业界内可称为学习的楷模。五棵松体育馆的成功不仅在于三次成功冠名给它带来的盈利，还在于五棵松体育馆的经营者华熙集团在场馆管理方面敢为人先、锐意进取的创新精神。经过华熙集团 12 年的经营和开发，五棵松体育馆拥有五个第一：第一个民营投建的奥运场馆；第一个获得商业冠名的奥运场馆；第一个采用市场化运作的大型场馆；第一个同时承接职业篮球和职业冰球赛事的场馆；第一个承接夏季奥运会和冬季奥运会的“双奥运”场馆。

第三节　体育场馆无形资产开发的基本思路

每个体育场馆都处于不同的发展阶段，面对不同的具体情况，会有不同的体育场馆无形资产开发步骤。但一般情况下，体育场馆无形资产开发的基本思路包括：人员组织及评审→市场调查→资产评估及选择→制定切实可行的方案→采取合适的开发模式。

一、人员组织及评审

体育场馆无形资产开发的人员组成是整个体育场馆无形资产开发的首要步骤，也是打好基础的开端。

首先，开发成员必须由拥有体育产业相关专业知识并有实战经验的专业人士组成，同时这些组成成员也必须拥有敏锐的市场观察能力和调查技能。另外，由于无形资产具有不确定性，所以要求开发人员要有一定的风险意识，因此，预测学及不确定性分析也是其必备的知识。

其次，体育场馆无形资产开发的成员不仅要掌握好必要的专业开发技能，更要充分意识到体育场馆无形资产对整个体育场馆长期可持续发展和运营的重要性。只有从心底肯定体育场馆无形资产的重要地位，才能更好地运用专业技能将该体育场馆的无形资产充分开发和利用。

最后，必须保证该无形资产评估机构及有关人员与该体育场馆经营者无利害关系，即双方的独立性。倘若双方存在一些现实的或潜在的利害关系，将会严重影响整个体育场馆无形资产开发的进度、质量和最终效果等。

对聘请的从事体育场馆无形资产开发的有关机构公司和人员的评审考核，应由该体育场馆经营者的人力资源部门出面负责。由人力资源部门负责人牵头，并聘请体育场馆业内著名的专家学者组成评审考核小组，制定适用于该体育场馆具体实际情况的评分考核体系，以供对聘请的第三方专业开发机构及其人员进行评审考核。

二、体育场馆无形资产市场调查

审核通过的体育场馆无形资产开发机构针对该体育场馆现状和场馆的长远愿景设计有关调查问卷的题项。首先，整体把握场馆的长远愿景和近期的发展目标，根据实际情况列出相关的维度。其次，根据每个维度，依次设定相对应的指标问题及选项；同时，每个指标在设置上应有程度上的差别，并且避免重复啰唆。最后，将问卷设计完后，先在小范围内进行问卷预发放，通过预发放的实际结果对问卷条目进行切实的更改。

派有关人员将成形的最终问卷通过实地走访等手段发放，获取现实市场信息和该体育场馆周边的情形和需求，从而结合现实数据分析，预测该体育场馆周边的未来消费情况以及未来可开发的商业价值。该体育场馆无形资产开发环节必须保证数据信息确凿可信；如有必要，可以通过统计学有关分析方法，对收集到的现实数据进行信效度检验和相关性分析等。

三、体育场馆无形资产评估及选择

体育场馆无形资产内容种类丰富，面对多种多样的体育场馆无形资产，体育场馆经营者需要根据场馆的切实需要进行相应的无形资产开发。并不是所有的体育场馆无形资产都适合每一个场馆的发展，也不是盈利性最强的无形资产就适合该体育场馆目前阶段的开发。因为体育场馆无形资产具有时效性，并且无形资产时间更替快，因此，需要开发者在每个阶段都结合和预测宏观环境、市场经济环境，选择符合该场馆现阶段发展的无形资产进行开发。

无形资产评估的本质是对其获利能力的评估，体育场馆无形资产评估的目的同样也是如此。刘德运等编著的《无形资产评估》一书对无形资产评估做出了这样的表述：无形资产评估就是由具备特定资格的机构和人员接受委托对无形资产在某一特定时间点的价值进行评定估算并得出结论的过程。

对体育场馆无形资产评估首先需要对该体育场馆需开发的无形资产进行鉴定。

第一，要确定该场馆中是否存在需开发的无形资产，若存在，则需要通过参考国内有关无形资产评估的规范和准则，对这些待开发的无形资产进行考核——它们的来源是否合法，产权是否明确，经济行为是否合法、有效等。

第二，要鉴别体育场馆无形资产的种类。因为随着市场的发展，目前有些无形资产已经由多项无形资产综合构成。上文也曾提到，目前体育场馆无形资产开发存在这样一种现象：随着冠名权的发展，冠名权协议已经从原有的一维标识协议变为多维、链条式的综合协议。为了增加合作项目对冠名企业的吸引力，体育场馆的经营者除了会将场馆的冠名权出售给冠名企业，还会将一定的豪华包厢使用权和特许经营权等无形资产作为附加产品配套打包给冠名企业。因此，在无形资产评估时，应加以确认和分离，避免重复评估和漏评估。

对体育场馆无形资产鉴别完成后，就需要采取相对应的评估方法对每项体育场馆无形资产进行价值评估。目前，我国常用的无形资产评估方法有三种：收益法、成本法、市场法。但是由于无形资产的成本与效用的非对称性，一般情况下，评估专家多采用收益法进行无形资产的价值评估。收益法是指以被评估资产在未来剩余经济寿命期限内所获取的收益，按评估基准日的折现值转换为评估资产价值的一种资产评估方法。在使用收益法评估时，要注意合理确定无形资产的超额获利能力和预期收益，分析与之相关的预期变动、收益期限、与收益相关的资金规模、配套资产、风险因素等。经过一系列的计算评估，最终形成有关无形资产评估的报告，以此指导之后体育场馆无形资产开发的方案。

四、结合市场需求策划与制订切实可行的方案

制订方案是体育场馆无形资产开发实质性的一步。因此，通过前期的调查、分析、评估等一系列的措施后，在真正制订开发方案时，必须做到与市场现实需求相结合，从满足社会大众需求和自身盈利两者相对平衡的角度出发，制订切实可行的体育场馆无形资产开发方案。同时，也需要对自身进行准确的定位。在制订方案时，不能过于勉强，只注重体育场馆无形资产高额的盈利回报率，忽视自身所能承受的运营能力。不是所有的体育场馆无形资产开发类型都适合每一个场馆，必须通过对自身进行客观科学的剖析，才能制订出适合自己的开发方案。

制订体育场馆无形资产开发方案的步骤为：第一，对选择开发的体育场馆无形资产进行可行性分析，运用SWOT、PEST等模型从理论知识上判定各个待开发的无形资产的可行性和开发利弊。第二，根据开发利弊和现阶段场馆实际需求情况，对待开发的无形资产按轻重缓急程度进行开发顺序的设置，如场馆冠名权和永久性座席使用权等资金流大的无形资产可以放在优先位置进行开发，以保证体育场馆在建设前期就拥有大量的稳定资金流，缓解体育场馆经营者的资金压力，提高今后进一步经营场馆的积极性。第三，待开发的主次无形资产确认后，根据每个无形资产的性质，招募与场馆方理念相一致的合作企业。经过谈判和协商，确定有关合作协议。第四，将有关场馆无形资产开发的举措按协议落地实施。

五、最终采取合适的开发模式

目前，我国综合性大型体育场馆无形资产开发所采用的模式主要有三种：单独开发、合作开发、委托开发。单独开发主要是指场馆开设一个下属的市场部门，投入资金、组织技术力量进行场馆无形资产开发。这种模式的无形资产开发由场馆自主决定利益的分配和权益的归属。它对场馆无形资产的保护与增值具有积极的意义。合作开发是指场馆由一个以上的企业或个人共同投资、共同参与场馆无形资产开发。委托开发就是将场馆无形资产委托给受托方，按照预先规定的合同进行开发、经营管理。三者相比，单独开发的自主性更强，收益也更高，但风险也相对较高；合作开发则有利于分担风险，并可能引入更有创意的思想和开发方案；委托开发是最省力、省心的，但不利于场馆无形资产的保护。

无论使用哪一种开发模式都必须考虑以下几个问题：第一，就是选择该种开发模式是否会影响体育场馆作为公共产品或准公共产品的本质属性，因为体育场馆作为国家为社会大众提供公共服务的场馆设施，其必须是以社会大众的公共需求为首要目的，其次考虑的才是体育场馆是否能盈利。第二，无论采用哪种开发模式，该体育场馆必须与赛事具有高度相关性，必须是以体育赛事为主导产业的，娱乐演唱会、展会等其他盈利性活动应是配合体育赛事来综合开发体育场馆的行为；第三，无论采取哪种开发模式，都必须对体育场馆无形资产有一个科学专业的了解，充分掌握理论基础，必须归根于体育场馆无形资产开

发的基本原则进行指导开发，从而有依据、有规范地对体育场馆无形资产进行科学充分的开发。

第四节　体育场馆无形资产开发策略

体育场馆无形资产已经成为大型体育场馆资金来源的主要方面。但无论是在无形资产开发的数量上还是质量上，目前我国的体育场馆无形资产开发现状与国外发达国家相比仍存在极大的差距。体育场馆无形资产的价值具有时限性，一旦超过时效没有开发完全，该无形资产将不再具有价值。因此，仍需要以下开发策略指导体育场馆无形资产的现实开发。

一、重视体育场馆的选址、大小和活动质量

体育场馆在选址和建成后引入的活动质量关乎该体育场馆无形资产的开发效率。第一，体育场馆在建设时，要考虑其周围的经济、交通、人口、文化等要素。选址科学的体育场馆一定是位于人口数量大、易于聚集及交通便利处，周围配有发达的商业群，这对于吸引体育粉丝来体育场馆内观赛具有促进作用；第二，体育场馆的大小决定了以后能引入多大规模的赛事和演唱会等活动，大型和中型体育场馆拥有足够的承载能力，肯定会为日后场馆无形资产的开发添砖加瓦。第三，有了这些硬性的条件，如果能引进高质量、高人气的赛事和演唱会等活动，则更有利于高质量地开发该体育场馆内的所有无形资产，从而使得该体育场馆无形资产效益最大化。

以中国国家体育场——“鸟巢”为例，首先，“鸟巢”位于北京奥林匹克公园中心区南部，北四环中路以北，交通便利，地铁、驾车均可到达，体育场馆园区内配有充足的停车场；附近建有新奥购物中心商场，可供游客们吃、喝、娱乐休闲使用。其次，“鸟巢”在设计建设上属于大型体育场馆，其占地面积达到20.4万平方米，内含固定座席80 000个、临时座位数11 000个；赛后通过改造，包厢的数量为140个；设有餐厅、运动员休息室、更衣室等设施，拥有足够的承载能力。最后，因为拥有足够大的承载能力，且在承办了2008年北京奥运会后，影响力大大提升，为其带来了优质赛事和演唱会等娱乐活动资源，如沸雪北京世界单板滑雪赛、意大利超级杯足球赛、2017年英雄联盟全球总决赛、五月天万人演唱会等。因此，“鸟巢”的无形资产得到大幅度开发，豪华包厢使用权、商标权、特许商品开发权、广告权等，都为“鸟巢”带来了巨大的无形资产价值。

二、以客户价值最大化为开发策略的核心

体育场馆内的客户有两种：一是冠名赞助商为代表的合作企业，二是观赛的体育参与

者。以美国为代表的发达国家的体育场馆经营者在开发场馆内的无形资产时，不仅在冠名权、豪华包厢权等盈利回报能力较强的无形资产上下功夫，而且还十分注重广告开发权、特许经营权等无形资产的开发，用于作为回馈冠名企业的一种服务性利好行为。他们并不一味地只满足自己场馆的盈利性需求，而是试图通过合理的回馈赞助企业，使得双方形成一个长期稳定的互惠互利的平等关系，从而在一定程度上提高冠名企业参与的积极性，保证了赞助企业续签合约。

同时，在充分满足赞助企业的合作利益时，也必须考虑到观赛者的体验感。如果一味地将对赞助商的利益回报融进体育场馆中、融进体育比赛中，会极大地影响体育爱好者们现场观赛的效果，从而造成他们对场馆的厌恶感，减少观赛次数。因此，对于到场观赛的忠实体育爱好者们来说，打造一个轻松、便利、人性化的观赛效果是非常重要的。

三、与时俱进，提高体育场馆无形资产开发的创新性

目前，我国体育场馆无形资产开发仍处于学习模仿阶段：国内著名大型体育场馆向国外发达国家的国家化体育场馆品牌学习，国内中、小型体育场馆学习模仿国内著名大型体育场馆。但是，一味地照搬照抄他人优秀经验，并不一定能获得同样的成功。国内的体育场馆需要在吸取他人经验的同时，制订真正符合自身现实情况的体育场馆无形资产开发方案。

近年来，“互联网＋”理念在我国各大产业内先后盛行，微信公众号、微博、直播客户端等线上手段成为“互联网＋”背景下主流媒体的宣传与合作方式。五棵松体育中心的经营者——华熙集团建立并推广其自有的“华熙 Live”客户端，并通过微博、微信公众号等线上的宣传推广活动，使得五棵松体育中心的品牌效益得到大幅度提升。华熙集团成功打造以专业篮球为主，配以群众性文化体育设施和商业服务设施等体育文化娱乐的“智慧场馆”群，为其带来了极具影响力的品牌效应与人流量，成功吸引了更多商家进入五棵松商圈，从而进一步推动五棵松体育中心场馆群无形资产的多维度开发利用。

随着五棵松体育中心及其商圈的高速发展，以及“华熙 Live”知名度的提升，不少广告商机出现。如在“华熙 Live”手机客户端中会出现青岛啤酒的赞助广告，一定程度上促进了体育场馆无形资产中广告权的开发和利用。同时，为了提高赛事的服务性，也为了满足五棵松体育中心的体育爱好者的观赛需求，华熙集团在“华熙 Live”手机客户端中开发设置了停车场在线预订并缴费的功能。这也在一定程度上刺激五棵松商圈内的商户与“华熙 Live”进行线上推广合作。

四、重视体育场馆无形资产开发人员的专业素养

人力资源是促进体育场馆无形资产开发与管理的关键。体育场馆无形资产的开发在前期就需要由该体育场馆经营者的人力资源部门相关负责人牵头组织有关开发人员，并且为了保证开发质量，开发人员必须具备有关专业知识。除了基本的体育场馆运营知识，还需

对无形资产法律、法规等有细致的了解；由于体育场馆无形资产未来收益变化不定，还需要专业人员掌握预测学和风险分析等相关的知识；同时需有较强的应变能力和综合运用知识的能力，还需有一定的实践经验。可以看出，体育场馆无形资产开发对其开发人员要求极高，同时体育场馆无形资产开发人员的专业素养在一定程度上对场馆无形资产开发的效益起到至关重要的作用。倘若开发人员因专业素养不够，忽略了重要的体育场馆资源，那对整个体育场馆的价值增值会有极大的损害。

五、形成“以冠名权、豪华包厢权为主，多种无形资产共同开发”的开发模式

国外发达国家已经充分肯定了冠名权和豪华包厢权对整个体育场馆无形资产开发的重要性，但是国外对体育场馆无形资产的开发不仅限于这二者，而是形成了以冠名权、豪华包厢权为主，搭配其他多种体育场馆无形资产资源共同开发的格局。以美国为例，由于美国已经形成了一定规模的体育粉丝经济，所以美国的体育场馆在一开始就会以开发豪华包厢权和俱乐部座席为首要举措，然后是通过场馆冠名权的开发增加该体育场馆的收入、缓解前期建设投资的债务压力，接着就会开发特许经营权、场馆内外的广告权、专有技术、商誉等体育场馆无形资产，从而形成良好循环的体育场馆无形资产盈利模式。

目前，我国体育场馆的无形资产开发类型主要集中在冠名权、特许经营权和广告开发权，对豪华包厢权、永久性座席权等的开发还不够重视。但是，就算着重于冠名权的开发，体育场馆经营者的冠名权开发也仅限于对体育场馆冠名权的开发，而忽视了对体育场馆二、三级冠名权的开发，如豪华包厢、俱乐部座位席等地方冠名权的开发。同时，虽然借鉴了国外知名体育场馆的无形资产开发经验——对豪华包厢进行了一定程度上的开发，但是也仅限于提升包厢的设计功能和服务功能，实际包厢的销售量却不尽如人意。以我国著名的东莞篮球中心为例，东莞篮球中心目前拥有 98 个包厢，但在每场活动期间仅销售出 5 间包厢，其中还包括了对冠名赞助商的回报性包厢。除此之外，东莞篮球中心的商业配套服务也不充分，在观众席二层通道处有少量餐饮方面的商家入驻，如肯德基等，其他娱乐性的商家较少，除了满足活动期间的餐饮外，没有其他吸引体育参与者消费的方式。

六、完善体育场馆无形资产评估体系

我国在无形资产评估的理论研究和实践操作上都已经形成一定的体系，但还存在体系建设不健全、行业划分模糊、统一标准缺乏、评估程序复杂等问题。整个无形资产体系都有待健全和完善。同时，目前我国关于体育场馆无形资产评估的专门理论研究还不够多，对有关体育场馆无形资产的评估实践操作也是有关人员模仿和参考其他行业的，没有形成专业的、科学规范的自有评估体系。因此，专业上的契合程度较差。业内专家和体育场馆经营者已经意识到了体育场馆无形资产的重要性，也肯定了无形资产评估的重要保障作用。所以，应加紧推动体育场馆自有无形资产评估体系的建立，为体育场馆无形资产保驾护航。

当前必须在遵守“四个程序、四个原则、三种方法、两个标准”的前提下建立科学的体育场馆评估体系。“四个程序”是指评估程序的制定过程中，既要严格遵照“评估申请、资产核对、价值定量、审查确认”的程序，又要在评估的过程中简化各个环节的具体程序，做到评估严格的同时提高评估效率。“四个原则”是指体育场馆无形资产评估的过程中必须坚守“实事求是、科学合理、公平公正、独立评估”基本原则。体育场馆无形资产所有者在申报资产评估的过程中必须以实际情况为依据，第三方资产评估机构也必须做到独立性，评估出的有关资产数据也必须保证真实有效。“三种方法”是指资产的价值定量可以“市场法、成本法、收益法”为依据，虽然上文提到由于无形资产的成本与效用的非对称性，一般情况下，我国无形资产评估专家多采用收益法进行无形资产的价值评估，但是在不同实际情况时，要根据案例本身特征采取与之相适应的评估方法。“两个标准”是指资产评估必须遵守“价格统一、内容统一”的标准，价格统一是指同一资产的评估价值应该相同，内容统一是指同一种资产应该设定统一的标准进行评估。只有建设符合“四个程序、四个原则、三种方法、两个标准”的资产评估体系，才能实现我国体育场馆无形资产的持续健康发展。

七、与国家级或当地知名单项运动协会或社团进行深度合作

国家级的单项运动协会和当地著名的单项运动社团都有日常集体培训、锻炼的需求。因此通过与它们达成深度的合作协议，可以为它们在工作日时间提供价格相对低廉，场地足够宽阔、服务态度和质量足够优质的集体训练场地。这么做，既可以保证工作日时间里该体育场馆的场地资源得到充分利用；同时，通过与国家级单项运动协会和当地知名运动社团的深度合作，也保证了稳定的专业性运动员资源。倘若该体育场馆举办自有赛事活动时，可以邀请这些具有一定专业性的运动员来场地内支持自有赛事，从而能提高自有赛事的知名度和专业性，也能进一步让自有赛事受到更多社会大众的关注。中国农业大学因在2008 年北京奥运会时承担了部分赛事的任务，奥运会后中国农业大学体育场馆在北京的知名度迅速提升，场馆经营者联系了国家级运动队，将体育场馆作为它们的训练基地，既在一定程度上提高了体育场馆的利用率，也推动了中国农业大学学生的体育活动意识，为今后有机会引进赞助校内比赛的冠名赞助商打下了基础。

八、积极与新闻媒体合作，扩大媒体宣传力度

体育场馆如果仅靠自身力量独自开发和引进赛事、培训等体育相关活动，其实际的宣传效果是大打折扣的。因为光靠自身力量和参与者的口碑宣传很难较大范围地扩大赛事本身的影响力，进而吸引更多社会大众来参与。因此，体育场馆经营者应在积极开发自有赛事、体育培训、展会、演唱会等活动并提升活动质量的同时，主动与当地电台频道或央视体育频道、旅游频道、线上著名网站特别是体育网站等有关媒体资源平台合作，最大限度地曝光自己的优质赛事、培训等活动业务，从而提升该场馆的知名度，为今后吸引优质的

场馆冠名商和赛事冠名商奠定基础。

以广安国际红色马拉松赛为例。广安国际红色马拉松是中国田径协会联合新华网推出的“韵动中国”系列特色赛事。广安市是邓小平同志的家乡，红色也是这个城市的基础。因此，赛事运营商通过了解城市的文化和地标建筑，制定和规划设计出真正适合这个城市的赛事线路。同时，新华网的运营团队还为广安市提出了城市营销语——“心宽广　安天下”，所有的赛事宣传全部围绕这个城市营销语展开，从城市经济文化，到跑者故事，全部融合在这里面，目前已经取得了非常好的传播效果。虽然这个案例与本文所提到的体育场馆无关，但是通过与新华网的合作，并由新华网运营团队根据赛事本质理念进行线上平台的传播推广，广安国际红色马拉松赛迅速被社会大众所熟知，其赛事核心理念也吸引了一批批有同样情怀理念的马拉松爱好者参赛。在这里引用这个案例的目的在于，希望体育场馆运营者在与线上媒体合作时，能通过借鉴这个案例的经验，成功获得优质且忠实的体育参与者的青睐。

思考题

1. 影响体育场馆无形资产开发的因素有哪些?

2. 通过本章的学习，请用体育场馆无形资产有关知识，对国内外某一体育场馆的无形资产开发进行具体的分析。

3. 与国外相比，目前我国在体育场馆无形资产开发方面还存在着哪些不足?

第七章　体育场馆公共服务供给

本章教学提示

1. 掌握体育场馆公共服务的内容。
2. 掌握体育场馆公共服务的目标和原则。
3. 掌握体育场馆公共服务的供给方式。
4. 理解体育场馆公共服务机制及绩效评估。

第一节 体育场馆公共服务分类

一、公共服务的概念

服务是对被服务者特定的、直接的需要的满足，生产与消费同时进行是服务的基本特征。公共服务通常指政府向公民提供的各项具体的服务，它是社会生产力发展到一定阶段的产物，为人民提供公共服务是现代国家的一项基本职能。德国学者瓦格纳早在19世纪就关注了政府的公共服务职能，他认为政府在基本的政治经济职能之外，还具有增强社会文化和福利的作用。政府的活动扩张，支出增加，都与政府承担的公共服务职能有关。法国公法学者莱昂·狄骥认为，国家是政府为公共利益而进行的公共服务的总和，他将政府明确为公共服务的供给主体，他指出："任何因其与社会团结的实现与促进不可分割，而必须由政府来加以规范和控制的活动，就是一项公共服务，只有它具有除非通过政府干预，否则便不能得到保障的特征。"政府本身既拥有特定约束力的法律义务，也拥有一种道德义务。他认为，公共服务的内容是随着经济社会发展动态多变的，以满足公共需求为目的的不断增多的政府活动，公共服务的数量也会不断增加，政府干预的作用便愈加凸显。

关于公共服务的概念，主要有以下三种界定方法。

（1）基于物品性质来界定公共服务，认为公共服务与公共物品的内涵是一致的。"公共物品"这一概念由瑞典经济学家林达尔于1919年在《公平税收》一文中正式提出。美国经济学家萨缪尔森则进一步深入，他认为公共物品具有两个特征：非排他性和消费上的非竞争性。斯蒂格利茨指出，"公共物品是这样一种物品，在增加一个人对它分享时，并不导致成本的增长（它们的消费是非竞争性的），而排除任何个人对它的分享都要花费巨大成本（它们是非排他性的）。"还有些公共物品在消费时会产生拥挤性，如道路、公园在消费者达到一定人数时就具有拥挤性。

（2）基于行为方式来界定公共服务，认为物品属性不是判定公共服务规定性的依据。政府提供物品是基于对公共利益的判断，公共利益才是判定公共服务的内在依据，物品只有与公共利益相联系才具有公共服务的特性。公共服务不受物品性质的限制，当社会情势或生存状态关系公共利益时，任何物品都可以作为公共服务的内容被政府提供。公共服务作为政府的基本职能之一，是指由法律授权的政府以及非政府公共组织和有关私人工商企业，在纯粹公共物品、混合性公共物品以及特殊私人物品的生产和供给中所承担的职责和履行的职能。按照行为来界定公共服务突出的是政府的作用，把提供公共服务作为政府的最基本职能。

（3）基于服务特性来界定公共服务，认为公共服务是指为社会公众提供的、基本的、非盈利性的服务，这样来看：第一，公共服务是大众化的服务。公共服务不是只为特定少数人提供的服务。第二，公共服务是基本服务，就像水、电、气、安全、教育、文化等方面的服务，离开它，人们就不能正常地生活，公共服务是满足人们日常生活中基本需求的服务。第三，公共服务是内容广泛的服务，公共服务既要提供物质产品（水、电、气、路、通信、交通工具）等，又要提供非物质产品（安全、医疗、教育、娱乐）等。并且，公共服务是一种低价位的服务，以保证人们能够持续性地消费。

公共服务是以政府等公共部门为主提供的，满足社会公共需求、供全体公民共同消费与平等享用的公共产品和服务。公共服务的内涵和外延受一国政治、经济和历史发展的影响，是各国按照本国自身的政治决策程序，基于各种原因（效率、公平、历史传统、公众意愿、国家长远利益等）而决定，由政府利用公共资源和财政资金为整个社会和特定社会群体提供的所有产品和服务。

相对于私人服务，公共服务具有典型的公共性。公共服务的公共性体现在三个方面：第一，公共服务是以公共权力或公共资源的投入为标志的。公共服务面向的是全社会，需要巨大的资源付出，而且不求客体的回报，投资主体只能是政府，也只有政府才能提供相应的公共资源。私人服务的资源投入主体是个体，资源来自个人的财产，追求的是自身利益。第二，公共服务的最终目标是促进社会福利最大化。公共服务实现的是“最大多数人的最大幸福，同时这种最大多数人的最大幸福的实现，并不是通过剥夺少数人而取得”，它的行为结果必须遵循公共性。私人服务的最终目标是个人利益、个体价值的实现。第三，政府是承担公共服务责任的核心主体。公共服务的目标指向是社会大众，它的持续性供给、无差别保障和不断地更新，市场主体因为没有积极性难以企及，非政府组织则因资源的不稳定性难以持续，只有政府可以承担这一公共责任，成为公共服务提供的当然主体。

二、公共服务的类型

（一）纯公共服务和准公共服务

依据公共服务的特征，可以将公共服务分为纯公共服务和准公共服务。纯公共服务是指具有完全的非竞争性和非排他性特征的公共服务，主要包括国防、外交、行政管理等。纯公共服务一般是国家免费提供，政府是这类公共服务的承担主体。准公共服务是指不同时具有或不完全具有非竞争性和非排他性的公共服务，如城市公共交通、高等教育、公园等。

（二）维护性公共服务、经济性公共服务和社会性公共服务

依据公共服务的功能，可以将公共服务分为维护性公共服务、经济性公共服务和社会性公共服务。维护性公共服务是公共服务最基本的方面，又称主权性公共服务，是保证国家机器的存在和正常运作的公共服务，一般包括行政管理、执行法律、国家安全和秩序的

维护等。维护性公共服务的需求层次比较低，是缺乏弹性的必需品。维护性公共服务一般都由公共部门供给，履行职责的都是国家公职人员，服务成本一般来自税收。经济性公共服务是指政府为促进经济发展而供给的公共服务，如政府对经济行为的规范、对产品和服务标准的确定、对公益性设施的投入和管理。经济性公共服务有一个发展的过程，而且在不同的政府里和政府条件下会体现出不同的内容和特点。社会性公共服务是政府为促进社会公正与和谐，为全体社会成员提供的公共服务，包括教育、医疗、社会保障、环境保护等。社会性公共服务既具有公民权利的性质，又具有较强的再分配功能。对平等目标的关注，在提供社会性公共服务中居于重要地位。

（三） 全球性公共服务、全国性公共服务、地方性公共服务、社区公共服务

依据公共服务的受益范围，可以将公共服务分为全球性公共服务、全国性公共服务、地方性公共服务和社区公共服务。全球性公共服务的受益范围覆盖全世界，如空气大气层的保护、海洋保护。全国性的公共服务主要是指受益范围遍及全国，所有公民都能毫无例外地享用的公共服务，主要由中央政府负责供给。地方性公共服务受地方经济社会发展水平的影响较大，相比全国性公共服务，它更强调某一行政区域内的基本公共服务，如地方性基础设施、城市垃圾处理、街道照明、警察保安等。社区性公共服务解决的是最基层的公共服务的供给问题，也是公共服务体系最具有地方个性化的公共服务，如《北京市社区基本公共服务指导目录（试行）》就包括社区就业服务、社区社会保障服务、社区社会救助服务、社区卫生和计划生育服务、社区文化教育体育服务、社区安全服务等十大类。

（四） 基本公共服务和非基本公共服务

依据公共服务的水平可以将公共服务分为基本公共服务和非基本公共服务。基本公共服务是覆盖全体公民，满足公民对公共资源最低需求的公共服务，涉及义务教育、医疗、住房、治安、就业、社会保障、基础设施、环境保护等方面，其特点是基本权益性、公共负担性、政府负责性、公平性、公益性和普惠性。基本公共服务包括三个基本点：一是保障人类的基本生存权（或生存的基本需要），为了实现这个目标，需要政府及社会为每个人都提供基本就业保障、基本养老保障、基本生活保障等；二是满足基本尊严（或体面）和基本能力的需要，需要政府及社会为每个人都提供基本的教育和文化服务；三是满足基本健康的需要，需要政府及社会为每个人提供基本的健康保障。随着经济的发展和人民生活水平的提高，一个社会基本公共服务的范围会逐步扩展，水平也会逐步提高。非基本公共服务是满足不同层次群体需要的公共服务。人们对各类公共服务需求的紧迫性并非完全一样，会随现实条件的改善而逐步提高。公民对公共服务的需求层次差异也会使公民对公共服务的消费体现出层次性。随着经济社会的发展，公共服务的内容不断丰富和扩展，公民对公共服务的需求层次也会不断提升。因此，政府要从保障最基本的生存、发展权利向追求更高质量和更高层次的公共服务转变。

（五）政治类公共服务、经济类公共服务、文化体育类公共服务

依据公共服务的领域，可以将公共服务分为政治类公共服务、经济类公共服务、文化体育类公共服务。我国《“十三五”推进基本公共服务均等化规划》，将公共服务分为公共教育、劳动就业创业、社会保险、医疗卫生、社会服务、住房保障、公共文化体育、残疾人服务八大领域。

三、体育公共服务

（一）体育公共服务的概念

作为一项基本人权，体育解决的不仅是民族的体质问题，还关系到人们的精神文化需要的实现。体育实现了公民个体的强身健体问题，但又超出个体的需求，它关系到一个国家和民族的体质，关系到种族的繁衍和全民文化的确立。体育同样具有极强的公益性质，一个民族的强大需要整个国民体质的强健和国民素质的提高，而这单靠每一个公民个体的力量是微不足道的，需要国家的宏观政策指导和具体的制度安排、财政支持，才能达到整体改善的效果。因此，体育已经超越了个体的价值，成为政府的重要职能，需要上升为国家战略，以确保其公益职能的实现。

体育公共服务是提供体育公共产品和服务行为的总称，包括加强公共体育设施建设、发展公共体育事业、发布公共体育信息等，为丰富社会公众生活和参与社会体育活动提供社会保障和创造条件。

（二）体育公共服务的特点

1. 具有一定限度的非排他性

在一定范围内，当一个人消费体育产品或服务时，并不排斥其他人同时消费。当然，当消费者人数增加到一定数量时，必然要增加场地设施等成本，或者限制参与人数，因此这一非排他性是有限度的。

2. 具有消费竞争性

主要表现在随着消费者的增加，总成本也必然增加，相对于公众不断增长的、多样化的、多层次的体育需求，体育产品或服务的供给能力是有限的，这种供求矛盾必然导致需求竞争和消费竞争的出现。

3. 具有外部收益性

体育活动尤其是公益性体育活动，在满足全体社会成员的体育消费需要的同时，提高了全社会成员的身体素质与健康水平，不同层次不同需求的体育活动的开展，也推动了体育产业与体育市场的发展。

（三） 体育公共服务的要素

体育公共服务就其内容而言，包括六大要素：健身设施服务、健身组织服务、体质监测服务、健身指导服务、体育活动服务（包括群众体育活动和竞技体育活动）、信息咨询服务。

（四） 体育公共服务的类型

一般来说，基本体育公共服务包括国民体质监测、公共体育设施服务、公共体育教育服务等。基本体育公共服务具有普适性，人人有机会享用，应实行均等化。公民均等地享受公共体育服务是公民与生俱来拥有的权利。基本体育公共服务“均等化”的含义包括：一是居民享受基本体育公共服务的机会均等；二是居民享受基本体育公共服务的结果均等；三是社会在提供均等化基本体育公共服务的过程中，必须尊重每位公民的自由选择权。

非基本体育公共服务面对特殊群体，随机满足不特定群体的体育需求，必然要求体现差异性。与基本体育公共服务提供的个体基本生存和发展的必要条件不同，非基本体育公共服务提供的是个体生存和发展的充分条件，不可能做到均等地设计和度量。对于那些公益性较强的基础性体育公共服务，应纳入基本体育公共服务范畴，主要由政府提供。

对于公益性较强的非基础性的体育公共服务，除了那些必须由政府提供的项目，可以由社会组织或其他社会力量提供，政府通过财政补贴、特许经营、贷款贴息、优惠政策等方式给予支持。这是准基本体育公共服务。

对于公益性较弱、具有经营性特征的非基础性体育公共服务，可以在政府的统筹规划和宏观调控下，由企业、个人或其他社会力量来提供，并通过市场调节供需关系，以满足人们的多样化需求，这是经营性体育公共服务。

四、体育场馆公共服务

（一） 体育场馆是体育公共服务提供的重要主体

体育场馆是体育公共服务提供的重要主体。体育场馆是居民满足高层次需求的重要场所，为人们提供休闲娱乐的场地设施和赛事活动可以大大提高人们的生活质量。体育场馆的建设是检验现代城市布局是否合理的重要标准，同时也可以调整城市布局，使其趋于合理。体育场馆是提供体育服务的直接载体，是政府为社会和群众提供的基本体育设施，是人们进行体育锻炼和休闲教育的重要场所。体育场馆通过举办大型体育赛事培养人们的体育意识，推动竞技体育的发展，同时其也是提高学校体育发展水平的基础。体育场馆作为体育公共服务体系建设的基础要件，是体育公共服务制度化供给的物质前提，是体育公共服务活动开展的重要中介，在促进城市经济发展和第三产业的发展、解决就业拉动内需、促进文化交流等方面发挥了重要的媒介作用。2013 年国家体育总局等八部门发布《关于加强大型体育场馆运营管理改革创新 提高公共服务水平的意见》，其中关于丰富服务内容部分，第八条指出：应充分发挥大型体育场馆主体功能，积极引进国内外体育赛事，努力创办自主品牌赛事，开展群众喜闻乐见、丰富多彩的竞赛、表演、健身等活动，充分利用设施条件，积极提供和开展健身指导、体育培训、体育组织、体质监测等服务。第九条指出：有条件的场馆要努力拓宽服务领域，延伸配套服务，积极发展体育旅游、体育会展、体育休闲、文化演艺等业态，在不改变公共体育场馆性质的前提下，打造特色鲜明、功能多元的体育服务综合体和体育产业集群。

2014 年国家体育总局和财政部发布《关于推进大型体育场馆免费低收费开放的通知》，其中在开放要求部分中指出，大型体育场馆和区域内的公共体育场地和设施应免费、低收费向社会开放；大型体育场馆所属户外公共区域及户外健身器材应全年免费开放；大型体育场馆应免费向公众提供的基本公共体育服务包括：举办公益性体育赛事活动、举办体育讲座展览、开展体育健身技能培训和进行国民体质测试。

2014 年国家体育总局出台《大型体育场馆基本公共服务规范》和《大型体育场馆运营管理综合评价体系》，其中将大型体育场馆提供的公共服务内容界定为：公共体育场地设施、体育场馆所属户外公共区域及户外健身器材、科学健身推广、体育健身技能培训服务、国民体质测试服务、与体育健身相关的配套服务、举办或承办各类体育赛事、群众体育及文化等活动。

（二） 体育场馆公共服务的类型划分

1. 按体育场馆公共服务的供给主体划分

以体育场馆公共服务的供给主体为分类依据，可将体育场馆公共服务划分为政府机构供给的体育场馆公共服务、营利性组织供给的体育场馆公共服务和第三部门提供的体育场馆公共服务。政府机构供给的体育场馆公共服务是指由政府机构等公共组织作为生产与供给主体，提供满足群众需求的体育场馆服务产品，如举办群众体育活动、培养竞技体育后备人才等。营利性组织供给的体育场馆公共服务是指由企业等营利性主体作为体育场馆公共服务的供给主体，提供的体育场馆服务多为商业性的，如体育场馆内的商业比赛与演出等。第三部门提供的体育场馆公共服务是指由第三部门作为供给主体，提供的体育场馆服务。

2. 按体育场馆公共服务的政府职能划分

政府的公共服务分为基本公共服务和非基本公共服务。基本公共服务具有投资金额大、自然垄断性强、经济规模大、与群众关系密切等特点。非基本公共服务的非排他性和非竞争性程度低，服务特色鲜明并具有个性化，因此，可以按照市场竞争规则，由企业提供和生产，使用者付费。体育场馆基本公共服务主要包含体验式公共服务、公益性竞赛训练公共服务、团队活动型公共服务、教育和咨询公共服务等。非基本公共服务主要包含商业性体育竞赛、文艺表演服务、健身俱乐部会所服务、休闲旅游等综合性服务等。

3. 按体育场馆公共服务的需求层次划分

以体育场馆公共服务的需求层次作为标准进行分类，可以将其分为基本民生型体育场馆公共服务、基础公益型体育场馆公共服务、高级选择型体育场馆公共服务。基本民生型体育场馆公共服务是指以生理的、安全的基础体育需求作为出发点，保障公众基本民生权益的体育场馆服务与产品，这是体育场馆公共服务最基本的需求。基础公益型体育场馆公共服务是指以公众的社会需求等作为出发点，保障公众参与社会性活动的服务与产品，是公众参与社会性活动、享受服务的需求体现，强调社会服务的均等化。高级选择型体育场馆公共服务是指以尊重与自我实现等高级需求作为出发点，有偿提供公众享受与实现自我价值的体育场馆服务与产品，如高端体育赛事、体育场馆高端会员制度等。

4. 按体育场馆公共服务的内容划分

《公共文化体育设施条例》明确规定：公共文化体育设施管理单位必须坚持为人民服务、为社会主义服务的方向，充分利用公共文化体育设施，传播有益于提高民族素质、有益于经济发展和社会进步的科学技术和文化知识，开展文明、健康的文化体育活动。体育场馆提供的公共服务主要有体育场地设施服务、体育健身指导服务、国民体质监测服务、体育信息服务、体育文化服务、体育组织服务、体育竞赛服务、应急避险服务八大内容。

（1）体育场地设施服务。体育场地设施作为空间的存在，本身就在为社会提供服务。2007 年 5 月 7 日发布的《中共中央 国务院关于加强青少年体育增强青少年体质的意见》指出：城市和社区的建设规划要充分考虑青少年体育锻炼设施的需要，为他们提供基本的设施和条件。《全民健身条例》第二十九条规定：公园、绿地等公共场所的管理单位，应根据自身条件安排全民健身活动场地。县级以上地方人民政府体育主管部门根据实际情况免费提供健身器材。

《中共中央 国务院关于进一步加强和改进新时期体育工作的意见》强调，各级政府要重视体育设施建设，加强城乡公共体育设施规划。新建的非营利性体育设施，地方政府可以采用划拨方式提供用地。新建居民小区、经济开发区和学校必须配套建设相应的体育设施。公共体育设施要向社会开放，正确处理好公益性和经营性的关系。要将体育场馆建设成为健康、科学、文明的阵地。

（2）体育健身指导服务。人民群众的体育健身需要专业人员的科学指导，在我国体育健身指导是由社会体育指导员完成的，社会体育指导员的作用发挥离不开相对固定的体育设施场所。大型体育场馆通常是各地社会体育指导中心的挂靠地，是社会体育指导员发挥指导作用的最佳理想场所，便于组织、发动社会体育指导员经常、广泛地开展科学、安全、方便、高效的体育健身指导服务。

（3）国民体质监测服务。国民体质监测是国家为了系统掌握国民体质状况，以抽样调查的方式，按照国家颁布的国民体质监测指标，在全国范围内定期对监测对象统一进行测试和对监测数据进行分析、研究。国民体质监测通过建立全国国民体质监测系统和数据库，掌握全国国民体质状况和发展趋势，长期动态观察全国国民体质状况，进而不断为改善和提高国民体质和健康水平、为推动全民健身计划的实施提供科学依据，为国家经济建设和社会发展服务。

（4）体育信息服务。体育场馆可以搭建体育信息资源共享平台，保证体育锻炼参与者利益最大化。体育场馆提供包括场馆的开放时间、使用效率等信息，针对不同年龄、不同锻炼目的和不同消费水平人群提供适合的体育消费信息服务，可以提高节假日场馆资源的利用率，避免出现部分体育场馆人满为患、部分场馆闲置浪费的现象，同时还可以为社会体育指导员提供相应的信息服务。

（5）体育文化服务。体育场馆可以经常性地举办群众体育活动，丰富群众文化生活。大型体育场馆大多是因为重大的国际国内赛事而建设的，不仅是城市的新地标，同时也有着许多的体育遗产可以挖掘。大型体育场馆一方面要继承先进的体育精神和体育遗产，塑造城市人文精神；另一方面要开展丰富的体育文化活动来传承历史，激发人们的体育参与热情，营造良好的体育文化氛围，推动体育活动的深入持续开展。

（6）体育组织服务。体育活动的开展离不开体育组织的参与。我国体育公共服务的组织体系包括三类主体：一是各级党委和政府的体育公共服务的决策机构，如各级政府的专门和非专门体育行政部门；二是体育公共服务的执行机构，主要由各类事业单位来承担，如公共体育场馆、体育博物馆、体育科研院所等；三是各种非营利性体育组织，包括各种专门和非专门的体育社团、协会等，它们在政府体育政策的指导下，独立或配合体育事业单位完成各类体育公共服务。大型体育场馆拥有丰富的人力资源和场地设施等诸多资源优势，为各级体育组织开展活动和发挥作用提供了便利条件。依托大型体育场馆的体育组织，更能发挥提供体育公共服务的使命，成为体育场馆发挥其社会效应的重要途径。

（7）体育竞赛服务。大型体育场馆一般是为举办重大国际国内赛事而修建，因此体育竞赛服务就成为大型体育场馆的特色性本体服务。大型体育场馆具有足够大的观众席容量和专业配备的场地设施，为许多项目的体育比赛特别是重大体育赛事的举办提供了可能。大型体育场馆的体育竞赛活动服务可分为观赏性体育竞赛活动服务和参与性体育竞赛活动服务。观赏性体育竞赛活动服务是随着体育竞赛表演业的日益发展和体育场馆赛事的日益丰富而衍生出的为进入场馆的观众提供极具观赏性的体育竞赛活动的一种服务。参与性体育竞赛活动服务是使群众作为参与者在体育场馆进行对抗性或娱乐性的体育竞赛活动的一种服务。体育竞赛活动服务是大型体育场馆的主体服务之一。

（8）应急避险服务。体育场馆的空间容量大，安全等级高，是应急避险的重要场所。根据《体育建筑设计规范》中关于体育建筑的结构设计使用年限和耐火等级的规定，特级体育建筑主体结构的设计使用年限是不少于 100 年，耐火等级不低于一级；甲级和乙级体育建筑的主体结构设计使用年限是 50～100 年，耐火等级不低于二级；丙级体育建筑的主体结构设计使用年限是 25～50 年，耐火等级不低于二级。大型体育场馆的高稳定性、有利的地理位置和易于识别的文化特性，为应急避险服务提供了重要基础，可在防灾和减灾工作中可以发挥特殊作用。

第二节　体育场馆公共服务供给的目标和原则

一、体育场馆公共服务的目标定位

公共体育场馆是指通过政府财政拨款或通过其他途径筹集资金兴建的，以满足运动训练、运动竞赛和群众健身娱乐等需要的社会公有体育场和体育馆及其附属配套设施，它是实现我国体育事业发展目标的基础性物质条件。体育场馆大多属于非经营性国有资产。非经营性国有资产是指不直接投入生产经营过程，由国家机关、军队、社会团体及文化、教育、科研等行政事业单位所占有和使用的国有资产。它具有非增值性的特点，其占有和使用不是为了自身价值的增值，而是为履行国家行政管理职能和社会服务职能提供物质基础。

政府建设体育场馆的目的是满足广大人民群众健康和精神文化生活的需要，服务大众是公共体育场馆的主要特征，其根本目的是要坚持以人为本、促进人的全面发展，为全面提高社会文明素质服务。因此，追求体育场馆公益性服务效益的最大化是大型体育场馆重要的功能定位。我国体育场地 90% 以上是靠各级政府财政拨款建设的，95% 以上的体育场地都是公益性的，具有很强的非营利性质，按照“取之于民，用之于民”的原则，体育场馆理应以社会效益为主要目标。

体育场馆公共服务是基本公共服务的重要内容，在目标定位中必须做到三个坚持。

（一）坚持体育场馆对社会开放的基本方向

体育场馆的建设受经济社会发展的影响很大，在总量短期内无法大规模提升的情况下，盘活存量非常重要，这也是大型体育场馆向社会开放的重要原因。随着城乡居民生活水平的提高和健身意识的增强，体育场馆越来越成为影响体育活动深入开展的瓶颈因素，直接关系着人民群众的健康水平和生活质量的提高。大型体育场馆作为推广《全民健身计划》和《奥运争光计划》的重要物质载体，是广大人民群众进行体育锻炼、丰富人们社会文化生活和提高竞技运动水平，向体育强国迈进的重要物质条件，也是我国体育产业发展的重要支撑。

（二）坚持体育场馆对普通大众开放的非营利性

要培养人们的体育锻炼意识，减少人们的体育消费负担，提高其消费能力，就要加强体育公益设施建设，在提供多种类型体育公共服务的基础上，制定合理的倾斜政策办法。大型体育场馆在开放中要坚持非营利性，是为了更好地让人民享受我国体育发展的成果，但坚持非营利性并不意味着全部免费，在当前体育场馆总体供不应求的情况下，还是要进行一定的收费，既是便于预防拥挤，也是为了更好地服务于场馆的建设和设施的改善。

（三）坚持体育场馆在群众体育普及中的示范性

大型体育场馆要发挥其在群众体育普及中的优势，要利用政策优势，开展一些有重大示范价值的群众体育活动，吸引人们的参与，发挥大型体育场馆服务社会的功能。同时，要举办一些高质量的竞技体育赛事活动，以优惠的价格和服务鼓励市民的参与，培养其体育参与意识和体育鉴赏能力。坚持向市民开放，充分利用社会资源，可以为广大市民和青少年提供更好的健身活动场所，缓解居民健身需求与体育场地不足的矛盾，引导社会形成乐于锻炼、勤于锻炼、科学锻炼的社会风气，推动和谐社会的建设。

二、体育场馆公共服务的目标

（一）总体目标

我国体育场馆公共服务的总体目标：依据国家及各级地方政府公共服务规划与目标，结合体育行政部门的要求，通过体育场馆公共服务的平台，提供丰富多样的体育服务产品，让弱势群体享受到优先优惠服务，同时使特殊群体得到个性化服务，并通过提供体育竞赛、文艺表演等服务，丰富大众的文化生活，达到社会和谐，实现体育公共服务公平化。

（二）具体目标

1. 基本公共服务目标

政府提供的以满足社会大众对于生理的、安全的体育服务需要为出发点的体育场馆公共服务被定义为基本公共服务，其着眼点是满足人们的基本体育需求。

体育场馆的基本公共服务目标为：其一，通过宣传教育，提供相关的政策法规，使大众享受到学习体育知识技能的权利；其二，通过开放体育场馆，提供体育服务产品，使大众体验体育活动的乐趣；其三，通过安全风险管理，提供安全、整洁的服务环境，使大众健康、安全地参与体育活动；其四，通过公益性体育赛事，提供竞赛训练服务，促进竞技体育人才快速成长；其五，通过政策倾斜，提供特殊群体的优先优惠服务，实现公共服务的均等化。

2. 非基本公共服务目标

以满足社会大众多样化需求与政府的体育需求为出发点的体育场馆公共服务，可以通过社会多元化主体来提供，但需要政府给予各方面支持的公共服务则被定义为非基本公共服务，其着眼点是满足人们多元化、个性化的需求与政府的体育需求。因此，体育场馆的非基本公共服务目标为：第一，通过引入市场机制鼓励社会多元化主体举办，政府提供各种条件的支持，使特色品牌的体育活动得到有效服务。第二，经营性公共服务目标，即通过市场配置资源，鼓励市场主体举办各类体育服务，政府进行市场监管，规范公共服务标准，使社会多元化主体提供丰富多彩的公共服务，满足不同人群的多元化体育需求。

2015 年国家体育总局出台的《体育场馆运营管理办法》，其第二章运营内容与方式第六条指出：鼓励体育场馆根据运营实际需要，充分利用场馆闲置空间，依照国家有关标准和规范，合理开展适用性改造，完善场地和服务设施。第八条指出，体育场馆应以体育本体经营为主，做好专业技术服务，开展场地开放、健身服务、竞赛表演、体育培训、运动指导、健康管理等体育经营服务。第十条指出，体育场馆应突出体育赛事和群体活动的承载功能，鼓励有条件的体育场馆举办具有自主品牌的群众性体育赛事，承接职业联赛，引进国内外知名体育赛事。

三、体育场馆公共服务的原则

（一） 公共服务均等化原则

公共服务均等化主要有三层含义：一是公民享有的公共服务机会应均等；二是公民享有公共服务的结果应大体均等；三是社会在提供大体均等的公共服务的过程中，必须尊重某些社会成员的自由选择。简而言之，就是人人都能机会均等地享受到公共服务。公共服务均等化有助于公平分配，实现公平与效率的统一。体育场馆公共服务均等化原则指在场馆资源有限的条件下，通过体现公平无差异对待、缩小差距、政府主导来提供相对均衡的公共服务。

1. 提高均等化认识

为了实现和维护社会公众利益而提供的公共服务不可能达到绝对均等，只能是为公众提供优质、差异的相对均等的公共服务。社会一次分配讲效率，二次分配讲公平，体育场馆公共服务是二次分配的体现，体育场馆不可能提供人人都能享受到的机会均等的公共服务，资源有限与人们的体育需求无限的矛盾客观存在。因此，政府购买服务时应倾向于社会的弱势群体；同时，公共服务提供者与生产者应提供丰富多样的可供不同人群选择的公共服务内容，以满足不同人群的体育需求。

2. 建立相应机制使体育场馆服务均等化

保障公共服务均等化除了需要大量的人力、物力、财力的投入外，还需要构建相应的政策机制来从根本上规范市场行为，以促进公共服务均等化的实现。由于体育场馆数量、类别等资源的有限性，决定了体育场馆提供的公共服务供给和需求矛盾大，制定相应机制来约束和规范体育场馆公共服务尤为重要。

（二） 公共服务主体多元化原则

体育场馆公共服务的主体主要是指直接参与提供场馆公共服务的实体。社会长期发展和实践过程表明，单一公共服务主体的弊端已显露无遗，引入多元供给主体不仅能减轻政府负担，还能提高服务质量，促进公平和效率的统一。政府、企业、第三部门共同参与公共服务的供给，可实现各自优势的充分发挥及优势互补。体育场馆公共服务主体多元化原则是指体育场馆公共服务是一项复杂的系统工程，需要构建政府、企业、第三部门共同参与公共服务的多元化格局。政府是公共服务的主要供给主体，可以通过优惠政策、营造良好环境以及购买服务来吸引多元主体参与体育场馆公共服务的供给，从而提高公共服务的品质，满足人们对体育的需求。

在体育公共服务供给过程中，应转变政府职能，构建服务型政府，构建政府购买公共服务的机制。以往政府承担着全能政府的角色，既是公共服务的提供者，又是生产者。政府承担过多的公共服务职能，导致公共服务效率低下。新公共管理理论认为，政府的职能是服务，这意味着政府不应自身过多承担提供公共服务的责任，应尽可能地引入市场机制，积极调动其他社会组织及相关社会主体，通过委托承包等方式安排其他社会组织参与公共服务项目。构建服务型政府必须实现管办分离，体育公共服务既可以由政府直接提供，也可以通过一定方式由社会组织提供。政府应大力培育企业、第三方部门，提升它们在体育公共服务方面的能力；通过环境支持和政策引导，把原来由政府提供的体育公共服务转移到社会组织上来，提高体育公共服务的效率，以此来实现更优质的体育公共服务。

鼓励社会多元化主体参与公共服务的供给。依据新公共管理理论，公共服务供给主体应当多元化，可以吸收第三部门、企业等与政府组成公共服务的供给体。通过多元化的公共服务提供者的有序竞争，可以提供充足、优质的公共服务，满足社会公众日益增长的体育公共服务需求。政府可以通过多种方式，鼓励和吸引社会多元化主体来参与公共服务的供给，利用竞争机制来促使体育公共服务质量和方式不断改进。政府可以通过税收刺激、扩大财政贴息、减免土地使用费等方式，降低民间资本进入体育场馆公共服务领域的壁垒，鼓励社会多元化主体参与公共服务的供给。

构建政府购买公共服务的机制。在市场经济条件下，政府的能力是有限的，其代替私人生产公共产品、提供基本公共服务并不一定是最好的解决方案，政府应从直接供给和经营性公共服务中逐渐退出，让渡给市场和社会来完成，可以通过购买公共服务的方式，充分发挥自身的管理和协调作用，从而保证体育公共服务的质量和效率。在政府购买体育公共服务的过程中，不同地方政府应根据当地群众不同的体育需求，结合自身财政力量，合理购买体育公共服务。

（三）按类别购买公共服务原则

分类管理是符合我国国情的改革，也是我国体育改革的方向，更是可持续提供体育场馆公共服务的有效手段。在购买公共服务的过程中，政府是付账者，有资质的机构是承办事务者。社会公共服务范围广泛，仅体育场馆公共服务就包含健身锻炼、举办体育赛事和表演活动等，不同的类别由于公众需求的数量、质量不同，使得购买不同类别的公共服务的急迫性、金额等都会不同。公共服务的分类不仅关系到供给主体的职责和供给地区的差异，而且也直接或间接地影响城乡居民对所获得的公共服务效用水平的衡量。因此，公共服务的购买也需按类别区分。按类别购买公共服务原则是指政府按类别对公共服务进行核算，并按核算结果购买服务，以促进公共服务的可持续提供。

体育场馆公共服务涉及类别多、范围广，并且不同类别的体育场馆公共服务有其本身的特点，因此政府在购买时应根据具体情况有所侧重。对于需求量大、普及程度高的体育场馆公共服务，政府可以相应增加购买力度和强度；相反，对于需求量小、普及程度低、受众不广的体育场馆公共服务，政府在购买时应更加注意该类服务的适用人群与价格等因素。政府在购买体育场馆公共服务时，应首先对其进行分类，针对不同类别的体育场馆公共服务制定不同的购买策略与评价机制。例如，对于基本公共服务，政府可以采用全额购买的方式；对于非基本公共服务，政府可以采用政策优惠等购买方式。

第三节　体育场馆公共服务供给方式

一、政府供给方式

大型体育场馆公共体育服务内涵丰富多样，可以满足不同人群的体育需求，在供给服务过程中，既要维持场馆功能的多样性，也要保证供给服务的公共性。在大型体育场馆公共体育服务供给的过程中，首先要实现的目标是满足公众的最低层次的体育需求。如果按生存性需求和发展性需求对场馆公共体育服务进行划分，可将其分为基本公共体育服务和非基本公共体育服务。其中，基本公共体育服务关系着公民基本体育权利的实现，如公共体育场地设施的开放使用、国民体质监测等，公众有权平等地享受这类服务，正如义务教育一样具有公共负担性、政府负责性的特点。因此，大型体育场馆所提供的基本公共体育服务主要由政府财政负担，基本公共体育服务的公共负担性和政府责任性是政府供给公共体育服务的根本依据所在。

行政机关类大型体育场馆因其性质的特殊性，作为政府主体的一部分直接向公众提供公共服务。除此之外，政府通常采取发布相关政策规定和采用政府购买的形式来实现场馆基本公共体育服务的供给，这两种形式常见于事业类和企业类场馆的公共体育服务供给中。各级政府和体育部门通过出台政策文件，对相关大型体育场馆的开放时间、开放区域、收费优惠等方面提出意见、规定；由国家体育总局和财政部联合颁布的《关于推进大型体育场馆免费低收费开放的通知》对大型场馆对外开放相关事宜做出详尽系统的安排，政府对于支持各类场馆免费向公众开放的立场也常见于各级各类的政策和规定中。

除政策引导和支持外，政府通过对大型体育场馆进行财政补贴，或直接向场馆购买服务，从而保障公众能够平等地享受免费的基本公共体育服务。政府采取补贴、税收、融资优惠等经济手段，为大型体育场馆的运营营造一个宽松的环境，鼓励相关场馆延长对外开放的时间、扩大对外开放的区域、承接各类民间赛事活动；另外，随着政府部门不断创新社会管理，政府购买日益成为政府为公众提供场馆公共服务的一项重要手段，通过项目申请、合同签订或凭单制等方式，以市场价格向场馆购买相关公共服务，进而再免费提供给广大民众。例如，从 2009 年开始，长沙市政府在暑假期间利用政府购买的形式向全市中小学生免费提供游泳服务，中小学生凭有效学生证件自愿就近到政府购买服务的游泳场馆免费游泳。

二、混合供给方式

与其他体育组织所提供的公共体育服务相比，大型体育场馆公共体育服务的一大特点是其服务的附加值较高，专业的设施设备和人力资源为公共服务的质量提供保障，但同时也决定了场馆类公共体育服务的供给成本会相对较高。而其服务类型的多样化，意味着场馆不仅能满足基本公共体育服务的需求，也能提供非基本公共体育服务，还有一些介于两者之间的服务项目。因此，在满足公众基本公共体育服务需求后，政府供给方式是否能满足公众对非基本公共体育服务需求，则要视具体的政府部门的财政情况而定。在场馆公共服务供给实践中，通常采用混合供给的方式来实现非基本公共体育服务的供给。

混合供给是指以政府力量为核心，同时鼓励、吸引社会力量参与到公共服务的供给中，辅助政府完成公共服务的供给；有时也需要民众自己承担一部分，民众以优惠的形式享受此类场馆公共服务。体育基金会是参与混合供给的重要组成部分，在全国范围内，政府与体育基金会合作提供场馆公共服务的这一形式，已大量运用到实践中，取得了不少成功经验，一些地区还总结出一套实践模式。中国体育彩票和江苏省发展体育基金会联合举办江苏“体彩公益行”科学健身知识大讲堂，在江苏省五台山体育中心、江苏凤凰国际文化中心等多个会场及场所，组织开展讲座 50 场次，邀请了 28 位全国知名运动健身专家，针对不同群体宣讲体育健身知识。中国体彩对活动进行资助，江苏省发展体育基金会负责活动的策划实施，并充分发挥五台山体育中心的场馆优势，为民众提供大型的体育健身指导服务和体育信息服务。为减轻政府财政负担，同时保障大型体育场馆的基本运行成本，一部分场馆服务对公众采取象征性收费的方式，不少大型体育场馆以低于市场价 50% 的价格对部分公共服务进行公益性低收费，而这部分费用基本与电费成本持平，也就是说，公众参与场馆公共服务，可以享受到一定的优惠条件。

三、社会供给方式

社会供给是指在供给过程中，大型体育场馆公共体育服务资源按照市场价格机制进行配置或由市场主体为大众提供免费或低价的服务，政府部门不参与或以较低程度参与生产、提供等相关供给环节。社会供给模式下的一部分场馆服务由于是市场定价，具有很强的排他性和竞争性，所满足的也是特定人群，其公益性和公共性程度低；还有一部分公共体育服务则由市场主体向公众免费提供，其中一些企业是出于社会责任、树立企业形象的缘由，而近年来，“羊毛出在狗身上”的互联网商业模式不断创新，一些市场主体通过大力发展公共体育服务，实现自身的商业目标。这种模式类似于大型赛事里的商业赞助，随着国家对全民健身的不断重视，越来越多的市场主体开始以群众健身为目标市场，一部分公共体育服务通过这样的方式实现了有效供给。

第四节 政府购买体育场馆公共服务机制及绩效评估

一、政府购买体育场馆公共服务的概念

（一）政府购买公共服务

政府购买公共服务是指政府将原来由政府直接举办的，为社会发展和人民日常生活提供服务的事项交给社会组织来完成，并根据社会组织提供服务的数量和质量，按照一定的标准进行评估后支付服务费用，是一种“政府承担、定额委托、合同管理、评估兑现”的新型政府提供公共服务方式。

（二）政府购买体育公共服务

公共服务的提供者与生产者是体育场馆公共服务两个密不可分的主体，政府作为提供者，通过购买服务的方式，向生产者支付成本，使体育场馆可持续提供更优质的公共服务。

1. 体育场馆公共服务的提供者

体育场馆属于准公共物品，提供公共服务是政府的基本职能。从这一角度出发，体育场馆的基本公共服务生产者一定是政府。政府可以通过财政投入建设体育场馆，并通过政府采购的方式提供体育场馆的公共服务，使公民的基本公共服务得到保障，享受公民的体育权利。但是体育场馆公共服务项目繁多，日常工作运营需要耗费大量的人力、物力、财力，完全由政府亲自办理会导致办事效率低下，无法有效保证资源的合理配置。因此，政府不应只专注于做体育场馆公共服务的生产者，而应致力于做体育场馆公共服务的提供者，将体育场馆服务的生产转交给其他主体，提高资源配置效率，提高体育场馆公共服务的服务质量。

2. 体育场馆公共服务的生产者

过去，体育场馆公共服务的生产者与提供者没有分离，政府既是体育服务的提供者又是生产者。随着改革的深入，公共服务生产者呈现多元化发展趋势，企事业单位、非营利机构等社会组织提供了丰富多样的公共体育服务。对于体育公共服务而言，生产者也不再局限于政府。政府作为体育公共服务的提供者，应通过政策优惠、政府购买等措施使生产者提供更优质、更丰富多样的体育公共服务。

体育公共服务的购买制度可以发挥政府财政的优势，同时又真正将体育的投入用于体育需求的满足上。政府购买体育公共服务可以弥补体育公共服务生产上存在的不足，还可以满足社会公众对公共服务日益增长的需求，也有利于改善公共服务的质量和效率，促进

公共财政体系建设，转变政府体育管理的角色和职能，促进社会和谐与持续发展。

（三）政府购买体育场馆公共服务的几个问题

首先，统筹协调大型体育场馆资源与其他公共体育服务资源。公共体育服务内涵丰富，受众群体广泛，从公共体育服务的具体内容来划分，大型体育场馆是公共体育服务中不可或缺的一部分。然而，在制定政府购买的规范或标准时，政策制定者需结合当地现有体育资源、群众体育需求等因素，综合考虑如何协调大型体育场馆公共体育服务与其他类型体育服务之间的关系比例，实现场馆资源与其他体育资源的互补与融合。政策制定者只有从公共体育服务整体的视角出发，才能统筹协调各种资源，保障公共体育资源不浪费，提高公共体育服务的供给效率。

其次，合理规划体育场馆资源。体育场馆集专业的场地设施、人力资源和健全丰富的配套设施于一体，能够满足赛事、体育健身、训练培训等多种体育需求，而且其服务的类型和质量蕴藏着巨大的开发潜力。因此，政府在制定相关购买政策中，应对体育场馆所能提供的公共体育服务进行分类，对本地现有的场馆公共体育服务进行整体把握，科学安排各类体育服务，盘活现有存量，做到既不浪费场馆资源，又能切实满足公众体育需求。此外，体育场馆不仅是开展公共体育服务的重要平台，它还担负着推动职业体育发展、促进我国体育产业升级的任务，所以政策制定者在衡量各类场馆资源时，不能忽略场馆的资产性质，平衡好大型体育场馆的经济效益和社会效益。

最后，以公众需求作为政策制定的根本立足点。政策制定者坚持需求导向，根据需求引导供给，而非盲目地进行服务购买，否则不仅不能满足公众需求，对场馆资源也是一种浪费。在整个政府购买活动中，不仅要有完善的招标采购机制、监督评估机制，更重要的是必须建立健全群众体育需求调查机制，从源头上明确政府购买公共体育服务的方向。

二、政府购买体育场馆公共服务机制

（一）加强制度建设，构建政府购买体育公共服务的制度体系

顺利推进政府购买体育公共服务这项工作，必须为政府向社会组织购买体育公共服务提供坚实的制度保障。该制度体系应明确政府和社会组织在提供体育公共服务过程中的责任，有效地规范和约束双方行为，防止政府滥用权力，制止社会组织的不良行为。同时还要制定相应的监督检查和问责制度体系，对政府的购买行为进行全程监督，并定期对政府购买行为进行账务情况检查，公开政府资金的使用状况。在政府购买行为出现问题时，要启动问责程序，调查问题原因，并对相关责任人或组织进行责任追究。

（二）将购买费用纳入公共预算，保证公共资源合法使用

公共预算是制度化的公共资源分配方式和公共需求满足方式。政府用于购买公共服务的资金主要来源于两个方面：一是税收收入；二是非税收收入，如彩票。从合理性来讲，

无论体育公共服务的购买资金来自何处，为提高资金使用效率，都有必要将其纳入公共预算。根据拟购买的公共服务细目安排购买资金，资金预算经同级人大批准后与公共服务细化目录一同向社会公布，为后续的服务招投标做好准备。

（三） 建立多方责任关系，使公共服务行为立足于合同契约关系

体育公共服务的购买制度使政府在提供体育公共服务的方式上发生了转变，即从财政资金的直接使用者向分配者、监管者的间接角色转变，其本质是公共服务提供的契约化。政府要与社会组织签订购买合同，建立多方责任关系，明确各方的职能和责任。

（四） 健全公开透明规范的公共服务购买流程，发展多元化购买机制

购买公共服务的流程是否公正妥当，会直接影响政府购买体育公共服务的本意能否实现。建立政府购买公共服务的规范程序是有必要的，尤其是购买流程。建立健全购买机制就要将政府的购买行为引进“市场机制”，生产公共服务的组织市场化，在竞争下能够生产出更好的公共服务，同时也能够推动社会组织的发展，使政府提供公共服务的行为达到最优。建立体育公共服务购买的多元专业监督机制，促进公共资源的有效利用。

三、政府购买体育场馆服务的绩效评估

（一） 制定体育场馆公共服务的标准

对大型体育场馆供给体育公共服务实施标准化的衡量手段和要求，一方面有利于规范大型体育场馆在提供体育公共服务过程中的非公平性竞争，为大型体育场馆供给体育公共服务提供良好的秩序和服务标准；另一方面，大型体育场馆供给体育公共服务标准的实施，能够有效地保障公众享受体育公共服务的权利，为公众参与体育提供强大的制度依靠。

在具体措施上，应尽快建立大型体育场馆提供体育公共服务的时间和方式标准、大型体育场馆提供体育公共服务的场地设施标准、体育组织服务标准、体育活动服务标准、体育健身指导培训服务标准和体质监测服务标准等。同时，不断完善政府购买体育公共服务这一政策的实施、反馈和调整过程，要适当考虑不同场馆的性质差异，使大型体育场馆供给体育公共服务能够得到切实的政策支持和保障，也促使政府购买体育公共服务的方式能够得到实实在在的落实，进而提升公众享受体育服务的数量和质量。

（二） 体育场馆供给体育公共服务的评估管理体系

大型体育场馆供给体育公共服务是一个长期的过程，大型体育场馆在供给体育公共服务过程中，由于其所属单位类型存在着差异，因而在对其实施管理和评估考核过程中，应结合不同单位类型大型体育场馆供给体育公共服务的现实环境和问题，制定相应的考核评估方案。

在政府发挥监督管理职能的同时，应综合考虑大型体育场馆提供体育公共服务的数量、质量和效益，进而确保公众实现享有体育服务的实质权益。体育行政部门作为大型体育场馆供给体育公共服务的监督者和管理者，既要做好对体育服务供给的监督工作，同时，更应结合大型体育场馆在供给体育公共服务过程中出现的问题，及时完善大型体育场馆提供体育公共服务的方式，调整体育公共服务供给的评估管理形式，进而实现大型体育场馆供给体育服务内容的增量保质。

不同类型的大型体育场馆在运营和管理中所追求的目标是不一致的，以经营性为目标的企业类体育场馆在运营管理中会追求更多的经济价值，而以公益性为目标的事业类体育场馆则会更多地强调公益价值。大型体育场馆在供给体育公共服务过程中，要平衡好经营性和公益性二者之间的关系，自负盈亏的企业类大型体育场馆在运营管理中，既要做好场馆开发的经济创收，同时，也不能忽略公益性服务所创造的间接价值；全额拨款或差额拨款的事业类大型体育场馆在体育公共服务供给过程中，既要追求体育公共服务供给的最大化和最优化，同时，也应积极挖掘体育公共服务供给过程中潜在的经济价值，通过经济价值的开发进一步优化体育公共服务的数量和质量。

（三）加强体育场馆主体功能实现的评估，完善体育场馆承接政府购买体育公共服务的方式

大型体育场馆供给体育公共服务的内容主要包括以体育赛事为主的文化服务、以体育场地设施为基础的健身指导、体育竞赛组织、体育培训和体质监测服务。发挥大型体育场馆的主体功能，要求通过多种途径，创新场馆的管理和运营方式，积极引进国内外各类体育赛事，开展群众喜闻乐见、丰富多彩的健身、竞赛、表演活动。大型体育场馆在为公众提供形式多样的服务内容时，应加强其作为服务承办方的主体作用，这突出表现在大型体育场馆为公众提供的体育组织服务。大型体育场馆还应不断强化其公共体育服务供给的责任，提高公共体育服务供给水平，主动承接政府向社会购买公共体育服务的内容。

思考题

1. 简述公共服务的概念和类型。
2. 简析体育公共服务的概念。
3. 试述体育场馆的公共服务的类型。
4. 试述体育场馆公共服务的供给方式。
5. 论述政府购买体育场馆公共服务的机制。

第八章　体育场馆标准化管理

本章教学提示

1. 了解标准、体育标准、体育标准化相关概念；我国体育场馆标准现状。

2. 掌握体育场馆建设标准及主要内容。

3. 理解体育场馆管理标准体系及基本内容。

4. 掌握体育场馆服务认证。

5. 了解体育场馆业务标准的编制与实施。

第一节 体育标准化概述

一、标准概述

（一） 标准和标准化

标准是“为了在一定范围内获得最佳秩序，经协商一致制定并由公认机构批准，共同使用的和重复使用的一种规范性文件”；标准化是“为了在一定范围内获得最佳秩序，对现实问题或潜在问题制定共同使用和重复使用的条款的活动。”标准属于规范性文件，而标准化则是一系列活动，如标准制定、宣传贯彻、检验、监测、认证、监督、检查。标准化技术委员会是制定国家标准和行业标准的一种重要组织形式，它是一定专业领域内从事全国性标准化工作的技术工作组织。

（二） 标准种类

按照适用范围，标准分为国际标准、区域标准、国家标准、行业标准、地方标准、团体标准和企业标准。按照法律的约束性，标准分为强制性标准、推荐性标准和指导性技术文件。按照制定主体性质，标准分为政府标准和市场标准，政府标准包括国家标准、行业标准和地方标准，市场标准包括社团标准（联盟标准）和企业标准。

体育行业的重点标准主要涉及体育服务、体育设施、体育器材等，都与体育场馆有密切关系。

二、体育事业与标准化

（一） 标准化促进国民经济发展

在现代社会中，标准化对经济和社会的作用越来越明显，在协调经济各部分的发展，优化资源配置，扩大市场规模，减少市场混乱现象，提高市场效率和有序性，提升国家竞争力，全面有效地促进经济协调稳步发展方面有着独特的作用。标准是企业生存、发展的重要技术基础，是衡量产品质量好坏的准绳，是企业生产、经营、检验产品的行为准则，更是推动企业技术进步的杠杆。可以说，标准是各行各业加强管理，确保各项工作低耗、高效的重要技术依托。

（二） 体育事业发展离不开标准化

在体育领域，标准化在竞技体育、群众体育、体育产业、体育服务及管理等各个环节发挥着保证体育产品质量、维护消费者利益、保障人们身体健康和生命安全等重要作用，是促进体育运动与现代科技紧密结合的重要基础工作。体育领域标准化工作涉及管理、服务质量、服务资源、设施运动安全和卫生保护、消费者权益等内容。体育领域标准化是我国标准化工作的一个重要组成部分，既涉及政府为社会提供体育服务的能力，也关系着大众的切身利益，更是开展各项体育活动的重要环节。

（三） 深化改革背景下体育标准化面临新挑战

2009 年 7 月 31 日，在国家标准委员会、国家体育总局、科技部、文化部、教育部等部委及行业组织的大力支持下，全国体育标准化技术委员会在北京正式成立，主要负责群众体育、竞技体育、体育经济、体育科研等领域标准化工作，涉及体育基础、竞技活动、设施设备、体育场所、体育服务等各个环节。然而我国体育标准化的基础性工作不够扎实，存在起步晚、水平低、基础差、数量少、结构性缺失等问题。

（四） 体育场馆标准化

体育场馆运营管理是社会事业和公共服务的重要组成部分，体育场馆标准化对提高服务水平和服务质量有着不可忽视的作用。一方面，通过对体育场馆服务环节进行标准化的规范可以改善服务项目、优化服务环境、保障服务质量和规范体育活动；另一方面，对体育场馆服务机构标准化的规范可以提高体育场馆服务领域的科技含量和科技水平，不断提高服务机构现代化、规范化、科学化的管理水平。尤为重要的是通过标准化可以提高从业人员的素质，牢固树立服务的意识，增强软实力，从而推进体育事业的发展。

三、体育标准及标准化

（一） 体育标准

体育标准是“以体育事业为对象，以科学、技术和实践经验的综合为基础，经协商一致制定并由公认机构批准发布的，对体育生产服务活动中重复性事物和概念所做的统一规定。”体育标准具有强制性、指导性、竞争性等特征，是提高体育事业服务水平和管理效益的重要手段，以制定、贯彻和修订统一的体育标准为主要内容的全部活动称为体育标准化。

（二） 体育标准体系

标准体系内部应按照一定的结构进行逻辑组合，而不是杂乱无序地堆积，标准体系是一定范围内的标准按其内在联系形成的有机整体。体育标准体系就是指一定范围内的体育标准按其内在联系形成的科学有机整体，主要是指围绕体育事业制定的以国家标准为基础，行业标准、地方标准和企业标准相配套的系列标准，包括现有标准和预计应发展的标准，涉及竞技体育、群众体育、体育经济、体育科研以及体育设施、体育用品、场馆服务、人员管理、竞赛标准、锻炼标准、人员等级等标准。将一定范围内的体育标准按一定形式排列起来构成的图表就是体育标准体系表。通过体育标准体系描绘出的整体蓝图，可以把握国际体育标准发展水平，指导体育标准制订和修订计划的编制，不断完善现有标准。

（三） 体育标准化

体育标准化是“以体育领域各项事业获得最佳秩序和效益为目的，以体育生产、经营、管理与服务中出现的重复性事物和概念为对象，以先进科学技术和生产实践经验的综合成果为基础，运用标准化原理制定和组织实施体育标准体系的有组织的系统活动。”体育标准化定义包含两大要素：一是指编制、发布和实施标准的过程；二是其作用是改进产品、过程或服务。体育标准化的目的是将相关科技成果和体育生产、体育服务实践相结合，制定成“通俗易懂、逻辑严谨、简明扼要、便于操作”的技术标准、服务标准和管理标准并进行推广，最终产出优质的体育用品和服务产品。其内涵是使体育活动以市场为导向、以保护消费者权益为目的、建立健全规范化的服务流程和标准。体育标准化概念中体现出的目的、方法、实施等均可在体育场馆标准化管理中参考。

四、我国体育场馆标准现状

（一） 体育场馆标准现状

2000 年 12 月，经国家质量技术监督局批准，《体育场所等级划分　第一部分：保龄球馆星级划分及评定》（GB/T 18266. 1—2000）于 2001 年 5 月 1 日起执行。该标准是由国家体育总局根据我国保龄球经营场所的发展情况和规范管理的实际需求组织拟订的，是我国第一个体育类国家标准。

我国已发布体育类国家标准、行业标准、地方标准涉及各类体育场所开放条件与技术要求、体育场所等级划分、体育场地使用要求及检验方法等内容，标准体系包括场馆建造要求和指南、使用与技术要求、质量与安全要求、检测方法、维护管理、开放等级评价标准等。

涉及场馆建造要求和指南的标准包括《体育建筑设计规范》（JGJ 31—2003）、《体育场馆声学设计及测量规程》（JGJ/T 131—2012）、《体育场馆照明设计及检测标准》（JGJ 153—2007）、《体育建筑智能化系统工程技术规程》（JGJ/T 179—2009）、《城市用地分类与规划建设用地标准》（GB 50137—2011）、《城市居住区规划划设计规范》（GB 50180—2002）、《城市公共设施规划规范》（GB 50442—2008） 等。

涉及场馆使用和技术要求的标准包括《系列天然材料体育场地使用要求及检验方法系列标准》（GB/T 19995）、《系列人工材料体育场地使用要求及检验方法标准》（GB/T 20033）、《系列体育场地使用要求及检验方法标准》（GB/T 22517）、《拆装式游泳池》（GB/T 28935—2012）、《城市社区体育设施技术要求》（JG/T 191—2006）、《全民健身活动中心分类配置要求》（GB/T 34281—2017）、《城市社区多功能公共运动场配置要求》（GB/T 34419—2017）等。

涉及质量和安全的标准包括《体育场馆公共安全通用标准》（GB/T 22185—2008）、《公共体育设施室外健身设施应用场所安全要求》（GB/T 34284—2017）、《安全生产等级评定技术规范滑雪场所》等。

涉及检测方法的标准包括采用国际标准《运动面层厚度的测试方法》（EN 1969：2000）、《运动面层冲击吸收的测试方法》（EN 14808：2005）、《运动面层合成材料拉伸性能的测试方法》（EN 12230：2003）等。

涉及维护管理的标准包括《公共体育设施　室外健身设施的配置与管理》（GB/T 34290—2017）、《体育场所开放条件与技术要求总则》（GB/T 34311—2017）、《滑雪运动装备使用要求》（GB/T 31169—2014）、《雪具的维护与保养》（GB/T 31170—2014）、《全民健身活动中心管理服务要求》（GB/T 34280—2017）等。

涉及开放等级评价的标准包括《体育场所开放条件和技术要求系列标准》（GB 19079）、《体育场所等级的划分系列标准》（GB/T 18266）、《汽车露营地开放条件和要求》（TY/T 4001—2013）、《旅游滑雪场质量等级划分》（LB/T 037—2014）等。

以上标准为加强体育场馆管理、提高服务水平奠定了坚实的基础。例如，体育场馆等级划分及评定将场馆划分为 5 个星级，即五星级、四星级、三星级、二星级、一星级。最高星级为五星级，最低星级为一星级。星级越高，表示体育场馆的级别越高。体育场馆星级的划分以场馆的清洁卫生、环境与安全救护、设备设施及维护保养、服务水平为依据，具体的评定办法按照国家体育行政主管部门颁布的设施设备评定标准、设施设备的维修保养评定标准、清洁卫生评定标准、服务质量评定标准、顾客意见评定标准 5 项标准执行。又如《体育场所开放条件与技术要求》（GB 19079. 6—2013）第 6 部分：滑雪场所标准的主要内容涉及滑雪技术指导人员从业职业资格，索道管理和作业人员从业职业资格，滑雪道室内外总面积，雪层压实的厚度，终点停止区面积、平整设备、安全网、保护垫、急救室、急救器材、维修设备、卫生间、储物柜、管理制度、标识等，极大地保证了相关人员的安全。

2009 年 7 月，经国家标准化管理委员会批准，全国体育标准化技术委员会在北京成立，委员由来自体育、企业、科研院校、检测机构、建筑设施等多部门专家组成。委员会主要负责体育基础活动、设施设备、竞技活动、体育场所等领域的标准化工作，涉及群众体育、竞技体育、体育产业等各个环节。2010 年 11 月，体育设施设备技术委员会成立，主要负责体育设施设备的技术、产品、性能要求、检测方法等领域（不含运动器材制造）的标准化工作。

（二）体育场馆标准相关政策

2017 年 10 月 23 日，国家体育总局印发《体育标准化管理办法》，鼓励各级体育行政主管部门运用标准化手段提供公共服务，建立健全体育标准的实施监督机制，该办法是规范体育场馆标准化活动的行为指南。2015 年 1 月 15 日，国家体育总局印发《体育场馆运营管理办法》，强调体育场馆运营单位应制定服务规范，明确服务标准和流程，配备专职服务人员，提供专业化、标准化、规范化服务；同时鼓励体育场馆社会组织发挥制定行业标准方面的作用。

2005 年 9 月 9 日，国家建设部、国土资源部发布《城市社区体育设施建设用地指标》，旨在加强对城市社区体育设施建设用地的科学管理，适应群众体育开展和城市社区体育设施建设的需要；2017 年 12 月 21 日，国土资源部发布《城市公共体育场馆用地控制指标》，明确了城市公共体育场馆建设的土地使用标准，与《城市社区体育设施建设用地指标》相互衔接，相互补充完善，形成国家层面较为完整的体育领域用地标准体系。

2016 年 5 月 5 日，由国家体育总局发布施行《体育发展“十三五”规划》指出：要加强健身场地设施建设与管理，逐步建成县（市、区）、街道（乡镇）、社区（村）三级群众健身场地设施网络，推进建设城市社区 15 分钟健身圈。到 2020 年，新建县级全民健身活动中心 500 个、乡镇健身设施 15 000 个、城市社区多功能运动场 10 000 个。2016 年 12 月 31 日，发改委、体育总局印发《“十三五”公共体育普及工程实施方案》指出，到 2020 年，人均体育场地面积达到 1.8 平方米，形成布局合理、覆盖面广、类型多样、普惠性强的公共体育服务网络，各类体育设施的利用率有较大提升，基本满足群众体育健身需求。同时，提高县级公共体育场、全民健身中心、基层体育健身设施覆盖率；每万人拥有足球场地 0.5 块，有条件的地区达到 0.7 块以上；有条件的地区具备开展冰雪运动的能力。

（三）体育场馆服务标准内容

体育场馆标准属于服务标准。《服务标准化工作指南》（GB/T 15624.1—2011）规定，服务标准包括服务基础标准、服务提供标准和服务评价标准三类。第一类是服务基础标准，包括服务术语、服务分类、服务标识与符号；第二类是服务提供标准，是为满足顾客的需要，规范供方和顾客之间直接或间接接触活动过程及相关要素的标准，主要包括服务提供者、服务人员、服务环境、服务设施设备、服务用品、服务合同、服务提供过程、服务结果等；第三类是服务评价标准，是对服务的有效性、适宜性和顾客满意度进行评价，并对达不到预期效果的服务进行改进而收集、制定的标准，主要包括顾客满意度、服务分等分级、服务质量评价等。现行有效的体育场馆国家标准涉及体育场所等级划分、体育场馆 LED 显示屏、体育场馆扩声系统、天然材料体育场地等。

（四）体育场馆服务规范

2014 年 9 月，国家体育总局发布的《大型体育场馆基本公共服务规范》提出基础设施、基本管理、基本服务、满意度四个一级指标，以及场地设施、安全设施、环卫设施、交通设施、组织机构、管理制度、风险控制、开放要求、服务内容和顾客满意度十个二级指标。在同时印发的《大型体育场馆运营管理综合评价体系》中，采取百分制对开放情况（比重 40%）、管理情况（比重 20%）、综合效益（比重 30%）和特色加分（比重 10%）进行绩效考评。以此为基础，国家财政部、国家体育总局每年提供大型体育场馆免费低收费开放补助资金。

以《大型体育场馆基本公共服务规范》为基础，各地结合实际积极研制体育场馆服务指标体系，极大地促进了当地体育场馆服务工作的开展，有利于建成覆盖城乡的体育场馆设施、体育组织、健身指导服务、活动开展、健身保障等全民健身服务体系。

第二节　体育场馆建设标准

一、体育场馆建设标准概述

体育场馆是各类建筑中功能最复杂、技术要求最高的种类之一。第一，体育场馆建设标准具有严格的科学性，必须保护运动者安全，确保公平竞争；第二，体育场馆建设标准必须遵循国际相关组织的规定，不能与体育规则相抵触；第三，体育场馆建设标准具备很强的专业性，与检验监督密切联系；第四，体育场馆建设标准内容宽泛，往往涉及运动器材设施、场地环境、人群、信息、竞赛等多方面的技术要求；第五，体育场馆建设标准作为安全、公平竞争执法的技术依据，具有很强的技术法规性，要求精确性很高。由于体育设施独有的针对性和专业性，使其对场馆建设的技术内容、综合性、标准化程度要求非常高，只有按照体育工艺标准开展建设，才能满足各项体育比赛规则对场地的要求，满足对训练竞赛功能流程的设置要求，并满足对灯光、音响、电视转播、计时记分等的专业要求。因此，制定体育场馆设施建设标准，加快体育场馆设施建设标准化、规范化进程，推行体育场馆设施建设标准化认证是当务之急。

体育场馆建设标准能够规范场馆选址，确定其建设规模、总建筑面积和分项面积指标，明确场馆建设实施过程中的基本要求，使体育场馆建设服务于体育竞赛及群众体育的需要，做到规模合理、功能适用、经济高效，进而提高体育场馆建设项目决策与管理水平，充分发挥投资效益。

二、各层级行政区体育场馆配建标准

我国基本公共体育设施建设范围的重点应在县（区、市）、街道（乡镇）和社区（行政村）三个行政层级，建设类型应采用基本配置（必选配置）和选择配置（可选配置）两种类型。基本配置是指我国各地区、各层级行政区在“十三五”期间必须完成建设的基本公共体育设施；选择配置是指我国各地区、各层级行政区在完成“十三五”我国公共体育设施基本配置建设的前提下，综合考虑本地区社会经济发展水平、人口发展速度、群众体育需求及群众体育发展趋势等因素，进而进行建设的、以满足当地群众体育实际的其他公共体育设施。“十三五”期间我国各层级行政区基本公共体育设施配建标准见表 8－1。

表8－1　“十三五”期间我国各层级行政区基本公共体育设施配建标准

不同层级行政区	基本配置（必选配置）	选择配置（可选配置）
县级	1个全民健身中心、1个公共体育场、1个室内或室外（拼装式）游泳池	多功能健身场地、笼式球类场地、健身步道（或绿道）适量
街道	1个笼式球类场地（或多功能健身场地）、1个全民健身中心（或综合文体中心）	健身步道（或绿道）、室内或室外（拼装式）游泳池适量
乡镇	1个带灯光球类运动场、1个全民健身中心（或综合文体中心）	多功能健身场地、笼式球类场地、健身步道（或绿道）适量
城市社区	1个多功能健身场地（或笼式球类场地）	健身步道（或绿道）、综合文体中心（站）适量
行政村	1个室外健身器材场地、1个球类运动场地	综合文体中心（站）适量

三、场馆选址、建设条件及规模

体育场馆选址应征得当地城乡规划行政主管部门的许可，在城乡规划确定的建设用地范围内选址，并考虑远期发展的需要。选址应考虑市、区各级体育设施的布局，应符合人口集中、交通便利的原则，在基础设施条件较好的地段选址，合理利用自然地形、地貌。用地至少应有一面或两面临接城市道路，以满足交通、疏散等要求。

体育场馆建设应符合城乡规划条件要求。满足朝向、日照、风向、安全、卫生、消防、环保等建设条件的要求，并根据当地气候条件，在满足体育竞赛要求的前提下，采取节能、节水措施，科学利用自然通风和天然采光，合理确定建设方案。

体育场馆建设规模应按人口规模和竞赛要求确定。竞赛要求一般包括四个级别，即奥运会、世锦赛、世界杯；全国性和其他国际比赛；地区性和全国单项比赛；地方性、群众性运动会。体育场馆按照人口规模可分为五级，即200万以上人口、100万～200万人口、50万～100万人口、20万～50万人口、20万以下人口。体育场馆应根据人口规模设计相应的建筑面积和座席数。

四、主要项目构成与建筑面积指标

体育场馆由运动场地、看台、辅助用房和设施等部分组成。运动场地包括比赛场地和热身场地；看台包括观众席（含无障碍座席）、运动员席、媒体席、主席台和包厢等；辅助用房包括观众用房、运动员用房、竞赛管理用房、媒体用房、场馆运营用房、技术设备用房和安保用房等，其功能布局应满足比赛要求，具有通用性和灵活性，便于使用和管理，并解决好平时与赛时各类用房的利用问题。其中观众用房包括观众区、贵宾区和其他（赞助商区）；运动员用房包括运动员及随队官员休息室、兴奋剂检查室、医务急救室、检录处和赛后控制室等；竞赛管理用房包括组委会办公和接待用房、赛事技术用房、其他工作人员办公区、储藏用房等；媒体用房包括新闻发布厅、记者工作区、记者休息区、评论员控制室、转播信息办公室、新闻官员办公室、媒体技术支持区等；技术设备用房包括计时控制、计时与终点摄影转换、屏幕控制室、数据处理室和扩声、场地照明机房等；场馆运营用房包括办公区、会议区和库房；其他设备用房包括消防控制室，电气系统用房、设备机房和设备库房等；安保用房包括安保观察室、安保指挥室等。

体育场馆应根据相应赛事等级确定各部分建筑面积指标。

五、体育场馆建筑标准

体育场馆应充分满足相应级别的体育竞赛要求，同时应满足观众观看比赛所需要的视觉及声学环境要求，还应兼顾全民健身等活动要求。体育场馆建设应考虑体育运动的特点，考虑老幼及残障人士等不同使用对象的特殊要求。在满足本项目训练、比赛要求的同时，应适当兼顾其他运动项目，内部辅助用房应有一定的适应性和灵活性。

体育场馆结构形式应满足大空间、大跨度的建筑设计要求，同时兼顾经济性和合理性。体育场馆空间形式、设备选型、材料选用应充分考虑节能、环保等可持续发展要求。体育建筑应便于维护管理，同时应有安全、可靠的措施能够应对使用中发生的紧急情况和意外事件。

运动场地界线外围须按照规则设有缓冲区域、通行宽度及安全防护等要求。运动场地应选用符合体育竞赛要求的专用材料。看台平面布置应根据比赛场地和运动项目，使多数席位处于视距短、方位好的位置。

第三节　体育场馆管理标准化

一、体育场馆管理标准化概念

（一） 体育场馆管理标准化的定义

体育场馆管理标准化的定义为：政府在提供体育场馆服务和产品的实践过程中，为不断满足社会公众对体育场馆的基本需求，通过制定体育场馆服务标准并实施推广，使体育场馆服务产品供给规范化、提供过程程序化，进而获得最佳服务秩序和社会效益的过程。体育场馆标准化是制定和贯彻实施标准的全过程。在体育场馆服务产品提供过程中会涉及政府、市场、社会等实施主体，以及实施客体，同时需要一定的支撑条件。

（二）体育场馆管理标准化的作用

体育场馆标准化工作能够推进服务型体育政府建设。通过管理标准化体系，便于政府改变行政命令模式，建立科学标准，明确政府责任，规范管理与服务行为，建立量化指标，推进公共服务均等化，解决体育公共服务供给能力不足、供给不均衡、服务不规范、职能和责任混乱、考核不健全等问题。

体育场馆标准化能够提高政府科学管理能力。标准化工作可以运用科学管理方法，优化管理流程，提升管理效率。标准化是实现精细化管理的重要手段，能够明晰政府、市场、社会的行为边界，实现三者的均衡与协调，促使政府将主要精力放在社会管理、公共服务政策制定、机制建设、资源配置、服务监督等方面，形成政府精细化管理标准体系。另外，通过编制标准、设定指标等方法来落实相关政策，能推动法律法规及政策文件的有效实施。

体育场馆标准化能够增加政府工作透明度。通过政府行为规范和管理标准的制定、发布和执行等标准化活动，使社会公众了解政策法规要求，增加政府部门职责、公共政策以及各项管理流程的透明度，减少标准混乱、暗箱操作、供给不透明等情况，促进政府服务职能的透明和完善。

体育场馆标准化能够科学评价场馆管理与服务质量。通过设定科学合理、易于操作的管理评估标准，能够全面评估场馆服务质量。标准化建设中设计的指标体系以及相应的绩效评估工作，能够指导场馆规范管理、服务公众，也能够找出差距，不断改进，起到激励作用，提高场馆服务的自觉性。

总之，体育场馆标准化工作有利于实现政府规制与社会自治，使政府对于场馆服务职责的履行更加专注、有效，使社会资源得到广泛开发，调动市场、社会积极性，使体育场馆取得更大效益。

二、体育场馆管理标准体系

体育场馆管理核心要素是体育场馆服务主体、体育场馆政策法规、体育场馆资源条件、体育场馆服务产品、体育场馆服务质量、体育场馆管理绩效评估与反馈等。根据体育场馆管理标准所涉及的内容，体育场馆管理标准体系包括基础标准体系、资源标准体系、运营标准体系、质量标准体系和保障标准体系，如图8－1所示。

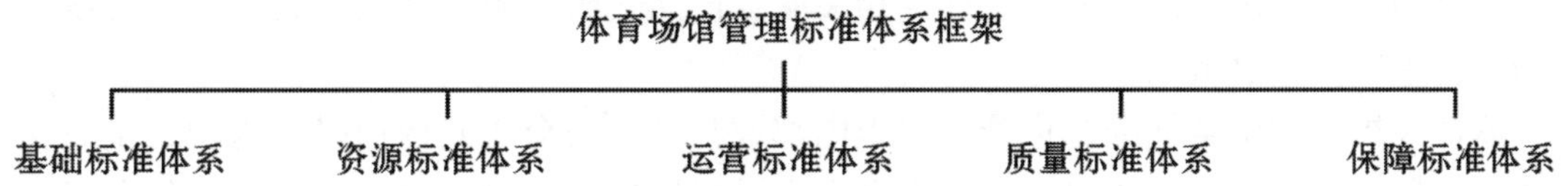

图8－1　体育场馆管理标准体系框架

（一） 体育场馆基础标准体系

体育场馆基础标准体系是具有广泛指导意义的标准的集合，是整个体育场馆管理标准的基础，包括标准化管理的一些基本规定、准则、指南等，还包括体育场馆术语标准、信息标准规范等内容。体育场馆基础标准体系图如图 8－2 所示。

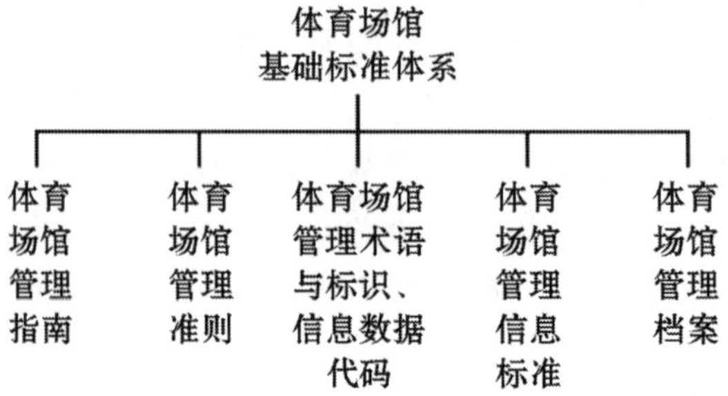

图 8－2　体育场馆基础标准体系图

体育场馆管理指南主要规定体育场馆管理标准化的范围、标准类型以及标准制定、实施、评价、改进等内容，目的是配置管理资源，整合政府、社会的服务能力，明确政府的主导作用。体育场馆管理标准体系适用范围包括体育场馆提供的各类服务，以及提供这些服务的组织，即政府组织、社会组织、企业或个人。

体育场馆管理准则主要提出体育场馆管理应采取有效方法管理其运营活动的质量，包括体育场馆服务礼仪标准、服务用语标准等，以满足公众需求，提高服务效益。同时提出公共服务标准化、均等化目标，规定全国统一的基本公共服务标准，同时考虑不同类型公共服务的特点和供给现状，因地制宜，体现特色，同时要注重标准的可操作性和实用性，保证标准质量，加强体育场馆公共服务宣传。

体育场馆管理术语与标识。术语标准主要对体育场馆管理中涉及的术语进行概念确定，如体育场馆服务、体育场馆服务质量、体育场馆服务产品及类别、体育场馆服务监管与绩效考评等。标识与符号标准主要规定体育场馆服务涉及的标识与符号，如服务流程安排、服务设计中适用的标识与符号，从而使场馆服务的各环节、各流程达到统一，便于理解和贯彻。

体育场馆管理信息数据代码标准主要针对当前电子信息化发展需要，提前规定好相应的场馆管理业务代码、部门分类名称、相关服务产品代码、服务活动代码等，以便统一体育场馆管理相关信息数据。

体育场馆管理信息标准是指管理组织内部或与社会公众之间沟通时，为便于信息交换和共享而研制的标准。主要包括管理安全标准、场馆信息提供标准、档案管理规范等。体育场馆信息标准使管理信息内容便于社会公众知情，接受公众监督和建议。

体育场馆管理档案主要是根据信息管理的时代要求，研究管理档案体系、制度和规程等，推进档案服务工作标准化建设。

（二）体育场馆资源标准体系

体育场馆资源标准主要指满足大众训练或健身需求的硬件环境，包括人力资源、财力资源、物质资源的条件标准，包括服务人员技能和条件要求、场馆建设规范、财务预算体系等，重点关注资源条件和技术要求，是开展竞技训练和群众体育活动的物质基础。体育场馆资源标准体系如图 8 －3 所示。

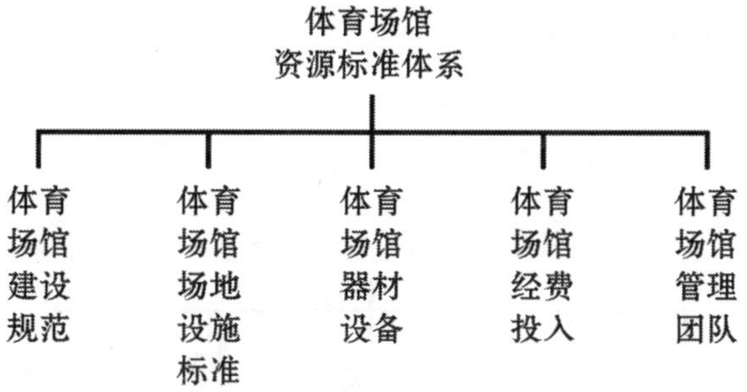

图 8 －3　体育场馆资源标准体系图

体育场馆建设规范对公共体育场、体育馆和游泳馆以及区县、乡镇健身活动中心、文体站点等提出符合服务需要的建设要求，包括建设规模、面积指标、看台要求、室内外运动项目规划要求、数字化场馆建设基本规范、青少年活动基地设施规范等。

体育场馆场地设施标准提出场馆设施应具备的基本条件和技术要求，在场地设计、设施维护保养等方面制定标准，包括设施设备维护保养与清洁卫生、服务场所开放条件与技术要求、体育场馆卫生要求、体育场馆节能管理规范等。

体育场馆器材设备是保证体育活动正常进行必不可少的物质条件，通过标准制定，提出器材装备的基本技术要求，能够加强体育场地器材设施的建设和配备工作，确保财力、物力的投入。包括体育器材配置目录、体育器材质量要求、设备维护保养规范、健身广场功能标准、晨练点设施功能配套要求等。

体育场馆经费投入是体育场馆管理的重要保障，是场馆管理体系良性运行的支撑。相较于发达国家及部分发展中国家，我国政府公共服务支出整体还处于较低水平。因此，政府财政支出中应明确规定体育场馆公共服务支出所占的比例，内容包括体育场馆建设经费、运行经费、彩票公益金投入比例等，通过制定财力标准，保障财政投入，推动体育场馆公共服务的发展。

体育场馆管理团队也是场馆服务的主要人才支撑，体育场馆管理队伍的建设和管理不容忽视。应制定和出台体育场馆管理运营队伍的相关标准，以规范区县、乡镇全民健身专（兼）职人员数量要求、人员职责规范，还应包括体育社团组织建设标准，社会体育指导员规范要求，区县、乡镇单项体育运动协会规范，单项体育社会组织要求等。通过研制服务团队的管理形式和制度，健全服务队伍，提升服务质量，以标准化途径来达到体育场馆管理水平提升和公共服务均等化的最终目标。还应设立专项经费，开展社会体育指导员培训、管理、指导等工作，以政府买单的形式实施服务团队的免费培训，提升体育场馆以及体育社会组织队伍素质。

（三） 体育场馆运营标准体系

体育场馆运营标准是有关政府公共服务管理要求、各级部门职责要求、相关人员管理职责、场馆服务运行工作流程、政府对公共服务的监督、政府购买服务等管理办法及配套的质量保证体系，以及实现公共服务均等化的要求等。运营标准主要是对人、财、物的管理，目的是保障对所有管理事项的规范，并且要达到对全过程、各环节的控制，进而明确政府职责，规范体育场馆服务管理，指导场馆运营工作的组织和实施程序，确保所有活动在统一的标准下开展。体育场馆运营标准体系如图 8 –4 所示。

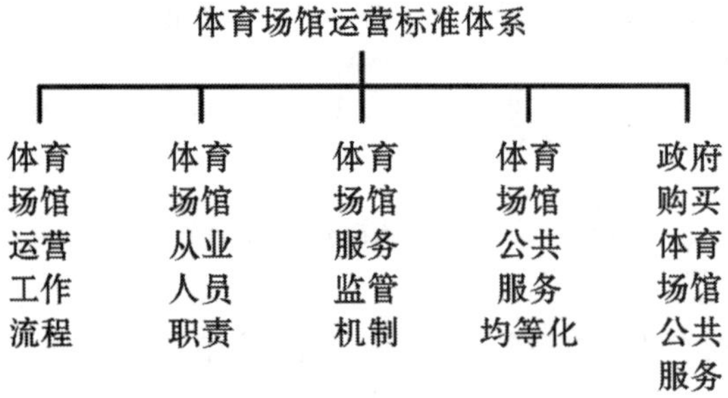

图 8 –4　体育场馆运营标准体系图

体育场馆运营工作流程，把政府、场馆、社会、社团组织等各种角色相关衔接的工作流程统一起来，使各自工作按逻辑顺序进行，形成科学规范的工作流程，达到流程便捷、行为规范、品质标准的目标。通过提供标准的工作流程，统筹规划，明确体育场馆各相关部门管理职责，促使各部门有序协作，并建立长效管理制度。体育场馆管理和运行标准，将对场馆服务过程提出运行标准，确定管理要求、工作原则和基本思路。还应考虑体育产业开发，注重体育场馆相关产业链的融合与发展。

体育场馆从业人员职责是针对场馆从业人员而制定的标准。体育场馆管理通用服务规范主要指服务人员业务水平、素质要求、受教育程度等，包括管理人员态度标准、礼仪和用语要求等文明、礼貌、诚实、信用的道德要求。体育场馆管理人员职责要求包括管理人员的岗位职责、工作规范、工作效益等，规范岗位工作所需的基本素质、技能水平、理论知识等，确保符合工作需要。

体育场馆服务监管机制将发挥监管作用。政府部门若仅构建服务流程和责任机制，而没有配套的执行和监管体系，将会在很大程度上影响场馆服务质量，因此需建立体育场馆服务监管体系，签订合同，责任双方遵守约定，还应注重档案管理，建立管理档案系统。在政府对体育场馆监督管理的过程中，政府仍需发挥主导作用，而各种行业协会、社会组织、消费者保护群体等也应积极参与。

体育场馆公共服务均等化也需做相应规定。体育场馆公共服务标准是实现公共服务均等化的重要途径。通过对各类体育场馆公共服务基础标准、质量标准、环境标准、服务标准等指标的确立，能促使各级政府关注具体指标，满足基本要求，促进体育场馆公共服务均等化目标的实现。

政府购买体育场馆公共服务包括政府购买体育场馆公共服务实施标准、体育场馆公共服务目录清单、群众健身补贴标准、体育组织承办赛事活动补偿标准、社会组织组队参赛奖励标准、科学健身指导专项经费标准等。实施政府购买体育场馆公共服务，能够推动体育场馆各项活动丰富多彩。可对百姓进入场馆健身给予补贴，对体育组织承办各项赛事活动给予补偿，对社会组织组队参赛给予奖励，对科学健身指导给予专项经费支持等，形式多样。政府应提供详细的体育场馆公共服务目录清单，满足公众多元化、个性化需求。

（四）体育场馆质量标准体系

质量标准体系主要为体育场馆提供质量保障，是整个管理标准化体系的核心内容，它包含体育场馆服务产品设计、服务质量要求、绩效评价等，具体指出了各项管理的质量控制要求。体育场馆质量标准体系如图 8－5 所示。

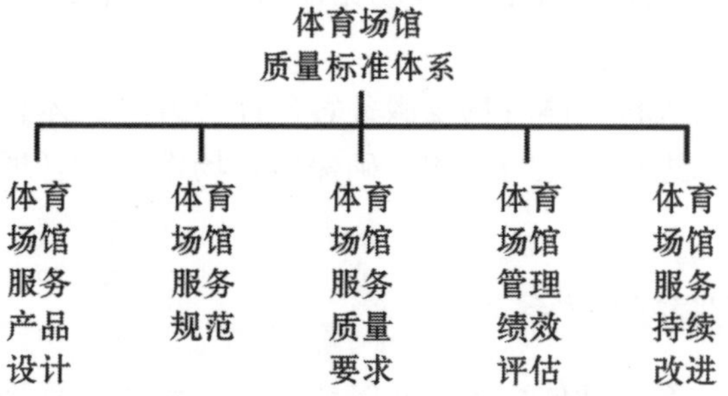

图 8－5 体育场馆质量标准体系图

体育场馆服务产品设计包括体育场馆服务产品开发与设计要求、全民健身场地设施供给标准、全民健身技能指导标准、运动项目及文化艺术培训标准、竞技体育训练服务标准、体育场馆大型赛事管理标准（体育赛事、青少年联赛、全民健身运动会、阳光体育健身活动等）、大型文化活动管理标准（庆典、娱乐、商贸、会展、科普等活动）、国民体质监测服务标准、应急避难服务标准等。体育场馆服务产品多种多样，需要文化创意和精心设计，要注重产品设计，丰富体育场馆活动内容，加强体育场馆特色文化建设。体育场馆服务产品是体育场馆管理体系的核心，其他各要素都需通过此载体来发挥作用。服务项目标准包括体育场馆赛事开发、体育场馆开放、科学健身指导、场馆运行和管理等。健身科学指导服务是促进体育规范发展的重要内容，能够保障健身的科学性。

体育场馆服务规范重点是规范体育场馆各项服务工作。场馆管理体制标准对政府在为体育场馆提供服务的过程中所运用的工作流程、方法、行为职责等进行一致性规定，形成工作标准和行为规范，能够使整个服务提供过程在制度化和规范化的范围内进行。主要包括体育比赛场馆服务规范要求、体育场馆服务外包管理规范、体育场馆服务信息规范、体育场馆开放标准等。体育场馆信息服务是利用多种信息和宣传手段为大众参与体育活动提供有效信息服务。因此，应加强宣传引导，由专业营销团队负责体育场馆宣传与策划。

体育场馆服务质量要求主要对每项服务质量要求制定出标准。要求全面研制体育场馆管理的质量方针、质量要素，要细化到管理工作所涉及的各环节。例如，明确规定体育场馆全民健身活动、体育社团组织建设或大型赛事服务中的核心质量要求，指导组织落实不同服务项目，包括体育场馆服务接待要求、客户投诉处理规范、培训机构资质等级评审规程、体育场馆服务资源质量标准等。

体育场馆管理绩效评估包括绩效标准、服务等级评估、体育社会组织等级评估等。通过绩效管理机制可以了解政府公共服务提供的水平和质量，因此必须制定绩效指标衡量场馆公共服务提供的效能。该要素能把标准化操作的流程应用到绩效管理实际，通过制定体育场馆服务绩效标准，指导各部门工作规范化、标准化、精细化，提升体育场馆管理服务绩效水平。绩效考评应引入第三方评估，由该领域专家和学者做出客观公正的评价。体育场馆服务提供程度应纳入政府综合考评，设定公共服务管理目标并加强督查、考核与评价，规范体育场馆公共服务的监管体系，设立群众监督机制，接受市民对体育场馆运营的建议，持续改进场馆服务成效，开展体育场馆服务等级评估，体育社会组织参与程度评估、等级评估等。

体育场馆服务持续改进包括体育场馆服务客户评价方法、体育场馆服务持续改进要求等。强调对绩效考核结果进行纠正与整改，确保体育场馆服务管理工作能在制度控制下不断完善。

（五） 体育场馆保障标准体系

体育场馆保障标准体系包括体育场馆政策法规、体育场馆管理安全规范、体育场馆公共服务政府主体、体育场馆服务社会参与、体育场馆协作沟通等。体育场馆保障标准体系如图 8 –6 所示。

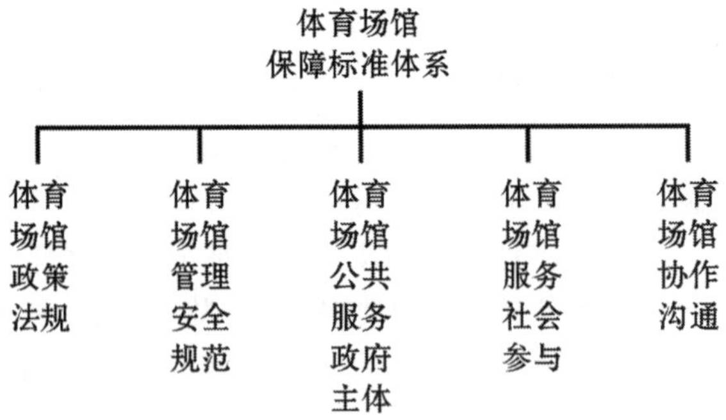

图 8 –6　体育场馆保障标准体系图

体育场馆政策法规包括体育场馆管理办法、体育社会组织注册、登记制度等。推动体育场馆管理标准化，还需政策保障，应结合当地实际情况研制体育场馆相关管理办法。在体育场馆管理标准化建设的过程中通过全面设计服务管理办法、机构建设要求、职责权限规定、管理行为准则等，出台相关政策法规文件。同时也明晰了政府在公共体育服务中的改革路径，便于基层单位遵照执行。

体育场馆管理安全规范的目的是保护管理活动中人和物的安全，包括体育场所安全管理规范、大型群众性活动风险等级评估、安全防范系统运行检验规范、大型活动安全防范技术要求、场馆医疗救助应急处理规范等。通过实施安全管理标准，能建立安全的服务场所，防止事故发生，保证相关人员的安全和健康。

体育场馆公共服务政府主体设立的目的是规范体育场馆公共服务主体责任，要求政府承担把握系统发展方向和制定具体内容的重要角色，因此要明确政府在提供体育场馆公共服务和产品时的责任和义务。主要涉及体育场馆公共服务标准的出台和颁发，提供法律法规的修订、指导性意见出台等手段，对标准化工作起到控制和调节的作用。因此，政府要高度重视，把体育场馆管理纳入政府公共服务体系，要把体育场馆建设和管理工作列入各级党委政府工作任务。

体育场馆服务社会参与主要是调动社会和市场参与体育场馆的积极性。公共部门、私人部门、社会组织等服务供给主体多元化发展是未来的发展趋势，行业协会、标准化组织、各种社会力量也是体育场馆管理标准的提供主体。体育社会组织是连接政府和群众参与体育活动的桥梁与纽带，应成为体育场馆各项活动发展的主要载体。因此，要重视社会力量的调动，使社会组织、个人、企业等参与到标准化工作中来。积极开展体育场馆相关项目的社会化运作，扶持和推动单项体育协会、体育总会、老年人体育协会、社会体育指导员协会等体育社团的注册、登记和工作开展，通过标准化手段提高社会、企业、群众、民间团体等的参与程度。构建政府主导、社会和市场机制参与的多元化公共服务体制，加大体育场馆与社会力量的合作，有利于提升场馆服务水平。

体育场馆协作沟通标准的目的是加强涉及体育场馆服务运营活动的多部门的协作沟通，通过加强文化、教育、体育、卫生、旅游等部门的相互联系、支持与协作，促进相关机构履行服务职责，解决疑难问题，落实各项工作任务。

第四节　体育场馆服务认证

一、体育服务认证

（一）体育服务认证概念

标准是共同重复使用的文件，标准化是制定、发布、宣传贯彻、实施标准的活动；另外，合格评定主要是给用户或消费者提供信任，即确定或证实材料、产品、服务、安装、过程、体系、人员或机构已经符合相关要求；认证是由国家认可的认证机构证明一个组织的产品、服务、管理体系符合相关标准、技术规范（TS）或其强制性要求的合格评定活动。

体育场馆管理服务标准必须依靠中介机构，以市场为导向，按照法规要求开展认证、认可、检测及其相应咨询和服务活动，协助政府实施体育标准，并进行社会监督。认证是确保标准实施的有效手段。认证认可制度是政府管理下的实现产品信息甄别的市场化形式，也是技术标准实施体系的有机组成部分。积极发展与规范各种强制性、自愿性认证，是推动技术标准实施的最重要、最有效的途径。

体育服务认证是指由国家批准的合法认证机构依据国家相关体育服务标准和技术规范，对体育服务提供者的服务质量评价及体育场地设施设备的现场检查，以及体育职业从业资格的现场核查所进行的合格评定活动。体育服务认证包括服务流程管理文件、行为规范、设施和设备、健康和卫生、安全保障和环境保护、服务承诺等内容的现场审查，以及获证后的监督审查。体育服务业质量认证的依据是体育服务标准。

国家实行统一的体育服务认证制度。全部体育服务认证的监督管理工作由国家认证认可监督管理委员会、国家体育总局，按照各自职责，分工协作，共同实施。体育服务认证采用统一的认证标准、技术规范和认证程序，执行统一的认证收费标准，使用统一的认证标志和认证标牌。国家鼓励体育场所、体育活动的组织与推广等服务的提供者申请体育服务认证。

（二） 体育服务认证相关政策

为规范体育服务认证活动，提高体育服务质量，促进体育服务业的发展，使我国的体育场所服务和体育活动的组织与推广等服务达到国际水平，2005 年国家认证认可监督管理委员会和国家体育总局联合发布《体育服务认证管理办法》，自 2006 年 1 月 1 日起正式实施。

《体育服务认证管理办法》以广大人民群众日益增长的体育需求为出发点，以提高体育服务质量和保障安全为目的，通过建立以提高服务质量为主要内容的体育服务认证制度，达到规范体育服务质量标准，确保体育服务安全，创造体育服务业健康和谐的发展环境，有效排除各种安全隐患，维护消费者和经营者的合法权益的目的。

《体育服务认证管理办法》规定，体育服务认证是指由符合法定条件的认证机构证明体育场所、体育活动的组织与推广等服务符合相关标准和技术规范要求的合格评定活动。国家实行统一的体育服务认证制度，统一性体现在全国体育服务认证工作，由国家认证认可监督管理委员会、国家体育总局按照各自职责，分工协作，共同实施；体育服务认证采用统一的认证标准、技术规范和认证程序，执行统一的认证收费标准，使用统一的认证标志和认证标牌；国家认证认可监督管理委员会同国家体育总局制定体育服务认证规则。体育服务认证规则由国家认证认可监督管理委员会发布，认证机构具体实施。另外，《体育服务认证管理办法》对体育服务认证机构的设立和职责、认证从业人员的资质要求、体育服务认证的实施程序和监督管理、体育服务认证证书和认证标志管理等方面的内容都做出了明确规定。

体育服务认证的依据主要是体育服务国家标准，是依据国际奥林匹克运动竞赛规则和各国际单项体育联合会的体育竞赛规则，并结合我国体育健身和竞技体育的实际情况制定的。通过体育服务认证，可以使体育服务场所和体育活动能够满足不同等级的体育服务标准，从而承担不同等级的竞技和健身活动。

为进一步规范体育服务认证活动，提高体育服务质量，根据《中华人民共和国认证认可条例》和《体育服务认证管理办法》等有关规定，2006 年 6 月国家认证认可监督管理委员会制定了《体育场所服务认证实施规则》。实施规则就体育场所服务认证的范围、认证依据、认证制度、认证实施、认证证书、认证标志和认证标牌，认证后的信息通报以及认证收费进行了规范，规定了认证机构进行体育场所服务认证的基本要求和工作程序，适用于认证机构对体育场所服务进行的认证活动。

（三） 开展体育场馆服务认证的意义

在体育场馆快速发展的同时一系列问题也不断出现，如场馆服务经营者不能按照承诺为消费者提供满意的服务；某些场馆缺乏必要的技术力量，指导人员不具备相应的业务技术和技能；某些场馆的场地、设备简陋，不符合专业技术标准，缺乏必要的安全保障措施，危及消费者人身安全。启动体育场馆服务认证将培育品牌影响力大、质量竞争力强的体育场馆服务机构，更好地满足全民健身需求。

体育场馆开展服务认证有利于建立公平的市场经济环境，指导体育消费者选择体育场馆；有利于促进政府转换职能，提高对体育场馆安全和卫生等方面的监管效率；有利于体育场馆优化资源配置，降低运营成本，提高管理水平，增强市场竞争能力；有利于促进体育场馆管理体系完善，提高体育公共安全和体育市场监督管理的效率和有效性；有利于形成体育场馆服务公平竞争的环境，更好地维护体育消费者权益。体育场馆开展服务认证在实现政府负责、社会协同、公民参与的公共治理格局，促进体育服务行业的规范化、制度化建设，推动体育服务业的发展等方面具有十分重要的意义。

二、体育设施认证

（一） 体育设施设备标准

体育设施设备标准具有以最佳效益为目标，以先进技术为基础，以统一重复为特征，以协调一致为宗旨，以权威形式为载体的特点，是体育标准体系的重要组成部分；是指导设计施工，保障产品质量的重要准则；是判定设施满足使用要求，进行工程质量验收的重要依据；是促进产业升级，推动技术进步的重要载体。提出研制体育设施设备标准体系的目的是接轨国际，保持领先，提高质量；运用参考，避免重复，确保协调；填补空白，明确分类，灵活适用。

体育设施设备标准分为体育建筑标准体系、运动场地标准体系和专业设备标准体系三个部分。体育建筑标准体系分支下进一步划分为设计标准、管理标准和相关标准；运动场地标准体系囊括国外体育设施主流标准范围，分规划设计标准、面层技术标准和场地其他标准；专业设备标准体系分不可移动和可移动设备，主要囊括了移动设备、拆装式设备、显示屏设备、计时计分设备等设备标准。体育设施标准重点领域是体育建筑设计规范、场馆公共安全规范、体育建筑智能化系统工程规范和群众体育设施标准。

（二） 体育设施认证

体育设施是用于体育竞赛、训练、教学和群众健身并满足其使用要求的场地、建筑物和相关固定附属设备。体育设施的特点包括：①不同的使用目的，对体育设施的要求存在差别；②竞赛用体育设施首先必须满足体育竞赛规则；③所有体育设施强调的是周到、充分地保护运动员，即重视安全性、适用性、环保性；④由于体育运动项目多，体育设施涉及建筑、化工电子、林业、光学、环境保护等多专业和学科。

体育设施认证是第三方根据相关标准和技术法规，依据程序对体育设施符合规定要求给予书面保证（合格证书）。

（三） 体育设施认证的产生

体育设施建设市场已经形成，体育设施产品结构的多样性和性能的复杂性，使体育设施的建设方、原材料生产商、供应商和施工单位，自发地产生由第三方证实体育设施满足使用要求，符合相关标准、技术法规和产品质量的需要。

（四） 体育设施认证的作用和意义

体育设施认证有利于提高供方的信誉，增强其市场竞争力；有利于企业完善质量体系，提高管理水平；有利于企业减少社会重复评定费用，提高经济效益；有利于指导消费，保护消费者的利益；有利于规范体育设施建设市场，提高体育设施建设质量，促进体育设施建设市场持续健康发展。

（五） 我国体育设施认证的现状

国家体育总局作为中国体育事业的行政主管部门，有权力、有义务代表使用者评价体育设施是否符合规定要求。国家体育总局为推动体育设施建设的持续健康发展，批准成立国家体育总局体育设施建设和标准办公室，其主要职能包括体育设施建设，体育设施标准的拟定、实施，体育建筑工艺研究。

第五节　体育场馆业务标准的编制与实施

一、体育场馆业务管理标准化

体育场馆业务管理标准化是运用标准化原则和方法，通过对体育场馆业务管理标准的制定与实施，实现场馆服务资源的合理有效配置，从而获得最佳秩序和社会、经济效益的过程。体育场馆管理者有必要通过制定、发布和实施标准，达到服务质量优质化、服务方法规范化、服务过程程序化等目标，从而为消费者提供最优质的服务。因此，体育场馆业务管理标准的制定对促进各级各类体育场馆服务管理的科学化、规范化、优质化与现代化具有积极的推动作用。

二、体育场馆业务服务标准内容

（一）人力管理

体育场馆人力管理是在人本思想指导下，通过招聘、甄选、培训、报酬等管理形式对场馆内外相关人力资源进行有效运用，满足场馆当前及未来发展需要，保证场馆目标实现与成员发展最大化的一系列活动的总称。体育场馆人力管理包括人力招聘录用、绩效考核、人员激励、培训发展等内容。体育场馆必须重视人力资本投资，突出“以人为本”的管理方式，实行全过程、主动的和动态的管理，通过尊重人、激励人和服务人，发挥体育场馆人力资源管理的全局性、战略性和远程性职能，提高体育场馆人力资源管理效益。

人力管理是体育场馆生存和发展的根本保证，因此要善于把优秀的人才放到合适的岗位上，并通过持续的教育和能力开发，提高技能水平和理解力。体育场馆要在认真分析各类人才的特点、研究各类人才成长规律的基础上，通过制定系统、完善、科学的人事管理制度，来挖掘、发现、培养、使用各类人才，从而为体育场馆的生存和发展奠定坚实的基础。

良好的人力管理有助于体育场馆提高运作效率和经济效益。在人力管理过程中，体育场馆管理者应制定体育场馆服务人员的岗位职责和行为规范，并运用经理人认证、岗位轮换、流动渠道、员工职业生涯规划、拓展式培训等方法实现对体育场馆人力资源的有效配置。还须处理好物质奖励、行为奖励、思想教育三者之间的关系，通过考核、奖惩、晋升、工资、福利等多种手段来调动各类员工的积极性和创造性，合理满足员工在物质和精神方面的需求，使员工始终保持旺盛的工作热情，充分发挥自己的专长，努力学习专业技术，不断改进工作。

（二）财务管理

体育场馆财务管理是关于资产购置、资本融通和经营中现金流量以及利润分配的管理。财务管理是体育场馆管理的一个组成部分，它是根据财经法规制度，按照财务管理原则组织的场馆财务活动和经济工作。

体育场馆财务管理的内容包括预算管理、收入管理、支出管理、结余及分配管理、资产管理、负债管理、专用基金管理、财务清算、财务报告与分析、财务监督等内容。其中收入管理与支出管理是体育场馆财务管理的重要任务，主要内容包括正确划分各种收入和支出的界限；严格规定收入及收费的标准和范围；按预算控制支出的范围等。另外，内部审计工作也是一个重要内容，通过有效的审计可以对具体财务操作规程及工作内容进行有效监控，及时发现财务管理中存在的问题，并提出相应的整改意见。

体育场馆管理者应提高财务管理水平，切实规范内部财务秩序，加强财务管理，保障场馆资源的有效利用，推进场馆的健康发展。应厘清财务工作各个环节、各个方面存在的问题，针对预算、收入、分配、支出、大宗物资采购、服务外包、资产管理、融资负债管理、专项资金管理、专业基金管理、基本建设财务管理等方面存在的重要问题，全面、系统地制定财务制度。还应加强内部会计控制，以建章建制为突破口，按照《内部会计控制规范》的要求，制定切实可行的内控制度，对各项业务的关键控制点进行有效监督。

另外，财务管理要将大量数据转换成决策层有用的信息，以减少决策的不确定性，在支持科学决策、引导资源配置、提高管理水平、推动合理分配中发挥重要作用。

（三）设施管理

场馆设施是为开展体育运动而建造的、符合运动训练、竞赛、大众健身和体育休闲等活动所用的各类体育运动环境、体育运动场地、体育建筑物等。通过设施管理能够提供良好的运动环境，提高设施性能与完好率，延长使用寿命，节约资金投入，保障设施安全运行，进而提升场馆规范化管理水平；同时能为场馆对外开放，获取经济效益提供良好的环境保障。因此，体育场馆管理者应健全场馆设施管理制度，构建场馆设施管理流程，确保体育场馆设施的正确使用和管理，创建体育场馆设施可持续发展的管理机制。

场馆管理者应重点做好设施的使用、维护与保养。使用中要避免设施磨损和损坏，延长设施使用寿命，减少维修费用，并防止意外安全事故发生。场馆设施的日常维护保养应有明确的责任人，定期对设施的清洁、润滑、防腐以及设施建筑主体等进行检查。日常保养管理要求体育设施在每日运行前，由设施操作人员按时对设施进行检查，按操作规程做好调试工作，进行正规操作。定期保养管理工作要求场馆管理人员对设施定期进行维护保养，有计划、分阶段地进行养护，确保各种设施的正常运行与使用。

（四）器材管理

体育器材是场馆开展竞赛、训练、健身等活动而使用的各种器具、器材和材料，包括比赛器材、辅助训练器材、场地设施器材、体育健身器材等，是体育场馆的基本备件和重要物质基础。体育器材管理是场馆管理的重要组成部分，体育器材管理人员应根据体育器材使用的客观规律，运用科学合理的管理手段、方法和程序，对体育器材进行计划、组织和控制等，发挥体育器材的作用，提升体育器材的使用效益。

体育器材管理包括各种器材的购置、维护与报废，器材管理档案的建立，器材保管和使用制度的制定，设备器材的定期检查，器材管理效果的考核等内容。应设计科学有效的器材采购、储藏、维护保养、修理、借用、归还等流程，并明确流程中的规范和责任，约束相关流程中管理人员的行为。要通过建立一套完整的器材管理工作规范体系，有效消除工作的随意性等消极现象，使整个器材管理工作协调高效地运转。

（五）资产管理

资产管理是对属于体育场馆的各类资产进行组织、协调、监督和控制等的一系列活动。资产包括流动资产、固定资产、无形资产和对外投资等。

健全的制度能够确保国有资产管理工作有章可循，使场馆的国有资产处于全方位、全过程的控制之下。场馆应结合实际情况制定固定资产管理办法，主要包括资产来源登记制度、保管制度、维修报损制度、出租转让制度、资产评估制度、无形资产管理制度、国有资产保值增值制度等。

体育场馆管理者应根据固定资产标准，结合场馆具体情况，制定各类固定资产的明细目录。应定期或者不定期地对固定资产进行清查盘点，年度终了前应进行一次全面的清查盘点，做到账、卡、物相符，并对固定资产的盘盈、盘亏按规定程序及时处理。

可设立或委托资产公司，开展清产核资、财务审计、资产评估、非经营性资产转经营性资产、产权转让、产权登记和设立审批等工作，防止国有资产流失，防止因违规改制或改制不彻底而使场馆承担连带责任。

在加强有形资产管理的同时，还应重视无形资产的核算与评估，加强无形资产的法律保护，重视对知识产权、专利权等无形资产的管理。要采取切实的措施，有效保护和利用无形资产，减少和杜绝流失，真正实现无形资产的价值，维护场馆合法权益。

（六）信息管理

场馆信息管理系统是使用计算机技术、网络通信技术、数据库技术等进行科学管理的技术系统。场馆信息管理系统应包括场地管理员信息、器材设备信息、供应商信息、场地设施信息、会员信息、预定信息、经济信息等。

信息系统应实现场地的预约、安排、使用；比赛的统筹、协调、管理；场馆服务项目的经营、管理、运作；设施设备的维护、保养、管理；场馆资源的利用、开放以及经济效益的统计、分析等。对于场馆内部管理，应实现的基本功能包括会员管理、积分管理、场地消费管理、会员消费管理、商品条形码管理、商品库存管理、商品销售、物品租赁、员工管理等。同时应重视信息系统的动态性和及时性，并依靠支付系统，完成用户预定和结算功能。

（七） 服务管理

服务管理是体育场馆依据服务目的和规律，结合服务对象需求，确定质量方针、目标和职责，并在服务质量体系中通过质量策划、质量控制、质量保证和质量改进，使场馆实现全部管理职能的所有活动。场馆管理者应依据场馆服务目的，如票务服务、餐饮服务、救护服务等，协调场馆服务系统内外关系和资源，达到提升服务质量的目的。

体育场馆的服务质量是指以体育场馆的有形产品与无形产品为依托所提供的劳务适合和满足顾客精神及物质需要的程度。体育场馆要强化质量意识，提高管理效率，以衡量体育场馆服务质量的唯一标准——顾客满意度为出发点，分析服务质量管理方面存在的问题及其原因，进而提出提高体育场馆服务质量的建设性建议。

服务产品区别于实物产品，具有无形性、生产消费同时性、差异性、不可存储性、时效性、参与互动性等特征。服务管理是体育场馆组织在满足顾客对体育场馆的满意程度方面，指挥和控制各项服务过程的一系列协调活动。服务管理应尊重以顾客为关注焦点原则、领导作用原则、全员参与原则、过程方法原则、持续改进原则、基于事实的决策方法原则、内外沟通原则等。

场馆服务质量管理体系是以过程为基础的服务质量管理体系，该过程是一个动态、循环的系列管理活动，包括服务方针、服务目标、服务承诺、职责、权限与沟通、人力资源、基础设施、安全环境、卫生环境、质量服务、质量管理手册、服务程序文件、支持性文件、未兑现服务承诺分析、采取措施、收集顾客信息、分析信息、服务承诺检查、最高管理者评审、服务评审输入信息、服务评审输出决定与措施、持续改进、纠正措施、预防措施等。

（八） 安全管理

场馆安全管理是为实现安全目标而进行的有关决策、计划、组织和控制等方面的活动；主要运用现代安全管理原理、方法和手段，分析和研究各种不安全因素，从技术上、组织上和管理上采取有力的措施，解决和消除各种不安全因素，防止事故的发生。

体育场馆安全事故涉及公共体育设施质量问题、设施保养和维护短缺问题、锻炼者活动方式或使用设施方法不当问题、设施管理和安全预防不到位问题等。安全管理是对体育场馆安全运营的基本要求，包括体育场馆安全管理规范、大型群众性活动风险等级评估、安全防范系统运行检验规范、大型活动安全防范技术要求、场馆医疗救助应急处理规范、应急避难服务标准等。

体育场馆必须树立“安全第一”的观念，把安全教育贯穿于体育场馆各项活动的每个环节。要制定完善的体育场馆安全制度，建立完善的安全管理操作体系和保障体系，健全消防管理制度、顾客投诉处理制度、设备故障处理制度、突发事件处理制度等。制度的细则应根据各类场馆的实际情况制定，确保有效管理、合理调配、规范运行。

另外，人是安全管理工作的核心，要着重对工作人员进行安全教育，使其认识并熟悉安全管理制度，具备预防为主的自觉性，并提高处理安全事故的能力。培训的内容应涉及设施安全、人员安全、消费安全、治安安全等方面。还应建立消防安全领导小组，重视消防安全，学习消防知识，熟悉灭火器具的使用，并定期检查各类消防设施。

（九） 风险管理

风险是指由于各种难以预测因素的影响，使行为主体的期望目标与实际状况之间发生了差异，从而给行为主体造成损失的可能性。风险的构成要素包括风险因素、风险事件和风险结果。体育场馆风险管理是对由于突发的、非预期的特殊事件或故意侵权事件而给体育场馆所造成的各种有形的和无形的损失的可能性进行控制。其中的损失包括经济损失、场馆形象和声誉的损失以及对场馆未来发展的不利影响。

体育场馆结构复杂、人员密集，所举行活动剧烈、危险性高，其特点要求体育场馆管理者应对体育场馆进行风险管理，将风险管理纳入日常工作，依据科学的方法，细致、认真地进行风险管理。

风险包括体育活动中的意外损伤，对体育场馆设施的损坏，消费者在体育活动中发生伤病，消费者物品丢失，消费者之间发生冲突，体育馆内设备设施丢失或损坏，合同签订不慎为场馆带来的损失，因某些不可抗拒的原因导致活动取消或终止，入场和退场时人员发生拥堵，某些人持假票或无票企图混入体育馆，活动进行时观众之间发生冲突或骚乱，馆内活动人员发生伤病，比赛期间球员之间发生冲突、球员与观众之间发生冲突等。

有效的风险管理能够大大降低由各种意外事故为当事人带来的人身和财产损失，有效的风险管理也能最大限度地避免或减少因各种事故给场馆经营者造成的经济和名誉上的损失。体育设施的经营管理者必须树立风险管理观念，对风险管理人员在行动上和财务上给予支持，并积极参与风险管理计划的制订和定期举行的演练。

体育场馆风险管理的基本步骤是制订风险管理计划，执行风险管理计划和管理风险管理计划。首先，应将风险管理的基本步骤和方法与体育场馆自身实际情况相结合，制订出适合自身需求的风险管理计划。其次，制订风险管理计划后，要将其落实到实际工作中，使其发挥作用。在风险管理计划的执行中，每位员工都应成为计划中的一员，使员工能够熟知各项规定和操作方法。最后，管理风险管理计划，要选派或指定有关人员组成风险管理委员会或指导小组，并赋予其足够的权力与资源来开展工作。同时，风险管理计划应是一个不断循环、发展的计划，而不是固定不变的。应根据实际情况变化，及时调整，不断地重复确认风险—评价风险—处理风险—形成标准操作规程，以保证风险管理计划的时效性。

同时，在平时工作中要重视对于各种事故、事件的记录和归档，为日后制订风险管理计划提供宝贵资料。

（十） 环境管理

场馆环境管理是运用计划、组织、协调、控制、监督等手段，为达到预期环境目标而进行的一项综合性活动。

顾客在场馆服务过程中将体验体育场馆提供的软件和硬件两个环境。硬件环境即体育设备、装饰、环境、清洁度、噪声及灯光等外在的环境；软件环境即工作人员的服务态度、服务礼仪、文明用语、着装等和体育场馆历史、文化、名人效应等内在的环境。在硬件方面，体育场馆提供的场地规格、场地质量、器材及环境等必须按照体育运动竞技项目的通用标准进行设置，才能保证体育运动的竞技性，增强顾客参与体育锻炼的安全性。在软件方面，应重视对工作人员文明礼仪的教育以及场馆文化的营造。

体育场馆作为服务性行业，从狭义上来讲，其环境管理包括承担环境保护社会责任、开展员工环保知识及技能培训、引进节能减排技术、建立场馆环境管理制度等。从广义上来讲，场馆环境管理可分为场馆环境战略、场馆环境管理和场馆环境文化三大类。场馆环境战略包括环境政策、绿色战略联盟、环境责任；场馆环境管理包括环境制造、环境营销、绿色服务文化等；场馆环境文化包含绿色制度文化以及绿色精神文化等。

从资源节约角度看，场馆环境管理要求体育场馆的经营活动应提高能源利用效率，对可再生资源进行综合利用，促进资源节约；从环境保护角度看，场馆环境要求场馆的日常经营活动做到最小污染，包括环境治理的投资、清洁生产的实施、有毒有害物质的无害化处置和节能减排等；从经济效益提高的角度看，场馆环境要求场馆经营活动实现环境效益与经济效益的统一，形成兼顾经济效益与环境资源效果的复合行为。

思考题

1. 体育标准化的定义及要素是什么？开展体育事业标准化工作的意义有哪些？
2. 体育场馆建筑标准化应满足哪些要求？
3. 体育场馆管理标准化的定义和作用是什么？
4. 体育场馆管理标准体系框架包括哪些内容？各包括哪些基本内容？
5. 开展体育场馆服务认证有哪些意义？体育设施认证的作用和意义有哪些？
6. 体育场馆业务管理标准化的定义是什么？
7. 体育场馆业务服务标准包括哪些内容？选择其中一项举例说明。

第九章　体育场馆信息化管理

本章教学提示

1. 了解体育场馆信息化的必要性、建设的基本要求和实施流程。
2. 了解体育场馆实现信息化管理的需求。
3. 掌握体育场馆信息化、智能化技术与应用。

第一节 体育场馆信息化概述

雅克·罗格先生（2001—2013 年国际奥委会主席）指出：“体育场馆正持续地发展，已跟上日新月异的技术进步的节奏，同时也要跟上这个社会的经济和环境标准的变化。体育场馆的设计和建造必须反映出可持续发展的重要性。”进入 21 世纪，随着信息技术的高速发展，越来越多的人群关注体育场馆的信息化建设与发展。为了给各级别的体育比赛提供满足竞赛规则需要，为运动员提供公平、公正、公开的比赛环境，尽量减少人为因素干扰，对运动员的比赛成绩做出最符合实际的数据采集和结果评判，体育场馆建设面临巨大的挑战，以实现更先进、更专业、更智能的目标。体育场馆信息化建设是为满足人们在体育场馆内举办体育赛事以及场馆多功能应用和日常管理的需要，通过采用信息技术构建的大型复杂系统，利用大数据、云计算等技术，实现信息集成、数据共享、平台统一、标准一致。目前，对于体育场馆的信息化建设而言，“信息孤岛、烟囱林立”的现象严重，投入信息化建设的场馆不少，但呈现出各立门户的现状，横向不连接、纵向不贯通。这种数字垄断、信息隔绝，不仅耗费成本，更造成了信息的冗余、孤立，后期需要投入更多的时间、财力成本去解决问题。

一、体育场馆实现信息化的必要性

（一）信息化是高效率体育场馆管理的客观需求

信息化管理将体育场馆的各项工作采用同一操作平台控制操作，提高工作协调效率，降低人为操作失误，减少了部分岗位的人力成本，符合体育场馆发展的客观规律。

（二）信息化是体育场馆安全管理的基本保障

体育场馆作为人员密集的公共场所，安全问题是场馆日常运营的重中之重。信息化管理的联动效应能够在第一时间启动应急模式，为管理者提供统一指挥协调方案，提高了对全局状况的控制能力，准确把握问题关键点，快速应对安全问题，及时发现安全隐患。

（三）信息化是体育场馆扩大可开发性资源的必经之路

根据第六次全国体育场地普查数据，我国人均占有场地数量为 0.0012 个，人均占有场地面积为 1.46 平方米。随着人民大众对运动健身需求的逐年增加，结合数据来看，体育场馆供给和人民大众场地使用需求之间存在着不平衡、不充分的发展矛盾。场地数量和面积有限，如何提高场地的使用效率，正是信息化管理可以发挥作用的领域。与此同时，体育场馆信息化在无形资产开发和能源效率提升方面发挥着重要作用。

（四） 信息化是体育场馆未来体育发展的需要

体育场馆作为我国体育事业发展中的重要组成部分之一，需要与体育工作齐头并进。体育场馆信息化是未来体育发展的需要，尤其是在承办国际大型赛事活动时，体育场馆信息化不仅是国家经济繁荣、科技发展的最佳名片，也是向世界展示国家形象的一扇窗口。

二、体育场馆信息化建设的基本要求

（一） 开放性

体育场馆信息化是一个开放、集成的系统，各部分之间具备开放性、兼容性设计，应遵循国际主流标准以及国家相关行业标准。

（二） 可扩展性

体育场馆信息化建设所使用的软件系统应遵循模块化结构方式进行开发，系统软件功能模块要符合实际需要和控制逻辑编制，从而满足系统的可扩展性。

（三） 相互连接性

通过网络的连接实现体育场馆的信息系统在物理上和逻辑上无缝连接。

（四） 安全性

在实现便利化、科学化管理的同时，不能忽略安全问题，尤其是涉及安全防范、收费等重要管理环节，要制定切实可行的应对预案，保证体育场馆信息化系统可靠、安全运行。

（五） 先进性

由于信息技术发展迅猛，因此在选择信息化建设开发时要注重技术和功能的先进性，保证在运行过程中能够提升系统的可延续性。

（六） 经济性

经济成本是众多体育场馆管理者不得不考虑的现实问题，基于先进、成熟、可靠等因素限制，结合体育场馆自身规模和需求，对系统功能进行优化、筛选，删除不必要的冗余功能，达到投入和功能的最优化。

（七） 可靠性

体育场馆信息化管理涉及方方面面，环环相扣，密不可分，因此，要求具备可靠性和容错性，确保系统能够不间断正常运行和有足够的延时来处理系统故障。

三、体育场馆信息化管理实施流程

信息化已经成为一个与时俱进、不断发展变化的新常态过程。体育场馆的信息化管理要想顺应历史潮流，在国家信息化建设战略和方针的指导下，因地制宜地运作，需要对体育场馆的信息化进行全面统筹、规划和运作。一般而言，体育场馆的信息化管理包括四大环节，即信息化规划、信息化组织、信息化实施和信息化评价。

（一）信息化规划

体育场馆的信息化想要成功和健康发展，必须首先制定好信息化规划。信息化规划是在分析体育场馆经营管理战略的基础上，对其信息化建设的远景、使命、目标、战略、原则、架构和进程等进行的筹划和设计。体育场馆的经营管理战略规划是它的基础，一般的信息化规划可以被细分为信息化战略规划、信息系统规划、信息化项目规划等。它们帮助体育场馆有计划地完成不同层次的信息化任务。能否制定出好的信息化规划，往往决定了信息化的成败。而要制定出好的信息化规划，既要有懂信息技术、熟悉业务的复合型信息管理人才，又要有科学规划的方法，更需要组织决策层的领导和支持。

（二）信息化组织

信息化组织过程中需要配置各种各样的资源，其中人是最重要的，他们是完成信息化任务的主体。如何构建以信息主管为核心的信息化管理机制和相应的队伍，是信息化组织的首要问题。对体育场馆而言，信息化是一场革命。如何有效地实施信息化，即使信息技术与业务管理有机结合，提高效率，创造效益，通常需要进行业务流程重组和组织结构调整。

（三）信息化实施

信息化实施是指在信息化规划的指导下，具体完成各类信息化建设任务的活动。它包括信息化项目管理和信息系统运作。

1. 信息化项目管理

信息化项目管理，即利用科学的管理方法，对信息化项目过程的启动、计划、实施、收尾等各个环节进行指导和监控。

2. 信息系统运作

信息系统运作，主要解决信息化项目完成、信息系统上线以后，如何实现系统的良性运行、高效使用和安全维护等问题。

（四）信息化评价

信息化不仅会产生一个结果，同时它也是一个持续过程。作为其重要的反馈环节，信息化评价是信息化建设的方向盘。“以评促建、以评促改、以评促管、以评促用”已经成为许多组织促进信息化建设的重要手段。

信息化评价是一种多准则的系统评价，需要确立客观可行的评价指标体系和科学的评价方法。不仅要对体育场馆的信息化水平进行客观的状态评价，以便纵向、横向比较，同时也要对信息化过程包括各个环节进行过程绩效评价。

第二节　体育场馆信息化管理需求

一、设备管理系统需求

体育场馆是各类设备设施的集成体，对于设备管理有严格的标准。体育场馆设备管理系统包括建筑设备监控系统、火灾自动报警系统、安全技术防范系统、建筑设备集成管理系统等。设计和选择设备管理系统，主要根据体育场馆建筑等级、规模和功能需求等实际情况。

（一）设备监控

监控对象包括冷热源系统、空调与通风系统、变配电系统、公共照明系统、给水排水系统、电梯和自动扶梯系统。监控中心能够对体育场馆内机电设备系统进行集中监视、远程操作和管理，提供机电设备系统运行状况的有关数据、资料、报表，并应具有不同应用场合的运行方案，满足体育赛事、多功能应用和日常管理的需要，实现节能控制。

（二）火灾自动报警

体育场馆火灾自动报警系统应符合现行国家标准《智能建筑设计标准》（GB/T 50314）和《火灾自动报警系统设计规范》（GB 50116）的规定。甲型（大型）及以上的体育建筑应设置由控制中心控制的报警系统。火灾自动报警系统应符合下列要求：系统设置完整；具有独立完成火灾报警及消防联动控制的功能；具有标准的通信接口和协议；具有向建筑设备监控系统、安全技术防范系统等发出联动控制信号的功能。

（三）安全技术防范

安全技术防范由视频安防监控系统、出入口控制系统、入侵报警系统、电子巡查系统、停车库（场）管理系统、安防专用通信系统和安防信息综合管理系统组成。对于专用的高安全等级的实体防护系统、防爆安全检查系统、仓库安全防范系统等应按特殊需要设置。

特级和甲级体育场馆应采用集成式系统，乙级体育场馆宜采用组合型系统。安全技术防范系统应保证举办体育赛事的安全，并适应场馆多功能应用和日常管理需要。在举办体育赛事期间，安全技术防范系统应以预防、处置突发事件为核心。

（四） 设备集成管理系统

设备集成管理系统是指将设备监控系统、火灾自动报警系统和安全技术防范系统通过信息交换和共享，实现联动控制、综合监视和优化运行，并提供统一的、开放的数据接口。体育场馆在举办体育赛事或其他活动时，建筑设备集成管理系统应为应急（安保）指挥中心提供建筑环境信息，并应接受应急（安保）指挥中心的统一调度。

建筑设备集成管理系统应为体育场馆的日常管理提供机电设备和系统的运行数据、历史数据和统计信息，实现动态的设备维护和管理。

二、信息设施系统需求

信息设施系统包括综合布线系统、语音通信系统、信息网络系统、有线电视系统、公共广播系统、电子会议系统等。信息设施系统需满足举办体育赛事或大型活动对各信息设施的要求，并考虑近期使用和中远期发展的需要。

（一） 综合布线系统

综合布线系统设计符合体育场馆的规模和等级标准，可支持语音、数据、图像等多种信息的传输，并且满足开放性、灵活性、可扩展性、实用性、安全性、可靠性和经济性的要求。

（二） 语音通信系统

语音通信系统是指满足体育场馆内举办体育赛事或大型活动时对语音通信的需求，为观众和组委会提供方便、快捷、高效、可靠的语音通信服务。语音通信系统宜包括有线通信系统、移动通信覆盖系统、卫星通信系统和无线对讲系统（内部通信系统）。

（三） 信息网络系统

信息网络系统，可为竞赛管理人员、媒体和场馆运营管理者等提供高速、可靠、安全、有效的信息服务。作为体育场馆的基础信息设施，信息网络系统是体育场馆信息化、智能化系统间的相互通信以及与外部信息网络进行通信的连接平台。

（四） 有线电视系统

有线电视系统应满足质量优良、技术先进、经济合理、可升级扩展的原则，与场馆所在地的广播电视事业发展规划相适应，甲级及以上体育场馆可根据需求设置卫星电视接收系统。

（五） 公共广播系统

公共广播系统包括竞赛信息广播、应急广播和背景音乐广播。公共广播系统与场地扩声系统在设置上相互独立，系统之间实现互联，在需要时可实现同步播音。公共广播系统应根据体育场馆的功能分区、防火分区、竞赛信息广播分区、应急广播控制、广播线路路由等因素确定。

（六）电子会议系统

体育场馆内的会议室、主席台、报告厅、新闻发布厅等区域应根据需要设置电子会议系统。电子会议系统包含会议发言及表决系统、同声传译系统、扩声系统、视频系统、照明智能控制系统和中央控制系统等。

三、专用设施系统需求

专用设施系统包括信息显示及控制系统、场地扩声系统、场地照明及控制系统、计时记分及现场成绩处理系统、竞赛技术统计系统、现场影像采集及回放系统、售检票系统、电视转播和现场评论系统、标准时钟系统、升旗控制系统、比赛设备集成管理系统等。专用设施系统需满足体育场馆运营管理的需要，并与设备监控系统、火灾自动报警系统和安全技术防范系统等实现系统集成或预留技术接口。

（一）信息显示及控制系统

信息显示及控制系统包括比赛信息显示系统和彩色视频显示系统。该系统在综合布线系统、信息网络系统的基础上与计时记分及现场成绩处理、竞赛技术统计、有线电视、电视转播及现场评论、现场影像采集及回放、场地扩声等系统相连。

信息显示及控制系统由硬件部分和软件部分组成，硬件部分包括显示图像和文字信息的显示屏、专用数据转换设备、信号传输电缆以及用来控制显示屏工作的控制设备和显示信息处理设备；软件部分包括显示屏的驱动控制软件、显示信息的处理及控制软件。随着时代的发展和技术革新，体育场馆的显示屏幕设备都逐步由过去的幕布投影器材更新到LED大型显示装置，漏斗屏和环形屏在体育场馆安装使用较为广泛。显示屏幕的选择主要参考以下几点：显示屏幕高度要尽量考虑到座席的视角；屏幕到第一排座位的距离应至少大于两倍屏幕的高度。如美国芝加哥的老兵球场安装的是悬臂式的LCD视频显示器，每个座位都能享有良好的视线。

（二）场地扩声系统

场地扩声系统由传声器、调音设备、放大器、扩声器和信号处理设备等组成。信息显示及控制系统和公共广播系统应设置音频接口，当发生火灾或其他紧急突发事件时，消防控制室和公安应急处理中心具有强制切换场地扩声系统广播内容的能力。同时，场地扩声系统应满足体育场馆赛后运营的使用需求，可采用临时或移动扩声系统来满足场馆举办不同规模的文娱活动对扩声的需求。扩声系统是专用于远距离、大范围内传输声音的电声音频系统，能够对处在广播系统覆盖范围内的所有人员进行信息传递。场地扩声系统在体育场馆中的应用十分广泛，主要体现在背景音乐、远程呼叫、消防报警、紧急指挥以及日常管理应用上。该系统主要由广播扬声器、调音台、功率放大器、传输线路及其他传输设备、音频信号处理器、寻呼设备、广播寻呼和其他声源设备等组成。

（三） 场地照明及控制系统

体育场馆照明设备按照明方式分为一般照明、局部照明和混合照明三种。按照使用目的可分为正常照明、备用照明、疏散照明、装饰照明。正常照明是指正常情况下的室内外照明，对电源控制无特殊要求。备用照明是指当正常照明因故障而中断时，能继续提供合适照度的照明，一般设置在容易发生事故的场所和主要通道的出入口。疏散照明是针对体育场馆突发状况，常年不间断照明，通常用于紧急疏散逃生指示。装饰照明是指用于美化环境或增添某种气氛的照明，如彩色可调节射灯、追光等。在这里要特别强调疏散照明，即在体育场馆正常照明出现故障时疏散照明应满足以下几个主要功能；疏散通道和出口应有良好的照明，以便观众在紧急情况下都能找到疏散方向和出口并安全地疏散，而不会在恐慌中发生绊倒、坠落等事故；报警设备和消防设备点应有良好的照明，以使它们很容易被找到。

体育场馆照明线路和供电方式要求安全可靠、经济合理、电压稳定。由于照明线路与人们接触的机会较多，所以照明设备外露的、不应带电的金属部分都须绝缘或接地。为确保体育场馆照明设备安全稳定使用，通常要求设置双路电源供电，且照明设备使用专用线路，以免受其他负荷引起的大电压波动，影响电光源的寿命和照明质量。体育场馆照明设备的特点：一是复杂性，根据使用功能的需求和体育场馆建筑自身的差异性，照明设备的运行会产生较大的功率，回路较多，并且在布置上比较分散；二是多样性，为了满足体育场馆的不同需求，照明设备还要具有多样化的功能；三是高耗能，体育场馆使用面积大，照明设备使用频率高，能源消耗大。

（四） 计时记分及现场成绩处理系统

计时记分及现场成绩处理系统应满足竞赛规则的要求，并具备对比赛全过程产生的成绩及与比赛相关的环境因素进行监视、测量、量化处理、展示公布的能力。同时，能够把从比赛现场获得的各种竞赛信息传送到总裁判席、计时记分机房、现场成绩处理机房、电视转播机房、信息显示及控制系统机房。简易的计时记分系统可作为体育场馆基本硬件安装配套，但鉴于各运动项目对于计时记分系统的需求存在差异，大型赛事活动需要有专业人员开展专项工作，计时记分及现场成绩处理系统更普遍的是随赛事组委会单独配置，场馆方配合电路和接口的引入。

（五） 竞赛技术统计系统

竞赛技术统计是指通过自动录入接口或人工录入的方法记录运动员在比赛过程中不同时刻的技术状况数据，并能在对数据进行处理后产生统计结果，在赛事期间的处理准确率应达到100%。

（六） 现场影像采集及回放系统

在比赛或训练期间为裁判员、运动员和教练员提供即点即播的比赛录像或与其相关的视频信息，并可为仲裁裁判员服务。在无线电视转播的比赛中，还应为信息显示及控制系统、有线电视系统提供现场视频信号。

（七） 售检票系统

由门票制作、售票、通道检票、体育场馆票务综合监控管理组成。根据体育场馆的座位、通道以及制票方案，产生相应的门票数据，并能进行门票的制作和打印。

（八） 电视转播和现场评论系统

为体育赛事或其他大型活动的电视转播提供现场音频信号采集、处理以及评论员进行现场评论的工作条件。

（九） 标准时钟系统

为赛场工作人员、运动员、观众提供标准时间，并可为智能化系统提供精确的时间标准。该系统由校时接收设备、中心时钟、时码分配器、数字式或指针式子钟、世界钟、系统控制管理计算机、时钟数据库服务器和通信连接线路组成。

（十） 升旗控制系统

为活动主办方提供开闭仪式及发奖仪式时的国旗同步自动升降控制及赛会标杆、临时灯光、音响吊杆等的控制，升旗控制系统由机电部分和远程控制部分组成。

（十一） 比赛设备集成管理系统

为赛事主办方和场馆运营方提供比赛服务的集成管理及控制平台，为比赛信息的综合利用、制造比赛现场气氛提供技术手段。

四、信息应用系统需求

信息应用系统包括信息查询和信息发布系统、赛事综合管理系统、大型活动公共安全应急信息系统、场馆运营服务管理系统等部分，该系统的设计应根据体育建筑的规模、等级及功能需求等实际情况，选择配置相关系统及其功能，并考虑与公共安全管理系统、应急系统的联动，为体育场馆信息化运营管理提供技术手段。

（一） 信息查询和发布系统

信息查询和发布系统是作为赛事组织者或场馆运营方用于发布有关赛事状况及场馆服务信息供相关人员观看、查询、检索的平台。信息查询和发布系统作为赛事活动展示的窗口，存储赛事、场馆建设、运动员信息、城市信息、天气预报等素材，预留充足的对内、对外接口，满足信息查询发布系统本身、其他智能化系统及第三方信息互通与共享的需要。

（二） 赛事综合管理系统

赛事综合管理系统包括人员注册、综合成绩处理、赛事服务管理等子系统。赛事综合管理系统要确保数据信息的安全性、实时性、准确性，并且能够与其他系统信息互通、共享，系统应具备自动化功能，从数据的接收、判别、分类、存储到处理、发送、打印公告等功能均能自动完成。

（三） 大型活动公共安全应急信息系统

大型活动公共安全应急信息系统在体育场馆集成管理系统和比赛设备集成管理系统的基础上构建，该信息系统为大型活动组委会、公共安全领导小组、救援和保障机构提供信息服务，为中心机构的决策指挥提供必要支持，具有快速反应能力和高安全可靠性，操作界面简明易用，并有对不同权限的用户进行管理的能力。

（四） 场馆运营服务管理系统

场馆运营服务管理系统由经营管理、物业管理、行政办公和大型活动管理等组成，基本功能模块包括人事信息管理、公文处理、文档资料管理、会议管理、车辆管理、通知公告管理、电子邮件系统、空间管理、设备管理、备品备件管理、能源管理、电缆通信管理、器材管理、客流监控、会员管理、数据采集、票务管理、场地管理和综合信息查询等。该系统分赛时和赛后两部分具有不同的使用特点和对象及完备的用户角色与权限管理功能，安全可靠、维护升级方便。

第三节　体育场馆信息化技术分析

一、体育建筑智能化系统工程标准

2009 年 7 月 9 日由中国住房和城乡建设部发布的《体育建筑智能化系统工程技术规程》综合阐述了体育建筑利用信息化、智能化技术所要建立的系统。体育建筑智能化系统（Sports Building Intelligent System，SBIS）为在体育建筑内举办体育赛事和实现体育建筑的多功能应用，并满足日常管理的需要，通过信息设施和信息应用构建的、对建筑设备及比赛设施进行控制、监测、显示的综合管理系统。该规程将体育建筑智能化系统工程分为设备管理系统、信息设施系统、专用设施系统、信息应用系统四大模块，具体涵盖功能见表 9 – 1。

表 9－1　体育建筑智能化系统四大模块

模块	包括系统	
设备管理系统	建筑设备监控系统	火灾自动报警系统
	安全技术防范系统	建筑设备集成管理系统
信息设施系统	综合布线系统	语音通信系统
	信息网络系统	有线电视系统
	公共广播系统	电子会议系统
专用设施系统	信息显示及控制系统	场地扩声系统
	场地照明及控制系统	计时记分及现场成绩处理系统
	竞赛技术统计系统	现场影像采集及回放系统
	售检票系统	电视转播和现场评论系统
	标准时钟系统	升旗控制系统
	比赛设备集成管理系统	
信息应用系统	信息查询和发布系统	赛事综合管理系统
	大型活动公共安全应急信息系统	场馆运营服务管理系统

规程中依据体育建筑的等级或规模设定配置要求（见表 9－2）。目前体育建筑的等级和规模划分按照现行行业标准《体育建筑设计规范》（JGJ 31）的规定执行。

表 9－2　体育建筑的等级或规模设定配置要求

系统类别	智能化系统配置	体育建筑等级（规模）			
		特级（特大型）	甲级（大型）	乙级（中型）	丙级（小型）
设备管理系统	建筑设备监控系统	√	√		
	火灾自动报警系统	√	√	√	√
	安全技术防范系统	√	√	√	√
	建筑设备集成管理系统	√	√		×
信息设施系统	综合布线系统	√	√	√	
	语音通信系统	√	√		
	信息网络系统	√	√		√
	有线电视系统	√	√	√	
	公共广播系统	√	√	√	√
	电子会议系统	√	√		×

续表

系统类别	智能化系统配置	体育建筑等级（规模）			
		特级 （特大型）	甲级 （大型）	乙级 （中型）	丙级 （小型）
专用设施系统	信息显示及控制系统	√	√		×
	场地扩声系统	√	√	√	
	场地照明及控制系统	√	√		×
	计时记分及现场成绩处理系统	√	√		×
	竞赛技术统计系统	√			×
	现场影像采集及回放系统	√			×
	售检票系统	√	√		×
	电视转播和现场评论系统	√		×	×
	标准时钟系统	√	√		×
	升旗控制系统	√	√		×
	比赛设备集成管理系统	√	√		×
信息应用系统	信息查询和发布系统	√	√		×
	赛事综合管理系统			×	×
	大型活动公共安全信息系统			×	×
	场馆运营服务管理系统	√	√		×

体育场馆信息化应根据场馆的功能分区和服务对象、单项体育比赛和综合运动会的不同特点，结合体育赛事、多功能应用和日常管理的需要，进行合理配置，并应具有扩展性、开放性和灵活性。随着信息技术的发展，越来越多的智慧场馆进入人们的视线，体育场馆成了展现信息技术的载体和平台。

二、体育场馆信息化技术模型

体育场馆信息化的发展，是体育事业及体育产业（Sports）、智能建筑（Architecture）、硬件设施（Facilities）、电子信息（Electronics）4 个条件相结合的产物，简称“SAFE”模型，该模型随着科学技术的进步而逐渐发展和充实，相辅相成，相互促进，构成了体育场馆信息化发展的基础。

（一） 体育事业及体育产业

体育事业及体育产业是体育场馆长远发展的生态环境，推动体育场馆建设发展不仅需要资金支撑，更需要具备强有力的政策扶持和引导。一是竞技体育水平提升。体育运动的魅力在于每一位运动员对于胜利的渴望，进而迸发奋勇争先、永不放弃的精神和信念。竞技体育的竞争性、规范性、公平性、公开性、不确定性、娱乐性不但激发运动员追求更快、更高、更强的竞技成绩，同时也对赛事组织提出了更严格的要求。二是群众体育的广泛普及。随着经济发展和物质生活水平的不断提高，人民大众对于体育运动的需求也同步提升，从各类体育赛事的遍地开花，到传统体育项目的重返巅峰，体育受众迅猛增长。三是体育服务和体育产业的蓬勃发展。得力于政策引导和意识提高，体育市场打开了一个巨大的缺口，体育服务和体育产业迎来了巨大的市场需求。体育场馆不仅是开展体育赛事的重要场所，更是推动群众体育的平台，因此体育场馆的建设与发展越来越受到社会关注。

（二）智能建筑

一座地标性的体育场馆，外观设计是留给大众的第一印象，外观独特、新颖往往让人记忆深刻。走入体育场馆内部，从整体规划布局到灯光、室温，每一个细节都能影响进入场馆的每一位消费者的评价与感受。现代建筑技术融合了科技、绿色的元素，既考虑实用性，当然还要考虑长远的灵活性及市场的适应能力。从“5A”级写字楼、智慧社区到智能家庭，都是信息化集成技术的体现，新建或改造的体育场馆对于信息化集成技术的关注和投入也逐渐增加。

美国联合技术建筑系统公司在 1984 年建造了一幢命名为“都市大厦”的建筑，这幢建筑里铺设了大量的通信电缆，增加了过程控制交换机和计算机等办公室自动化设备，实现了计算机与通信设施连接，基本实现了办公自动化、设备自动控制和通信自动化，这也算是智能建筑的雏形。20 世纪 90 年代初，中国开始了智能建筑热，曾有文章这样描述：“即将到来的 21 世纪，建筑界所能提供的大厦将不再是冰冷无知的混凝土建筑物了，代之而起的是温暖人性化的智慧型建筑，随着信息技术的发展，现代化的建筑已被赋予思想能力。”同样的，未来体育场馆的功能和服务也不仅仅局限在体育领域，也可通过技术的进步展现体育场馆的多样性和智慧性。

智能建筑并不是特殊的建筑物，而是以最大限度地激励人的创造力、提高工作效率为中心，配置了大量智能型设备的建筑。在这里广泛地应用了数字通信技术、控制技术、计算机网络技术、电视技术、光纤技术、传感器技术及数据库技术等高新技术，构成了与传统弱电系统有本质区别的新型建筑弱电系统——“建筑智能化系统”。对于体育场馆，结合体育赛事的特点，在现代智能建筑的基础上增加了专用设施系统，尤其是在举办大型体育赛事活动时将信息化技术展现得淋漓尽致。

（三）硬件设施

在紧张刺激的百米大赛中，水平相近的运动员的比赛成绩都要精确到万分之一秒，通过终点实时高清摄像技术才能捕捉到运动员撞线时的身姿；一场篮球赛，可能会因为一个争议球的判罚而影响整场比赛的结果；一场网球比赛可能会因为回球是否出界的判断而确定最终冠军的归属。这些状况在赛场上频频出现，人们对于竞技体育的精确、公平指标越来越重视。除了在体育赛事中体现硬件设施的先进水平，在体育场馆的日常运营中硬件设施也发挥了不容小觑的协同作用，尤其是在场馆安全防护、设备管理等方面均有重要体现。硬件设施更像是体育场馆的肢体，需要具备良好的运行机能，以实现和信息化技术的深度融合。

（四） 电子信息

电子信息技术在体育场馆中的传输与应用类比于人体的血液与神经，深入体育场馆的每一个角落。体育场馆的电子信息技术同样也是软、硬件协调发展的体现。电子信息技术的智能化，是电子信息技术具有类似人的智能，可以依据一定的程序，进行有效的判断并能做出决定。随着模糊控制、纳米技术等人工智能技术的快速发展和推广，电子信息技术产品的智能化将成为主要特性；智能化的发展使得电子信息技术可以更加的人性化。人性化是电子信息技术的一个特性，人是电子信息技术产品的使用者，所以赋予电子信息技术需要满足人性化的需求。因此，电子信息技术产品不仅要具有最优性能，还要加强人们对色彩、造型、舒适度等方面的研究，满足人们对电子信息技术产品人性化的需求。

随着在线网络直播和 VR、AR 技术在赛事、演唱会等活动中的广泛应用，对于场馆电子信息技术的要求也在不断提高。在承办大型赛事活动时，由于短时间客流量集中，常常会遇到通信信号差、网速卡顿等现象，因此电子信息技术不仅决定活动现场效果，更是网络推广传播的必要基础。

随着电子信息技术的迅猛发展，许多传统行业受到了巨大的冲击，如从过去在商场采购商品到现在登录手机 APP 动动手指即可购买的转变，实体店铺营业收入明显下滑。虽然体育运动无法由他人代劳，但参与运动的途径和方式呈现多样性，体育场馆在这波信息化发展浪潮中更应该有深层次的思考和改变。“SAFE”模型如图 9－1 所示。

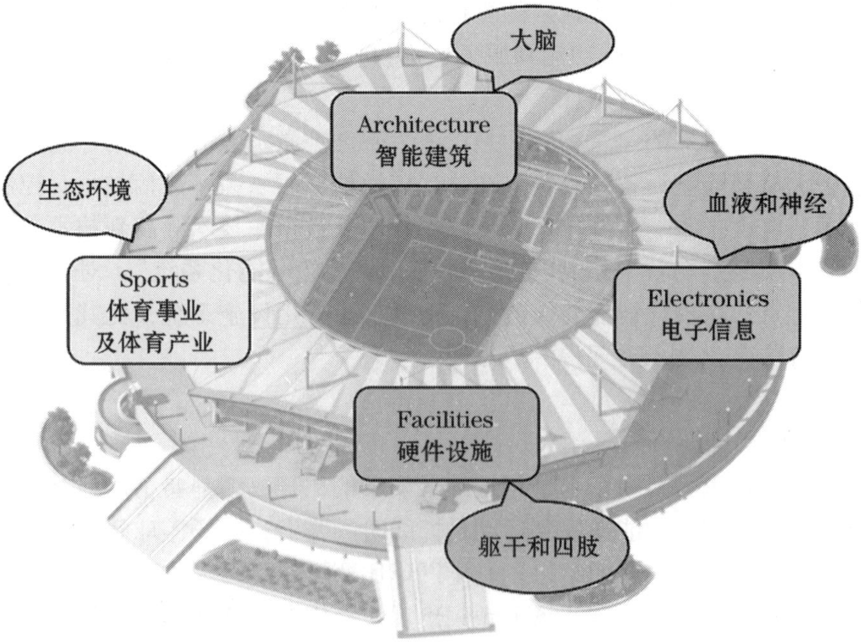

图 9－1 “SAFE”模型

三、体育场馆信息化常用技术

工业革命是以机器取代人力，以大规模工厂化生产取代个体手工生产的一场生产与科技的革命。18 世纪中叶，英国人瓦特改良蒸汽机之后，由一系列技术革命引起了从手工劳动向动力机器生产转变的重大飞跃；19 世纪中期，美、欧、日资产阶级革命或改革的完成，促进经济的发展，开始了第二次工业革命——电气时代，主要标志是电力的发明和广泛应用；从 20 世纪四五十年代开始，进入第三次工业革命——计算机技术革命。这次技术推进是以原子能、电子计算机等发明为标志；而进入 21 世纪，开启了以虚拟现实、人工智能等为代表的第四次工业革命，借助互联网产业和工业智能化、一体化，提高资源生产率。体育场馆的信息化建设正是顺应了第四次工业革命的发展趋势与浪潮，通过大数据技术、智能集成技术、物联网技术等全面实现体育场馆的使用效率提升和产能转化。

（一）大数据技术

什么是大数据？从信息产业角度来讲，大数据是新一代信息技术产业的强劲推动力，所谓新一代信息技术产业，本质上是构建在第三代平台上的信息产业，主要是指大数据、云计算、移动互联网（社交网络）等。还有一种阐述，大数据技术泛指信息时代数据的喷涌与相关处理技术的总称。这些技术包括物联网技术，主要用于数据的采集；云计算技术，便于大数据的存储；数据挖掘、人工智能等技术主要用于数据的处理分析。而研究机构 Gartner 曾给大数据下过这样的定义：大数据是一种基于新的处理模式而产生的具有强大的决策力、洞察力以及流程优化能力的多样性的、海量的且增长率高的信息资产。

国际数据公司（International Data Corporation，IDC）预测，2020 年第三代信息技术平台的市场规模将达到 5.3 万亿美元，而从 2013—2020 年，信息技术产业 90% 的增长将由第三代信息技术平台驱动。相较于传统的数据，大数据的特征总结为“5 个 V”，即体量大（Volume）、响应快（Velocity）、多样性（Variety）、真实性（Veracity）和价值大（Value）。但大数据的主要难点并不在于数据量大，因为通过对计算机系统的扩展可以在一定程度上缓解数据量大带来的挑战。其实，大数据真正难以对付的挑战来自数据类型多样（Variety）、要求及时响应（Velocity）和数据的真实性（Veracity）。因为数据类型多样使得一个应用往往既要处理结构化数据，同时还要处理文本、视频、音频等非结构化数据，这对现有数据库系统来说难以应付；在快速响应方面，在许多应用中时间就是利益；在不确定性方面，数据真伪难辨是大数据应用的最大挑战，追求高质量数据是对大数据的一项重要要求，最好的数据清理方法也难以消除某些数据固有的不可预测性。

大数据技术的共性基础技术可分为感知、采集、存储、分析和可视化等方面，涉及的技术领域包括传感器、计算网络、数据存储、集群式计算系统、云计算设施、人工智能、数据可视化。随着大数据技术的发展，各类指标数据也呈现了爆发式的增长。

（二）智能集成技术

智能集成技术通过对建筑物的四个基本要素，即结构、系统、服务、管理以及它们之间的内在关联的最优化考虑，提供一个投资合理且又拥有高效率的舒适、温馨、便利的环境，并且帮助楼宇的业主、物业管理人员、租用人员等考量费用、舒适、便利以及安全等方面的目标，当然还要考虑长远的系统灵活性及市场的适应能力。新加坡政府的智能大厦手册中指出智能大厦必须具备三个条件：一是以先进的自动化控制系统调节大厦内的各种设施，包括室温、湿度、灯光、保安、消防等，为租户提供舒适的环境；二是良好的通信网络设施，使数据能在大厦内各区域之间进行流通；三是提供足够的通信设施。体育场馆的智能集成可参照智能楼宇的模式，充分结合体育赛事、大型活动、日常运营等方面的因素，形成体育场馆特有的智能集成。

对于大众耳熟能详的“5A”级建筑技术主要包含了办公自动化系统（OAS）、通信自动化系统（CAS）、消防自动化系统（FAS）、安全自动化系统（SAS）和楼宇自动控制系统（BAS）。

1. 办公自动化系统（OAS）

办公自动化系统按计算机技术来说是一个计算机网络与数据库技术结合的系统，利用计算机多媒体技术，提供集文字、声音、图像于一体的图文式办公手段，为各种行政、经营的管理与决策提供统计、规划、预测支持，实现信息库资源共享与高效的业务处理。OAS 已在政府、金融机构、科研单位、企业、新闻单位等的日常工作中起着极其重要的作用。在智能建筑中 OAS 常由两部分构成：一是物业管理公司为租户提供的信息服务和物业管理公司内部事物处理的 OA 系统；二是大楼使用机构与租用单位的业务专用 OAS。虽然两部分的 OAS 是各自独立建立的，而且要在工程后期才实施，但对它们的计算机网络系统的结构应在工程前期做出规划，以便后期接口连入。

2. 通信自动化系统（CAS）

通信自动化系统是保证楼宇内语言、图像传输等通信手段正常运转，同时与外部网络实现通信的系统，整个系统的设计应满足正常办公的需求，并能适应向智能化，个人化发展的趋势，而且能够传输包括文本、图像等多种数据形式。通信系统主要包括固话通信系统、语音通信系统、多媒体通信系统、电视通信系统和公共广播系统。固话通信系统是用户基本需求，在移动通信普遍盛行的今天，固话的地位仍然很重要；语音通信系统能够及时呼叫用户所在单位；多媒体通信系统通过电话网、分组数据网等的介入，服务于办公系统，视讯系统也是重要的子系统，楼宇办公、监控、用户通信都需要这个功能；电视通信系统和公共广播系统则属于基础设施，公共广播系统则包括视频点播、同声翻译等。所有通信系统共同维持建筑内部和内外部之间的正常通信。

3. 消防自动化系统（FAS）

消防自动化系统具有火灾自动报警与消防联动控制功能，系统包括火灾报警、防排烟、应急电源、灭火控制、防火卷帘控制等，在火灾发生时可以及时报警并按消防规范启动相应的联动设施。

4. 安全自动化系统（SAS）

安全自动化系统常设有闭路电视监控系统（CCTV）、通道控制（门禁）系统、防盗报警系统、巡更系统等。系统 24 小时连续工作，监视建筑物的重要区域与公共场所，一旦发现危险情况或事故灾害的预兆，立即报警并采取对策，以确保建筑物内人员与财物的安全。

5. 楼宇自动控制系统（BAS）

楼宇自动控制系统采用集散式的计算机控制系统，一般具有三个层次：最下层是现场控制器，每一台现场控制器监控一台或数台设备，对设备或对象参数实行自动检测、自动保护、自动故障报警和自动调节控制。它将通过传感器检测得到的信号，进行直接数字控制（DDC）。中间层为系统监督控制器，它负责 BAS 中某一子系统的监督控制，管理这一子系统内的所有现场控制机。它接受系统内各现场控制机传送的信息，按照事先设定的程序或管理人员的指令实现对各设备的控制管理，并将子系统的信息上传到中央管理级计算机。最上层为中央管理系统（MIS），是整个 BAS 的核心，对整个 BAS 实施组织、协调、监督、管理、控制的任务。BAS 应具有以下功能：

（1）数据采集收集各子系统的全网运行数据和运行状态信息，以数据文件形式存储在外存储器里。

（2）运行参数和状态显示可以显示各子系统的流程图形，用数字、曲线、直方图、饼图乃至颜色等各种形式显示系统运行参数和运行状态。

（3）历史数据管理将一定时期内的运行数据和运行状态存储起来。

（4）运行记录报表按照用户要求的各种格式打印各项参数的日报表或月报表。

（5）远动控制功能。中央管理工作站操作人员可以利用中心计算机实时远动操作系统控制每台设备。但 MIS 系统设置了分级密码和使用权限，以防止误操作和人为破坏。

（6）控制指导中央管理工作站可以根据系统实时运行数据和历史数据，给出统一调度控制命令，对子系统进行控制指导。

（7）能源统计和计量功能。

（8）定时功能设备运行的时间表、启停时间可由管理人员输入，也可由计算机通过模拟计算得出最佳运行时间表。通过 BAS，把全楼所有的建筑设备和设施有效地管理起来。因此，BAS 可以实现建筑设备和设施的节能、高效、可靠、安全地运行，从而保证智能化大楼的正常运转。

（三）自动化技术

自动化技术是一个动态发展的过程。过去，人们对自动化的理解或者说自动化的功能目标是以机械的动作代替人力操作，自动地完成特定的作业，这实质上是自动化代替人的体力劳动的观点。后来随着电子和信息技术的发展，特别是随着计算机的出现和广泛应用，自动化的概念已扩展为用机器（包括计算机）不仅代替人的体力劳动，而且还代替或辅助脑力劳动，以自动地完成特定的作业。

国外自动化技术的发展趋势是系统化、柔性化、集成化和智能化。自动化技术不断提高光电子、自动化控制系统、传统制造等行业的技术水平和市场竞争力，它与光电子、计算机、信息技术的融合和创新，不断创造和形成新的行业经济增长点，同时不断提供新的行业发展的管理战略哲理。自动化控制技术就是通过一些自动控制手段在无人的情况下完成某种特定任务或者动作。从控制方式角度看，主要分为开环控制和闭环控制，体育场馆主要运用的是闭环控制方式，内部自动化控制主要安装一些受控装置，并设计一些程序自动执行预装命令。例如，电梯升降系统、空调系统等，自动化控制因为不需要人一直操控，所以安全性和可用性高，提高了运行效率。

自动控制内容发展到对产品质量的在线监测与控制、设备运行状态的动态监测、诊断和事故处理、生产状态的监控和设备之间的协调控制与连锁保护，以及管理决策与控制等；系统网络普遍以通用计算机网络为基础；自动化控制产品正向着成套化、系列化、多品种方向发展；以自动控制技术、数据通信技术、图像显示技术为一体的综合性系统装置成为国外工业过程控制的主导产品，现场总线成为自动化控制技术发展的第一热点；可编程控制器（PLC）与工业控制系统（DCS）的实现功能越来越接近，国外自动控制与仪器仪表领域的前沿厂商已推出了类似过程控制系统（process control system，PCS）的产品。

体育场馆自动化系统实质上是一套采用计算机、网络和自动控制技术，对建筑物中的设备（电力、照明、空调等设备）进行自动化监控管理的中央监控系统。通过对场馆内的设备采用自动化管理，实现高效、准确、节能、稳定的目标，为经营管理者和顾客提供安全、便捷的工作和运动环境，体育场馆自动化系统在场馆设计和改造过程中成为首要考虑的项目之一，随着技术的发展，受众也越来越多。

体育场馆自动化系统设计的出发点是提供高质量、高效率、高保障、低能耗的产品，主要实现以下几方面的功能。

1. 自动监测

能够根据前期设定的各项数值判断监测数据是否超出设定范围。目前，实现的可监测的项目主要有温度、湿度、风量、水量、电压、水压、气体和液体的浓度等。

2. 自动启停

当监测的数值超出或低于设定标准时能够自动启停，第一时间减少设备故障带来的损失，同时也是节能管理的重要途径和手段。

3. 自动记录

能够自动记录设备实时数据，以便于进行数据的统计和分析，为管理者提供量化参考指标。随着数据处理技术的迅猛发展，各类数据的价值和意义越发重要。

4. 协调控制

体育场馆作为典型的建筑综合体，内部设施庞杂，是有机协调的整体，场馆在不同的运营模式下，各类设备系统的启动和参数也会相应变化，以确保体育场馆科学、有序地开放运营。

（四） 物联网技术

物联网，简而言之就是“物物相连”的网络，它是指将无处不在的末端设备和设施，通过各种通信网络实现互联互通、应用大集成以及基于云计算的软件营运等模式，在内网、专网或互联网环境下，采用适当的信息安全保障机制，提供安全可控乃至个性化的实时管理和服务功能，实现对“万物”的高效、节能、安全、环保的管、控、营一体化。物联网的技术内涵包括感知层技术、传输层技术和应用层技术。感知层技术，如射频识别技术（RFID）、传感器网络、遥感遥测、条形码技术等；传输层技术，如 M2M 通信网络、互联网、局域网、无线网技术等；应用层技术，如普适计算、云计算、知识发现、智能技术等。

物联网从发展之初，就具有广泛的应用前景，工业和信息化部颁布的《物联网“十二五”发展规划》指出，“物联网是战略性新兴产业的重要组成部分，对加快转变经济发展方式具有重要推动作用”。目前，物联网相关应用研究主要有智能工业、智能农业、智能物流、智能交通、智能环保、智能电网、智能安防、智能医疗、智能家居九大应用重点领域。其他如智能建筑、智能信息等领域的应用研究也获得了较大进展。智能安防、智能建筑、智能信息等研究成果，对智能体育场馆的发展具有借鉴意义。在体育及其相关领域，物联网研究尚处于起步阶段，多为物联网技术范畴内的某项或某些技术在体育领域的应用，如无线传感网、知识发现等；或为体育某一子领域的理论探讨，如体育教育、体质研究等。如国家体育馆采用物联网传感技术，将锚索测力计等多种传感器置于场馆各个重要位置，采集各类安全信息数据，通过局域网和互联网传送至服务器端的专家系统，运用云计算等技术进行分析、处理和结果反馈。

基于物联网技术的智能安防系统与传统安防自动化系统的区别在于自处理能力的提升，实现从感官的延伸到感官的解放。以视频监控为例，传统视频监控仅仅是对眼睛功能的延伸，有限地解放了工作人员的双腿。而在原有视频监控技术基础上植入传感技术，原有视频分析技术上植入高性能计算和知识发现技术，可有效提升视频监控系统的自处理能力。智能防火系统采用多种感应器，感应器之间具有联动控制功能，与火灾报警、电源控制、楼宇控制、消防排烟等系统联动。从而可在灾害发生前或发生之初，做出及时的应急反应，预防灾害或最大限度地减少灾害损失。智能门禁系统，综合运用 RFID、传感技术与视频分析技术，实现场馆进出人员的有效认证与控制。

体育场馆的智能化是体育场馆现代化的重要标志之一，是体育场馆系统自动化、数字化、信息化发展的时代体现。智能体育场馆，未有统一的定义，但其内容是随着智能技术的不断发展日趋丰富的。以现代科学技术发展为基线，智能体育场馆或体育场馆的智能化是在体育场馆电子化、自动化、数字化、网络化基础上的进一步的概念延伸。每一次信息技术进步和管理理念进步，都会赋予智能体育场馆新的含义，从而提升体育场馆及其管理的智能化程度。

第四节　体育场馆信息化应用分析

体育事业和体育产业是体育场馆运行的生态环境，智能建筑技术是体育场馆信息化的“大脑”，硬件设施则是体育场馆的躯干和四肢，电子信息技术犹如血液和神经贯穿于场馆信息化建设的方方面面，各个子功能协调一体，从而更好地配合体育赛事活动。随着人们对于生命健康的重视和经济实力的提升，新一轮的消费升级带动了体育设施和体育服务需求的提升，信息化技术的发展让原有的体育场馆刚性环境产生了更多可能性。因此，不难看出，未来体育场馆的竞争力趋向于占领信息化发展的高地。

奥运会是竞技体育的最高舞台，同时也是展现政治、经济、科技、文化等综合国力的最佳窗口，历届奥运会无论从场馆建设还是硬件设施总是能够找寻到科技发展的闪光点，表 9 –3 汇总了部分奥运会赛事所采用的新技术。

表 9 –3　历届奥运会新技术一览

年份	赛事	新发展	技术范畴
1912	斯德哥尔摩奥运会	电动计时器；终点摄影设备；有线广播扩音系统	硬件设施
1928	阿姆斯特丹奥运会	聚光镜采集圣火；高速摄影机；大型成绩提示板	硬件设施
1932	洛杉矶奥运会	自动计时系统，径赛的精确度达到 0. 01 秒	硬件设施
1936	柏林奥运会	首次尝试电视转播	通信技术
1948	伦敦奥运会	正式、系统的电视转播；首届采用起跑器	通信技术
1952	奥斯陆冬奥会	电子计算机开始在奥运会中发挥重要作用	信息技术
1952	赫尔辛基奥运会	终点实时摄影机系统	硬件设施
1956	墨尔本奥运会	半自动计时装置；首次开始使用电动花剑	硬件设施
1972	慕尼黑奥运会	高精度电子计时；激光测距	硬件设施
1984	洛杉矶奥运会	大型电子信息服务系统	信息技术
1992	巴塞罗那奥运会	首次制作数字电视信号播出	信息技术
1996	亚特兰大奥运会	互联网成为奥运会不可或缺的一部分	信息技术
2004	雅典奥运会	3G 技术；中央信息安全系统	信息技术
2008	北京奥运会	大量使用 LED 设备；第一届 1080P 高清转播	硬件设施
2012	伦敦奥运会	3D 转播技术；量子计时器，误差缩小到千万分之一秒	信息技术
2016	里约奥运会	8K 清晰度的转播；VR 技术	信息技术
2018	平昌冬奥会	5G 系统；Furo – D 机器人	信息技术

通过表 9 –3 可以看出，信息技术在近几届奥运会中占据了越来越重要的地位，体育场馆信息化发展为赛事主办方、用户提供个性化服务和更为丰富的观赛体验，同时，也为场馆管理者提供了科学的管理方式，这种深度融合为体育场馆的自身发展带来无限可能性。本节将对国内外知名体育场馆信息化建设现状进行分析，以便理解掌握相关知识点。

一、体育场馆信息化布局

（一）信息化软件布局

智能化场馆的重要目标之一是将球迷带到体育场馆，让他们置身于赛事活动中，并为其创造美好的观赛回忆。赛事主办方和场馆管理团队正在通过数据技术、移动应用程序、信标和数字创新来完善管理流程，提升球迷的观赛感受和互动体验。

在美国，球队花费数百万美元为体育场馆带来互联网连接和移动应用技术。体育场内球迷们希望能够在比赛中分享互动和保持社交。现场活动不仅仅是从座位上观看比赛或音乐会，球迷们更期待在他们的手机、数字显示屏、网亭、特许摊位和场地的每个区域都能够感受网络的便利和无时不在的互动体验。

1. 强大的无线网络解决方案

确保球迷进行互动的首要任务是无线网络联通，除了服务于球迷，也服务于内部员工、供应商、承包商、新闻媒体以及重要来宾。许多年轻球迷如果无法连接到互联网，他们可能会在比赛中场离开体育场。提供更好的 Wi－Fi 也意味着获得更多的收入——食品、饮料、商品和升级服务的购买。当然仅仅提供 Wi－Fi 还不够，球迷希望得到的是快速、安全和可靠的链接。据统计，大型体育场平均安装有 700 多个无线接入点，并且有多家第三方公司，以美国网络运营商为例，如 AT&T、思科和威瑞森电信，均可以提供端到端的无线网络服务。

世界上无线网络连接最多的体育场有李维斯中心、巴克莱中心和 AT&T 公园。

2. 最先进的移动应用程序

移动应用程序正在迅速成为在现场活动中吸引和带动粉丝最有效和最有利可图的工具。一些专业体育团队已经将应用程序运用于帮助粉丝找到停车位，购买优质升级座席，登记和定位他们的座位，订购食物和饮料送至他们的座位，找到距离最近的卫生间，观看即时重放视频和特写视频，查看独家内容、促销信息、优惠券信息和技术统计信息，并在比赛结束后获得交通信息和最快的回家路线。

使用尖端移动应用程序的球队或体育场馆有旧金山 49 人队、巴克莱中心、新英格兰爱国者队、丹佛野马队。

3. 移动服务点

许多体育场和活动场所都已经推出了移动服务点系统（POS），因此他们可以有数百家供应商在体育场内的任何地方销售食品、饮料和商品，而不需要球迷离开座位或花费大量时间排队。移动服务点系统可实现快速、安全的商品促销和销售，并节省空间、人力和时间。

4. 信标

虽然跨越体育场的信标实施一直很慢，但它们肯定是在发生的。已经实施信标的团队向球迷设备发送独家的促销和花边信息。地理定位还有助于给粉丝发送消息，如附近等待时间最短的洗手间等。更重要的是，团队使用信标来追踪球场内的球迷行为表现、活动范围和消费习惯。

到目前为止，30 个美国职业棒球联赛体育场中有 20 个已经实施了信标。已经使用信标的体育场或球队有李维斯体育场、AT&T 公园和休斯敦迪纳摩队。

5. 客户数据平台

体育场馆的球迷数据是所有营销工作和技术投资的焦点。越来越多的体育团队使用诸如 Umbel 的客户数据平台（CDP）来连接来自在线、离线系统和各种渠道获得的所有粉丝数据。CDP 帮助将从票务（如 Ticketmaster）、社交互动（如 Facebook、Twitter 和 Instagram 的球迷）、特许权摊位购买、商品销售、电子商务网站交易、移动应用使用、网站访问、视频观看、信标等中获得的数据连接起来。将所有这些独立的数据连接和收集整理是一项浩大的工程，但 CDP 帮助团队简化和使其无缝连接。CDP 有助于使数据工作可扩展、可操作、适应性强，帮助团队节省时间、金钱和资源。此外，将所有客户数据集中在一起，就可以在几秒钟内查询此数据，以便找到高价值的客户群，并向其发送个性化内容，如销售单场票、季票、商品等。

CDP 使用者有印第安纳步行者队、佛罗里达黑豹队、美国赛道等。

6. 有针对性的广告

在大型体育场馆的开发中，广告是非常重要的一部分。如何利用影响力，在球迷中获得尽可能多的利益，成了场馆运营者们深思熟虑的问题之一。丹佛野马队安装了 1200 台 55 英寸的显示器，这些高清的屏幕不只是为了吸引球迷参与视频、照片和技术统计，更多是为各级赞助商和合作伙伴提供商业机会，帮助它们宣传推广产品，塑造企业形象，使它们能够在比赛中发布产品信息及相关优惠活动。

在大数据的浪潮下，正确的技术和精准的数据有助于增强体育场馆和球迷的联系。经营团队不断收集最新的球迷数据，以便跟踪客户的购买行为，实现从球迷到消费者的无缝转变。

（二） 信息化硬件布局

场馆做到智能化的第一步是将硬件设施水平提高，硬件升级为场馆构筑深厚根基。具有硬件技术优势、改造经验优势、体育场馆渠道优势的企业将在市场中占据先机，形成壁垒。

1. 照明系统

智能照明控制系统可优化能源利用，并满足体育场馆不同情境下的照明需求。例如，在棒球比赛中，比赛场上投球者和击球者的互动是重要的部分，照明条件必须达到保证能让观众看清在有限距离内高速移动的球。LED 照明逐渐取代传统的电弧管照明，将成为全世界体育场馆的主要照明方式。相对于传统照明方式，LED 照明系统更加灵活，更容易创造出球迷和球员所需要的专业环境。

2. 场地设施——以可移动草坪为例

可移动草坪方便草坪维护，将逐渐替代传统单一草坪。模块化可移动草坪可在短时间内将草坪绿化，由于其灵活性，还可随时更换损伤严重的部分。同时，模块系统底盘设计具有通风、排水、升降温等特性，为草皮在比赛前后的生长提供了良好的环境。中国国家体育场拥有世界第九块、我国第一块移动草坪，建植费用接近千万元、每年维护费 50 万元左右，可常年保持绿色。

3. 安保系统

国内外球场作为高危场所，常有危险事故发生，因此，拥有良好的安保系统成为体育场馆的必备条件之一。目前，体育场馆作为人员密集的大型活动场所，面临着许多安全威胁。随着体育产业的发展，体育场馆需要升级维护安保系统，如安检系统、视频监控、防盗报警、门禁系统、火情警报和疏散系统。

4. 绿色科技的应用

由于传统的体育场馆在运营中产生了诸多不利于环境的影响，使得节能与可循环利用成为场馆建设的重要考量因素，因此，环保型体育场馆日益受到青睐。例如，慕尼黑的安联球场尽量利用自然的通风与采光，收集雨水，利用中水作为辅助水源，减少对能源与水资源的利用。

5. 数字触屏网亭

这些最先进的自助服务数字触屏网亭分散在许多大型场所。除了帮助球迷找到场地地图、卫生间设施和供应商，这些数字触屏网亭也可以用于购买升级服务、商品和生成食品饮料订单。

6. 巨型数字视频屏幕

巨型数字视频屏幕曾一度被认为是夸张奢侈的，但它们很快就成了必需品。不是每个场地都可以像奥本大学的约旦—哈尔体育场一样拥有一个 190 英尺的屏幕（足球场长度的 3/4）。在场馆公共区域放置多个小屏幕同样可以提升观赛感受和球迷的好感，即使当球迷步行到洗手间或是排队买食品时也可以同步观看到比赛的高清直播，不错过比赛的精彩瞬间。

拥有巨型数字屏幕的球队和场地有达拉斯牛仔队和奥本大学的约旦—哈尔体育场。

7. 场馆高速摄像机

高速自拍摄像机等新产品使得球迷在体育场和比赛中更容易拍摄。这些先进的摄像机可以安装在多个位置，并能够在同一时间捕获场所中每位球迷的照片。这些摄像机在每场比赛中可以占用高达一百万的图像，场地可以设置它们在比赛亮点期间被触发，从而捕获观众的反应。

球迷可以下载免费的应用程序通过输入日期和他们的座位号来查看照片。在提供高速摄像机的体育场的所有入口都有公开标志。有 15% ~25% 的球迷会在比赛中下载应用程序，然后登录查看照片。除了利用现代人热爱自拍的特性外，团队还获得了有价值的数据。团队可以找出这些球迷是谁，他们坐在哪里，他们去看过多少场比赛，都和谁在一起。

拥有高速摄像机的体育场馆有斯台普斯中心和“家得宝中心”球场。

8. GoPro 摄像

GoPro 摄像可以捕捉到场地的独特角度和比赛过程中球迷的精彩互动，并发送视频流，因此越来越受到球队和球迷的喜爱。全美冰球联盟（NHL）和 NHL 球员协会（NHLPA）宣布与 GoPro 建立北美合作伙伴关系，ESPN 为辛辛那提和匹兹堡之间的橄榄球比赛做准备，安装了 GoPro Hero Cam 系列，给了球迷就像通过 NHL 球员的眼睛看到比赛一样的感觉。

二、国内外知名体育场馆信息化建设分析

（一）国内体育场馆案例——国家体育场（鸟巢）

国家体育场位于北京奥林匹克森林公园内，座位容量为 80 000 人，大型活动时可增加至 110 000 人，在 2008 年奥运会期间，承担了开闭幕式和田径比赛。

1. 赛时功能

为实现奥运会赛时服务而建设的智能服务体系。相对应服务于赛会的通信、办公，在竞赛管理上对于大屏幕显示和信息发布、查询系统及验票系统等有服务保障，并在安保、环保等方面有基础保障。

（1）体育事业与体育产业。2008 年第 29 届北京奥运会是我国承办的最高规格的体育赛事，其带动了我国体育事业和体育产业的迅猛发展，体育场馆的建设与改造成为能否顺利举办奥运会的决定性因素之一。北京奥运会新建场馆鸟巢作为开闭幕式和田径比赛的场馆，吸引着全世界的目光。奥运会无疑是推动场馆建设和发展的最佳机遇。

（2）智能建筑。赛时实现信息整合，不仅完成体育场内资源共享，同时满足体育比赛及大型活动的日常运营功能，并且建立数据库，为国家体育场综合管理提供基础平台。在体育场举办比赛时为智慧中心提供全面综合的场馆环境信息，管理系统是为体育比赛服务提供配套服务的集成式管理平台，通过一定的技术和软件对体育场中的系统进行监视、管理、控制，并且建立统一的平台，提供综合控制界面，实现对赛场的操作，保证与子系统之间的联动控制。

（3）硬件设施。场地扩声、信息发布和查询系统、场地大屏幕、查询和验售票系统等基础服务系统，保障赛时成绩显示、观众入场等基本功能，满足 2008 年奥运会赛事服务。

为体现绿色奥运，在环保方面，通过技术控制和材料的选择，国家体育场实现了节约和绿色环保目标，并采用了先进的节能设计和环保措施，如良好的自然通风和自然采光、雨水的全面回收、可再生地热能源的利用、太阳能光伏发电技术的应用等，节省周围环境与资源负荷，使之符合国际标准。

（4）电子信息技术。电子信息技术包括网络系统、信息化应用系统及安全信息系统。

网络系统：包括在通信和综合布线上完成基础通信与办公自动化的功能，配备卫星及有线电视系统，多功能会议、扩声和同声传译系统，标准时钟系统，满足了办公的基本需求。

信息化应用系统：包括服务场地升降旗控制、赛时计时记分、成绩处理、仲裁录像系统、电视转播评论系统，还包括中央控制系统以及赛事综合管理系统。

安全信息系统：包括建筑设备管理和公共安全系统，火灾自动报警系统，视频安防监控、入侵报警、出入监控、电子巡查管理、汽车库管理系统。

2. 奥运赛后长期发展

北京奥运会后，国家体育场举办国际大型赛事、一些非传统体育赛事，以及其他大型活动等。

（1）无线 Wi - Fi 覆盖。2015 年北京田径世锦赛前实现：每个手机账号可以同时在 3 个终端上接入网络，针对区域的实时监控及针对某个用户的网络使用问题进行快速诊断。

（2）巨型高清视频屏幕。整个 LED 屏幕挂在钢质的架子上，总面积达 1.2 万平方米，没有任何焊接工序，所有材料都插在一起，可以做到 100% 回收。

（3）安全保障。4000 万像素复眼监控摄像机，“复眼成像系统”实现超高分辨率、远距离、宽视场的“三全”（全范围、全细节、全时段）监控，可以保证在全景范围内所有细节实时调用及事后回看。

（4）体育场内的针对性广告。由于鸟巢在我国的特殊地位和重要影响力，对广告开发的位置进行细分，可根据企业特点提供个性化的广告服务，帮助企业提升品牌知名度和曝光度，拓展品牌内涵。

（二）国外智慧化场馆案例——巴克莱中心和李维斯体育场

体育场馆的数据主要来源于以下四个方面：赛事活动数据、会员数据、观众数据、营业数据。在过去的一年中，绝大多数美国的大型体育场馆进行了转型——搭建网络、开发专属 APP、改造 Wi - Fi 等。这也是未来体育场馆发展的必然趋势。在不久的将来，体育场馆和网络终将成为密不可分的一个整体。

经过对相关资料的统计与整合，国外场馆的智慧化升级主要包括三个方面：提供场馆 Wi - Fi；场馆 APP 的开发与应用；节能环保技术引用与可持续开发。

基础设施决定了一切。在大型体育场馆信息化、智慧化的道路上，第一块砖石便是 Wi - Fi 信号的供给。美国的巴克莱中心全面配备了 Wi - Fi 服务，并且只要安装了巴克莱中心的 APP，就可以获得各种信息推送服务，包括慢动作回放、多角度镜头以及球员统计数据等。这些技术的运用能够显著改善球迷的观看体验，巴克莱中心也因此晋升为排名第三的智慧化场馆。

在基础设施搭建完成后，平台和渠道就成了重要节点——这时就需要场馆的 APP 了。为了满足顾客的需求，许多国外大型体育场馆都推出了自己的智能 APP 应用，服务到现场看球的观众。

李维斯体育场是位于加利福尼亚州圣克拉拉的一个橄榄球场，位于旧金山湾区。自 2014 年以来一直作为美国橄榄球职业联赛旧金山 49 人队的主场，拥有 68 500 个固定座位，根据比赛规模最多可扩展到 75000 个座位，如超级碗和世界杯等赛事。作为多用途场地，李维斯体育场可以承办音乐会、越野赛、室内/室外会议等其他大型活动，为满足不同活动需求，在体育场俱乐部区域拥有超过 10 100 平方米的高级会议空间。

李维斯体育场号称世界上观众交互性服务最强的球场，拥有服务性能极为全面的手机客户端，观众不仅可以通过手机操作进行线上订票、车位选择、路线规划，甚至可以通过其享受便利的餐饮配送服务。

除了对场馆的经营智慧化外，许多体育馆也在场馆构造中加入可持续的理念，如绿色屋顶、节能灯等。除缩减开支以外，绿色科技也为能源公司带来了潜在的机会，使其成为球队的赞助商、合作伙伴，绿色科技成了能源公司自我宣传的崭新道路。

经过一系列的智慧化升级，根据目前全美最先进的李维斯体育场公布的数据显示，过去一个赛季，球迷通过球场专用的应用程序消费了大约 130 万美元。由此可见，场馆智慧化不仅能够让赞助商得到更多的宣传推广，让观众购买更多的商品，同时，也呼应了当前服务为王的基本经营理念，使观众收获了绝佳的观赛体验。

由于李维斯体育场位于硅谷一带，因此方便其拥有最尖端的科技设施和最先进的运营成果。在可持续发展方面，旧金山 49 人队正在与美国环保局探讨合作机会，以加强体育场馆的环保化；此外，索尼、英特尔、SAP、雅虎等科技公司作为李维斯体育场的合作方，分别为它提供了场内 Wi－Fi、球场 APP、LED 投射屏等多类科技设施。

1. Wi－Fi

30 位专业工程师一起研发了球场的 Wi－Fi 技术，它有着 400 英里的布线总数，其中的 70 英里专用于连接分布在整个体育场的 1200 条天线，可用宽带达到 40 GB/s。这保证了 Wi－Fi 允许超过 6 万名观众同时连接使用，并保持优越的无损响应速度。

2. 球场 APP

李维斯体育场创建了一个独属于球场的应用程序，为球迷和客人提供更好的球场体验。该应用程序可以从 App Store 和 Google Play 免费下载。在非足球比赛日，或对于那些距离体育场遥远的用户，APP 的功能有限。然而，当在比赛日、活动日和在体育场内部使用应用程序时，它为用户提供了多种多样的可能，包括线上购票，预订座位，现场直播、回放，路线导航和更多。如果主办方想为其客户提供移动便捷服务，该应用也可以服务于体育场承办的不同类型活动。

APP 实现了与球场信标的相互呼应，为用户搭建完善的移动服务点系统，与场内高速摄影机形成联动模式等功能。APP 中的主要内容包括：

（1）回放技术。那些不在现场的球迷甚至可以通过 APP 观看比赛直播，通过 APP 观看镜头回放，在现实比赛几秒钟后便可实现。用户可以从任何摄像角度看到想要的回放镜头，一次最多可以同时查看 4 个回放。

（2）停车信标技术。停车位应用程序能够记录用户停车的位置，或帮他们迅速寻找空余车位。比赛座位应用程序使用 1700 个高科技信标来引导用户以最快的方式找到他们的座位或他们的朋友。

（3）食物和商品。APP 可以引导用户找到离他们最近的特许摊位；如果通过 APP 线上订购食品、饮料和商品，它们会被直接送到用户所在的座位；APP 同时提供有关特价和促销活动的通知。

（4）票务服务。通过 APP 可以轻松地购买或转让比赛门票，也可以预订停车位或转让停车证。

（5）寻找洗手间。APP 可以帮助用户找到最近的洗手间，并迅速确定哪一间洗手间有最短的排队队伍，节约等待时间。

另外，李维斯体育场内还分布许多有引导作用的数字触屏网亭，极大地方便观众查询信息。

3. LED

李维斯体育场周围放置了超过 2000 台索尼公司生产的液晶屏。几乎每个高级包厢都配备了一台 70 英寸的索尼 4K 电视。除此之外，2 个巨型 LED 显示屏分布在场地两端。

4. 针对性广告

李维斯体育场搭建了 20 000 平方米的博物馆，由索尼公司赞助服务。其中包括 11 个独特的画廊和展览空间。除此之外，场馆内部安装的索尼液晶屏也为索尼公司带来了极大的曝光率；旧金山 49 人队的球迷大道设置于塔斯曼大道上的英特尔广场，为英特尔公司带来稳定曝光；球场 APP 通过发布特许经营伙伴的促销与新品信息，为其提供广泛的用户关注度。除此之外，李维斯体育场通过球场 APP 和场内多种多样的电子设备，也为多个合作伙伴提供了稳定的广告源。

5. 节能环保技术

使用外部调试代理来验证与能源相关的系统是否按照项目要求进行安装、校准和执行；使用附近的公共交通，包括 VTA、ACE、Amtrak（美国本土知名的 3 家公共交通运营公司），未来可能会与旧金山湾区捷运系统扩展连接；建造绿色屋顶和光伏板；使用具有高日光反射率的铺路材料和屋顶材料；使用循环水用于景观灌溉、冲洗厕所、小便池及其他节水器具；转移或回收 75% 的非危险建筑废物；使用可控和可编程照明控制系统和热舒适控制系统等。

李维斯体育场获得了 GOLD LEED（能源和环境设计领导力）证书，它是美国第一个获得这项新建筑认证的专业橄榄球场。

综上所述，中国国家体育场（鸟巢）建设之初满足了当时奥运会的基本需求，在网络系统、信息系统、安全系统和赛事管理系统等方面都有较为完善的服务设置。但是随着时代的发展与大众对于体育赛事观赏的追求不断提升，“鸟巢”的基础智能功能已经不能更好地满足管理人员、参赛选手和观众的需要。现如今，观众对于网络信号需求、智能支付及场馆周边服务有了一定的需求。因而为了更好地服务赛事与体育场馆，智能化成了大型场馆的发展趋势，“鸟巢”在奥运会之后也做了相应的智能化改革，但是仅停留在信号覆盖及大屏幕等硬件设施上。在对比李维斯体育场之后不难发现，李维斯体育场除硬件设施以外，与服务结合的智能化系统使场馆管理及大型活动观众人员管理更有效：人工成本降低，观众好评率升高，同时服务更加人性化，除科技外更加注重场馆环保，用改良硬件和可循环系统等方式降低对于水电和其他资源的消耗。

中国国家体育场智能化建设已经初见雏形，但还需要更具针对性的改善和提高，以便跟上球迷及客户不断增长的人性化服务需求，以期成为技术领先的信息化、智慧化场馆。

三、体育场馆信息化技术应用分析

（一）大数据在体育赛事中的应用

大数据在体育赛事中的应用可以追溯到21世纪初。2003年美国职业棒球大联盟奥克兰运动家队总经理比利·比恩（Billy Beane）摒弃传统上用“打击率”选材的做法，转而挖掘“上垒率”高的新兴球员，并将这些球员引进到球队中。起初，他的这种独特选人方式招来了质疑和嘲笑，但球队随后的比赛战绩成为最好的回应，这支低成本运营的球队创下了20连胜的佳绩，常规赛拿下了103场胜利，与洋基队并列为美国职业棒球大联盟胜场数最多的球队。在他的启发下，大联盟其他球队也开始接纳更全面、更完善的大数据，看到了大数据对比赛成绩所能起到的积极影响，利用数据分析方式挖掘潜在的优秀球员也更加科学与客观。比利·比恩这种新的运营理念开启了棒球运动管理史上开始运用数据统计分析的先河，而以比利·比恩为原型的一部关于职业棒球的体育电影《点球成金》更加生动地记叙了他利用大数据分析方法另辟蹊径，赢得一场场比赛胜利，帮助球队走出了困境的故事。

另一支受益于数据分析的球队是美国职业篮球联赛的金州勇士队。金州勇士队的成功并非砸钱的结果，而是因为它处在美国一个特别的地区——硅谷。硅谷是世界上最富传奇色彩的科技中心，是当今电子工业和计算机业的王国，对世界科技和经济的发展做出了无与伦比的贡献。2010年，战绩平平的勇士队遇到了自己的伯乐——乔·拉科布，作为美国职业篮球联赛最有眼光的老板，拉科布花了4.5亿美元收购了勇士队。这在外界看来是一个疯狂的决定，要知道，勇士队是小市场球队，商业价值无法跟尼克斯队、湖人队相比，同时勇士队的战绩一直难有起色，虽然球队的打法观赏性很强，但是不赢球，到了季后赛也是一轮游，始终没有更大的作为。

毕业于美国加州大学洛杉矶分校和斯坦福大学，并在硅谷成长起来的投资人拉科布，给勇士队带来的不仅是充足的经费、精良的训练设备，更重要的是硅谷的思维模式：每一项决策都基于扎实的分析。作为数据分析的坚实拥趸，拉科布把数据分析的思想充分融入球队的训练中，他和他的合伙人雇用了许多数据分析师，为球队提供咨询和帮助，并最先在球馆中引入球馆录像和分析系统。为了更好地监测球员的健康状况，勇士队还在测试一种高科技的“智能服装”，实时收集球员的运动状态、呼吸和肌肉活动等信息，避免过度训练造成疲劳，并帮助减少运动损伤。

同时，他根据背后团队对历年来美国职业篮球联赛比赛的统计，发现最有效的进攻是眼花缭乱的传球和准确的投篮，而不是彰显个人能力的突破和扣篮。在这个思想指导下，勇士队队员苦练神投技，全队在一个赛季中投进1000个三分球，创造了一项联赛纪录。

大数据技术与体育场馆相结合，能够掌握客户群的需求与喜好，定制人性化服务，准确推送赛事信息；而对于场馆管理者，则能够根据科学的数据分析结果制定经营决策。

（二）自动化技术

一般的体育场馆自动化管理系统主要包括电力系统自动化、照明系统自动化、空调及新风自动化、给排水自动化四个子系统，这四个子系统还需要建设计算机管理控制中心，并且能够与火灾自动报警系统、安全技术防范系统等相连接，保障了客户对于体育场馆服务功能的基本需求。防盗、防火、防灾是体育场馆管理工作中关系到生命财产安全的重要内容，自动化技术提升了体育场馆安防系统的有效性和安防事件处理的时效性。

1. 电力系统自动化管理

稳定的电力供应是体育场馆日常运营的基础保障。体育场馆电力设备管理工作要求达到：①稳定性。体育场馆强电系统、弱电系统工作要求严格执行巡查制度，相关岗位安排24小时值班，保证安全、可靠、不间断供电。②安全性。监督设备运行状态，有计划地测定线路安全系数，及时发现火灾隐患，严格执行操作规程及巡视检查制度，按时进行设备巡视、抄表记录，发现问题、迹象及时汇报。③及时性。根据使用需求能够正确迅速地执行各种操作指令，正确迅速地处理各种事故和异常。④准确性。熟悉掌握停送电程序及有关安全防火措施，严格执行停送电操作制度。⑤专业性。工作人员熟悉掌握配电室高低压设备系统及外围情况，了解主要电器的规格性能。⑥完备性。配电室内消防应急设施完整，具备系统可靠的应急处置方案。

体育场馆作为人员密集型场所，在确保电力平稳输出的同时，还要加大对电力系统设备的安全管理和设备维护。体育场馆的电力应用主要分为强电系统和弱电系统。强电一般是指供给体育场馆内的动力设备、照明系统、供电系统、插座系统、防雷接地系统等，是一种动力能源；弱电一般是指传输和交换信息的电信号。强电和弱电既有联系，又有区别，各有特点。强电系统把电能引入场馆，并通过用电设备转换成机械能、热能和光能等；弱电系统则实现场馆内部以及内部和外部间的信息交换与信息传递的功能，人们习惯把弱电方面的技术称为弱电技术。应急电源是体育场馆电力供应强有力的保障，当电路出现问题无法正常工作时，应启动应急电源，以确保电力抢修期间的照明和设备运行。为满足体育场馆的运营需求，以使用面积为25 000平方米的体育场馆为例，电力配置需要达到3000 KVA的标准。电力系统除继电保护与备用电源自动启用等功能外，还能够实时远程查看开关与变压器的状态，可监测电压、电流、功率的数值，一旦超出限定范围则能够第一时间发出警报。

2. 照明系统自动化管理

体育场馆照明线路和供电方式要求安全可靠、经济合理、电压稳定。由于照明线路与人们接触的机会较多，所以照明设备外露的、不应带电的金属部分都须绝缘或接地。为确保体育场馆照明设备稳定使用，通常都要求设置双路电源供电，且照明设备使用专用线路，以免受其他负荷引起的大电压波动，影响电光源的寿命和照明质量。杰兰特·约翰提出，应急照明应满足以下几个主要功能，疏散通道和出口应有良好的照明，以便观众在紧急情况下都能找到疏散方向和出口并安全地疏散，而不会在恐慌中发生绊倒、坠落等事故；报警设备和消防设备点应有良好的照明，以使它们容易被找到。体育场馆照明设备的特点是：①复杂性。根据使用功能的需求和体育场馆建筑自身的差异性，照明设备的运行会产生较大的功率，回路较多，并且在布置上比较分散。②多样性。为了满足体育场馆的不同需求，照明设备还要具有多样化的功能。③高能耗。体育场馆使用面积大，照明设备使用频率高，能源消耗大。为了适应现代化体育场馆的需求，自动化照明系统在线路的布置上比较简单，对于照明系统的控制可以通过控制室的控制面板来完成，操作简单，并且能够实现对多个功能区的控制。自动化照明系统可以根据每个功能区的不同需求来进行个性化的设置，并且通过不同的操作方式，能够展现出不同的灯光效果，这是现代化的体育场馆所需要的。所以照明系统自动化在体育场馆中的应用具有一定的现实意义，也是电气自动化技术发展的必然趋势。

3. 空调及新风自动化管理

体育场馆主要采用集中空调，所有空气处理设备（风机、过滤器、加热器、冷却器、加湿器、减湿器和制冷机组等）都集中在空调机房内，空气处理后，由风管送到各空调房里。这种空调系统热源和冷源也是集中的，它处理空气量大，运行可靠，便于管理和维修，但机房占地面积大。由于体育场馆空间大，且要考虑风力对于运动项目的影响，出风口的位置和风向都要经过综合评估。同时，体育场馆人流量相对较大，需要安装送风及排烟系统。新风系统的主要目的是排出馆内空气，防止爆炸、中毒、空气不洁净等，加快馆内空气的流通，尤其是针对目前整体的空气质量，新风系统更发挥了不容小觑的作用。空调及新风自动化控制主要是设定设备在不同运营模式下的自动启停，按照季节或活动需求进行设定，主要是对空气温度、湿度、气流速度、空气质量等进行调控。当场馆内空调负荷改变以及空气参数设定值发生变化时，进入房间的送风量与场馆内的实际负荷相匹配，以满足馆内人员的体感舒适度或工艺生产的要求；送风量的自动调节可以最大限度地减少风机动力的消耗，节约能源；空调及新风系统的保养维护是体育场馆运营过程中不可忽视的内容，自动化管理协助管理人员进行设备的防冻保护，采用防霜冻开关监测温度变动，当温度低于5℃时启动报警，提示室外温度过低。

4. 给排水自动化管理

给排水科学与工程一般指的是城市用水供给系统、排水系统（市政给排水和建筑给排水），简称给排水。体育场馆的给排水系统，即场馆内的用水供给和污水排水系统以及消防水系统。体育场馆给排水系统具有管线布局密集，使用频率高等特点。根据赛事或活动持续的时间和规模，确保所有级别的设施都能有均匀的水压。通常体育场馆都具有完全泵循环系统的大型储水罐，给排水自动化系统主要是对水位进行监测，通过传感器监测水箱水位，由控制器控制水泵的运行，达到稳定供水量的目的。给排水系统中的水泵与水压、集中坑水位状态联动，仅在需要时才投入运转，避免不必要的浪费，节约水源。

四、体育场馆信息化建设展望

“智享无人值守场馆”内的智能场馆灯光、自动售卖机、共享篮球、足球等器械以及离开结算都将实现无人操作。这种“无人值守”新运营模式，不仅最大限度地解决了场馆管理运营成本高、设备维护难、运营时间短等问题，更重要的是让场馆运营数据化，可以精准记录每个月乃至全年的各类数据，从而利于科学设置场馆运动项目和对运动人群的时间、结构、年龄层次、喜好等进行分析，构成场馆运营生态圈，让场馆成为智能终端，实现真正意义上的智慧场馆。

同时，该项目对于场馆的建设要求并不高，场馆规模可大可小，可根据场地量身订制，球馆可固定、可拆卸、可改装、可新建，充分挖掘新老场馆的项目潜力。这是当前我国打造“15 分钟健身圈”以及“体育进校园”“体育进公园”方针政策最有力的科技保障，有效解决了设备设施开放难、管理难、运营难等问题。或许这种“无人值守”的智能化场馆在不久的将来就会出现在我们的日常生活中。

本章主要阐述体育场馆运营过程中对于信息化技术的应用需求，尽管需求功能模块不同，但解决方案是相通的，通过体育建筑智能化系统工程技术规程和“SAFE”模型因馆制宜，实现体育场馆的新时期运营管理。

思考题

1. 简述体育场馆信息化建设的必要性。
2. 体育场馆信息化管理实施流程的四大环节是什么？
3. 简述体育建筑智能化系统工程的四大模块。
4. 结合本章内容，请以某体育场馆为例进行信息化建设分析。

第十章　体育场馆投融资

本章教学提示

1. 了解投融资基本理论。
2. 掌握体育场馆投融资模式。
3. 理解体育场馆投融资模式选择依据、原则和策略。

第一节　投融资基本理论

投融资活动是经济发展的重要推动力，因为投融资是借由货币资本和产业资本运营，实现资本、劳动、技术、管理等一揽子生产要素的流动与配置，因此，投融资活动不仅增强了各经济主体之间的金融联系、生产联系与贸易联系，而且带来了真正意义上的深层次的全面经济发展。若要理解投融资为何会引起如此深刻的经济变革，我们就必须从投融资的基本概念、投融资的产生与发展，以及投融资的研究范畴入手。

一、投融资基本内容

投融资方式在我国主要是指在资源配置过程中，投融资的决策方式（谁来投资）、投资筹措方式（资金来源）和投资使用方式（怎样投资）的总称，它是投融资活动的具体体现。投融资中包含了投资和融资两个同时进行的过程，投资主体进行资产的重新分配和融资主体的资金获取。

（一）投资基本内涵

投资是各类经济主体，包括企业、金融机构、各级政府和个人投资者，为了获取预期的不确定的效益而将现期拥有的货币资本或产业资本通过特定方式转为实物资产、无形资产或金融资产的经济行为。此定义表明，投资的内涵包括投资主体、投资动机或目的、投资客体以及投资方式等因素，反映了投资活动中各因素及其所体现的内在经济关系的高度统一。为了更充分地了解投资活动，我们需要注意以下几点。

1. 投资主体的多元化

投资主体是指具有独立投资决策权并对投资结构负有责任的经济法人或自然人。依据主体的职能，投资主体可分为：①投资所有主体，是负责提供投资资源或偿还负债，并享受资产收益的主体；②投资决策主体，是负责确定具体方案的主体；③投资实施主体，负责按已确定的方案组织实施投资，将资源转化为资本；④投资存量经营主体，是已形成资产的营运者。投资所有主体、投资决策主体和投资存量经营主体可能是同一自然人或法人，也可能是相对分离的不同的自然人或法人。

依据主体类型，投资主体可分为：①企业，是直接投资的主体；②金融机构，包括银行及非银行金融机构，是参与证券投资和金融服务业直接投资的主体；③官方与半官方机构，包括各级政府及各类区域性经济组织；④个人投资者，是以参与证券投资为主的群体。投资主体的多元化避免了投资过程受单个投资者支配的情况，同时分散了投资风险。

2. 投资客体的多样化

投资客体是投资主体加以经营操作以实现投资目标的对象。投资客体包括：①实物资产，是以土地、厂房、机器设备、黄金、古董等实物形式存在的资本；②金融资产，包括定期存单、股票、债券、衍生工具等；③无形资产，包括生产诀窍、管理技术、商标、专利、信息、销售网络等。一般来讲，投资主体既可能采用一种客体投资形式，又可能采用几种客体投资形式，从而使投资呈现多样化和复杂性。值得注意的是，各类投资客体的安全性、获利性及流动性不尽相同，有的资产安全性高，流动性强，但收益低；而有的资产收益率高，但安全性差，流动性也弱。投资者要根据自身对风险的承担能力及对获利性和流动性的要求来选择投资对象，进行资产的合理组合。

3. 投资的目的是获取一定的效益

投资的目的是获取预期效益。按不同的标准，投资效益可分为：①宏观经济效益和微观经济效益。宏观经济效益是从整个国民经济角度来考察的；微观经济效益则是从单个项目角度来考察的。②直接效益和最终效益。直接效益是投资的初始成果，如获取企业经营的控制权，占领市场等；最终效益则是投资的最终成果，如获取经营控制权和占领市场的最终目的可能是增加的利润。③财务效益和社会效益。财务效益可以用价值尺度计量，如利润、债息和股利；社会效益不一定能用价值尺度计量，但一般可用其他一些间接的定性尺度计量，如增加就业、改善环境和社会福利等。

4. 投资效益的不确定性

投资是资本的垫付活动，从垫付资本到获利需要一个较长的时期。在此过程中，由于政治、经济、自然、心理等众多因素的变化，投资的预期收益是不确定的，投资者有亏损甚至破产的可能性，因此，投资具有风险性。如果说获取预期收益的动机是投资者内在的动力，那么投资风险的存在又是投资者内在的约束。可见，只有在风险和收益相匹配的条件下，投资行为才能得到有效调节。一般来讲，投资风险和投资回报是呈同方向变化的。

5. 投资具有创造财富的功能

投资必须花费现期的一定收入，从而投资主体投资数额的大小、投资目标的选择必然受其收入水平和融资能力的制约，但投资的同时又具有创造收入的功能。对各类投资主体来说，投资在未来时期能带来收入，尤其在信用高度发达的现代社会，投资者可以借本生利，利用信用杠杆效应，以少量的垫付资金实现较多的效益。对于整个社会而言，投资可以创造需求，启动和利用闲置资源，从而促进社会财富的增加；同时还可以创造供给，直接增加未来的社会财富。

（二）融资基本内涵

融资，即资金融通，就是通过各种方式融通资金的活动。广义融资是指资金在资金持有者之间双向互动、以余补缺的一种经济行为，它不仅包括资金的融入，也包括资金的融出。也就是说，它不仅包括资金的筹集，还包括资金的运用。狭义融资主要是指资金的融入，即通常所说的资金筹集，具体是指经济体从自身的资金运用状况出发，经过科学的预测和决策，通过一定的渠道，采取一定的方式，从资金富余方融入资金，从而保证经济体正常运作的一种经济行为。综上所述，我们认为，融资是指融资主体根据资金余缺融通的客观需要，运用一定的融资形式、手段和工具，实现资金的筹集、转化、运用、增值和回偿等融资活动的总称。融资活动所产生的经济关系，在本质上是一种货币信用关系。所以，一般意义上的无偿性征集或筹集资金的活动及其资金的收支不属于融资范畴。融资过程有五个重要环节，即资金的筹集、转化、运用、增值和回偿，它们依次相联，缺一不可，构成融资活动的系统性主体环节。融资主要包括直接融资和间接融资。

1. 直接融资

直接融资是指融资主体通过发行债券、股票等信用工具，吸收社会剩余资金，并转化为资本，直接投入特定项目的融资方式。

直接融资的优点如下：

（1）可以把资金向效益更高的方向引导。一般来讲，效益高的企业信誉较好，它发行的债券或股票收益率较高，对投资者的吸引力较大。

（2）促使企业提高资本使用效率。面向社会直接融资有一定的成本，而且必须直接向投资者负责，这就促使企业转换经营机制，讲求资金使用效益。

（3）可以把社会上一部分消费资金变为长期性生产建设资金。

（4）拓宽投资者投资的渠道，分散投资风险。

直接融资的缺点如下：

（1）直接融资双方在资金数量、期限、利率等方面受到的限制比间接融资多。

（2）对资金供给者来说，直接融资由于缺乏中介的缓冲，风险比间接融资大。

（3）直接融资工具的流动性和变现能力受金融市场的发育程度及资金供给流动性的影响。

2. 间接融资

间接融资是指资金供给者与需求者通过金融机构间接实现融资的行为。在间接融资中，资金的供求双方不直接形成债权债务关系，而是由金融机构分别与资金供求双方形成两个各自独立的债权债务关系。对资金的供给方来说，金融机构是债务人；对资金的需求方来说，金融机构是债权人。间接融资中最为常见的是银行贷款，即储户的剩余资金通过银行贷给企业，这中间银行扮演了典型的信用中介角色。银行贷款资金的主要来源是银行面向社会吸纳的存款。我国银行吸收的存款按性质可分为单位存款和个人存款。单位存款主要包括：①国有企业、集体企业和个体经营者在生产、经营的周转过程中暂时闲置资金的存款；②中央金库和各级财政部门先收后支款项的存款；③事业经费未用部分存款等。个人存款包括国内城乡居民的个人存款和华侨的个人存款，由各专业银行的储蓄所或分支机构、农业银行营业所和农村信用社及其他非银行金融机构（如邮政储蓄存款等）代理。此外，间接融资还包括票据贴现、典当、融资租赁等其他方式。随着金融业的发展，金融创新层出不穷，融资的手段日益多样化。无形资产融资、资产证券化、BOT 等都为融资增加了新的内容。

间接融资的优点如下：

（1）银行等金融机构网点分布范围比较广，能广泛地筹集社会上各方面的闲散资金，形成大额资金，有利于提高金融活动的规模效益。

（2）在间接融资中，由于金融机构的资产、负债是多样化的，融资风险可由多样化的资产和负债结构分散承担，因而安全性较高。

（3）企业信息的保密性较强。

间接融资的缺点如下：

（1）资金运行和资源配置的效率较多地依赖于金融机构的素质。

（2）监管和控制比较严格和保守，对新兴产业、高风险项目的融资要求一般难以及时、足量满足。

（3）中介机构提供服务并收取一定费用，增加了筹资的成本。

二、投融资相关理论

投融资理论是研究投融资学的基石，其随着投融资的产生和发展而不断得到丰富和完善。顾名思义，投资和融资由于覆盖的范围和内涵不同，相应的理论重点也不相同。融资理论的发展主要沿着两条主线展开：一是在政府融资理论方面，主导理论涵盖了从政府征收铸币税（发行货币以取得收益）的货币融资理论到各经济主流学派各持观点的公债融资理论，再到“公债和一次性总税负是等价”的大卫·李嘉图的等价定理；二是在企业融资方面，这也是现阶段融资理论研究的重中之重，主导理论主要涵盖了遵循企业资本结构展开的旧资本结构理论和新资本结构理论。投资理论主要沿着两个分支推进：一是直接投资理论，从西方各学术流派各领风骚的投资理论到由具体实践而产生的投资理论，标志着直接投资理论的不断成熟；二是间接投资理论，根据投资客体的不同分别研究了股票投资理论、债券投资理论、有效市场理论和期权定价理论等。

20 世纪 90 年代以来，随着经济全球化进程的加快，对投融资理论的研究不仅保持了一贯在经济研究领域的重要地位，而且研究范围和视角不断拓展，研究方法也不断创新，尤其是一些针对新形势、新现象和新问题的相关研究已成为投融资研究领域的前沿。

（一）投资理论

1. 投资理论的产生和发展

投资是指经济主体为获得预期收益，将资金投入某种事业以增加资本或资产存量的经济行为。它是人类最基本的经济活动之一，与人类进步和社会发展有着密不可分的关系。投资理论就是以投资问题为主要研究对象的理论，它要回答的最基本问题是：是否投资、何时投资和投资多少；另外，要回答投资主体的设定、投资的来源、投资的动力、投资与财富创造的作用机理、投资结构以及何时停止生产或退出产业等问题。投资理论大致经历了 5 个多世纪的发展，也就是投资理论的萌芽、形成、发展、繁荣四个阶段。逐渐形成了今天完整的投资理论体系。

16—17 世纪是投资理论的萌芽时期。16 世纪开始，西欧以法国、英国为代表的重商主义强调生产和贸易出口，通过使本国长期保持贸易顺差来积累更多的国家财富，这一时期主要表现为国家间的对外投资理念和投资行为。18 世纪是投资理论体系的初步形成时期。1776 年亚当·斯密在《国民财富的性质和原因的研究》中提出了比较优势理论、绝对优势理论，解释了投资选择的原则，认识到利润是投资的持续动力，进而对投资问题进行了系统的阐述，丰富和完善了投资理论体系。19 世纪是投资理论的发展阶段，在这一阶段出现于西欧的边际学派掀起了一场边际革命，边际理论的提出深化和发展了古典学派的投资理论，其主要贡献在于：将边际原则和数理统计的方法运用到投资分析过程中，量化了边际成本、边际收益、机会成本等概念。20 世纪至今是投资理论的繁荣时期，在整个 20 世纪里投资理论得到了空前繁荣，一方面是凯恩斯主义投资理论的不断完善和新古典主义投资理论的不断修正；另一方面是投资从实物投资理论转向实务和金融投资理论，同时从国内投资理论转向国际投资理论。

2. 投资理论内容

（1）直接投资理论。直接投资是指投资者将自有资金直接投入投资项目中，形成实物资产或者参与现有企业的经营管理或成立一个新的企业。通过直接投资，投资者可以拥有全部或一定数量的企业资产及经营的所有权，直接进行或参与投资的经营管理。直接投资包括对现金、厂房、机械设备、交通工具、通信、土地或土地使用权等各种有形资产的投资和对专利、商标、咨询服务等无形资产的投资。直接投资的主要形式有以下三种：

①投资者开办独资企业，直接开店等，并且独自经营。

②与其他企业合作开办合资企业或合作企业，从而取得各种直接经营企业的权利，并派人员进行管理或参与管理；投资者仅仅是投资资本而不参与经营，必要时可派人员任顾问或指导。

③投资者在股票市场上买入现有企业一定数量的股票，通过股权获得全部或相当部分的经营权，从而达到收购该企业的目的。

（2）间接投资理论。间接投资是指投资者以其资本购买公司债券、金融债券或公司股票等各种有价证券，以预期获取一定收益的投资，由于其投资形式主要是购买各种各样的有价证券，因此也被称为证券投资。与直接投资相比，间接投资的投资者除股票投资外，一般只享有定期获得一定收益的权利，而无权干预被投资对象对这部分投资的具体运用及其经营管理决策；间接投资的资本运用比较灵活，可以随时调用或转卖，更换其他资产，谋求更大的收益；可以减少因政治、经济形势变化而承担的投资损失的风险；也可以作为中央银行为平衡银行松紧而采取公开市场业务时收买或抛售的筹码。

（二）融资理论

1. 政府融资理论

政府融资理论是伴随政府融资实践的产生和发展而得以完善的。政府融资是政府投融资的一个方面，政府投融资是20 世纪 40 年代后期才产生的一个概念，是一个同财政、金融有着密切联系的经济范畴，并以其独特的作用受到世界各国政府的重视。

一般来讲，政府融资是指政府以信用为手段直接或间接地有偿筹集资金的资金融通活动。政府的资金来源主要有三个方面：①税收，这是政府资金的主要来源；②向中央银行借贷（透支），这实际上是通过发行货币的方法来筹集政府资金，通常称为货币融资；③向公众发行债券，即通常所说的债务融资。需要说明的是，政府的货币融资从本质上讲并非我们所定义的政府融资，它是依靠政府所掌握的发行货币的权力，增发货币以获取收益，且无须偿还的一种筹集资金的方式。另外，税收也不是政府融资，而是政府资金的主要来源。

2. 企业融资理论

企业融资理论是以作为微观融资主体的企业为参照物的，重点探究企业融资行为的发生机理。其中主流理论是以优化企业融资结构为研究对象的企业资本结构理论。融资决策关乎企业的生死存亡，现代企业的融资方式一般采取内部积累、借债和发行股票。将股票市值（股票的市场价格与发行股数的乘积）与债务的比例称为企业的资本结构。由于债务资本和股票资本的融资成本、收益、风险特性、税收等方面存在差异，这就要求企业在进行初始融资决策及追加融资决策时，必须合理安排其比例，优化资本结构，使之对投资者具有最大的吸引力，从而使企业的市场价值以及企业与投资者等各方的利益达到最大化。

资本结构理论的演化历经了传统资本结构理论与现代资本结构理论两个阶段。现代资本结构理论从 20 世纪 50 年代中后期（形成期）跨越到 70 年代后期，它以莫迪利亚尼和米勒定理（简称“MM 定理”）为中心，沿两个主要分支发展：一支以法拉、塞尔文、贝南和斯塔普里顿等为代表，主要探讨税收差异对资本结构的影响，这个学派最后在米勒时达到顶峰；另一支是以巴克特、斯蒂格利茨、阿特曼和华纳等为代表，重点研究财务危机成本和破产成本与资本结构的关系。这两大学派最后被综合为罗比切克、梅耶斯、斯克特、考斯和李真伯格等所倡导的权衡理论。到了 70 年代后期，学者们又突破了“MM 定理”的研究框架，把更接近现实的信息不对称作为研究的重要条件，发展了新资本结构理论。

三、体育场馆投融资

体育场馆的融资活动和政府、企业等社会主体对体育场馆的投资活动，一并称为体育场馆投融资活动。体育场馆投融资活动，实际包含两个不同的资金运动方向：一是体育场馆作为融资主体，主动寻求资金流入体育场馆的建设和运营活动中，为体育场馆的建设和运营提供资金支持；二是政府、企业等社会主体基于基础设施供给和获取经济效益的目的，将不用于生产活动领域的盈余资金，投资于有资金需求的体育场馆建设或运营项目中。

（一）体育场馆投资活动

本章所指的体育场馆投资活动是指将体育场馆的建设运营作为投资客体，而不是以体育场馆作为投资主体对外进行投资。本章所讲的体育场馆投资活动是指政府、企事业单位或组织（投资主体）将自有资金或实物资本投入体育场馆的建设和运营管理过程中，以获得体育场馆的所有权或经营权的过程。由于体育场馆的特殊性，投资主体包括政府、社会企业和社会组织。投资主体的投资形式可以是多样的，可以是资金也可以是实物资产，如政府提供土地等。投资主体的投资活动可以获得体育场馆的部分经营权或使用权，具体的投资结果由不同的投资情况而定。由于目前我国的体育场馆还没有涉及股权或债券融资的具体成功案例，所以现有的体育场馆投资活动都属于直接投资范畴。

（二） 体育场馆融资活动

体育场馆的融资活动是指体育场馆作为融资主体，在拟建或运营时期，以未来可能产生的现金流或经营权为依托，向政府、企业、个人筹集资金或实物资产的资金融通过程。在整个融资过程中，体育场馆建设或运营作为一个项目，是融资整体。在我国体育场馆的建设之前主要以政府出资为主，如今鼓励社会资本投入到体育场馆建设中，体育场馆的融资对象由政府转向政府、社会组织或企业等主体。对体育场馆这一主体而言融资活动的结果既可以是资金也可以是实物资产，如体育场馆的建筑用地。体育场馆常采用的融资形式与政府和企业有所区别，它主要有三种形式：一是经营权或使用权作为回报的融资活动；二是将场馆未来可以产生现金流的资产进行资产证券化；三是出售体育场馆的无形资产。

第二节　体育场馆投融资基本模式

体育场馆融资活动和场馆外部主体投资活动，在实际操作中是同时进行的，即体育场馆融资过程中必然伴随着场馆外部资金投资过程。因此，将体育场馆的融资模式和场馆外部主体投资于体育场馆建设或运营项目的投资模式，统称为体育场馆投融资模式，而不将融资模式和投资模式分开介绍。

目前，较为熟知的体育场馆投融资模式主要有七种，分别是：PPP 模式（政府和社会资本合作的简称）、资产证券化模式、众筹融资模式、土地置换模式、商业开发运作模式、无形资产融资模式、大型体育场馆运营投资基金。其中 PPP 模式又可细分为以下几种：BOT（Build - Operate - Transfer，建设—运营—移交）模式、TOT（Transfer - operate - Transfer，移交—运营—移交）模式、ROT（Renovate - Operate - Transfer，改扩建—运营—移交）模式和 BOT 的演化形式。

一、PPP 模式

（一） PPP 模式的产生和发展

公私合作理论是在保罗·萨缪尔森的公共产品理论基础上发展起来的。他认为，政府在配置资源时容易产生政府失灵问题，为了解决这个问题，经济学家们提出将公共物品的有效供给寄希望于私人力量及民间组织，即我们所说的 PPP 模式。随着公私合作理论的不断成熟，以及国内桥梁、地铁等公共项目公私合作的成功运用，公私合作模式被认为是未来公共项目建设运营的发展方向，并逐步尝试运用到国内大型体育场馆中。

在北京奥运会场馆建设前，2008 年北京举办奥运会这一事件是国内体育场馆投融资模式研究的一个助推器，使相关研究进入一个高峰期。2005 年刘志提出了北京奥运场馆招标的三种融资结构，提出我国在公共服务领域应推行的 PPP 模式。奥运会主会场“鸟巢”在建设初期计划采用 PPP 模式，但在一年后被迫停止。在 2008 年北京奥运会结束后，国内相关学者归纳出 PPP 模式在体育场馆中运用的注意事项，有学者认为，PPP 融资模式是我国大型体育场馆建设融资的有效方式，并提出政府应从政策保障、法律法规、价格体系、参与者合同标准等各方面制定相关政策，完善具体操作规程。

（二） PPP 模式的实质

PPP 模式的实质是政府公共部门与社会企业共同出资进行大型体育场馆的融资、设计、建设和运营。政府先选择项目合作公司、确立项目、共同出资先建立项目公司，再通过项目公司进行项目融资、建设，体育场馆建成后，项目公司获得一定期限的特许经营权，一般为 30 年。在特许期内回收成本，获得收益，期满后，无偿转交给政府公共部门。例如国家体育场。

该模式强调政府公共部门与私人资本通力合作。公共部门与社会企业共担风险，共享收益。这种融资形式的实质是：政府通过给予私营公司长期的特许经营权和收益权来换取加快基础设施建设及有效运营。

（三） PPP 模式的作用

1. 有利于提高体育场馆的服务质量

在社会经济高速发展的同时，民众物质生活水平有了大幅度的提升，对精神生活的追求也逐步增强，体育锻炼成为民众精神诉求很重要的一部分，体育设施作为民众体育精神生活的重要物质载体，民众对其需求度逐渐上升。由于我国大型体育场馆由政府部门负责运营管理，在市场经济环境下，缺少完善的竞争机制，从而造成场馆的运营管理缺乏创新，故步自封，导致我国大型体育场馆运营效率及服务质量低下，很难满足民众对体育精神生活的需求。民众对体育产品需求的增加与体育场馆自身运营效率低下的矛盾逐渐变得尖锐。采用 PPP 模式可以有效地利用社会资本的融资能力及专业的运营管理团队，进而提高大型体育设施服务的质量及效率。

2. 提高建设运营效率

PPP 模式从制度层面打破了体育场馆建设和运营领域垄断，引入市场竞争机制，利用企业和政府的比较优势，提高了公共项目建设和运营效率。价格机制是市场机制的核心，在体育场馆建设和运营中采用 PPP 模式，改变了公共产品和服务领域以往的政府定价模式。公共产品和服务通过市场定价更能反映公众的真实意愿和需求，优化公共产品和服务供给规模和品质。

3. 可以在一定程度上保证民营资本“有利可图”

随着我国改革开放不断深入，社会经济整体持续不断高速发展，涌现出了许多具有较强经济实力的私营资本，私营资本出现了大规模的提升，其急切地寻求新的投资途径，进而成了我国社会经济投资主体中最活跃的群体。由于大型体育场馆项目在建设时需要高额的建设成本，以及后期运营中需要足够的维护成本，因而，政府对场馆建设资金的高投入造成其财政压力巨大。由于我国经济的高速发展，私营资本迅速积累，积极寻找投资渠道。大型体育场馆属于公共基础设施，具有高投入、高收益、低风险等特点，完全符合其投资需求。这种合作模式不仅解决了政府在场馆建设方面出现财政赤字的问题，也满足了私营资本的投资需求。政府可以给予私人投资者相应的政策扶持作为补偿，包括税收优惠、贷款担保，给予民营企业土地优先开发权等。

（四）PPP 模式的主要类型

1. BOT 模式

（1）BOT 模式的产生和发展。BOT 项目融资虽然是近 30 年来出现的新融资方式，但其迄今已有 300 多年的历史。早在 17 世纪，英国的私人业主建造灯塔的投资方式与 BOT 项目融资方式就非常相似。其建造过程是：私人业主首先向政府提出建造和经营灯塔的申请，在申请获得批准后，私人业主向政府租用土地建造灯塔，在特许期内管理灯塔并向过往船只征收过路费，特许期结束后由政府收回灯塔并移交给领港公会管理和继续收费。但由于种种原因，这种投资建设方式没有引起人们的重视。20 世纪 70 年代末至 80 年代初，伴随着世界各国经济的发展，发达国家和发展中国家先后出现了大规模的基础设施建设资金短缺的问题。为此，人们曾经设想能否依靠项目本身的收益去获得项目所需贷款。土耳其总理奥热扎尔在 1984 年讨论土耳其公共项目的私营问题时，第一次提出了 BOT 的概念，随后用该种方式建设了土耳其火力发电厂、机场和博斯普鲁斯第二大桥。自此，BOT 作为一种基础设施项目建设的有效融资方式逐渐流行起来，并得到广泛发展。

BOT 模式在国内基础设施建设的成功应用，为 BOT 模式在体育场馆建设与运营过程中的应用起到了借鉴作用。

（2）BOT 模式的基本描述。BOT 模式是指一国财团或者投资人（通常为非国有部门）作为项目发起人成立了项目公司，然后由项目公司负责大型体育场馆的项目融资、设计、建设，项目建成后，在双方协定的一个固定期限内，由项目公司拥有、运营和维护这项设施，并通过收取使用费用和服务费用，回收投资并取得合理的利润，协议期满后，这项设施的所有权无偿转交给政府。例如，北京部分奥运场馆、美国亚特兰大奥运会场馆、悉尼奥运会场馆等。

（3）采取 BOT 模式的优缺点。采用 BOT 模式的优点为：①政府在不投入资金的前提下，既实现了对社会提供公共服务这一基本职能，并且在特许期后可以获得体育场馆的控制权；②有利于引进先进的技术和管理经验，提高大型体育场馆设施利用率。BOT 模式的缺点为：①前期准备复杂：与传统项目“企业—企业”谈判主体不同，BOT 方式的谈判主体为“政府部门—非国有部门”；②投资者承担风险较大。

（4）采取 BOT 模式的程序。目前，在世界各国 BOT 项目有着不同的运作方式，各类 BOT 项目之间也各有其不同的特点。总体来讲，一个典型的 BOT 项目一般包括下列程序：

①选定项目。由于不是所有项目都适合以 BOT 方式进行，因而政府需要首先选择并

确定哪些项目可以采用BOT方式进行建设，并对项目建设在技术、经济和法律方面的可行性进行研究。

②资格预审和招标准备。根据项目的具体情况，政府应准备项目的有关技术参数、项目标书和评价标准等一些必要的文件。然后，政府正式对外宣布，邀请有兴趣的投资者进行招标准备。政府对拟正式投标的公司进行资格预审，决定入选者的名单（一般为3名）。

③投标和评标。通过资格预审的公司被邀请呈送项目详细方案、标书和标书说明书。一般来讲，政府成立专门的机构负责评标工作，根据标书的内容和评标的标准，从中选出最优者。

④特许权合同的谈判和签署。政府或代表政府的授权机构与中标的私营部门签订特许权合同，由政府授权其在一定期限内建设和经营该项目，并获得收益，待特许权期满后将项目资产无条件交回政府。特许权合同是BOT项目中最重要的环节，政府和私营部门的权利和义务都要在合同中明确规定，包括项目建设、筹资方案、收费标准、风险分担、特许权期限等一系列内容。

⑤融资合同的谈判和签署。融资合同是获得特许权的项目公司和金融机构之间签订的贷款协议。对于项目公司来说，它在投标时就要向政府提出整个融资方案，并要得到政府的批准。这样项目公司才能与银行等金融机构谈判，正式签订融资合同。这个合同不能违背特许权合同中批准的融资方案和原则，否则无效。

从法律上来讲，特许权合同是一个有附加条件的合同，它在签订后并不立即生效，只有在融资合同符合特许权合同中经政府批准的融资条件和方案时，特许权合同才正式生效，否则整个特许权合同不能生效。

⑥项目建设。项目公司与承建公司签订合同进行项目建设，并得到设备供应商所在国的进出口银行的信贷支持。

⑦项目运营。项目公司可以自己运营和管理已建成的项目，也可与项目管理公司签订项目经营协议，将项目的运营承包或委托给专门的项目管理公司。

⑧项目移交。特许期满后，项目公司按原特许权协议中规定的项目质量标准，将项目资产及其使用权与经营权移交给政府。

2. BOT的演化形式

（1）BOO（Build - Own - Operate，建设—拥有—经营）模式。BOO模式，即由企业投资并承担体育场馆的设计、建设、运行、维护等工作，硬件设备及软件系统的产权归属企业，而由政府部门负责宏观协调、创建环境、提出需求，政府部门每年只需向企业支付系统使用费即可拥有硬件设备和软件系统的使用权。这种方式与BOT模式的最大不同就在于承包商在完成该体育场馆的建设并经营此场馆一段时间后并不是必须将该场馆移交给政府。

（2）BTO（Build - Transfer - Operate，建设—移交—运营）模式。BTO模式是指民营机构为新建设施融资并负责其建设，完工后将设施所有权（注意实体资产仍由民营机构占有）移交给政府；随后政府再授予该民营机构经营该设施的长期合同，使其通过向用户收费，收回投资并获得合理回报。BTO模式适合于有收费权的新建设施，譬如水厂、污水处理厂等终端处理设施，政府希望在运营期内保持对设施的所有权控制。

（3）BOOT（Build - Own - Operate - Transfer，建设—拥有—经营—转让）模式。BOOT模式是私人合伙或某国际财团融资建设基础产业项目，项目建成后，在规定的期限内拥有所有权并进行经营，期满后将项目移交给政府。BOOT模式与BOT模式的不同之处体现在两个方面：一是所有权的不同，BOT模式中的项目建成后，私人只拥有所建成项目的经营权，而BOOT模式在项目建成后，在规定的期限内，私人既有经营权，也有所有权；二是时间上的差别，采取BOT方式，从项目建成到移交给政府这一段时间一般比采取BOOT方式短。

3. TOT（Transfer - Operate - Transfer，移交—运营—移交）模式

TOT模式是指由政府部门融资建设的大型体育场馆，建成后政府将经营权出售给民间投资者，投资者在约定时间内通过经营收回投资并取得回报后，再将经营权无偿交给原产权所有人的经营方式。此种融资模式比较适用于建成后的体育场馆。

TOT模式的优点是解决了自身运营困难的问题，同时也获得了转让金。缺点是在特许期内，项目公司获得体育场馆控制权，拥有对体育场馆的经营权，政府难以对体育场馆的运营及维修进行有效的监督。特许期满后，交由政府的体育场馆一般千疮百孔，难以继续使用。

4. ROT（Renovate - Operate - Transfer，改扩建—运营—移交）模式

ROT模式的意思为重整、经营、转让。在这一模式中，重整是指在获得政府特许授予专营权的基础上，对过时、陈旧的项目设施、设备进行改造更新；后由投资者经营若干年后再转让给政府。这是BOT模式适用于已经建成、但已陈旧过时的基础设施改造项目的一个变体，其差别在于“建设”变化为“重整”。ROT有时也看作“BOT + TOT”，主要适用于改建、扩建的存量项目。ROT模式的优点主要有以下四点：

（1）改造工程的急迫性所带来的资金问题往往成为项目开展的核心障碍，ROT模式为项目的实施提供投资、部分投资等多种灵活的资金解决方案。

（2）利用社会资本的专业化水平为升级、改造提供高效的技术保障。

（3）ROT模式以运营管理为核心，更加关注设施的长久运行效率。

（4）ROT模式不仅省去了政府启动再投资程序的劳烦，更能以运营效果来检验投资、改造的质量，使政府有效避免技术、工程、投资方面的风险。

（五）PPP模式的操作

依据《关于印发政府和社会资本合作模式操作指南（试行）的通知》，PPP项目操作流程分为项目识别、项目准备、项目采购、项目执行和项目移交五个阶段，每个阶段又分为若干步骤，如图10－1所示。

PPP项目操作较为复杂，步骤多、周期长、对政府的管理能力要求较高。实践中，政府往往难以独立完成，需要借助法律、技术、财务、环境以及其他领域的专业顾问力量。因此，合理选择并有效管理顾问团队，对PPP项目的顺利实施至关重要。

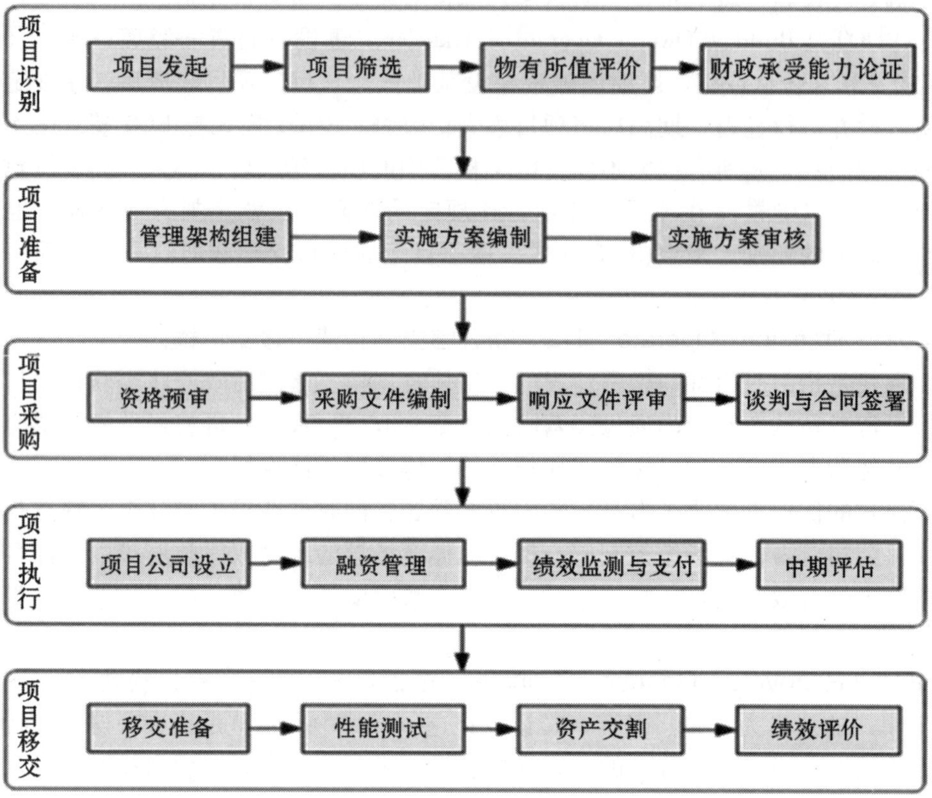

图 10－1　PPP 模式操作步骤

（六） PPP 模式中的风险

PPP 项目中的风险识别与分摊方式见表 10－1。

表 10－1　PPP 项目中的风险识别与分摊方式

项目	风险识别因素	风险承担部门
设计风险	项目构思与选择、项目的需求水平	共同承担
	技术标准选择、设计缺陷、不成熟的建筑技术	社会投资人
建设风险	费用超支、工期延误、设计变更、质量安全风险、分包不当	社会投资人
运行风险	运行成本超支、收入低于预期目标、运行效率低、维修费高	社会投资人
市场风险	需求风险、市场竞争风险、上游市场波动	社会投资人
政治和政策风险	政局不稳、不良政策	公共部门

续表

项目	风险识别因素	风险承担部门
财务风险	不良资本市场、物价波动、重大经济事件、项目财政吸引	社会投资人
立法风险	立法变化	共同风险
	税率变化	社会投资人
社会风险	缺乏公共产品社会资本投资规划、公众对项目反对、地方习俗	共同风险
不可抗力风险	环境气候、地震、地质条件	共同风险
合作风险	组织协调风险、PPP 管理经验不丰富、工作方法的分歧	社会投资人
	风险责任分配不当、权利分配不当	共同风险

（七） PPP 模式的国内案例

我国体育场馆采用 PPP 模式投融资的基本思路是政府部门通过政府采购形式与中标单位组成特殊目的公司，并与之签订特许合同。其中，特殊目的公司一般由中标的建筑公司、服务经营公司或对项目进行投资的第三方组成。由特殊目的公司负责筹资、建设及经营。

1. 国家体育场

对于国家体育场项目来说，北京市政府投资 20.3 亿元，占总投资的 58%，其招标选择国家体育场项目法人合作方，与政府出资人代表——北京市国有资产经营有限责任公司共同组建项目公司，负责项目的建设和运营，其余 42% 的投资由中标人——中信集团联合体筹措。中信集团联合体和国资公司共同成立了中外合作性质的项目公司——国家体育场项目公司，该公司获得了国家体育场 30 年的运营权。这意味着由政府与民间资本合作，完成过去单纯由政府完成的项目，是社会公益设施政府投融资新模式的重大尝试。

2. 广州体育馆

广州体育馆由广州市政府联合珠江实业集团共同出资建设。广州体育馆建成后，体育竞赛场所的资产归广州市政府所有，商业服务场所的产权归珠江实业集团所有，该集团同时享有体育馆及其附属设施的经营权，经营收益归经营单位所有。

3. 深圳大运中心

深圳大运中心采用 ROT 项目融资模式，即深圳市龙岗区政府将由政府投资建成的大运会场馆交给香港联合交易所上市企业——佳兆业集团，后者作为总运营商进行运营管理。双方 40 年的约定期限届满后，佳兆业集团将全部设施移交给龙岗区政府，政府可以减少每年高达 6000 万元的大运会场馆维护费用。佳兆业接管大运中心并不涉及房地产开发。为破解赛后场馆持续亏损的难题，深圳市政府同意把大运中心周边 1 平方千米的土地资源交给龙岗区开发运营，并与大运中心联动对接，原则上不得在大运中心“红线”内新建建筑物。

4. 2022 年北京冬奥会主场馆

国家速滑馆作为北京冬奥会主场馆，是北京冬奥会首个采用 PPP 模式进行建设的场馆。2018 年 1 月北京市重大项目建设指挥办公室对外公布了北京 2022 年冬奥会国家速滑馆政府与社会资本合作（PPP）项目招标结果，由华体集团与首开集团、北京城建集团、北京住总集团 4 家单位组成的联合体成功中标。

二、资产证券化（ABS）模式

（一） 资产证券化的产生和发展

资产证券化产生于 20 世纪 70 年代末的美国，当时主要用于住房按揭。我国着手准备做资产证券化是在 2000 年左右，我国资产证券化模式的大力推行从 2012 年开始。

1. 资产证券化在美国的发展

资产证券化在美国的发展主要经历了三个阶段：

起步阶段（1968—1980 年）。1968 年，美国信贷资产证券化启动，最初只为缓解美国购房融资的资金短缺问题。婴儿潮一代成年引发住房贷款需求急剧上升，促使银行转向资本市场，通过资产证券化转嫁利率风险，以获得更多的资金来源。1968 年，美国推出了最早的住房抵押贷款证券（MBS）。

发展阶段（1981—2007 年）。从 1981 年起，住房抵押贷款证券化速度大幅加快，主要目的从应对资金短缺转变为帮助各类储蓄机构管理风险和改善财务困境；随着 MBS 的逐步完善并初具市场规模，1983 年出现了对资产池现金流进行分层组合的新型 MBS——抵押担保债券；1985 年之后，基于信用卡、汽车贷款、学生贷款、厂房设备贷款、房屋权益贷款等其他各类贷款的 ABS 不断涌现；1993 年又出现了以 MBS 和 ABS 现金流为抵押品的再证券化产品。

调整阶段（2008 年至今）。2008 年始于次级贷款证券化的金融危机，沉重打击了高速发展的资产证券化市场，MBS 规模扩张停滞。

2. 资产证券化在我国的发展

与美国、欧洲等非常成熟的市场相比，我国的资产证券化处于起步阶段。在 2000 年，建设银行、工商银行、国家开发银行等都在研究创新如何在中国推出资产证券化产品，不少银行也拿出了具体的方案，但是在拿什么来做特殊目标机构（special purpose vehicle，SPV）这一基础问题方面还存在较多讨论。自 2005 年资产证券化业务开始操作以来，我国已经陆续出现了不少资产证券化的成功案例。2008 年前后，由于美国次贷危机的爆发及全球经济危机的蔓延，引发了人们对资产证券化的质疑，导致业务试点中断了 3 年之久。2011 年 5 月，国务院决定重启资产证券化，2013 年 9 月，信贷资产证券化正式重启。在我国，资产证券化的应用主要集中于金融领域，根据资产证券化的基本概念，它可以完美地应用于任何有一定可发展价值或产生可预测未来现金流的资产。同时，国务院文件也多次针对体育领域提及“盘活存量”，如 2016 年 11 月国务院办公厅发布的《国务院办公厅关于进一步扩大旅游文化体育健康养老教育培训等领域消费的意见》中明确提出，“提高体育场馆使用效率，盘活存量资源”。

（二）体育场馆资产证券化的内涵

1. 体育场馆资产证券化的概念

体育场馆资产证券化是以体育场馆所拥有的资产为基础，以该项目资产的预期收益为保证，通过在资本市场上发行债券来筹集资金的一种融资方式。项目公司通过后期的经营来支付债券利息及偿还本金。例如，美国科罗拉多州的碍事体育馆（Pepsi Center）和洛杉矶的斯台普斯体育馆（Staples Center）就是通过资产支持型证券进行融资的。

发起人将被证券化的场馆资产（如会员收入、电视转播收入、场地出租收入、广告收入等）出售给一家SPV，或者由SPV主动购买被证券化了的场馆资产，然后SPV将这些资产汇集成资产池，再以该资产池所产生的现金流为支撑在金融市场上发行有价证券融资，最后用资产池产生的现金流来清偿所发行的有价证券。如果资产池产生的现金流不足以清偿所发行的有价证券，在某些特殊的情况下，如发行有政府担保的债券，政府将用税收给予补偿。

2. 体育场馆资产证券化的作用

随着国有资产管理体制改革和全国大型体育场馆综合运营管理改革试点工作的不断推进，具有一定经营能力的场馆越来越多地进入市场化运营的行列中。脱离了政府财政支持的大型体育场馆，面对着激烈的市场竞争，资金成为制约场馆可持续发展的重要瓶颈。大型体育场馆资产证券化不失为融通资金、加速场馆产权交易、盘活场馆资产、分散经营风险的有益尝试，同时也为场馆吸引了更多的社会投资者。

（1）资产证券化能够满足场馆发展的内在需求。随着我国大型体育场馆事业单位改革的不断推进，财政支持力度逐步降低，场馆发展需要大量的资金注入。目前来看，我国大型体育场馆发行债券、股票等直接融资渠道受限，而资产证券化有助于场馆从资本市场上吸纳运营资金。同时，与其他融资方式相比，资产证券化有两大特点：一是通过信用增级后提升信用级别而降低证券的发行利率，从而降低了筹资成本；二是资产证券化割断了场馆原始权益人自身风险和证券化资产未来现金收入的风险，同时在资本市场发行的证券是由众多的投资者购买，有效分散了风险。因此，不仅解决了政府财政包袱，还能激发场馆管理者的经营与创新动力，有利于推动场馆的良性发展。

（2）有利于深化体育场馆服务业市场化改革。随着我国经济体制改革的不断深入，场馆的投融资体制也在不断地发生变化，投资主体从财政一元主体逐渐发展成为多元主体。目前，我国大型体育场馆投融资主体正在以政府为主向投资方式多元化、市场化方向转变。资产证券化是金融市场化改革的一个重要手段，场馆通过资产证券化融资是以资本为中介经营场馆资产，要求原始权益人资产产权明晰，有利于通过产权转换与重组的方式合理配置场馆资产，优化场馆治理结构，推进体育场馆服务业市场化改革。

（3）有利于构建多层次体育产业投融资体系。通过资产证券化融资，对破解大型体育场馆的资金瓶颈有两方面的好处：一是场馆建设和运营所需资金不再仅仅依赖政府财政与银行信贷，而是延伸至资本市场，使场馆资金来源多元化；二是通过资产证券化能够吸纳规模庞大的民间资本，为社会剩余资金找到新的出口，也为充分利用体育资源来大量募集民间游离资金创造了条件。因此，大型体育场馆资产证券化融资工具的运用为重新构建场馆融资体系提供了机遇，也为我国建设多层次的体育产业投融资体系开拓了新的路径。

（三）体育场馆资产证券化流程

1. 确定资产池的构成

资产池中包含了预期能够产生现金流的各类场馆资产，包括经营权、场地租赁权、赛事活动举办权、特许经营权、冠名权、广告权、门票收入、会员资格、转播权、纪念品销售权等。场馆资产所有权人需对资产池进行管理，或委托一个资产池管理公司进行管理。例如，隶属于美国圣路易斯国家棒球俱乐部有限公司（St. Louis National Baseball Club Inc.）的新布希体育场（New Busch Stadium）以冠名权和特许权构成资产池融通资金 200 万美元。在美国，除孟菲斯灰熊队（Memphis Grizzlies）曾以冠名权这一单项资产进行证券化融资外，其他场馆通常以多项资产组合的形式组成资产池。例如，美国国家橄榄球联盟的体育场实施资产证券化，通常将冠名权、豪华包厢使用权、俱乐部座席使用权等组合形成资产池。

2. 场馆资产的“真实出售”

场馆资产所有权人将基础资产“真实销售”给 SPV，从而达到风险隔离的目的。一旦场馆资产被“真实出售”，即便场馆经营不善，资产证券化发起人出现破产情况，在破产清算中，证券化资产也不承担偿债责任。此外，资产池中的基础资产仅限于 SPV 的业务范围，避免由于 SPV 存在额外负债，从而侵占证券化资产。

3. 场馆资产支持证券的设计与发行

以资产池为支撑，SPV 向投资者发行资产支持证券。为了降低证券融资成本，并促进证券的销售，通过信用增级的制度设计，提高所发行证券的信用等级。所谓信用增级是指在预期现金流增加的基础上，SPV 为了确保发行人按时支付投资者本息而采用的各种有效手段。资产证券化的投资利益能否得到有效的保护和实现主要取决于证券化支撑的信用保证程度。例如，美国科罗拉多州的百事体育馆（Pepsi Center）运用资产证券化的方式，发行了利率为 6.94%、期限为 21 年的 13 亿美元以资产为支持的证券。在此过程中，作为全球三大国际评级机构之一的惠誉国际评级（Fitch Ratings）公司，给予证券评级为 A，一个重要的原因在于碍事体育馆在未来将成为澳式橄榄球联赛（AFL）的科罗拉多粉碎队（Colorado Crush）和国家助棍球联盟（NLL）的科罗拉多猛犸队（Colorado Mammoth）的主场，该事件将增加基础资产原始的预期现金流，提高了证券的交易质量和安全性。

4. 场馆资产支持证券的承销

证券的发售由专门的证券承销商负责，可以采用公开发售和私募方式进行。例如，国家开发银行曾获得奥运债券承销权。面向的投资者主要是机构投资者，如保险机构、投资基金、银行、财务公司等。近年来，机构投资者已经发展成为中国资本市场上的一支生力军。

（四）国外体育领域资产证券化案例

目前，资产证券化在体育领域的运用尚不成熟，对体育产业资产证券化融资的研究多集中于理论阐述与宏观框架设计，缺乏对融资交易结构细节的深入解析。2006 年，阿森纳足球俱乐部以未来门票收入为抵押，运用资产证券化技术融资 2.6 亿英镑，这一案例对于体育场馆资产证券化探索具有重要的理论价值和实践意义。阿森纳俱乐部资产证券化涉及的主体主要有以下几个：发行方、借贷方、担保受托方、牵头经理行、单一险种保险商、开证行、流动资金银行、支付代理方、结算银行、交换交易对手、流动性便利提供者。此次资产证券化的资产类型为门票收入，交易日期截至 2006 年 8 月 22 日，分期偿还开始日期为 2007 年 3 月，票据法定到期时间：2029 年 9 月至 2031 年 9 月。阿森纳俱乐部资产证券化融资交易结构模型如图 10－2 所示。

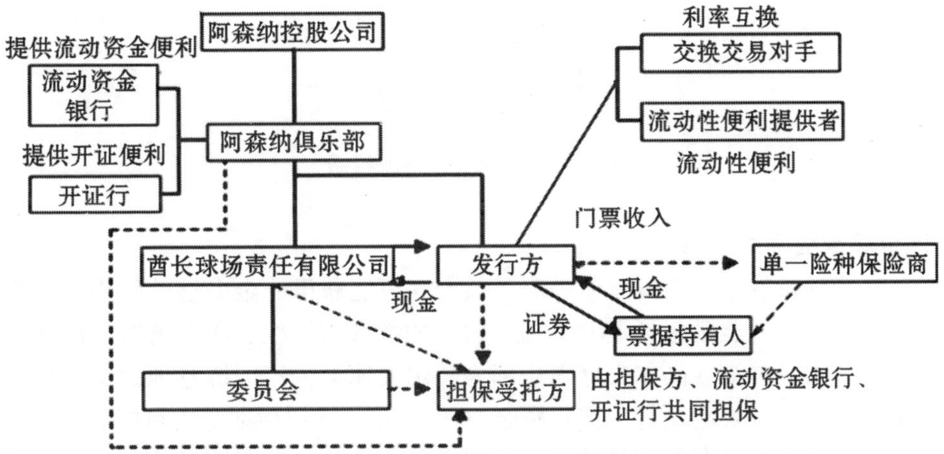

图 10－2　阿森纳俱乐部资产证券化融资交易结构模型

三、众筹融资模式

众筹是一种大众依托互联网平台，将手中资金进行汇集，用于投资由其他组织和个人发起的活动的集体行动。众筹融资模式起源于美国，最初的概念是指面向公众筹集资金，特别指以资助个人、公益慈善组织或上市企业为目的的小额资金募集。所以，广义而言，美国的教会捐赠、竞选的募资都是众筹融资的雏形。现代众筹的概念可以表述为：主要是利用互联网的开放平台发布筹款项目，并募集资金，将产业和金融连接起来。

（一）众筹类型

1. 体育场馆股权众筹

该模式是指小微体育场馆企业通过互联网形式公开进行小额股权融资的活动，回报给投资者的是体育场馆股权。由于体育市场刚刚活跃，所以鲜见体育场馆股权众筹的例子。

2. 体育场馆债权众筹

体育场馆债权众筹即体育场馆 P2P（点对点）网络借贷。该模式是指体育场馆企业通过互联网平台展开的借贷活动，投资人作为体育场馆企业的债权人，并获取利息。目前，国内众筹平台尚未涉及体育场馆众筹，更多地面向体育赛事及衍生产品展开的众筹。但是，国外诸如美国房产众筹平台（Fundrise）、密歇根资助者（MichiganFunders）等著名的众筹网站均涉及体育场馆建设众筹，其中，凯沃斯体育场重建项目的部分资金便是通过 MichiganFunders 平台以债权众筹的方式获得。流程如图 10－3 所示。

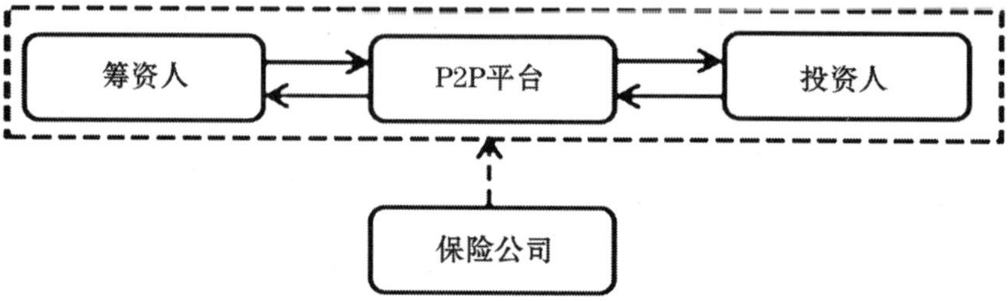

图 10－3　债券众筹流程图

3. 体育场馆奖励式众筹

该模式是指项目发起人在筹集款项时，投资人可能获得非金融性奖励作为回报。就体育场馆而言，非金融性奖励包括 VIP 资格、包厢的特许使用权、印有场馆或活动标志的纪念品等。例如，大漠绿淘沙高尔夫球俱乐部为高尔夫球青少年训练基地购买青少年高尔夫球培训使用的教学设备发起众筹，获得资金 10 087 元，达到预期筹资目标。众筹支持者的回报包括高尔夫球练习场套餐、足球高尔夫球套餐、高尔夫球练习场消费套餐和青少年高尔夫球 7 日夏令营等。

4. 体育场馆捐赠式众筹

该模式是指参与场馆众筹的投资者得不到任何回报或奖励，属于公益性质。例如，在国际知名众筹网站 Indiegogo 上，一家旅馆的所有者 Bobby 利用众筹模式成功筹措 1250 美元来翻新小镇的篮球场。出资人会按照出资量获得不同的回报，如感谢信、将名字印在篮球场、旅馆免费入住一晚等。体育场馆奖励式众筹和捐赠式众筹是目前体育众筹实践中两种重要方式，两者在运作流程方面大致相同，区别在于回报内容不同。捐赠式众筹流程图如图 10－4 所示。

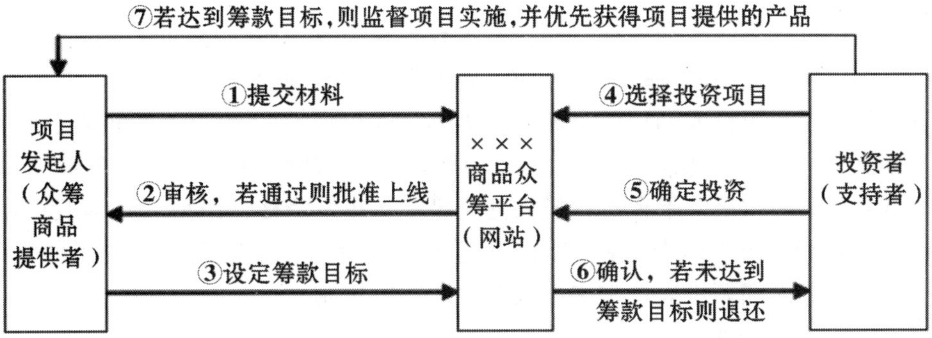

图 10－4 捐赠式众筹流程图

（二）众筹模式的风险分析

1. 众筹项目无法筹集预期资金的风险

在整个众筹项目中，需要筹集到计划资金才能使众筹项目继续进行，否则将解散整个众筹项目，将已筹集资金退还给投资者，宣告投资项目失败。截至 2016 年 5 月，在众筹平台 Gofundme 上翻新或修建体育场馆的项目没有一个是成功的。究其原因，一方面，体育场馆众筹项目内容缺乏吸引力，如在 Gofundme 平台上，一位来自科罗拉多州康妮佛高级中学的田径教练希望通过众筹的方式筹得 1 万美元，用于更新田径场。但是，在项目介绍中并没有把该项目和队员需求、学校形象等结合在一起，仅仅提到类似“因为天气缘故我们急需资金”这样的信息。该项目启动近 1 年，仅筹集到目标金额的 50%，最终以筹资失败而告终。另一方面，体育场馆众筹项目回报形式单一、模糊和趋同，对投资人吸引力不足。

2. 股权众筹项目面临的法律风险

我国《证券法》第十条规定：“未经依法核准，任何单位和个人不得公开发行证券。有下列情形之一的，为公开发行：向不特定对象发行证券的；向特定对象发行证券累计超过 200 人的；法律、行政法规规定的其他发行行为。非公开发行证券，不得采用广告、公开劝诱和变向公开的方式。”同时，《私募股权众筹融资管理办法（试行）》中明确指出，“私募股权众筹融资是融资者通过股权众筹融资互联网平台以非公开发行方式进行的股权融资活动”。由此可见，对于体育建设或服务项目发起人来说，运用股权众筹进行融资活动，不仅要同时满足向特定投资者发行债券和控制投资人累计不超过 200 人的法律要求，还需要对其运作模式进行严格的管控，以防触及变向公开发行证券的红线。

3. 众筹项目发起人和领投人存在道德风险

体育场馆众筹项目利益相关者，包括项目发起人、众筹支持者（或投资人）、众筹平台。从我国《私募股权众筹融资管理办法（试行）》和国内外与体育众筹相关的平台交易规则或服务协议可知，体育场馆众筹项目的信息披露制度非常不完善，由此可能会产生项目发起人和股权众筹领投人的道德风险：一是众筹成功项目资金使用不够透明，项目进展信息披露有限或不披露，项目发起人对资金使用拥有了极大的自由权，从而给投资人带来风险。二是就体育场馆股权众筹项目而言，跟投人与领投人的信息处于不对等的地位，跟投人所获得的信息明显不如领投人的全面。倘若发起人与领投人暗中勾结，在进行股权众筹融资时不仅会损害跟投人的权益，还会产生体育股权众筹市场中的“柠檬问题”①（“柠檬”在美国俚语中表示“次品”的意思）。可能导致优质体育场馆股权众筹项目被迫退出。虽然目前各大股权众筹平台对领投人的资格审核越发严格，但是《私募股权众筹融资管理办法（试行）》中缺少明确规定项目发起人、领投人、跟投人三者关系的规章制度，也就缺少项目发起人和领投人侵害跟投人利益的防范机制。

4. 众筹项目后期运营不善的风险

体育场馆众筹项目运营可能存在以下风险：一是遭遇同类竞争对手，市场需求被瓜分。由于众筹模式运作流程的特殊性，即项目发起人必须对项目做详细的介绍才可以吸引更多的投资人；同时，线上众筹项目需要在众筹平台上公示一段时间。因此，体育场馆众筹项目的知识产权也有可能被他人侵犯。目前国内各大众筹平台对此均无任何规章制度出台。如果体育场馆众筹项目创意被竞争对手趁机窃取，那么就会加剧市场竞争，甚至使体育场馆众筹项目失去优势。二是由于运营管理经验不足，导致体育场馆众筹项目后期运营不善。体育场馆众筹项目筹集的不仅是资金，还有股东、债权人等人脉资源。对于新加入的外部投资人，尤其是新股东，其对场馆项目的认知与管理经验，直接影响着经营效果。针对场馆股权众筹项目，体育场馆项目发起人应在资金筹集完成后，平衡新加入股东与老股东之间的关系并制定合理的管理制度，以保证每一位股东的利益并有效运行场馆。

（三）基于场馆类型特点的体育场馆众筹模式

1. 体育场馆类型划分

体育场馆类型和场馆众筹模式的选择有着直接的关系，不同规模和性质的体育场馆在融资规模、服务对象和运营模式等方面存在差异。因此，体育场馆众筹模式选择的前提是体育场馆的合理划分。在场馆类型特点与场馆众筹模式相匹配的原则下，基于体育场馆作为运营主体和最终产品两个视角，进行场馆类型划分。

（1）基于体育场馆作为运营主体视角，将体育场馆划分为企业类场馆和非企业类场馆。将体育场馆视为运营主体，只考虑企业类场馆与众筹模式匹配问题。依据《国家体育产业统计分类》，我国体育场馆业包含体育场馆服务业和体育场地设施建设两个子类。2011 年，国家统计局印发《统计上大中小微型企业划分办法》（以下简称《办法》），将体育划归为其他未列明行业，依据从业人数将其划分为大型、中型、小型和微型企业。具体而言，从业人员在300 人（含）以上的，为大型体育企业；从业人员在100 人（含）到300 人的，为中型体育企业；从业人员在 100 人以下的，为小微体育企业。体育场馆服务业企业可依据上述标准进行分类。然而，根据《国民经济行业分类》，体育场地设施建设

① “柠檬问题”又称“柠檬原理”，是信息不对称理论的重要组成部分，由经济学家乔治·阿克洛夫于1970 年提出。

企业可归入《办法》中的建筑业，依据建筑业企业进行标准划分，即同时满足营业收入和资产规模在 8 亿元以上的为大型体育企业；同时满足营业收入为 6 000 万元～8 亿元和资产规模在 5 000 万元～8 亿元的场馆属于中型体育企业；其他为小微体育企业。

（2）基于体育场馆作为最终产品视角，将体育场馆划分为公共产品或准公共产品类场馆和私人产品类场馆。公共产品是相对于私人产品而言，是指在消费过程中具备非竞争性和非排他性的商品。一般来讲，同时具备非竞争性和非排他性的商品在实际中并不多见，较为常见的是介于公共产品与私人产品之间的准公共产品。同时具备非竞争性和非排他性的公共体育场馆，一旦超出容纳公众人数的最大值，公共体育场馆便具备了竞争性，属于准公共产品。与公共产品相对应的是私人产品，是指在消费过程中具备竞争性和排他性的商品。作为私人产品的场馆通常以追求经济效益为运营目标。

2. 不同类型场馆众筹模式的选择

（1）企业类场馆众筹模式选择。企业类体育场馆从主营业务角度大致划分为体育场馆服务类企业、体育场馆建设类企业以及场馆建设运营一体化企业三类。需要说明的是，体育场馆建设类企业是指其为场馆的所有权人之一。如果只是受托建设方，则排除在众筹模式的选择之外。

第一，大、中型体育场馆企业可以采取场馆股权众筹和债权众筹模式。一方面，如果场馆采取集团化运营模式，并允许集团中的每个体育场馆注册为公司法人，分摊场馆总资产规模，大、中型体育场馆就能够实施股权众筹；另一方面，在场馆建造或翻新的过程中，体育场馆建设类企业以及场馆建设运营一体化企业可以运用债权众筹配合 BOT 模式和 PPP 模式，吸引更多的民间资本。

第二，小微体育场馆企业虽然具有股权众筹的资格，但其建设或服务项目特征须与众筹模式相匹配。从内容来看，三类项目比较具有吸引力。第一类是借助国家体育利好政策，依托于体育场馆开展的体育场馆建设或服务项目。例如，以 2022 年冬奥会为契机，有条件的场馆开展冰雪运动或者冰雪场馆建设项目。第二类是与青少年相关的体育场馆项目。第三类是群众参与性较强的体育场馆项目。以上三类项目的投资潜力和未来收益前景较好，股权众筹和债权众筹较为适宜。从回报形式上来看，其设置应与项目性质及内容相匹配。例如，对于公益性项目或者专供特定群体使用或消费的体育设施，奖励式众筹和捐赠式众筹较为适宜。以上两种模式对投资人的限制较少，这使得更多人能够参与其中，是小微型体育场馆进行众筹的理想途径之一。

（2）作为最终产品的场馆众筹模式选择。作为最终产品的场馆众筹模式见表 10－2。

表 10－2　作为最终产品的体育场馆众筹模式

场馆类型	公共产品类场馆	准公共产品类场馆	私人产品类场馆
众筹模式	场馆捐赠式众筹、场馆使用权众筹	场馆股权众筹、场馆债权众筹、场馆奖励式众筹、场馆使用权众筹	场馆股权众筹、场馆债权众筹、场馆会籍式众筹

（四）体育场馆运用众筹模式的国内外案例

1. 江苏省的“云球场”

“云球场”是江苏省首个通过互联网众筹方式建设的足球场。球场的人造草坪、塑胶颗粒等建设材料，就是通过众筹方式，由足球迷以入股的方式提供的。该项目建在一处工业厂房屋顶，占地4000平方米，总投资近200万元，建有3块人工足球场。球场全部选用进口人工草皮及圆柱形环保胶粒，并设置超过10米高的围网，以及近百盏高强度照明灯，从外形上看俨然是一座“空中球场”。为了满足广大小球迷的培训需求，云球场还单独设置了一块专门用于青训培养的专业场地。这块场地的特别之处在于，除了铺设上述健康胶粒外，还在草皮下面铺设了一层减震缓层，使场地达到最大限度的柔软且富有弹性，充分保障骨骼正在发育中的青少年的安全。对于足球场地资源十分有限的苏州市区来说，“云球场”的启用也将在一定程度上缓解苏州市区足球场资源紧缺的矛盾。同时，在后续的运营过程中，也将基于云技术开发智能订场、比赛视频抓取等应用，最大限度地满足球迷的个性化需求，并且基于球场搭建球迷社交平台。

2. 美国老虎体育场

自2005年起，美国就出现了众筹网站；2012年，美国颁布《促进创业企业融资法案》，使众筹合法化；2014年，底特律经济发展办公室批准了重建老虎体育场计划，便是运用众筹模式的典型案例。老虎体育场始建于1911年，曾经被美国职业棒球大联盟（MLB）球队底特律老虎队作为主场长达87年。然而，在1999年年底特律老虎队进行最后一场MLB赛事并宣布下赛季迁往新球场之后，该体育场经营每况愈下。2009年，老虎体育场正式被拆除。重建计划包括一个3万平方米的零售中心和一个可容纳102人的商业住宅楼。底特律警察运动联盟也将搬迁于此，并在建成后负责运行老虎体育场。该项目预计需要资金3300万美元，计划采用87%的债务融资和13%的股权融资相结合的方式。其中，有10%的股权融资来自众筹平台。2014年12月，该项目被投放在房地产众筹平台Fundrise上，这是人人网投资的一家美国房地产众筹公司，用了大约一年的时间，筹资工作宣告成功。

2015年，底特律城足球俱乐部关于搬迁至位于距底特律市不远的哈姆特拉米克市荒废的凯沃斯体育场的项目被当地学校董事会批准。俱乐部预计将需要300万美元，用于重建露天看台、重修休息室和换衣间、升级灯光系统、替换玻璃等。其中，俱乐部预计会利用众筹模式筹集75万~100万美元，超过总金额的25%。同时投资者将会从俱乐部未来收入中获得利息作为回报。该众筹项目运营仅一个月，就筹集到了来自125名投资者的25万美元的资金。2016年2月16日，俱乐部在其官方网站上宣布，在项目运行109天之后，一共筹集到了来自527名投资者的741 250美元的资金。随后，俱乐部将会推进翻修球场的各项事宜，并启动2016年赛季球票的售卖工作。

四、土地置换模式

土地置换模式在体育场馆建设中的应用主要是指在体育场馆建设中，政府通过向社会招标，由中标单位进行体育场馆的融资、设计与建设，作为回报，政府会划拨一定地皮给社会投资方，用作房地产、酒店等开发用途。投资方不拥有体育场馆的控制权（包括所有权和管理权），其实质是政府变相的投资建设。

该种模式的优点是可以减缓政府投资建设投入不足的压力；缺点是投资商由于只进行项目融资、设计与建设，一般不参与后期经营，体育场馆的质量存在风险。

五、商业开发运作模式

商业运营开发单位将盈利能力弱的大型体育场馆设施搭配盈利能力强的商业设施（如酒店、房地产等商业设施）向国内外招标确定项目法人，由项目法人负责项目的融资，满足体育场馆建设运营资金需要，投资单位通过盈利能力强的项目收回成本，获得收益。该模式的优点是通过商业开发运作，使整个项目具有较高的商业价值，融资比较容易。

五棵松体育文化中心是采用该模式进行招标的典型案例。2002 年 10 月，五棵松文化体育中心项目的招标明确表示，五棵松文化体育中心项目既包括篮球馆综合体的建设，又有配套商业设施的开发，是较为典型和复杂的大型公共基础设施项目，项目的建设除满足奥运期间的赛事功能要求外，其赛后运营的定位主要在满足公众文化体育活动的需求上。该项目的总建筑面积约 35 万平方米，总投资估算约 30 亿元人民币。建筑内容包括篮球馆综合体（约 10 万平方米）、群众性文化体育设施（包括五棵松游泳馆、室外体育场地）和商业设施（酒店、商业娱乐设施）等。篮球馆是专为奥运会修建的奥林匹克设施，篮球馆的建设考虑永久使用。奥运会期间，篮球馆能容纳观众 18 000 人，均为永久座席。奥运会后，篮球馆可承担国内和国际体育、文化、展览活动以及大众娱乐活动等。2003 年 9 月 30 日，中标项目法人——北京中关村开发建设公司联合体分别与海淀区政府和北京奥组委草签了项目开发协议和篮球馆使用协议。这意味着中标人在完成该项目的建设任务后，可以获得对篮球馆的商业开发权。

六、无形资产模式

（一）无形资产融资模式的内容

在场馆建设方面，无形资产融资主要有三种形式，即冠名权融资、经营权有偿转让以及广告发布权出让。体育场馆冠名权之所以得到企业赞助的青睐，是因为体育场馆冠名能够为赞助商品牌提供较高的价值。

（二）无形资产融资模式案例

中石化在“鸟巢”建设初期就提供了“鸟巢”赛道所用的沥青以及除 VIP 座位外的所有座椅，总价 3 000 万元左右。因此，中石化获得了鸟巢的 7 万个普通观众席座椅的冠名权。

2000年，悉尼奥运会通过发行金边组合证券和银边组合证券进行融资，金边组合证券的持有人可享有任何场馆两个优先座位购买权和30年的会员证，银边组合证券的持有人在奥运会期间可以在任何场馆都有一个有保证的座位以及一个澳大利亚体育场的30年的会员证。悉尼奥运会场馆融资很好地利用了场馆的无形资产，调动了民间资本的积极性，为场馆的建设筹措了大量资金。

北京五棵松体育馆与万事达卡国际组织签订协议，万事达获得五棵松体育馆5年的冠名权，在此期间，不仅五棵松体育馆的外墙、内部以及门票上都将出现“万事达中心”这一名称，凡在该馆举行的演出和赛事，万事达持卡人将获得优先购票权、进入贵宾包厢以及与明星在后台见面互动等专属服务。

伦敦的千年穹顶的冠名权由英国电信运营商 O_2 公司取得，美国安舒茨娱乐集团（AEG）公司花费4.5亿英镑对该体育场进行改造，并负责场馆的商业化运作。

七、大型体育场馆运营投资基金

体育基金在我国的发展已有近20年的历史，但是专门投资大型体育场馆运营的专项型基金尚未设立。我国大型体育场馆投融资机制的落后与其质量和数量上的大幅度提升显然十分不匹配，这也使得“对已建成的体育场馆，可尝试商业化运作，在保证公益性前提下，提高综合运用效率”的呼声不断。大型体育场馆投资运营基金的建立将有利于提高大型体育场馆运营的市场化程度，引导社会资本投资体育场馆，推动体育场馆服务业的发展，增强体育场馆的运营效益和竞争力。

（一）场馆运营投资基金内涵

场馆运营投资基金是指不以营利为目的的、旨在推动体育场馆发展的特定资金，作为发展体育场馆服务业的一种创新投融资工具，其具有拓展体育场馆融资渠道，引进先进投资管理理念和方式的双重功效。该基金主要投资于创业、基础设施建设、场馆举办的各项与体育相关的活动，支持培育体育场馆品牌、开发全民健身服务项目、普及青少年体育活动和竞赛活动、培育国内外大型体育赛事品牌、体育场馆人才建设、体育场馆服务机构的培育以及体育场馆企业集团的培育等，为场馆举办大型活动和再建设提供资金和管理保障。

（二）场馆运营投资基金设立方式选择

目前，场馆运营投资基金还处于尝试阶段，加之配套的政策法规还需制定，政府作为基金的主要推动力量无疑是最稳妥的选择。在此前提下，场馆运营投资基金可以采取以下三种设立方式：

一是由国家财政直接设立场馆运营投资基金管理公司，并由该管理公司作为主要发起人，以私募方式发起设立场馆运营投资基金。这种方式能够最大限度地发挥财政投入的导向作用和放大效应，增强政府宏观调控能力。但是，由于新设场馆运营投资基金管理公司以及一系列相关的配套制度仍需完善，因此，其运作成本较高。

二是由具备实业投资经验和资本经营经验的金融企业和产业公司发起，吸收国家财政的体育专项基金加入，并向社会以私募方式设立场馆运营投资基金。这种方式既可以保障基金的投资导向，也可以保证基金运作的市场化和专业化，从而能够保障该基金高效运转。

三是国家提取一定比例的体育彩票公益金作为投入场馆运营的专项资金，以股权的形式投入国有投资公司，再通过国有投资公司投资于场馆运营投资基金，从而间接投资于体育场馆经营项目。这种方式目前还没有先例，但是，它借助国有投资公司的专业优势，能够保证投资的科学性和安全性，有效防止重复建设、盲目上马、浪费资金的情况发生。

（三）场馆运营投资基金的投资原则

场馆运营投资基金的设立是应对我国场馆服务业面临的市场活力不足、场馆（或者场馆项目）融资困难和投资渠道不畅等问题而采取的重要举措，也是中央财政创新支持方式，引导社会资本投资于体育场馆服务业及相关产业的重要手段。因此，场馆运营投资基金投资应遵循以下原则。

1. 经济效益与社会效益兼顾原则

场馆运营投资基金的目的是引导社会资本的流向，支持场馆服务业的发展。场馆运营投资基金应以追求长期收益为目标，在保值增值的同时，还要考虑基金投资项目对广大社会公众利益的满足程度，兼顾社会效益。从长远来看，现在的潜在消费者很可能就是未来的消费者，要考虑项目的未来收益。

2. 安全性原则

所谓安全性，即规避市场风险。场馆运营投资基金是用投资人的钱来运作，基于信托责任，基金管理者必须以组合投资的方式进行基金的投资运作，保证投资的安全性。

3. 专业投资和管理原则

基金投资要依赖于专业的投资和管理团队，对投资的场馆或场馆项目进行全方位的动态跟踪与深入分析，在专业研究人员对投资项目进行可行性研究的基础上，再进行投资决策。

（四）体育场馆运营投资资金案例

目前，根据设立主体的不同，国内的体育产业投资发展资金可以分为两种类型，一是部分省市体育局发起成立的体育产业引导基金，二是社会资本发起成立的体育产业投资基金。前者重在由政府牵头，成立基金投资建设本省市的体育产业相关领域；后者则是通过市场运作的方式，寻找体育产业中具有发展潜力的相关领域进行投资。在这两种类型的体育产业投资发展基金的运作对象中，都涉及体育场馆的建设和运营管理。

1. 体育产业引导基金

山东省体育局发布的《山东省体育产业发展引导基金设立方案》中提到，该基金的投资领域包括“市社区建成10分钟健身圈”的体育健身场馆设施，场馆设计、建设、运营管理产业。

2016 年 2 月 3 日，江苏省体育局发布的《江苏省体育产业发展专项资金管理办法》中提到，该资金的项目资助范围包括“扶持符合江苏经济社会发展总体规划、体育产业发展规划以及相关政策的体育产业项目”，重点包括体育设施建设管理和运营。

湖北省体育局和财政局共同发布的《湖北省体育产业发展引导资金管理办法》中提到，该资金的资助范围包括：“有助于丰富体育产品市场供给、拉动体育消费的项目。包括体育场馆服务、体育场地设施建设、体育健身休闲活动。”

2. 体育产业投资基金

2013—2016 年部分体育产业投资基金见表 10－3。

表 10－3　2013—2016 年部分体育产业投资基金

成立日期	体育产业投资基金	筹集资金	出资方
2013. 01. 08	中体鼎新体育产业投资基金	3 亿元	中国体育报业总社、北京鼎新联合投资管理有限公司
2014. 06. 11	红土体育文化产业投资基金	1. 55 亿元	智美控股集团、深创投
2014. 12. 26	北京市体育发展投资基金	1 亿元	北投集团、北京市体育局
2015. 01. 28	探路者和同体育产业并购基金	3 亿元	探路者、天津新起点、江西和同资产
2015. 06. 30	动域资本体育产业基金	20 亿元	贵人鸟股份、虎扑体育、景林投资
2015. 07. 14	雷曼凯兴体育文化产业投资中心	5 亿元	雷曼光电、李漫铁、北京雷曼凯兴投资管理公司
2015. 07. 29	光大利得体育文化产业投资基金	10 亿元	光大资本、利得财富、华体集团
2015. 09. 15	国旅联合—中和资本体育产业并购基金	10 亿元	国旅联合、华社资产管理（上海）有限公司
2015. 09. 8	冠军 VC	0. 5 亿元	邢傲伟、王丽萍等一众奥运冠军、中体鼎新投资基金
2015. 10. 26	浙江体育产业基金	50 亿元	莱茵体育浙江黄龙体育发展有限公司、建银国际财富管理有限公司
2015. 11. 02	君联资本文化体育基金		君联资本
2015. 11. 17	鸟巢乐视体育文化产业基金	50 亿元	乐视体育、北京鸟巢文化创意交流有限责任公司
2015. 12. 11	广东友好海外体育文化产业基金	10 亿元	广东海外友好投资管理有限公司、广东省体育基金

续表

成立日期	体育产业基金	筹集资金	出资方
2016.01.24	新动金鼎体育基金	1亿元	新动金鼎、众信旅游、天成美盛、安踏体育、王微微、光环新网、国安创新
2016.01.28	青鸟中提投资基金		北京青鸟基金管理有限公司、中体基金
2016.05.18	元讯投资体育基金	1亿元	懒熊体育、华人体育、联科创盈
2016.09.06	佳兆业凯兴体育基金	100亿元	佳兆业、凯兴资本
2016.09.27	江苏省体育产业投资基金	10亿元	江苏省体育产业集团、江苏省政府投资基金、省广播电视集团、省文化投资管理集团、省沿海创新资本管理有限公司
2016.09.27	体育文化产业并购基金	6亿元	奥拓电子、松禾资本
2016.10.29	邓亚萍体育产业投资基金	50亿元	邓亚萍团队、中原资产管理有限公司
2016.11.18	曜为体育产业投资基金	20亿元	姚明、凯雷投资集团

其中，佳兆业凯兴体育基金主要投资方向包括体育赛事服务、经纪业务、场馆运营、青少年培训、运动咨询服务等领域；重点关注足球、篮球、跑步、骑行等拥有一定群众基础的细分项目；其他包括冰雪运动、水上运动、搏击等符合运动发展趋势的项目。

第三节 体育场馆投融资模式选择

一、我国体育场馆投融资的现状及主要特点

投融资是制约体育场馆发展的软肋。目前来看，地方政府为了创新场馆投融资机制，制定了体育产业发展意见，主要的政策有：①拓宽体育产业发展资金来源渠道，支持符合条件的体育企业进入境内外资本市场融资；通过股票上市、债券发行、项目融资、资产重组、股权置换等方式筹措资金。②鼓励担保机构为体育企业提供担保服务，建立完善体育产业融资担保体系。③放宽市场准入政策，鼓励民营资本和外资以独资、合资、合作、联营、参股、特许经营等方式投资体育产业。④鼓励社会力量捐资设立体育类基金会，鼓励境内外组织与个人向基金会提供捐赠和资助。⑤鼓励和引导金融机构对体育企业给予信贷

支持，并在国家允许的贷款利率浮动幅度内给予一定的利率优惠或适当延长贷款期限。⑥充分发挥省发展体育基金会等体育类基金会的作用，加强市场化运作和基金使用监管。

（一） 我国现有体育场馆融资方式较为单一

事业制场馆主要的融资渠道是银行贷款和财政拨款；企业制场馆融资则以银行贷款为主。由于体制和政策的限制，投资机制在场馆运营中较为单一。以体育用地为例，体育场馆用地属于国家公益事业用地，多以无偿划拨方式取得，土地一级开发权归属于上级主管部门。因此，无法对所拥有的土地进行资产化运营和管理，即不能通过出让、转让、参股和入股、租赁、联营、置换和抵押等具体形式进行资产化经营。随着经济体制和事业单位管理体制改革的不断推进，地方政府已经开始尝试土地使用权资产化经营，如将土地一级开发权作价入股或者将土地一级开发权转让给场馆单位用于融资。

（二） 全国人均投入体育场地建设资金有所增加

根据第六次全国体育场地普查资料显示，截至 2013 年 12 月 31 日，全国共有体育场地 169.46 万个，用地面积达 39.82 亿平方米，建筑面积为 2.59 亿平方米，场地面积为 19.92 亿平方米。其中，室内体育场地 16.91 万个，场地面积为 0.62 亿平方米；室外体育场地 152.55 万个，场地面积为 19.30 亿平方米。仅从数量上来看，已具有一定的规模。但是，以 2013 年年末全国内地总人口 13.61 亿人计算，平均每万人拥有体育场地 12.45 个，人均体育场地面积为 1.46 平方米。对比第五次全国体育场地普查（截至 2003 年 12 月 31 日），全国体育场地数量增加了 84.45 万个，用地面积增加了 17.32 亿平方米，建筑面积增加了 1.84 亿平方米，场地面积增加了 6.62 亿平方米；人均场地面积增加了 0.43 平方米，每万人拥有体育场地数量增加了 5.87 个。这与同时期的美国、日本、英国等体育产业发达国家平均每万人拥有 200 多个体育场地的状况是无法相比的。

（三） 我国体育场馆建设数量在地区分布上不均衡

从第六次全国体育场地普查我们不难看出，东部经济发达地区在体育场馆数量上高于中部地区和西部地区。

（四） 体育场馆发展资金匮乏

体育场馆的建设发展需要大量资金的投入，其建设发展需要国家、社会、企业和个人等多方的投入与支持，需要建立相应的社会化多元投入机制，特别是部分高档大型体育场馆的建设，动辄数亿元的投入，仅依靠地方政府的财政投入是远远不够的，我国体育场馆发展资金匮乏不仅表现在体育场馆建设资金不足上，还表现在已建成的体育场馆的日常维护费用严重不足上。我国体育场馆多为自收自支或差额拨款的事业单位，经营状况普遍不理想。体育场馆发展资金的严重不足，也在一定程度上造成场馆的开放率不高。

（五） 民间资本兴建的体育场地数量不多

在我国现有的体育场地中，私有经济和外商经济等民间资本投资兴建的体育场地数量非常少，与私有经济等民营经济在我国经济结构中占较大比例的地位不太相称。

（六）投资主体初显多元化

在我国现有体育场馆中，虽然民间资本投资兴建的体育场地数量非常少，但中国港、澳、台地区和外商经济投资兴建的体育场馆仍占有一定比例，这表明体育场馆建设虽然仍以国家的投入为主，但已有我国港、澳、台和外商经济等民间资本的投入，而且近年来其投入增长迅速。自 2014 年起，各种社会资金发起设立的体育产业投资基金也相继成立，这在一定程度上反映出体育场馆建设的投资主体初步呈现多元化发展趋势。

二、我国体育场馆投融资模式的选择依据

计划经济体制条件下的大型体育场馆主要是以政府财政投入和单位自筹资金为主的投资模式。在市场经济体制下体育场馆投融资模式如 PPP 模式、ABS 模式等，由于其具有投融资主体的多元化、投融资渠道的市场化、投融资结构的组合化、投融资运作的动态化等属性，因此，在投融资模式的选择运作中，必须首先解决投融资模式的选择依据、选择原则、选择策略等一系列问题。从国内外大型体育场馆投融资模式的选择理论和实践来看，体育场馆的定位、几种投资模式的相互比较和投资主体的确定是如何选择体育场馆投融资模式的主要依据。

（一）体育场馆的定位

在大型体育场馆投融资模式的选择依据中，体育场馆的定位无疑是最基本的，它包括场馆的实体定位和场馆的经营定位。首先，在实体定位方面，主要是场馆的等级、场馆的功能、场馆的建设区域等方面的定位。如场馆的等级方面，是世界级的、国家级的还是一般级的；在场馆功能方面，是综合体育场馆还是专项体育场馆；在场馆的建设区域方面，是在市区还是在周边地区，这些都是在体育场馆投融资模式选择中必须考虑的问题。其次，在体育场馆经营方面，主要是经营主体和管理机构等。如是由投资主体直接经营还是由中介公司承包经营，这些问题在体育场馆投融资模式的选择中也是不能被忽视的。

（二）投融资模式的比较

在对体育场馆有了明确定位之后，需要对多种投融资模式进行比较选择。不同的体育场馆投融资模式有各自的适用条件。首先要收集各种信息和相关数据，做好深入的调研分析，评估两种模式的可行性、可操作性以及各自的优缺点，然后写出综合性的分析报告，为最后模式的选择决策提供技术支持。

（三）投资主体的选择

在大型体育场馆投融资模式的选择依据中，体育场馆投资主体的选择也是必不可少的依据之一。主要包括以下几个基本方面：一是投资方的经济实力；二是投资方的投资时

限；三是场馆项目的投资构成；四是场馆项目的投资周期。不同的投资主体，决定了体育场馆的产权性质，决定了体育场馆的管理主体和经营主体。在体育场馆建设或运营过程中，在选择投资主体时，应根据自身情况及确定的融资模式，对投资主体进行鉴别和筛选。

三、我国体育场馆投融资模式的选择原则

参照国内外大型体育场馆投融资模式选择的理论与实践，一般来说，要遵循公益优先、效益优化、风险规避、可持续发展四大基本的模式选择原则。

（一） 公益优先原则

无论体育场馆的所有权和经营权归属于谁，它们都具有公共体育设施的公益事业属性，因此体育场馆投融资模式的选择首先要遵循公益优先原则。所谓公益优先原则，即要优先考虑社会公益性，它主要蕴含国家公益性和民众公益性两个方面。在有益于民众的社会公益性方面，各国地区性的大型体育场馆的投融资模式大都会选择 BOT 模式，究其原因，在于这一模式能使该地区的民众从近期利益到远期利益都能得到优先保障。

（二） 效益优化原则

所谓效益优化原则，主要包涵社会效益优化原则和经济效益优化原则。就社会效益而言，它与公益性原则是密切相关的。一般来讲，在大型体育场馆投融资模式的选择中，只要遵循了公益性原则，也就同时坚持了注重社会效益原则。当然，投资方对体育场馆进行投资，其目的是获得利润，因此在选择大型体育场馆投融资模式时，也必须注重经济效益原则。

（三） 风险规避原则

任何投资都是有风险的，大型体育场馆的投资也是如此。因此，在整个体育场馆建设步入实施阶段前，必须制定相应的风险规避原则。要通过科学的论证，对风险进行有效的评估。

（四） 可持续发展原则

在大型体育场馆投融资模式的选择原则中，可持续发展是其中一个不可缺少的原则。所谓可持续发展原则，即体育场馆投融资模式的选择必须充分考虑场馆建成之后的经营和管理是否能良好地持续发展下去，而不致因场馆的闲置或废弃而造成资源和资金的巨大浪费。

公益优化原则、效益优化原则、风险规避原则、可持续发展原则实际上是一个有机的整体，要综合起来考虑，统筹兼顾。对大型体育场馆投融资模式的最终正确选择，都是在综合遵循这些原则的基础上选择的结果。

四、我国体育场馆投融资模式的选择策略

在市场经济条件下，对于体育场馆投融资模式的选择，不仅要遵循一定的选择原则，而且还要制定灵活的选择策略。由于体育场馆投融资模式的选择具有投融资主体的多元化、投融资渠道的市场化、投融资结构的组合化、投融资方式的招标化和投融资运作的动态化等经济属性，因此这些基本的经济属性也就必然成为大型体育场馆投融资模式的相应选择策略。

（一）投融资主体的多元化

在投融资主体的选择策略方面，最终中标的投融资主体具有多种属性，可以是国有、民营、合资或者外资，也可以是一家、两家或者多家，这是体育场馆投融资模式选择时的根本策略，同时也是防范和规避风险的需要。

（二）投融资渠道的市场化

在体育场馆投融资模式的选择中，投融资的资金来源具有多元化的特征，政府公共财政投入只是其中的一个来源，还有许多资金来源于国内外各种资本市场，如投资公司、信贷、证券等。由于中国国内各种投资公司和金融资本运作基本实现了市场化，所以投融资渠道的市场化也就是大型体育场馆投融资模式中必然的选择策略之一。

（三）投融资结构的组合化

由于大型体育场馆建设周期长、风险大、资金回收期长，因此必须要有相应的投资风险规避策略。规避风险最好的方式就是投资结构的组合化，这在理论和实践中已被证明是行之有效的规避风险的方式。

（四）投融资方式的招标化

在市场经济条件下，由于大型体育场馆投融资运作过程具有其他大型项目融资运作过程的一般运作规律和运作方式，因此，作为其他大型公共项目投融资运作中的招投标方式，也是大型体育场馆投融资模式选择时的必然方式。一般来讲，在大型体育场馆建设招标时关键要做好两个方面的策略运用：一是招标模式，二是招标程序。大型体育场馆建设工程浩大，项目繁杂，因此在招标工作展开前要做好模式的选择，如是选择单项模式还是组合模式；在组合模式中，是选择横向组合模式还是纵向组合模式。组合模式俗称“打捆招标”模式，由于各种标的融资利润厚薄不一，因此大多数大型体育场馆的招标一般采取“打捆招标”模式。在招标的程序方面，必须按照招标—投标—开标—评标—定标的程序进行，并通过招标投标的公正原则和优先原则来保证招标的成功。

思考题

1. 谈谈你对体育场馆投融资的理解。
2. 体育场馆投融资的主要模式有哪些？
3. 简述 PPP 模式中的具体投融资模式，其优缺点是什么？
4. 简述体育场馆资产证券化的具体流程。
5. 众筹模式有哪几种具体类型？体育场馆应如何选择众筹模式？
6. 体育场馆选择投融资模式的依据有哪些？
7. 简述目前我国体育场馆投融资的现状及存在问题。

第十一章　体育场馆资本运营

本章教学提示

1. 了解资本运营的基本理论。
2. 掌握体育场馆资本运营方式。
3. 了解体育场馆资本运营模式选择的影响因素。
4. 掌握体育场馆资本运营绩效评价方法。

第一节　资本运营的基本理论

一、资本运营的概念

（一）资本的概念

“资本”这一概念是经济学中的一个重要的经济范畴，由来已久。要搞清楚资本运营的概念，首先要对“资本”有一个清楚的认识。资本是指从事生产经营的主体，为了进行生产经营活动所垫付的本钱。

在国外，资本一词来自拉丁文，最早由意大利人所提出。15 世纪和 16 世纪，正是资本主义的曙光时期，商业资本和高利贷资本最为活跃。国外古老“资本”的概念，是指可以用于盈利、生息的钱财。西方资本主义经济学和马克思主义经济学都对资本理论做过相关论述。

1. 资本主义经济学家关于资本的论述

西方资本主义经济学家关于资本的论述中具有一定代表性和影响力的主要有：J. B. 萨伊在其《政治经济学概论》中有过相应表述：“形成资本的，不是物质，而是这个物质的价值。”玛丽奥认为：“用在生产目的上的通货就是资本。”詹姆士・穆勒认为：“资本即是商品。”西斯孟认为：“资本是永久的会自行增大的价值。”苏格兰经济学家麦克路德在《信用的理论》中写道：“资本是用于增值目的的经济量，任何经济量均可用于资本。凡是可以获取利润之物都可是资本。”现代西方经济学家萨缪尔森在《经济学》中指出：“资本是一种不同形式的生产要素。资本（或资本品）是一种生产出来的生产要素，一种本身就是经济的产出的耐用品投入。”美国著名学者 D. 格林沃尔德主编的《现代经济词典》对资本的解释是：“用于生产其他商品，包括厂房的机器在内的所有商品的名称。它是生产的三要素之一，其他两要素是土地和劳动。从企业角度来看，资本是一家公司的总财富或总资产，因而不仅包括资本货物（有形的资产），同时也包括商标、商誉和专利权等等。作为会计学术语，它代表从股东那里得到的全部货币，加上留归企业用的全部利润。”

通过上述定义不难看出，资本主义经济学家所定义的资本主要有以下特点：

（1）增值性。资本在运行和使用过程中能够产生超出自身价值的价值，这其实是资本存在的目的。

（2）流动性。资本在使用过程中，不是一成不变的，它会根据实际需要来改变存在形态，并且资本增值只能在运动中实现。

（3）风险性。由于外部环境的不确定性，因而资本增值也具有不确定性。

（4）多样性。资本具有货币资本、实物资本和无形资本等多种形态。

不论是资产阶级古典或现代的经济学家，他们对资本的论述有共同的缺陷，都只谈资本的自然属性而没有说资本的社会属性，认为资本是货币、是商品，是物质的价值，是自行增大的价值，是可以获取利润之物，是生产要素之一，但却没有论述资本创造价值的实际过程，即在资本主义生产方式下资本增值过程所反映的是资本家剥削雇用工人的经济关系。

2. 马克思关于资本的论述

马克思费时40多年撰写的《资本论》在总结吸取前人对资本问题的科学研究的同时，又对资本做了全面深刻的分析。他并不是将资本作为资本主义特有的经济范畴来研究，而是在论述资本时既承认资本的自然属性，又揭示了资本的社会属性。这也是马克思在经济学方面的伟大贡献之一。

资本的自然属性即资本的一般属性，是指一定价值成为资本所共有的属性与特点。作为一般意义上的资本具有增值性、流动性、竞争性这三个基本特点。资本的增值性是资本的本质属性，是资本存在的前提和基础。从理论和现实上讲，资本作为自身增值的价值，是由分工、交换、商品、价值和货币的内在逻辑发展出来的。在当代不管是生产力发达还是不发达，作为经济关系的资本必然作为价值意义层面的资本在生产力发展过程中发挥不可或缺的作用，这一点是不以人们的道德批判和价值选择为转移的。资本的流动性是资本重要的存在形式，资本流动是资本增值的“加速器”。为了充分说明资本的流动性，马克思根据资本流动方式的不同将其划分为流动资本和固定资本。竞争性是资本运动内在规律的外在表现，通过竞争资本可以实现自身的趋利性流动，从而实现资本的优化配置。

资本的社会属性是指资本归谁所有就为谁服务，这是资本在不同的社会经济形态中所具有的特性。马克思在《资本论》中专门分析了资本主义生产方式下资本的生产过程、资本的流通过程和资本主义生产的总过程，但并不是说资本是资本主义特有的范畴。事实上，这一概念在资本主义生产方式形成以前就出现了。马克思指出，在中世纪已经存在了两种不同的资本运动形式，即高利贷资本和商品资本。高利贷资本最初表现为一定数量的货币，通过放贷，获取利息，实现自身增值，进而转变为资本。获取利息的过程即为占有别人剩余劳动的过程，运动公式是：$G-G'$。式中G代表原始货币，G'代表增值了的货币。商业资本（商品资本）通常指专门从事商品买卖，以获取利润为目的的资本，其运动公式为：$G-W-G'$。式中W表示商品。在奴隶社会初期，商业资本已经出现，以后在封建社会又得到了发展。资本主义社会以前的商业资本与资本主义社会的商业资本有一定差异。资本主义社会以前的商业资本依附于奴隶制和封建社会中的生产关系而存在，它以简单商品为生产基础，活动于简单商品流通领域，为买卖双方的直接消费服务，主要特点是贱买贵卖。资本主义社会的商业资本则是从产业资本中分离出来的，它属于产业资本，并为产业资本的运动服务。在《雇佣劳动与资本》一书中，马克思批判了资产阶级学者把资本和生产手段或积累劳动等同起来的观点，认为资本是一种社会生产关系。在《资本论》中又进一步强调：“资本不是物，而是一定的、社会的、属于一定的历史社会形态的生产关系，它体现在一个物上，并赋予这个物以特有的社会性质。资本不是物质的和生产出来的生产资料的总和。”

在社会属性下，资本是一种获取剩余价值的权力。“资本是资产阶级社会支配一切的经济权力。”资本“按其本质来说，它是对无酬劳动的支配权”，即对剩余价值的索取权和控制权，这是资本与生俱来的权力。资本之所以是资本，就在于它与雇佣劳动之间是支配与被支配之间的关系，资本通过支配和控制雇佣劳动，通过具体的劳动和生产过程，获得一定量的剩余价值，这是资本生存的根本目的，如果社会不承认资本的这种权力，那么这样获取剩余价值的目的就不会那么强烈，甚至根本不会获取剩余价值。而不获取剩余价值，资本就不再具有存在的历史理由了，因为资本存在的历史理由正是通过获取剩余价值而在客观上推动社会生产力的发展。

（二） 资本运营的概念

1. 资本运营的概念

所谓资本运营，是指通过投融资、资产重组和产权交易等手段，对资本实行优化配置和有效使用，以实现资本盈利最大化的经营活动。换句话说，资本运营就是要通过对资本的运作，在资本安全的前提下实现资本的增值和取得最大的收益。更详尽的概念是，资本运营是把企业所拥有的一切有形和无形资产以及企业的人力资源通通看成是可以增值的活化资本，通过生产要素的优化配置和产业结构的动态调整等多种形式，如收购、兼并、股份制、参股、控股，以及联合、租赁等进行有效运作和经营，以最大限度地实现资本增值。或者说，在资本或是所有者权益流入流出过程中，实现优化组合，以最少的投入获得最多的产出，实现资本增值。

资本运营是一种全面提高经济效益的经营理念，它以利润最大化、资本增值为目的，以价值管理为特征，以尽可能低的成本获得最大的资本效益。

2. 资本运营的特点

资本运营的本质，是通过资本交易或使用获取利润，求得资本的增值或获得更大的收益。因此，其实现方式和途径是多种多样的，有通过生产性投资而实现的资本运营，有通过商业性投资而实现的资本运营，有通过证券投资而实现的资本运营，有通过货币本身的运作而实现的资本运营，也有通过对资产的转让而实现的资本运营。虽然这些投资、运作、转让、参股都要计量其价值，都要转换为货币形态进行比较，但绝不能由此就把资本运营局限在其中的某一种形态上。资本运营并不排斥生产经营活动，而是在相当范围和程度上，将生产经营作为资本运营的实现形式。生产经营与资本经营是相互联系、互相促进的。一个企业的经营实际可以分为两个层次：第一层次是资本运营，第二层次就是生产经营，生产经营是基础、目的，资本经营是手段。相对于生产经营而言，资本经营主要有以下特点：

（1）资本运营是以资本导向为中心的企业运作机制。在传统体制下，人们对经营概念的理解都很狭窄，将经营仅仅作为生产经营。传统的生产经营活动是以商品为中心的运作机制，经营主体往往只注重产品的生产和开发，不注重资本的投入产出效率；只注重产品的品种质量问题，不关心资本的形态、资本的运行质量、资本的负债结构等问题；只关注产品价格的原材料、设备成本的变动，不关注资本价格和价值的变化。而资本运营是以资本为中心的导向机制，要求企业在经济活动中始终以资本保值增值为核心，注意资本的投入产出效率，保证基本形态变换的连续性和继起性，资本运营的主要目标是实现资本最大限度的增值。

（2）资本运营是以价值形态为主的管理。资本运营要求将所有可以利用和支配的资源、生产要素都看作经营的价值资本，用最少的资源、要素投入获得最大的收益，不仅考虑有形资本的投入产出，并且注意专利、商誉、商标等无形资本的投入产出，全面考虑所有投入要素的价值，充分利用、挖掘各种要素的潜能。资本运营更关心价值变动、价值平衡、价值形态的变化。

（3）资本运营是一种开放式经营。资本运营要求最大限度地支配和使用资本，以较少的资本调动最大限度的社会资本。对于资本运营主体而言，所要做的不只是关注自有资源，即通过内部资源的优化整合来达到价值增值的目的，还要利用一切融资手段、信用手段扩大利用资本的份额，通过兼并、收获、参股、控股等途径，实现资本的扩张。资本运营的开放式经营，是指对于经营主体而言，不能将资本运营的领域等同于产品生产经营的领域，要求打破地域概念、行业概念、产品概念，资本运营面对的是所有的行业、所有的产品，面对的市场是所出现的全部市场，只要资本可以产生最大的增值。

（4）资本运营注重资本的流动性。资本运营理念认为，经营主体的资本，只有流动才能增值，资产闲置是资本最大的流失。因此，一方面要求通过兼并、收购、租赁等形式的产权重组，盘活沉淀、闲置、利用率低下的资本存量，使资本不断流动到报酬率高的产业和产品上，通过流动获得增值的契机；另一方面要求缩短资本的流通过程，因此要求加速资本的流通。

（5）资本运营是以人为本的经营。一切经营活动都是靠人来进行的，人的潜能最大，也是最易被忽略的资本要素。资本运营将人看作资本的重要组成部分，将对人的管理作为资本增值的首要目标，确立“人本思想”，不断挖掘人的创造力，通过人的创造效益获得资本增值。

（6）资本运营通过资本组合回避经营风险。资本运营理念认为，由于外部环境的不确定性，运营主体的生产经营活动往往充满许多不确定性，有许多潜在风险，资本运营必须注意回避风险。为了保障投入资本的安全性，在资本运营过程中要注意资本的分散组合，避免资本过于集中，这样有利于降低和分散资本运营的风险性。

（7）资本运营重视资本的支配和使用而非占有。资本运营把对资本的支配和使用看得比资本占有更为重要，因为利润来源于使用资本而非拥有资本。因此，资本运营重视通过合资、兼并、控股、租赁等形式来获得对更大资本的支配权；还通过战略联盟等形式与其他企业合作，开拓市场，获取技术，降低风险，增强竞争实力，从而获得更大的资本增值。

（三）体育场馆资本运营内涵

资本运营的对象就是资本及其运动，对于体育资本需求方而言，不仅包括自有资本，还包括借入资本。所谓体育资本，是指企业为购置从事体育生产经营活动所需资产的资金来源，是投资者对体育产业投入的全部资本。

体育场馆资本运营通常是指将体育场馆的各种资本要素进行合理利用，以充分实现体育场馆资本的价值最大化所进行的经营管理活动。因我国体育场馆承担部分公益责任，体育场馆资本运营不单单以增值保值为价值体现。体育场馆资本经营的主体可以是体育场馆本身，可以是拥有体育场馆经营权的企业或政府部门，也可以是从事体育场馆相关业务的体育企业。

二、资本运营的原则

开展资本运营必须坚持资本流动性、资本增值性和资本安全性三项原则，资本只有运动才能称为资本运营；只有在不断运营中才能不断增值资本；如果不能有效控制资本的运营风险就不能实现资本增值的目的。

（一） 资本运营的流动性原则

资本是有时间价值的，一定量的资本在不同时点上会有不同的价值，通常今天一定量的资本比未来同量资本具有较多的价值。资本运营的流动性原则，要求资本经营者把资本的经营管理过程看作一个动态的循环过程，把现有的人、财、物等一切生产要素资本化，这些资本作为一个整体在时间上先后继起，在空间上并列地分布在生产经营的全过程的每一个环节之中，把存量资本和增量资本、有形资本和无形资本作为一种流动的经济资源，加以整合经营。

（二） 资本运营的增值性原则

资本可以产生多于它自身价值的增值，这是由资本运营的本质决定的，标志着资本的内在特征。资本运营的增值性原则要求资本经营者把企业的循环看成资本从采购—生产—销售—债权的环状运动的资本增值流。只有在完成产品销售，收回了货款或债权（应收账款），产品的价值和增值都实现了，才算完成了一次资本循环。贷款或债权未收回，尽管产品已经销售给用户，也不能算是资本循环的完成。如果产品销售不出去，则是产成品资金的积压，企业资本循环受阻。如果企业是用借入资本购买材料生产的产品，这实际上同时增加了债务。

（三） 资本运营的安全性原则

在资本运营过程中存在各种不确定的外部因素，这使得资本运营具有风险特征。这就要求资本经营者分散自己的资本并吸收其他资本参股，营造一种分散和混合的资本结构，从而增强资本的抗风险能力。

第二节　体育场馆资本运营方式

在我国经济发展新常态的大环境下，经济发展动力转向了以体育产业为代表的新增长点。伴随着《关于加快发展体育产业促进体育消费的若干意见》的发布和实施，体育产业发展进入快车道和井喷期，体育市场被彻底激活，体育资本蜂拥而入。资本运营成为体育产业转型升级、体育企业实现快速外部扩张、体育产业转变发展方式的重要手段，也成为企业跨界投资体育领域的重要路径。体育资本运营既包括股权转让、并购、股票上市、资产重组、公司分立、企业挂牌等存量资本运营，也包括对新增投资进行的资本筹措和投资管理等的增量资本运营。

体育场馆资本运营可以包含两方面内容：一是资本筹措，二是对自有资本和筹措资本的增值运营。现阶段资本大量涌入体育产业，以 PPP 模式、众筹模式、资产证券化模式为代表的体育场馆融资模式日益完善，新三板也已成为体育企业融资的重要场所，拓宽了体育场馆资本筹措的途径，本章对于体育场馆资本运营中关于资本筹措的内容将不做赘述，主要介绍第二方面内容，即体育场馆已有资本的增值运营。体育场馆资本运营有通过生产性投资而实现的资本运营，有通过商业性投资而实现的资本运营，有通过证券投资而实现的资本运营，也有通过对资产的转让而实现的资本运营。体育场馆资本运营的具体方式主要包含资本投资、资产重组、资本市场运作、产权交易、兼并收购五个方面。

一、资本投资

投资指的是特定经济主体为了在未来可预见的时期内获得收益或是资金增值，在一定时期内向一定领域投放足够数额的资金或实物的货币等价物的经济行为。按照投资对象的不同，投资可以分为生产性资本投资和金融性资本投资。体育场馆生产性资本投资是指将已有的资本投入场馆生产运营等物质生产领域中的投资，并形成各种生产性资产。体育场馆金融性资本投资是指场馆将资本投资于金融资产或金融工具的投资活动或经济行为。

（一）生产性资本投资

由于场馆的生产性资产分为流动资产和固定资产，因此，生产性投资又分为流动资产投资和固定资产投资。

流动资产是指可以在一年或者超过一年的一个营业周期内变现或者耗用的资产。它由现金、应收及预付款项、存货等项组成，也是企业用于购买、储存劳动对象（原燃材料、电力等）以及占用在生产过程和流通过程的在产品、产成品等周转资金的投资。流动资产是在生产经营过程中经常改变其存在状态，在一定营业周期内变现或耗用的资产。流动资产投资是指投资主体用以获得流动资产的投资，即项目在投产前预先垫付、在投产后生产经营过程中周转使用的资金。流动资产投资的特点主要有回收时间短、变现能力较强、数量波动大、资金占用形态经常变动、投资次数较频繁。

固定资产投资是以货币形式表现的、企业在一定时期内建造和购置固定资产的工作量以及与此有关的费用变化情况，包括企业用于基本建设、更新改造、大修理和其他固定资产投资等。建造和购置固定资产的经济活动，即固定资产再生产活动。固定资产再生产过程包括固定资产更新（局部和全部更新）、改建、扩建、新建等活动。

流动资产和固定资产一样，都是生产过程不可缺少的生产要素，而且固定资产和流动资产在数量上还要呈比例。从价值周转的角度看，固定资产投资和流动资产投资不同：前者属于长期投资；后者属于短期投资。但是，从价值被占用的角度看，固定资产投资和流动资产投资一样，两者都要被生产过程长期占用。固定资产投资的结果形成劳动手段，对未来企业生产什么、如何生产、在什么地方以多大规模进行生产有着决定性影响。流动资产投资的结果是劳动对象，而投在劳动对象上的价值要和固定资本的大小所决定的生产规模相适应，流动资产投资的数量及其结构是由固定资产投资的规模及其结构所决定的。

固定资产和流动资产都是生产过程不可缺少的生产要素，固定资产投资必须有流动资产投资的配合。

固定资产投资从项目动工上马到建成交付使用，往往要经历较长的时间。在这期间，只有投入，不能产出，投入的资金好像被冻结起来。因此一个企业和社会究竟能在多大规模上经受得住这种暂时的“冻结”，而不致影响再生产的正常进行和人民的生活水平，客观上就有一个界限。而流动资产投资，一般时间短，只要流动资产投资的规模与固定资产投资的规模相适应，产品适销对路，流动资产投资很快就可以回收。

固定资产价值的回收依赖于流动资产的顺利周转。这是因为，固定资产的转移价值以折旧的形式，只能在列入生产成本以后，作为产品销售成本的一部分，通过产品销售，从销售收入中得到实现。假如流动资产不能顺利周转，意味着存货不能顺利地转化为货币资金，也就难以实现销售收入。

（二） 金融性资本投资

金融性资本投资是指通过购买股票、债券、票据等求偿权以获得未来预期收益的投资，又称为证券投资。目前在我国金融市场上流通的证券主要有国库券、可转让大额定期存单、银行承兑汇票、公司或企业债券、金融债券、公司股票等。

1. 国库券

国库券是指国家财政当局为弥补国库收支不平衡而发行的一种政府债券。因国库券的债务人是国家，其还款保证是国家财政收入，所以它几乎不存在信用违约风险，是金融市场风险最小的信用工具。

2. 可转让大额定期存单

可转让大额定期存单是指在市场上可以转让出售的注有特定金额、特定期限及利率的存款证明。其特点是不记名，可以自由转让，存单金额固定且较大。其利率一般高于国库券，通常具有较高的变现能力，收益相对较高。

3. 银行承兑汇票

银行承兑汇票是商业汇票的一种，是由在承兑银行开立存款账户的存款人出票，向开户银行申请并经银行审查同意承兑的，保证在指定日期无条件支付确定的金额给收款人或持票人的票据。在票据未到期之前，收款方还可以背书转让。因票据由银行承兑，所以持有人的风险较小，是较为安全的短期投资对象。

4. 公司或企业债券

公司债券是公司依照法定程序发行、约定在一定期限内还本付息的有价证券。它表明发行债券的公司和债券投资者之间的债权债务关系，公司债券的持有人是公司的债权人，而不是公司的所有者，债券持有人有按约定条件向公司取得利息和到期收回本金的权利。企业或公司债券与政府债券相比，风险较大，但利率较高。

5. 金融债券

金融债券是指由银行或非银行金融机构发行并向购买者开出的具有特定还本付息的债权凭证。金融债券与银行定期存款相比，有较强的流动性，可以自由转让，但不能提前支取现金，逾期兑付不计逾期利息。

6. 公司股票

公司股票是指股份有限公司为筹集资本金而发行的，需要定期支付股利但无固定还本日期，由购买者持有的股权证书。与债券相比，股票的投资风险大，但期望收益高，并可参与管理或控制公司的生产经营。

体育场馆在进行金融性资本投资时，根据现有资本运营状况及预期的风险收益率，将资本投资于最适合体育场馆资本运营目标的证券种类。

二、资产重组

资产重组实质上就是对体育场馆的资源进行重新配置，从而提高资源的利用效率。这里的资源不仅是指物质资源，还包括人力资源和组织资源。现代企业的资产重组的方式主要有资产剥离、企业分立、分拆上市和债权股权置换。资产剥离、企业分立、分拆上市都属于收缩性资本运营。

（一）资产剥离

资产剥离是指企业将当前所拥有的某一部分子公司、部门、产品生产线、固定资产、无形资产等出售给其他企业，并取得有价证券或现金的报酬。体育场馆进行资产剥离的形式主要表现在体育中心将附属场馆经营权转让。体育场馆进行资产剥离的主要原因有以下几点：

1. 提高管理效率

随着企业规模的不断扩大，高效的管理体制将会给高层管理者提出一个又一个难题。科层关系的复杂化使得信息不对称的现象更为明显，大大降低了信息传递的效率，影响内部职能的有效实现。

2. 明确企业的市场定位，提升企业市场价值

一些企业在经营发展过程中，没有明确的主营业务，只是一味地注重多元化经营。随着越来越多的社会资本进入体育场馆，场馆的经营目标也会或多或少地产生变化。对于没有能力承担多重目标的体育场馆而言，应适时进行资产剥离，明确经营目标。在整个体育产业中，这一现象更加普遍，如国资背景的中体产业除了经营各大体育赛事和体育健身项目等主营业务以外，还涉足房地产业、传媒业务和机票代理的经营。虽然在实施多元化经营的战略中中体产业取得了不错的成绩，但是对于一般的体育企业尤其是那些没有国资背景的，这样大跨度的经营战略往往会拖垮原有的体育业务。

3. 满足企业的短期资金需求

虽然在现代体育产业资本市场上已经出现了许多融资手段，如股票、债券等，但是由于体育场馆的特殊性，其运营管理和企业有所区别，当无法进行有效的市场融资时，尤其像我国体育场馆投融资发展还不成熟的状况下，通过出售场馆的非核心资产来取得所需资金的方式，显然可以减少市场融资的障碍和风险。

（二） 企业分立

企业分立是指一个公司通过将母公司在子公司中所拥有的股份，按出资比例分配给现有母公司的股东，在组织上和法律上将该子公司从母公司中分离出来的一种方式。各股东在母公司的持股比例和在分立出来的新公司的持股比例是相同的。被分立的子公司将拥有实质的控制权，可以独立地对公司的经营管理进行决策。体育场馆分立与公司分立存在一定区别，分立出的可能不是一个分公司，而是一个场馆部门或管理部门。

体育场馆通过分立可以使各种体育资源得到高效益的利用，实现资本的有效扩张。就体育产业的发展特点而言，分立主要分为四种情况：一是业务的独立。体育场馆为了给自身优势业务创造有利、稳定的环境以使其实现更为高效的运营，会将主营业务或是优势业务单独从整个场馆管理体系中分离出去。二是资产的独立。通过分立的方式使体育场馆中的闲置资产得到有效利用，避免资源的浪费。三是产业环节的分立。即将体育场馆运营中的某一些链条分离出去，降低体育产业中的资产专用性所带来的风险，实现对产业成本的有效控制。四是特殊目的分立。出于融资的目的，体育场馆将部分资产或经营的业务分立出来，借助其良好的信用评级和财务状况向市场进行融资。例如，从化马术场在广州亚运会之后就被单独分离出来发展成为香港赛马会的赛马饲养训练基地。

（三） 债权股权置换

在西方国家，债权股权置换主要是运用在企业破产重组时的一种资本运营手段，而在一般的资产重组案例中较为少见。目前，债权股权置换在国内主要被运用于解决国有企业重组和国有银行不良贷款的问题。鉴于我国体育产业仍存在着巨额不良资产以及产业结构不合理的问题，债权股权置换的一些特性可以促使改善我国体育产业资本运营的现状，为体育场馆资本运营提供一些借鉴。

债权股权置换也称债转股，在我国主要是指由金融资产管理公司作为投资主体，将商业银行原有的不良信贷资产转为金融资产管理公司对企业的股权。我国新《公司法》第二十七条规定，“以债权出资不再明令禁止”。这预示着债权股权置换在法律层面上已经获得了新的发展空间。发展不平衡、过多的行政干预、产业结构不合理以及体育市场主体不成熟等问题，造成了我国体育场馆的整体盈利状况不佳，一部分体育场馆仍然主要依靠政府的财政拨款来维持日常经营。而债权股权置换的资产重组方式可以为体育企业（体育场馆）提供重生的机会。它通过将债权方对企业的债务直接转变成对体育企业的股权，一方面减少了体育企业的负债，增加了体育企业的资产总量，使得企业整体的资产负债率大幅降低，为企业营造出良好的营运环境；另一方面降低了债权方的财务风险。

（四）分拆上市

分拆是一种属于紧缩资产的企业资产重组方式。分拆上市又称为股权切离，是指母公司将全资所有的子公司独立出来，对其部分普通股进行首次公开发行。不同于企业分立，分拆中除了母公司的股东以外，市场上的其他投资者也可以认购新公司的股份，成为其主要的股权所有者之一，分享公司的利益，承担公司的风险。在国外，分拆上市已经具备了良好的市场基础，相关法律制度也比较健全。国内的分拆上市尚处于起步阶段，中国证监会在 2010 年 4 月才刚刚允许境内上市公司将子公司分拆到创业板上市。在此之前，国内企业在分拆后主要会在国外或中国香港进行上市。

分拆上市有狭义分拆和广义分拆之分。狭义分拆是指上市公司将其所有的某个分部或子公司分离出来予以公开上市，而广义分拆则主要是指那些还未上市的企业集团所进行的分拆。国内资本市场以狭义分拆为主。虽然国内体育产业尚未有涉足分拆上市的，但是我们必须看到的是分拆上市给体育产业的资本运营提供了更大的力度和空间。

1. 分拆上市不仅是一种金融创新工具，还是一种有效的融资方式

拓宽体育产业的融资渠道，建立强大的资金支持体系，是当前体育产业发展的重大课题。考虑到我国分拆的新公司一般会在海外资本市场进行上市，这使得国内体育产业不仅打开了连接国际资本市场的融资渠道，另外还可以学习国外体育产业的先进经营理念和运作方式以增强国际竞争力。

2. 分拆上市有助于提升管理激励效果

即所谓的分拆上市中的管理激励假说理论。该理论针对股票期权激励的有效性来探讨分拆上市。当一个企业集团的组织结构过于复杂、经营范围过大时，子公司的业绩往往无法同它的投入形成一致。通过分拆上市，子公司的股票价值就会直接将员工和管理者的工作努力程度反映出来，激励该子公司的经营者更加努力地工作，充分利用各项资源，推动公司的股票价格不断上涨，以获取更多收益。在体育产业快速发展的过程中，委托代理等问题也会出现。通过分拆上市，构建一个经营绩效与行为表现相一致的长效机制是必要的。

3. 通过分拆上市可以实现主体企业的业务核心化、专业化

业务之间的差异性、资本规模的无效益扩张都会给体育产业的发展造成制约。借助分拆上市的资本运营方式来减少这些不利因素，形成各种体育资本的有效集中，促进体育产业的规模化经营，最后分拆上市帮助企业分散投资风险。体育产业是第三产业中最具优势的产业之一，同时也是一个投资回报率较高的产业。高利润回报率常常伴随着高风险，这使得许多投资者望而却步。企业可以将这些具有高风险的体育投资项目进行分拆上市，上市之后项目风险将会由原母公司和新的合作伙伴以及其他公众投资者共同分担。

三、资本市场运作

（一） 整体上市

整体上市是与分拆上市相对的一个资本运营战略方式。它指的是一家公司将其主要资产和业务整体改制为股份公司进行上市。近年来随着我国资本市场的弊端不断凸显，整体上市已经成为一个备受追捧的金融创新方式。然而到目前为止，体育产业中还没有出现整体上市的案例，这局限了本文对体育产业进行整体上市的实证研究。在借鉴其他行业运作模式的基础上，将整体上市充分运用到推动我国体育产业发展的进程中会产生重要的战略意义。

（二） 借壳上市

借壳上市是一种以产权交易为核心的资本运营方式，是指非上市公司取得上市公司控制权的同时或一段时间内，由上市公司收购非上市企业的资产、业务、股权从而实现非上市企业上市的方式。借壳上市包括买壳上市和狭义的借壳上市。狭义的借壳上市，通常是指非上市母公司利用对上市子公司的控制权，使上市子公司对母公司进行反向收购，以实现母公司上市的资本运营过程。狭义的借壳上市类似于整体上市中的反向收购母公司模式。买壳上市与狭义借壳上市的主要区别在于，非上市公司需要以一定方式来获取对上市公司的实际控制，并不像狭义借壳上市中，母公司从一开始就已经拥有了对子公司的控制权。事实上，多数通过借壳实现间接上市的公司采取的都是买壳上市的运作方式。

1. 体育产业借壳上市的益处

首先，体育产业的运作需要大量的资金，仅仅靠国家财政拨款和风险投资远远无法满足体育产业快速发展的需求。然而，融资渠道单一、政策限制等因素又限制了体育产业的资金供给。借壳上市之后，体育产业就会有更多的融资机会来克服资金不足的困难。如英国、西班牙等国的知名职业足球俱乐部都已实现上市，整个俱乐部运作的资金也就主要来源于资本市场的融资。

其次，借壳上市有利于扩大体育企业或体育俱乐部的知名度。虽然国民的体育消费观念正逐步形成，但是相对整个国民生产总值，居民的体育消费需求还有很大的提升空间。通过借壳上市，一方面向国民宣传体育消费的理念，扩大他们的体育消费需求，从而为体育产业增长提供源源动力；另一方面为体育企业进行免费的品牌宣传，促进体育项目的推广，在知名度提高的同时，体育公司的市场价值也会得到相应的提高。

2. 体育产业借壳上市的风险分析

首先，壳资源的选择与获取。壳资源在国内证券市场本来就是相当稀缺的资源，尤其是体育产业，能够被利用的壳资源更是少之又少。因此，计划借壳上市的体育公司应慎重选择适合自身的壳公司，避免盲目借壳导致巨大损失。

其次，重组、整合上市公司。在实现对壳公司的有效控制后，非上市公司就要将自身的业务、资产注入上市公司中，对两个公司进行资产重组。这是整个借壳上市中较关键的一步，决定着借壳上市能否成功。整合的内容主要涉及人员、业务、企业文化、资产等。例如，体育用品业公司的整合，风险较大的就是产品品牌的整合、核心技术人员和管理层的安置以及企业文化的融合。

最后，再融资的实现。借壳上市的目的之一是上市融资。然而，上市公司之所以沦为壳公司，主要是因为本身经营出现亏损、业务状况不佳、盈利能力弱、丧失筹资能力。如果借壳方想要尽快实现配股融资，那么就要努力改善公司的经营业绩，使新公司达到连续三年资产收益率递增 10% 的配股标准。另外，体育公司在寻求借壳上市的过程中，如果操作不当可能会面临被强制执行 IPO 程序的风险。

（三） 新三板挂牌

融资难是制约体育企业发展的关键因素。虽然体育产业历经多年发展，但是，体育上市公司的数量仍然有限。在主板市场上市的体育类企业中以体育用品类企业为主，如李宁体育、安踏体育等。然而，新三板的诞生为体育企业搭建了重要的融资平台。相比主板市场上市条件的严格性，新三板挂牌的条件相对宽松。新三板在一定程度上解决了体育产业内中小企业融资难的问题，也为产业内企业的快速发展壮大创造了前提条件。截至 2017 年 5 月，在新三板挂牌的体育企业有 74 家，其中有 6 家是体育场馆类企业，分别是星奥股份、绿茵天地、泰山体育、珠江文体、泛华体育和中航时尚（见表 11 –1）。

表 11 –1　挂牌新三板体育场馆类企业

公司名称	挂牌时间	注册地	主营领域
星奥股份	2014. 06. 24	北京	体育场馆智能化专业产品和实施
绿茵天地	2015. 10. 23	北京	运动地面新材料研发、生产、销售与体育设施工程专业设计、施工、运输管理
泰山体育	2016. 06. 17	广东	基于智能科学健身设备和体育信息技术服务产品的体育场馆建设
珠江文体	2016. 06. 22	广东	场馆运营管理
泛华体育	2016. 03. 04	北京	体育健康产业园、智慧体育场馆、运动休闲地产、体育设施咨询策划、设计建造及运营管理
中航时尚	2016. 01. 19	广东	“体育场馆服务 + 健身服务”“生活道”品牌

新三板的创立为解决体育中小企业融资难、优化体育中小企业的金融环境起到了重要作用，但是，这恰恰也是潜在风险所在。新三板挂牌的企业在财务门槛方面是没有要求

的，企业有持续盈利的能力就可以。目前，挂牌的体育企业通常处于初创期或发展期，在经营方面面临的不确定性还是比较大的。例如，广州恒大淘宝足球俱乐部股份有限公司披露的招股书中显示，俱乐部2013年、2014年和2015年1—5月份净利润分别为-5.76亿元、-4.83亿元和-2.65亿元，全部为亏损；欧迅体育挂牌前后一年年报显示净利润分别为-113.46万元和-176.59万元。挂牌新三板使得许多不知名的体育中小企业知名度大增，在短期内成功融资。但是，如果挂牌体育企业的持续经营能力较差，投资者面临的风险也较大。一旦企业资金链断裂，投资者的回报将难以实现。

四、产权交易

产权不是对物品的所有权，但是它又是建立在所有权的基础之上的。借鉴有关学者关于产权定义，体育产权就是指对体育财产的归属权、占有权、支配权、使用权、索取权、经营权等的一种经济权利关系。随着体育产业发展逐渐成熟，相信有关体育产权的定义也会发生相应的变化。体育产权主要分为有形体育产权、无形体育产权和体育人力资本产权。有形体育产权是指对体育有形资本的实体产权，如体育场馆和体育培训场所的所有权。无形体育产权涉及所有体育无形资产的产权。体育场馆的相关无形产权主要是指体育场馆的特许经营权、冠名权、场地和户外广告牌的使用权。

产权交易所现行的产权交易方式主要有以下四种：电子竞价、协议转让、拍卖转让和招标转让。虽然国内外的产权交易体制已经发展得较为成熟，但就国内体育产业而言，产权交易还存在许多观念和制度的限制，可以说产权交易还没有被体育产业充分利用起来，体育场馆对于自身无形体育产权的利用有待加强。

国内体育产业进行产权交易主要依赖以下三种模式。

（一）“一对一”的协议转让产权交易

这种模式主要是依靠体育中介机构，寻找合适的产权受让方，并在体育产权出让方和受让方谈判协商的基础上来实现产权的转让。北京五棵松体育馆是2008年北京奥运会篮球项目比赛场馆，奥运会后，又斥资数亿元按照世界顶级演唱会场馆标准进行了改造，自2011年至今共更名3次。2011年首次出售冠名权，由万事达进行赞助，正式更名为“万事达中心”。2015年12月，万事达与五棵松体育馆的5年合作结束，乐视体育成为五棵松新的冠名方，双方达成5年合作协议。2016年1月1日，五棵松体育馆被正式冠名为“乐视体育生态中心”。在2017年5月16日乐视体育与华熙国际发表联合声明称，双方一致同意终止五棵松体育馆冠名合作。2017年9月21日，上汽通用汽车凯迪拉克品牌冠名中国著名文化体育地标五棵松体育馆，将其更名为“凯迪拉克中心”。

（二）“拉郎配”的体育产权交易

“拉郎配”这个词不仅仅出现在体育产业，在其他国有行业中也同样被用来形容国家对产业的过度干预。在体育产业中，相当一部分大型赛事的承办权、冠名权、转播权等都是被政府直接分配给某一国有企业的。例如，中超职业足球联盟中有75%的足球俱乐部，它们的股权是直接被转让给比较知名的国有企业的；CCTV－5对众多体育赛事拥有独家转播权。这种直接的“拉郎配”式产权交易过程几乎没有竞争机制的存在，通常会影响体育资源配置效率。在这种产权交易过程中，产权交易价格往往由政府机构内定，使得体育产权的价值得不到正确的评估和体现，不利于体育资产在市场上的顺畅流通。这种交易现状是需要进一步改善的，但是这种产权交易模式是体育产业发展的必经阶段，促进了体育产业早期阶段的发展。例如，2002年的上海网球大师杯赛，主办方借助行政化的广告权出让，获得了2700万元的收入，占总收入的45%左右。

（三）招标转让和拍卖转让

虽然这部分招标、拍卖模式的产权交易主要由国家体育总局和地方体育局牵头，并没有太多民营企业的参与，但是这也说明了国家正在积极倡导体育产业产权交易的规范化和集中化运作。例如，2008年奥运会的合作伙伴，最后通过公开竞价的方式被阿迪达斯获得，而国内知名体育品牌李宁以3亿元的差距只得到了奥运会赞助商的资格。

五、兼并收购

兼并收购是体育产业实现资本运营最主要的一种手段。无论是在发达国家的成熟体育产业资本市场，还是在类似我国这样处于起步阶段的体育产业资本运营，兼并收购所带来的经济利益都是不容小觑的。兼并收购即并购，兼并是指企业通过产权交易获得其他企业的产权，使这些企业丧失法人资格，并获得它们的控制权的经济行为。所谓收购是指一家企业（收购方）购买另一家企业（目标企业）的大部分资产或证券，其目的通常是重组被收购公司并经营。目前涉及体育场馆企业的相关收购兼并案例并不多，但纵观整个体育产业资本运营的发展，涉及体育资本兼并收购的案例较多，通过分析体育资本并购动因及目前存在的并购风险，将为体育场馆资本运营，尤其是资本运营主体为经营体育场馆业务的体育企业，提供一定的参考。

（一）兼并收购动因

兼并收购的动因是指促使兼并收购产生的动力和原因，大致包括以下几类：

1. 扩大企业的经营规模以降低成本费用

2005年，阿迪达斯（Adidas）花费了38亿美元收购锐步。收购方阿迪达斯是欧洲最大的体育用品制造商，长处在于专业性能优异，专注篮球鞋、足球鞋的生产，目标是对准运动员。被收购方锐步瞄准的消费群是妇女、年轻人和一般消费者。锐步手握美国职业篮球联赛、美国国家冰球联盟服装赞助合同，签约姚明和阿伦·艾弗森做代言人，锐步的北美市场份额仅为14.4%，阿迪达斯则看重锐步手上的联盟赞助合同和当红球星的代言，通过并购锐步进一步扩大市场份额，进而和竞争对手耐克争夺美国市场。2005年阿迪达斯在完成收购后，立刻从锐步手上拿走了美国职业篮球联赛的球衣赞助合同。2010年从锐步手上拿走了美国国家冰球联盟的赞助合同，极大地降低了在北美市场推广的营销费用和谈判费用，彻底打开了对美国三大联盟的商业赞助渠道。在2006年年初合并以后，年收入达到123亿美元，逼近耐克公司在2004—2005年度的137亿美元；阿迪达斯在全球运动商品市场上的份额达到20%，紧追耐克公司的1/3份额，对耐克公司形成了强大的挑战，实现了企业经营规模的扩大和营销成本的降低。

2. 通过并购实现企业战略转型的需要

贵人鸟股份有限公司全资收购国内高端健身品牌威康健身。该收购行为是贵人鸟从"传统运动鞋服行业经营"向"以体育服饰用品制造为基础，多种体育产业形态协调发展的体育产业化集团"转变的又一重要举措，借此，贵人鸟也将业务扩展至健身领域。

3. 提升核心竞争力从而进行价值链整合

武汉当代明诚文化股份有限公司收购苏州双刃剑。当代明诚是一家集文化、体育和娱乐于一体的A股上市公司，定位为全球文化产业整合运营平台。双刃剑是一家体育营销整体解决方案提供商、体育版权贸易服务商及体育赛事与活动运营商，其传统核心业务为体育营销。该收购行为落实当代明诚大文化产业布局，进一步完善公司文化产业价值链。

4. 通过并购提升品牌价值

职业体育俱乐部是体育并购行为中常见的被并购方。经验表明，投资职业体育俱乐部多数情况下是将俱乐部的债务承担下来，并为俱乐部投入新的资本。股东权益的必要报酬率并不能保障。但是，近年来，投资职业体育俱乐部的企业越来越多，投资的必要资本量逐年上升。虽然投资俱乐部本身并不一定盈利，但是大多数情况下，可以提升企业的品牌价值。例如，恒大集团投资足球俱乐部就是企业并购体育企业提升品牌价值的典型案例。2010年3月，恒大集团注资1亿元人民币买断广州俱乐部全部股权。2013年赛季，广州恒大队以77分顶级联赛最高积分和78球顶级联赛最多进球纪录，提前3轮加冕中超冠军，实现中超联赛3连冠。亚冠决赛凭借客场进球优势战胜FC首尔勇夺冠军，创造了中国足球俱乐部首个改制后亚冠联赛冠军的历史。2013年11月9日晚的恒大亚冠夺冠庆典上，"恒大冰泉"的标识元素首次出现。2013年11月10日恒大集团在广州总部举行恒大冰泉上市发布会，全面解开恒大冰泉的神秘面纱，正式对外宣布进军高端矿泉水市场。2014年6月5日，阿里巴巴集团宣布与恒大足球达成战略合作协议，阿里巴巴将投资12亿元获得恒大足球俱乐部50%的股权。2015年11月，恒大淘宝成为"亚洲足球第一股"，是亚洲首家登陆资本市场的足球俱乐部。伴随俱乐部的不断发展，恒大集团知名度不断攀升，公司价值暴增。恒大集团还适时推出了企业多元化战略。

5. 减少竞争对手

户外活动专业器材品牌Bass Pro Shops收购户外器械连锁运营商Cabela's，交易完成后Bass Pro Shops的北美连锁店数量增加近一倍。

（二）兼并收购潜在风险

在中国转型经济背景下，并购潜在风险不仅有资产、人员、文化、战略整合风险以及交易风险，还有政府部门的干预风险等。纵观中国职业体育俱乐部20多年来的市场化进程，并购成为其生存的重要途径，也埋下了风险的种子。以上海申花俱乐部为例，2002年以上海文广集团为首的6家上海大型国有企业接手俱乐部；2007年赛季开始前，另一支中超球队上海联城的投资人朱骏收购申花俱乐部，将两支球队合并，并将俱乐部更名为上海申花联盛足球俱乐部。同时，朱骏拿出2000万元注册资金，增加到申花被评估出来的5000万元资产的股本金中，从而获得28.5%的申花股份，原来的6家国企股东占股71.5%。直至2014年绿地集团接盘之前，申花俱乐部的经营权基本掌握在朱骏手里，6家国有股东多年来并未真正涉足俱乐部的经营。该事件折射出中国职业体育俱乐部在并购过程中存在“拉郎配”现象及并购完成后俱乐部大股东监管不到位等若干问题。并购后的整合同样重要，现在不断涌现出的跨国并购、多元化并购行为背后隐藏着诸多整合风险。例如，跨国并购后的文化整合风险；多元化并购后的战略整合风险，如投资方接盘职业体育俱乐部后，大股东是旨在实现企业和俱乐部双赢，还是仅将其作为企业经营的“噱头”等等。

第三节 体育场馆资本运营模式选择的影响因素

体育场馆及体育场馆类企业资本运营模式的选择主要受两个方面的影响：一是宏观的外部环境因素，二是体育场馆及体育场馆类企业自身发展因素。体育场馆及体育场馆类企业资本运营模式的选择往往依赖于整个体育产业资本运营模式的发展变迁，不能脱离体育产业而孤立地分析体育场馆资本运营模式的选择及影响因素。影响体育场馆及体育场馆类企业资本运营模式选择的外部因素主要包括体育产业演进阶段、资本市场环境、政策制度环境、法律环境及其他相关因素。体育场馆及体育场馆类企业自身发展因素主要包括体育场馆产权性质和体育场馆及体育场馆类企业所处行业位置。

体育场馆类企业资本模式的选择与影响因素除了上述两点外，还受到企业自身发展周期与企业发展目标的制约。依据企业发展周期理论，体育场馆类企业的发展与成长的动态轨迹包括发展、成长、成熟、衰退几个阶段，企业根据不同的发展阶段制定选择不同的资本运营模式，如发展型、稳定型和紧缩型。企业的发展目标会影响企业现阶段的发展战略制定，进而选择不同的资本运营模式。

一、体育场馆资本运营的外部环境

（一）体育产业演进

体育场馆是体育产业的重要组成部分，体育场馆资本运营模式的选择直接受到体育产业发展的影响。关于我国体育产业发展的始点问题，理论界和实践工作者基本都认为我国体育产业的实践活动开始于党的十一届三中全会以后。社会主义市场经济体制的建立与我国经济发展方式的转变在我国体育产业发展的历史长河中贯穿始终。1992 年之前，我国体育产业发展仍以“有计划的商品经济”为时代背景而展开，体育产业尚处于萌芽阶段；1992 年，党的十四大报告提出要建立社会主义市场经济体制，市场在资源配置中的地位和作用逐渐显现，这为包括体育产业在内的各项体育事业发展提供了更具活力的制度环境。因此，将 1992 年作为划分体育产业“萌芽阶段”与“起步阶段”的分界点；2001 年是全面建设小康社会、加快推进社会主义现代化建设的开局之年，同时，也是北京成功申办奥运会的历史性时刻，因此，将 2001 年作为划分体育产业“起步阶段”与“发展阶段”的分界点。2014 年，国务院《关于加快发展体育产业促进体育消费的若干意见》（国发〔2014〕46 号）的发布和实施，体育产业发展进入快车道和井喷期，体育市场被彻底激活，尤其是体奥动力以 5 年 80 亿元的天价拍下中超媒体版权后，许多投资者更加看好体育市场，体育资本蜂拥而入。基于此，将 2014 年作为划分体育产业“发展阶段”与“加速发展阶段”的分界点。

1. 体育产业的雏形显现阶段（1978—1991 年）

我国经济发展战略指导思想发生了一系列根本性变化，即明确了以经济发展目标为中心。经过此阶段的经济体制改革，人民生活水平的提高为体育产业的发展奠定了经济基础。同时，我国体育工作重点转移为体育产业产生提供了一定的空间。随着我国经济体制的改革，政府部门对于“体育产业”的认识在逐步变化，体育界“以体育场馆改革为龙头，带动运动队和体育竞赛活动吸引社会资金”等体育经营性活动的初步尝试成为发展体育产业的雏形。但是，体育产业的地位和经济价值尚未得到人们应有的认同。总之，在该阶段体育资本运营尚未出现。

2. 体育产业的萌芽阶段（1992—2001 年）

我国经济总量持续增长，人民的生活水平有了较大改善，加之闲暇时间增多，民众的体育消费意识不断增强。整体而言，建立社会主义市场经济体制的改革目标确立之后，作为国家鼓励发展的第三产业，“体育产业”的概念应运而生，体育事业朝着社会化、产业化道路发展的趋势日益明显。总体来看，该阶段我国体育已经突破了单纯创收增资和主要由体委一家办的模式，开始走向面向社会、多方位的产业化开发。体育产业的格局初现端倪，形成了竞赛表演、健身娱乐等多种业态共同发展的态势。总之，该阶段属于体育资本运营萌芽期。

3. 体育产业的发展阶段（2002—2013 年）

这一阶段我国体育产业主要特征表现为：体育用品业发展迅速，形成了李宁、安踏等一批具有品牌效应的明星企业；竞赛表演业在国内职业体育联赛的基础上，承办了大型国际体育赛事，如中国网球公开赛、上海 F1 汽车拉力赛等大型商业体育赛事；体育健身市场出现消费热潮，并形成了具有一定品牌效应的青鸟、中体倍力等体育健身俱乐部。总之，该阶段属于体育资本运营初级阶段。

4. 体育产业的加速发展阶段（2014 年至今）

这一阶段我国体育产业主要特征表现为：体育产业上升为国家战略；体育市场井喷式扩容，体育资本涌动；取消商业性和群众性体育赛事活动审批，加快全国综合性和单项体育赛事管理制度改革，公开赛事举办目录，通过市场机制积极引入社会资本承办赛事。总之，该阶段属于体育资本运营加速发展阶段。

（二）不完全资本市场

借鉴发达国家的资本运营模式，我们可以发现资本运营的运作质量往往与资本市场的运行效率、体系健全程度、制度完善性分不开。然而，国内资本市场由于起步较晚，且受到长期存在的经济体制障碍的制约，表现出市场结构不完整、市场规模过小、市场投机性过强等缺陷，难以满足大规模资本运营所带来的交易需求。但是国民经济，尤其是体育产业的快速发展又迫切需要通过资本运营创造出新的活力。所以在积极改革国内资本市场的同时，充分利用不完全资本市场的特性以及现阶段体育产业资本运营的特点，努力形成两者共同发展的长效机制。

1. 不完全资本市场

资本市场目前一般被定义为期限在一年以上的各种资金融通活动的总和。它既包括由股票市场、债券市场和投资性基金市场组成的证券市场，也包括场外交易市场、产权交易市场和柜台交易所等。一般用于理论分析中的资本市场都被假定为信息完全对称、资源配置达到帕累托最优、均衡为常态等，没有市场失灵的现象存在。然而现实中的资本市场是无法达到理论中存在的理想境界，它会受到信息供给不足、行政干预等因素的影响。

不完全资本市场就是用来形容有行政机制干预或侵入的，资本流动存在壁垒、不能充分发挥市场配置资源功能的资本市场。产生不完全资本市场的原因主要包括：政府行政干预过度；资本市场体制不完善，尤其是监督机制、信息披露制度、产权制度的不完善；资本市场整体的发展时间较短，从 20 世纪 80 年代起，只有 30 多年的时间；资本市场交易主体和客体的局限性；我国还不是真正的市场经济体制，还带有一定的计划经济成分。体育场馆资本运营是以资本市场为依托的，资本市场环境的好坏及成熟程度直接影响着体育场馆资本运营的效率。

2. 证券市场与体育场馆资本运营

资本市场中存在大量不能流通的国家股和法人股，一方面严重制约了二级市场的流通性；另一方面这些非流通股的股票价值不是以二级市场上的流通价值（流通股的股票价值依据）为基础，而是根据每股的净资产价值来计算的，这使得非流通股的股票价值通常比一般的流通股股价要高，严重损害资本市场的资源配置功能。随着体育产业的快速成长，上市的需求量也极度膨胀。整体上市、借壳上市是体育产业企业尽快实现上市的有效途径。但是国内体育产业仍然是受行政干预程度较大的一个产业，股权分置的问题可能会使体育产业的资本运营变成控股股东进行圈钱，谋取私利的工具。此时，资本运营反而成为制约体育产业发展的障碍，更不用说推动体育产业的迅速成长了。

资本运营的参与者应通过公正、公平的市场竞争机制来确定。但是政府却经常以行政手段来干预资本运营的对象。如体育产业的并购，目标公司本来应该在进行尽职调查的前提下，选取最适合的目标公司作为并购对象，但是某些地方政府却会直接以“拉郎配”的方式决定被并购对象，这样不仅没有给被并购体育公司带来新鲜的血液，而且还会给并购方造成很大的负担，甚至拖累并购方公司本身，造成体育资产的无端流失和低效率配置。

3. 产权交易市场与体育场馆资本运营

体育场馆产权有待明晰。产权交易的关键是必须有明晰的产权制度。如果产权不明晰，那么产权交易双方的利益就得不到应有的保障。体育场馆产权交易中涉及最多的就是各种体育无形资产的产权交易，如冠名权、特许经营权、广告宣传权等。目前主要大型体育场馆的特许经营权、广告宣传权都被国家体育总局和地方体育局所掌控，这直接导致体育资产被当作公共产品（公共产品具有非排他性）看待。没有明确的产权所有者，这些体育产权就无法在产权交易所进行公平的交易。当然体育无形资产也就得不到有效利用，也就不能创造更多的价值。

体育场馆资产价值评估较难。没有专业的资产评估机构，往往会使体育资产在产权交易中被严重低估。在没有合理利益的驱动下，产权所有者不愿意进行产权交易，导致体育产业产权交易市场萎缩。此外，评估价格被直接用作交易价格，没有发挥市场的竞争机制，这也进一步制约了体育企业进行体育产权交易的积极性。

（三）政策制度环境

改革开放以来，我国体育产业发展的历史已经证明，资本市场与体育产业的结合程度及方式选择都直接受制于国家的相关政策。资本运营最基本、最重要的就是交易主体的利益独立化，要使企业的产权明晰，使企业真正成为资本运作的主体，政府作为宏观政策的制定者、法律法规的实施者，在体育产业资本运营中的主要任务就是构建这样一个资本运营的市场环境，保障体育产业资本运营的规模性和可操作性，尽快引导体育产业资本运营进入法制化轨道，彻底改变现有的不良做法。

1. 金融政策体系

资金不足是制约我国体育产业资本运营的一个主要因素。为了将体育产业更好地与资本市场衔接起来，我国对体育产业的投融资体系进行了初步的探索和实践。通过在保险公司、养老基金、捐赠基金和信托投资公司等一些资金实力雄厚的投资者和体育产业之间架起沟通的桥梁，来推动资本运营在体育产业中的发展。考虑到我国的市场经济环境，政府仍对机构投资者的资金流向施予了一定的限制。到目前为止，只允许投资者将其5%～6%的资产投入到体育产业的资本市场中。另外，为了进一步促进体育产业的资本运营，我国逐步开放保险行业对体育产业资本运营的涉足。保险公司已经有了相关政策和措施，进行体育产业保险业务的开设和吸引海外资金在我国高新技术体育企业的投入。最后，大力发展体育股票证券市场，在股票市场形成了专门的体育板块。体育产业的股票证券市场不仅需要股票主板市场，更需要基金市场和债券市场的共同发展和完善。

2. 税收优惠政策

虽然中国体育产业在资产重组、资产集中管理以及对外资本合作方面已经做了种种有益的尝试，体育产业的资本运营也逐步摆脱了被动落后的局面，但是在诸多被国家政府鼓励的产业中所实施的税收优惠政策却没有在体育场馆资本运营中得到运用。在美国，政府为了鼓励体育产业的资本运营，降低体育产业资本运营的风险，在三年间将资本收益税从49.5%降到了20%。

（四）体育场馆资本运营的法律环境

体育场馆资本运营的正常运行以及国家对体育产业资本运营的支持有效性，都需要相关的法律制度来提供保障。在我国，体育场馆资本运营的发展正处于起步阶段，还没有完备的体育法、风险投资基金法等法律文件，也没有具体针对体育场馆的资本运营的法律法规。目前，体育场馆资本运营只是初步按照《证券法》《公司法》中的相关规定来实施，这些法律文件中许多条款都是针对上市公司的，并不完全适用于上市公司占少数的体育场馆资本市场运作。而在国外那些体育场馆发展比较成熟的国家，都出台了一些扶持体育场馆资本运营的法律法规和政策。无论是一般企业的资本运营还是体育场馆的资本运营都是一个复杂的过程，并且实施资本运营的战略手段又具有多样性，这就要求体育场馆资本运营的相关法律制度涉及多个方面。

就当前体育场馆资本运营的发展情况而言，急需制定“体育场馆企业并购法”“体育场馆资本市场投资法”等一系列符合体育场馆发展的资本运营法律法规。现有的《体育法》主要包括社会体育、学校体育、竞技体育、体育社会团体、保障条件等内容，并没有比较具体的关于资本运营的法律条款。另外，知识产权法规中也没有专门对于体育场馆无形资产的专利权、商标权保护的法律条款。体育场馆资本运作中的债权股权置换，还没有相应的法律法规来监督、规范和解决与《公司法》相悖的问题。

（五）其他相关因素

1. 中介机构

具有专业服务水平的中介机构在体育产业的资本市场运作中起着牵线搭桥的作用。考虑到中介机构所处的重要地位，国家有必要制定相关的宏观政策来规范中介机构的行为，改善体育产业中介机构缺乏专业人才和信用缺失的局面。《体育产业“十二五”规划》中提出，“要积极发展体育中介业……大力开展体育中介服务”。

2. 体育产业资本运营的人力资本

当前我国体育产业受到原有体制的影响，缺少具备专业经营管理知识和资本运营实践经验的体育类人才。这种体育复合人才严重匮乏的状况制约着体育产业资本运营的进步和发展。值得庆幸的是，整个体育产业已通过制定和实施各种政策，以期改变体育产业的这一现状。国家层面的《关于加快发展体育产业指导意见》以及地方政府的相关《实施意见》，都提出要加快培养和引进体育产业管理人才。

二、体育场馆自身因素

（一）场馆的产权性质

体育产权是指对体育产品的一种权利，亦即对体育产品广义的所有权，包括归属权、占有权、支配权和使用权，它是人们围绕或通过体育产品而形成的经济权利关系，主要包括体育企业股权，体育赛事参赛权、承办权、推广权、电视转播权，队服广告及场地广告使用权，冠名权、冠杯权、标志特许使用权，体育商品销售代理权，体育器材和用品采购权等。体育场馆的产权性质是指注册为企业的体育场馆的所有权属于国有还是民营性质。

通常而言，处于成长阶段的体育企业对资金需求强烈，而留存收益往往不能满足体育企业快速发展的需要。因此，体育企业就会寻求外部融资，包括外部股权融资和债权融资。但是，不同产权性质的体育企业融资行为存在很大的差异。一般而言，在债务融资方面，国有体育企业更容易获得银行贷款，而民营体育企业通常面临债务融资歧视。因此，民营体育企业在扩张时期，对于体育资本的需要亟须依靠相应的融资平台，对债务资本的需求较少。

对于我国大型体育场馆企业而言，资产多数属于地方政府或地方体育局所有。大型体育场馆企业的演变来源于国有资产管理机制的变革。伴随国有资产管理体制和事业单位改革的推进，大型体育场馆实施所有权和经营权相分离的企业制度，由自身成立国有企业或者纳入体育产业集团，由当地的国有资产管理部门监管。在经营上，采用市场化运营模式，但是，其资金多数来源于财政补贴和银行贷款，如国家体育场。伴随混合所有制改革的推进，有了更多的路径促使社会资本进入该领域，包括体育场馆政府和社会资本合作模式、资产证券化等。

（二）体育场馆在行业中所处位置

1. 处于优势地位的场馆

将有一定影响力且资本充裕的场馆，看作处于优势地位的场馆。这一类的场馆在进行资本运营时，可以采用“优优联合”、收购兼并等方式实施资本运营，例如，可以将两个或两个以上地理位置合适的优势场馆从“竞争对手”转为“合作对象”，进行优势互补，组建成较大规模的体育中心，来扩大场馆的经营规模。等到具备一定条件后再公开发售股票、债券等方式筹资，进而为场馆的后续资本运营提供强有力的资金支持，实现场馆运营的下一目标。

2. 处于劣势地位的场馆

一般情况下，当一个场馆财务状况不佳、生产经营不旺，我们认为其就是处于劣势地位的场馆。这些场馆想要摆脱困境，实现资本的有效增值及盈利能力的提高，可以采用租赁、托管、债务重组、转让闲置场地和设备、房地产置换等形式。所谓“租赁”是指出租人在承租人给予一定报酬的条件下，授予承租人在约定的期限内占有和使用财产权利的一种契约性行为。现代租赁已经成为企业普遍采用的一种重要的筹资方式，在场馆资本运营中，可根据具体情况使用该种方式；“债务重组”又称债务重整，是指债权人在债务人发生财务困难的情况下，按照其与债务人达成的协议或者法院的裁定做出让步的事项。债务重组的主要方式有：一是以非现金资产清偿全部或部分债务；二是修改负债条件清偿全部或部分债务，包括延长还款期限、降低利率、免去应付未付的利息、减少本金等；三是债务人通过发行权益性证券清偿全部或部分债务，但是，以发行权益性证券用于清偿全部或部分债务，在法律上有一定的限制。

三、体育场馆类企业选择资本运营模式的影响因素

（一）企业生命周期

企业生命周期是企业发展与成长的动态轨迹，包括发展、成长、成熟、衰退几个阶段。针对不同的周期应采取不同的资本运营模式，从而提高资本运营的效率和效益。体育场馆类企业根据所处生命周期的不同阶段，选择不同的资本运营形式：第一种是扩张型资本运营，即通过资本运营活动使公司的经营资产规模扩大，具体的运营方式包括上市、兼并、收购等；第二种是收缩型资本运营，即通过资本运营活动使公司的经营资产规模缩小，具体运营方式包括资产剥离、企业分拆等；第三种是消亡式资本运营，即企业不复存在，具体形式是公司破产或被兼并收购。

处于发展阶段的体育场馆类企业，通常还不具备进行扩张型资本运营的能力，对处于这一阶段的企业而言，当务之急是解决资本筹措的问题。处于这一阶段的企业进行筹措策略时通常需要确定好筹资原则，努力拓宽筹资渠道，明确筹资规模、筹资成本，选择与发展战略相一致的筹资方式，制定合理的筹资组合。企业资本筹措的渠道主要有内部筹资和外部筹资，内部筹资来源有企业留存收益、资本公积、企业的债权、可变卖的企业闲置资产等；外部筹资渠道主要有银行贷款筹资、上市发行股票筹资、发行企业债券筹资，利用政府筹资、租赁筹资、商业信用筹资等。

处于成长及成熟阶段的体育场馆类企业，通常会制定发展型企业总体战略，这一战略又称进攻型战略，目的是使企业在战略基础水平上向更高一级的目标发展，与这一总体战略相适应的是扩张型的资本运营形式。处于这一阶段的体育场馆类企业，随着产品销量增加和市场规模扩大，企业生产经营活动的融资需求同步增长，对资本运营的需求也更加迫切，主要的运营模式有上市、兼并、收购等。

处于衰退阶段的体育场馆类企业，通常会选择紧缩型企业总体战略，这一战略又称退却型战略。紧缩型战略可以细分为三类：一是适应性紧缩战略，是指企业为适应外界环境而采取的一种战略，包括经济衰退、行业进入衰退期、对企业产品或服务的需求减小等；二是失败型紧缩战略，企业因经营失误造成企业竞争地位虚弱、经营状况恶化，只有采用紧缩才能最大限度地减少损失，保存实力；三是调整型紧缩战略，动机是为了谋求更好的

发展机会，使有限的资源得到更有效的配置。根据不同类型紧缩型战略的需要，企业会采取不同形式的资本运营，如出售部分产权等，战略失败最坏的结果就是采用消亡式资本运营，进入公司破产清算程序。

（二）企业发展目标

企业发展目标不单单是指企业的经济目标，还包含企业对社会的贡献目标、企业的市场目标、企业的开发目标、企业的利益目标。企业对社会的贡献目标是企业的首要目标，其贡献大小，一般用品种、产量和上缴利税等指标表示。企业的市场目标，是决定企业生存活力的重要目标，可以用产品市场占有率大小、市场占有额增加程度、产品在国外市场的竞争能力的强弱来表示。企业的开发目标，是企业提高生产力水平的重要目标，它表现为通过纵向联合，扩大企业规模，增加固定资产、流动资金，提高生产能力等。企业的利益目标是企业经营活动的内在动力的目标，一般直接以利润总额、利润率和由此决定的利润留成等来表现。企业类体育场馆资本运营是服务于实现企业发展目标的一种战略手段，根据企业发展战略的不同应选择不同的资本运营模式。例如，并购可以扩大企业的经营规模以降低成本费用及通过并购实现企业战略转型的需要。

第四节　体育场馆资本运营绩效评价

一、体育场馆资本运营绩效评价的主要内容

绩效是某一经济实体在一定时期内利用其有限资源从事经营所取得的成果，一般表现为效果和效率两方面。绩效评价是依照某一参照体系对某一经济实体在一定时期内经济行为结果进行的符合既定目标的确认和比较活动。资本运营绩效评价，是指对一定时期内的资本运营过程和结果与经营目标相比较的过程。因此，体育场馆资本运营绩效评价主要包含两部分内容：一是对资本运营过程的绩效评价，二是对资本运营结果的绩效评价。

（一）资本运营过程绩效评价

资本运营的主要特点是资本的流动性，决定进行资本流动到资本流动产生结果的这一中间过程，我们认为是资本运营的过程。资本运营的过程关系到能否实现资本增值的运营目标。评价资本运营过程包含对场馆资本结构、资本运营模式、决策者水平、风险进行评价。

1. 资本结构

资本结构是指企业各种资本的价值构成及其比例关系，是企业一定时期筹资组合的结果。广义的资本结构是指企业全部资本的构成及其比例关系。企业一定时期的资本可分为

债务资本和股权资本，也可分为短期资本和长期资本。狭义的资本结构是指企业各种长期资本的构成及其比例关系，尤其是指长期债务资本与（长期）股权资本之间的构成及其比例关系。最佳资本结构便是使股东财富最大或股价最高的资本结构，亦即使公司资金成本最小的资本结构。企业融资结构，或称资本结构，反映的是企业债务与股权的比例关系，它在很大程度上决定着企业的偿债和再融资能力，决定着企业未来的盈利能力，是企业财务状况的一项重要指标。合理的融资结构可以降低融资成本，发挥财务杠杆的调节作用，使企业获得更大的自有资金收益率。

2. 资本运营模式

资本运营是体育场馆实现自身发展目标的一种战略方式，资本运营模式的选择需适合其发展目标。可以采用专家评价法来评价将要采用的资本运营模式是否正确，有无更好的替换方法。

3. 决策者水平

资本运营决策者掌握着投资项目的方向和所需资源的配置权力，在资本运营过程中决策者扮演着重要的角色，在一定程度上，决策者管理水平和素质的高低决定了投资项目的成功与否。一个高水平的决策者应该具有一定的专业理论知识基础，具有创新与务实的工作作风，具有前瞻性的思维模式，善于把握市场机会。

4. 风险

体育场馆资本运营风险是指由资本运营活动带来的使场馆产生损失的不确定性。资本运营风险是由内外环境各种难以预料或无法预料和控制的因素作用的，是资本运营系统运行偏离预期目标而形成的经济损失的机会或可能性。体育场馆资本运营风险按资本运营内容可分为筹资风险、投资风险、经营风险和政策性风险。

（二）资本运营结果绩效评价

评价体育场馆资本运营结果主要从财务方面进行，评价的内容主要有资本周转速度、资本运营收益、资本运营前后场馆财务状况对比。

1. 资本周转速度

资本周转就是周而复始、不断反复的资本循环。资本周转速度是指资本在一定时期内的周转次数。资本的周转速度可以用周转时间或周转次数来表示。资本周转时间的长短，标志着资本周转速度的快慢。周转时间越短，表明周转速度越快；周转时间越长，表明周转速度越慢。资本周转速度是资本周转的中心问题，资本周转得越快，资本的利用率就越高，进而资本增值幅度越大。资本周转速度决定了资本增值速度，因此资本经营应尽可能缩短资本周转周期，加快资本周转速度，从而提高资本回报率。

2. 资本运营收益

资本运营的目的是实现资本的增值，能最直接评价资本运营绩效的内容应是资本运营产生的收益，包含资本投资产生的收益、兼并收购产生的收益等。

3. 财务状况对比

体育场馆的财务报表能充分反应体育场馆一定时间内的运营状况，根据财务报表，可以计算出体育场馆一定时期内能直观反映场馆财务状况的财务比率。例如，反映短期偿债能力的流动比率、现金比率；反映长期偿债能力的负债比率、利息倍数；反映资产管理的应收账款周转率、总资产周转率等；反应盈利能力的销售利润率、资产收益率等。资本运营前后场馆财务状况的变化可以反映资本运营战略是否促进了场馆总体发展目标的实现。

二、体育场馆资本运营常用的绩效评价指标

（一） 指标体系构建的基本原则

指标体系构建法最大的特色是方便设计各种不同类的指标，从总体设计思路的每个角度出发，通过各层面指标，对资产经营各方面进行描述。在设计指标的过程中，由于这些指标容易收集、可比性强，因而可以较好地体现体育场馆资产管理的总体特性。

1. 全面性原则

受系统论的指导，体育场馆资本运营绩效评价指标体系设置的一个关键目标就是要使设置的指标涵盖体育场馆资本运营的各个方面，使所设计的指标体系能成为一个系统，较为全面地从各个角度对资本运营绩效进行描述。

2. 代表性原则

指标之间并不都是相互独立的，往往还存在着一定的可替代性。在构建指标时应尽量减少指标间的重叠区域，降低其相关性。解决这一问题最常用的方法是选取具有较强代表性、能集中反映资产某方面的关键指标，使指标间不包含相互冲突的重叠部分。

3. 层次性原则

层次性原则主要是考虑到指标上下级之间应该层次明确、权重合理，并与所选择评价方法相容。各指标需要相互协调，便于全面评价所研究的对象。

4. 可操作性原则

在评价指标体系中，可操作性原则是非常重要的。因为评价指标如果复杂，将会直接导致评价过程冗长而收效甚微，也会造成评价考虑因素过多，忽略了主要影响因素。另外，在指标数值的处理上，各评价指标需要阐明含义，信息集中，有合适的数值范围，数据资料容易收集，计算方法简单易懂，有简单的检验过程。

5. 动态性原则

与体育场馆资产管理的绩效评价过程不同的是，体育场馆资本运营是一个长期的动态过程，所选取的测量指标应在资本运营前后都具有可测量性，通过对比该指标前后变动情况对场馆资本运营情况进行评价。

（二） 主要绩效评价指标

体育场馆资本运营绩效评价指标具体分为财务评价指标和非财务评价指标。非财务评价指标主要针对资本运营过程进行评价，财务评价指标主要针对资本运营结果进行评价，通过平衡计分卡方法，算出两个指标体系。

1. 财务评价指标体系

（1）资本周转速度指标。资本周转速度的快慢受多种因素的影响，主要包括：一是资本周转时间的长短，资本周转时间包括生产时间和流通时间。资本周转速度与周转时间成反比。资本周转时间越短，资本的周转速度就越快；资本周转时间越长，资本的周转速度也就越慢。二是生产资本的构成，即固定资本和流动资本的比例。生产资本中固定资本占的比重大，整个资本周转速度就慢，相反，流动资本占的比重大，整个资本的周转速度就快。

（2）偿债能力指标。反映偿债能力的指标按照偿还期限可以分为短期偿债能力指标和长期偿债能力指标。反映短期偿债能力的指标主要有流动比率、速动比率和现金比率，具体计算公式为：

$$\text{流动比率}=\frac{\text{流动资产}}{\text{流动负债}}。$$

流动资产和流动负债会在一年内转换成现金或现金支付，所以流动比率是度量短期流动性的指标，这一指标对于体育场馆经营而言，并不是越高越好，高流动比率意味着流动性不错，同时也意味着现金和其他短期资产利用率不足。

$$\text{速动比率}=\frac{\text{流动资产}-\text{存货}}{\text{流动负债}},$$

这一指标与流动比率类似，只是不将存货的流动性考虑在内，如用现金购买存货并不会降低流动比率，但是会降低速动比率。

$$\text{现金比率}=\frac{\text{现金}}{\text{流动负债}},$$

现金比率可以在一定程度上反映体育场馆目前可用现金偿还债务的能力。

反映长期偿债能力比率通常反映体育场馆负担长期债务的能力，因此这些比率又称为财务杠杆比率或杠杆比率，主要有负债比率、利息倍数，具体计算公式为：

$$\text{负债比率}=\frac{\text{总资产}-\text{总权益}}{\text{总资产}},$$

$$\text{利息倍数}=\frac{\text{息税前利润}}{\text{利息}}。$$

（3）盈利能力指标。反映盈利能力最常用的三个指标是销售利润率、资产收益率、权益收益率。这三个指标主要衡量的是体育场馆运营资本和管理经营的效率，其核心内容是利润率。具体公式为：

$$\text{销售利润率}=\frac{\text{净利润}}{\text{销售额}},$$

$$\text{资产收益率}=\frac{\text{净利润}}{\text{总资产}},$$

$$\text{权益收益率}=\frac{\text{净利润}}{\text{总权益}}。$$

2. 非财务评价指标体系

对体育场馆资本运营过程的评价很难用定量的财务性指标进行评价，通常用专家评价法一类的定性评价方法进行评价。主要评价指标有涉及决策者能力的决策者素质、决策者知识结构；涉及预期风险的筹资风险、投资风险、经营风险、政策性风险等风险指标。体育场馆资本运营指标体系见表 11－2。

表 11－2　体育场馆资本运营指标体系

目标层	一级指标体系	权重	二级指标	权重	三级指标	权重
体育场馆资本运营评价指标	财务指标		资本周转速度		资本周转时间	
					生产资本构成	
			偿债能力指标		流动比率	
					速动比率	
					现金比率	
					负债比率	
					利息倍数	
			盈利能力指标		销售利润率	
					资产收益率	
					权益收益率	
	非财务性指标		决策者能力		决策者素质	
					决策者知识结构	
			预期风险		筹资风险	
					投资风险	
					经营风险	
					政策性风险	

思考题

1. 概括资本运营的特点及体育场馆资本运营的内涵。
2. 简述体育场馆资产重组的具体方式。
3. 分析影响体育场馆资本运营模式选择的影响因素。
4. 体育场馆资本运营绩效评价的主要指标有哪些？

第十二章　体育场馆风险管理

本章教学提示

1. 掌握体育场馆风险及体育场馆风险管理的概念。
2. 了解体育场馆风险识别内容与方法、体育场馆风险因素。
3. 掌握体育场馆风险评估方法。
4. 理解体育场馆风险应对与防控体系。
5. 了解体育场馆危机处置机制。
6. 掌握滑雪场风险管理的内容。

第一节　体育场馆风险管理概述

一、体育场馆风险

国际标准组织（ISO）对风险的定义是事件发生的概率与发生结果的综合。风险管理是研究风险发生规律和风险控制技术的管理学科，通过对风险的识别、衡量与评价，并在此基础上优化组合各种风险管理技术，能够有效控制风险并妥善处理风险所产生的后果，以最小的成本获得最大的安全保障。

风险来自未来的不确定性，西方很早就有“不要把所有鸡蛋都放在一个篮子里”的谚语，中国古代著名的“积谷防饥”典故以及分船运输、镖局押运等都是现代风险管理思想的雏形。

体育运动具有高强度、超负荷等特点，运动中存在着剧烈的身体碰撞，赛事中会有数以万计的狂热球迷，各种事故和人身伤害的发生率较高。例如，足球场看台坍塌、体操运动员受伤、极限项目选手意外丧生等，各种事故所造成的严重后果令人触目惊心。因此，体育场馆在提供服务产品的过程中会面临诸多不确定的人为或自然因素，包括观众、赛事参与者、天气情况等，使体育场馆经营者有发生各种损失的可能性。总之，体育场馆风险就是指由于体育场馆内外环境的不确定性、服务经营活动的复杂性或体育场馆运营能力的有限性而导致体育场馆实际收益达不到预期，甚至导致体育场馆服务经营活动失败的现象。

二、体育场馆风险类型

（一）按不同风险原因划分

1. 自然因素造成各种损失的可能性

如水灾、火灾、暴雨等自然灾害给场馆经营者造成的各种损失，包括对体育场地、设施、器材等带来的破坏，以及体育场馆经营活动被迫中断、延误、取消等引起的损失与赔偿。

2. 非过失性公共责任赔偿的可能性

此类风险属于人为因素造成的损失，如不合格体育器材造成的赔偿，体育合同责任相关赔偿以及体育暴力事件造成的赔偿等。

3. 过失性公共责任赔偿的可能性

过失性公共责任赔偿主要指场馆经营者管理不善造成的人身伤害事故责任赔偿，如由于场地器材维护不当、应急预案未有效执行等造成的人身伤害事故赔偿等。场馆经营者未对员工进行有效培训，组织内部未建立有效的监督管理体制等均属于管理不善，场馆管理者必须承担相应的过失责任。

（二）按不同风险来源划分

1. 体育场馆外部风险

体育场馆外部风险是来自体育场馆经营外部环境的风险，与体育场馆所处的政治环境、法律环境、经济环境、科技环境和社会环境有关，也涉及与体育场馆经营业务相关的顾客、供应商、竞争对手等。

2. 体育场馆内部风险

体育场馆内部风险一般是指源于体育场馆自身的风险，包括产品风险、营销风险、财务风险、组织与管理风险、人事风险等。产品风险是场馆服务产品方面的风险，包括市场竞争力风险、新产品研发风险、生产系统适应性风险等；营销风险是场馆营销中的风险，包括营销能力风险、售后服务风险等；财务风险是场馆所有、占有、使用和保管的财产受损的风险，涉及资金、消费品、体育器材等有形资产，以及信息、权益、信用等无形资产；组织与管理风险是场馆管理运营中存在的风险，包括组织风险、内耗风险、改革风险等；人事风险是场馆人力资源方面的风险，主要有人员配置风险、队伍稳定性风险、凝聚力风险等。

（三）按不同风险因素划分

风险因素指那些会影响某一特定风险事故的发生，或发生的可能性、损失程度的原因或条件。根据时间流程，可按照经营前、经营中和经营后对场馆风险进行分类，经营前的风险主要涉及设备器材风险、技术风险、产品生命周期风险、决策风险等；经营中的风险主要包括质量风险、环境风险、管理风险、人员风险等；经营后的风险主要包括竞争风险、信用风险、经营风险、财务风险等；涉及经营全过程的风险有法律风险、政策风险、资金风险、自然风险等。体育场馆风险因素如图 12－1 所示。

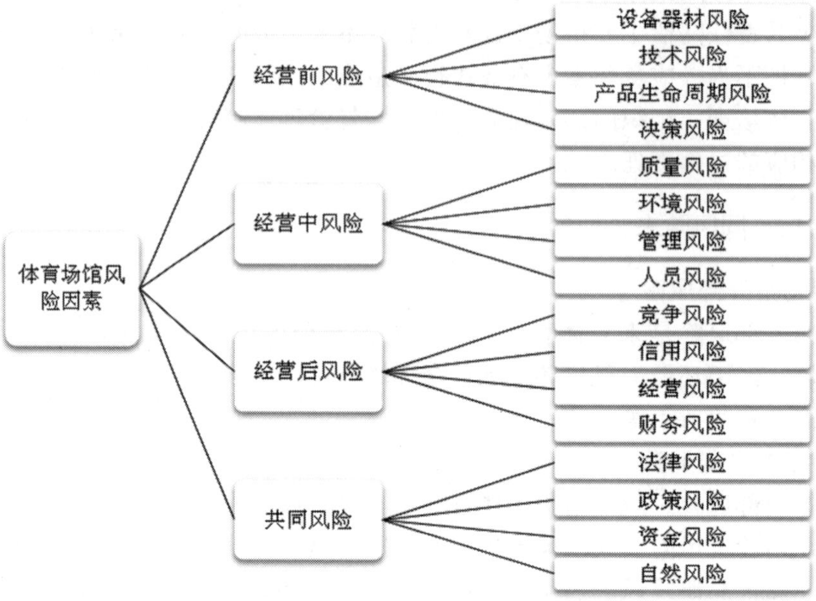

图 12－1　体育场馆风险因素

三、体育场馆风险管理

（一）风险管理

风险管理是研究风险发生的规律和风险控制技术的一门管理科学，风险管理是从识别风险源，评估风险到控制风险的整个工作管理，运用系统科学的方法来识别、评估、消除和控制各种风险的过程。

风险管理的目标包括两方面的内容：一是在风险损失产生之前，通过有效的风险管理，以最小的损失控制费用取得最大的综合经济效益，尽可能减少风险给人们带来的损失，即风险管理者应在损失发生前对各种风险做出识别和判定，并及时采取措施有效规避风险；二是在风险损失发生后，通过风险管理手段，将损失减至最小，从而在损失发生后能够尽快恢复运营并实现稳定的收益。

风险管理的主要步骤包括风险识别与评估、风险分析、风险应对与控制、风险监督等。

（二）体育场馆风险管理

由于体育行业和体育经营具有高事故、高伤害的特殊性，使体育经营中的风险管理工作更加特殊，体育场馆除了要按照企业管理手段进行财务风险管理外，还应重点关注有关人身伤害、意外事件、紧急医疗、重大事故等方面的风险。体育场馆风险管理的目的就是要对由于突发的、非预期的特殊事件或故意侵权事件所造成的人员、财务等方面的风险进行控制。

体育场馆风险管理就是对场馆可能产生的各种风险进行识别、分析、评价，并积极采取各种有效方法进行防范和控制，用最科学最合理的风险应对手段，实现最大安全保障的一种管理方法。场馆风险管理包括防范和干预两方面。防范是尽量防止各种事故和问题的出现，干预是在事故和问题发生后所采取的行动计划。通过有效防范和干预，场馆经营者才能对经营中所面临的各种不确定因素加以控制，从而减小损失和法律纠纷的可能性。

体育场馆风险管理中，要把企业管理中降低财务风险的目标与体育行业提供安全产品和服务的需要有机结合起来。场馆经营者降低伤害事故，即减小财务风险与经济损失是体育领域风险管理的最主要特征。场馆经营者只有依靠全面、完善的风险管理计划的实施和管理，才能达到尽可能减少事故以保证众多参与者免于人身伤害的目的。因此，风险管理是场馆经营者的一种管理策略，通过制订并实施一系列计划去控制各种风险。

体育场馆首先要做有效的内部和外部沟通，综合分析场馆所处的经济、社会、法规、文化、竞争和政治等环境，进而分析自身的现实情况，明确人、财、物等风险评估标准，构建场馆风险管理体制。在此基础上，体育场馆风险管理主要包括三方面的内容，即风险识别、风险评估、风险应对与监控。

1. 风险识别

识别风险的目的是要识别需要管理的风险，包括识别风险发生的内容、地点和时间，发生的原因及背景等。识别风险的方法包括列表法、经验判断法和记录、流程图、头脑风暴、系统分析、情景分析以及系统工程技术等。

2. 风险评估

风险评估是决定是否需要采取风险应对，以及采取最恰当和最节省的风险应对策略的依据。风险评估包括分析风险来源、各种影响、结果发生的概率以及现有的防控措施。通过定性或定量分析，最终确定需要防范哪些风险，以及防范的优先顺序。对于经营风险评估，还要考虑场馆潜在的机会，高收益往往伴随高风险，需要综合评估。

3. 风险应对与监控

风险应对是针对风险识别和评估的结果，为了提升实现项目目标的机会、降低风险对项目目标的威胁而制订风险应对策略和技术手段的过程。风险应对计划的编制要与风险的严重性、应对成本、项目环境下的现实性等相适应，还应得到各方认同，并由专人负责。应对手段主要包括风险回避、风险控制、风险转移和风险自留。由于发生风险的可能性、风险导致的后果以及应对风险的成本等因素是不断变化的，所以应通过持续的监督和审核来确保风险应对计划的实施。

第二节　体育场馆风险识别

一、体育场馆风险识别内容与方法

风险识别就是认识损失发生的可能性，确认损失产生的根源、性质、范围及原因。风险识别是体育场馆风险管理中最重要的步骤，风险识别方法是否恰当、识别结果是否准确将直接影响后续的风险评价和风险应对。场馆风险识别的目的是减少项目的不确定性，弄清场馆经营管理的内容、各相关因素的性质及相互间的关系等，进而查明对场馆运营可能产生风险的各类事项。

风险识别的内容包括感知风险、识别风险、排查风险、归纳风险源、识别各种事故种类及后果、识别伤害发生的可能性等。需要注意的是，参与场馆管理风险识别的应该是所有利益相关者。常用的风险识别方法有专家调查法、现场调查法、检查表法、事故树分析法、流程图法等。

（一）专家调查法

专家调查法是一种以通过专家获取信息，依靠专家的知识和经验对问题做出判断、评估和预测的研究方法，常用的有德尔菲法、头脑风暴法、访谈法。专家调查法适用于决策因素过多、数据过多等情况，其程序包括确定调查人、拟定调查提纲、选择调查对象、轮番征求意见、整理调查结果、形成调查报告等。其优点是在缺乏统计数据和原始资料的情况下，可以做出定量的估计，缺点是易受心理因素的影响。表 12－1 列出了某体育场馆风险识别的部分专家访谈提纲。

表 12－1　体育场馆风险识别专家访谈提纲

序号	体育场馆风险识别专家访谈提纲
1	您认为××场馆面临的主要风险有哪些
2	以您个人判断，谈谈对××场馆风险的总体评估
3	体育场馆不同风险具体体现在哪些方面
4	您认为××场馆的环境风险如何
5	体育场馆实施风险管理有哪些好方法、好手段
6	您对××场馆风险应对的建议
⋮	

（二）现场调查法

现场调查法能够深入风险管理的具体情景中，对体育场馆潜在的风险因素、可能发生的风险事件、可能面临的损失进行详细调查。由于深入现场需要花费大量时间、精力和经费，成本相对较高，但能够获取第一手资料，且所获资料准确率高、翔实全面，有利于场馆风险管理者积累大量的直接经验。因此，现场调查法通常是风险管理者在实践工作中常用的风险识别方法。体育场馆风险现场调查记录表见表 12 –2。

表 12 –2　体育场馆风险现场调查记录表

风险因素	可能发生的风险事件	可能面临的损失
自然风险	反常气候	场馆原定赛事无法正常进行
环境风险	设施设备故障	造成人身伤害事故
财务风险	赞助终止	财务损失
人员风险	运动员受伤	比赛暂停
管理风险	大量观众滞留场馆	人员踩踏事故

（三）检查表法

检查表法是风险识别的常用方法与工具，指以系统分析风险管理对象为基础，查找出所有潜在风险源和风险因素，并以提问的方式（专家回答）将这些风险因素罗列在表格上以供检查核对的风险识别方法。这种方法可以使风险管理者较容易地识别可能存在的潜在风险，能对现场调查法的不足进行弥补。其不足是只能定性，较难量化。此法对检查表编制者的专业能力要求较高，应在风险管理中与其他风险识别方法组合使用。风险检查表见表 12 –3。

表 12 –3　风险检查表

序号	风险检查项目	判断		备注
		存在	不存在	
1	根据检查目的设计检查项目的问题			说明有关事项
2				
3				
4				
⋮				

（四）事故树分析法

事故树分析法（Accident Tree Analysis，FTA），是所有系统安全风险分析中运用较为广泛的一种方法。事故树分析法是一种以树状图表示所有可能引起主要事件发生的次要事件，以揭示风险因素的聚集过程和个别事件组合可能形成的潜在风险事件的风险分析方法。根据风险事故实情和事故树规范画出树状图，能清晰地展示引发风险事故的各因素之间的因果和逻辑关系，能严密、客观地分析导致风险事故发生的原因和评价事故风险的后果，通常运用于对直接经验较少的风险管理对象的风险识别。

事故树有三类重要符号：事件符号、逻辑门符号和转移符号。事件符号包括矩形▭、圆形○、菱形◇、房形⌂；逻辑门符号包括与门⌓、或门⌒、条件与门、条件或门、限制门；转移符号包括转入和转出符号。例如，体育场馆火灾事故树模型图如图 12 - 2。

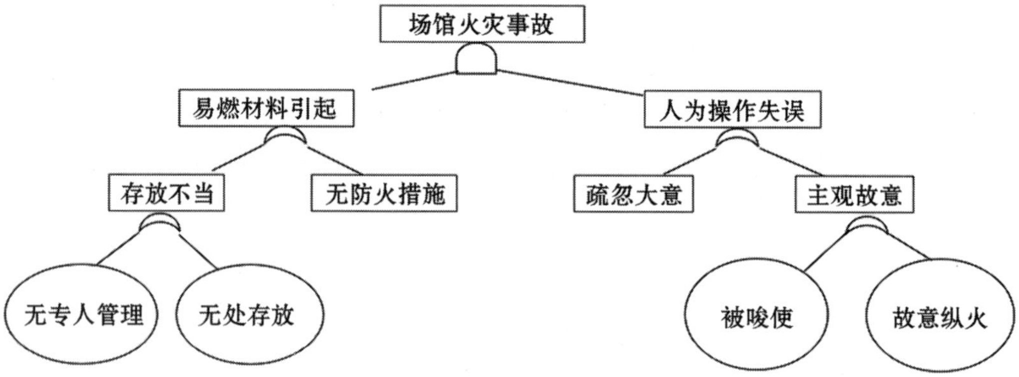

图 12 - 2 体育场馆火灾事故树模型图

（五）流程图法

流程图（Flow - chart Method）是给实施项目中需要进行的风险控制提供依据的一种有效的结构化方法，适合体育场馆开展一个具体项目时使用，如举办大型赛事活动。流程图法首先是绘制出场馆运营的总流程图和各分流程图，内容包括场馆运营开放的所有工作，并且各个流程图中还必须标明关键环节，在图上可以看到各种活动之间的逻辑、时间关系，并且可以用来分析风险事件发生的时间和原因。此法的优点是便于把握工作进度并检查和修改流程。表 12 - 4 简单列举了某体育场馆开展大型赛事服务时的部分流程，通过不同业务流程的梳理，能够发现体育场馆相关业务层面存在的控制缺陷和风险隐患，进而有的放矢落实风险管理。

表 12－4　某体育场馆赛事营销管理流程风险清单

序号	流程名称	风险事件	风险因素及可能造成的后果
1	赛事商业赞助	赞助物资不能及时到位	有可能造成财务风险
		人员开支、竞赛运行费超出预算	
		门票、纪念品等销售风险	
2	赛事运行管理	竞赛日程安排风险	影响赛事正常运行
		比赛期间交通安全风险	
		比赛期间卫生医疗安全风险	
3	场地器材管理	场馆质量安全风险	对赛事影响较为严重
		场地器材设备安全风险	

以上风险识别方法并不能适用于每一种风险管理情景，风险管理者应根据各方法的适用条件、优缺点和风险案例分析结果，结合自身工作实际需要，根据风险管理目标，有针对性地选择不同的风险识别方法或方法组合。

二、体育场馆风险因素

体育场馆风险系统是一个主要由环境、人员、物质、财务等风险组成的复杂系统，这几类风险因素是体育场馆运营风险产生的根源。

（一）环境风险因素

环境风险因素包括政治风险因素、社会风险因素、自然环境风险因素、制度环境风险因素等。

政治风险主要是政府政策对体育场馆运营产生的影响，如体育产业政策、体育场馆方面的国家扶持力度等，以及国际关系中不确定、不稳定因素造成的地区冲突、种族冲突，赛场周边的非法集会、游行示威、恐怖袭击等政治性群体事件等。

社会风险是指由不断变化的道德信仰、价值观，行为方式、社会结构和制度变化等社会因素产生的风险。体育场馆所在地的宗教信仰、社会治安、风土人情、社会和谐度、公众的认知程度和态度、工作人员文化素质、土地问题、物价问题、就业问题、环境污染、对生活习俗的影响等都是社会风险的组成因素。场馆在举办大型赛事活动时尤其要防范过激行为，应及时予以劝阻或制止，避免出现球迷滋事、拥挤踩踏等突发事件。另外，由于现在社会对科技的依赖程度越来越高，而体育场馆尤其是大型场馆运营时需要繁杂的运行保障系统支持，也需要安全的互联网体系，相关技术风险必须高度重视。

自然环境方面，地震、台风等极端天气，以及流行病和传染病等都会对体育场馆安全产生重大影响。由于场馆相关方可能遭遇无法躲避的极端或恶劣天气，需要提前应对。当造成大量人员滞留时，场馆工作人员应及时提供帮助，引导观众到达安全区域，并通过广播等维持现场秩序，避免馆内人员发生混乱。同时要加大巡查力度，防止打架、斗殴等事件或损坏公物事件的发生。灾害事件过后，要对此次灾害的发生、处理及在此过程中遇到的问题做详细的记录。

管理制度因素是人为造成的，由于管理组织、管理制度、管理技术等因素导致没有达到目标的风险。主要是体育场馆组织机构设置不健全，相关制度建设不完善，管理措施欠缺，未从各方面、全过程梳理归纳场馆的各类风险，未健全风险防控机制，导致场馆运营的制度环境缺失。

（二） 人员风险因素

人员风险因素包括管理者、员工、消费者、运动员、健身人群及其他相关人员。

场馆工作人员的职责是为消费者提供服务，若员工自身素质或技术不合格将成为引发风险的原因，因此，要加强对员工的培训和考核，使员工能够明确自身职责，提高服务意识；尤其要加强电器维修等危险岗位员工的安全生产教育，避免疏忽大意造成损失。

体育活动中意外受伤或突发疾病是常见的事情，场馆对各类伤病应进行及时、有效的处理，最大限度地救助当事人。场馆除配备基本药品、医疗用具外，还应配备掌握急救技能的人员或专业医护人员，以便能够在第一时间处理各类伤病。

在举办大型活动时，体育场馆工作人员应根据活动类型，做好检票、人流控制、赛后疏散等工作。遇到行为举止异常的人，如醉酒者、精神病患者、智力障碍者等，应禁止其入馆。

对进入场馆的健身人群，应注意检查所持证件（如门票、会员卡等）的有效性；对于儿童、老人等需要特殊照顾的群体，应确定其在有监护人陪同的情况下，准许进入体育场馆活动。

大型活动时所发生的观众骚乱也属于重大风险，如果处理不好可能引发极为严重的后果。

（三） 物质风险因素

体育设施、器材装备等属于物质因素，如果场地设施的完好程度、监管及使用、配套设施性能等情况存在不足或漏洞，极有可能引发风险事故。体育场馆通信系统、消防系统、监控系统、售检票系统、停车系统、比赛设备、场馆标志等的损坏或故障也会给场馆安全带来重大影响。

要重点关注场馆的设施环境，在湿滑地面、疏散通道、转弯处、上下台阶等地应做明显标识，以提醒馆内活动人员，避免发生危险。对场馆疏散通道和消防设施的数量、位置、性能等必须心中有数，在遇到突发事件时，能顺利使用该设施。游泳馆的水质、滑雪场的雪道等都要定期检测、巡查。

对体育器材、设备要定期检查，详细记录；对辅助设施如消防、供电、水处理等系统应定期进行检修、维护；对重要地点（如泵站、机房等）应加强防范，禁止消费者误入，以免造成事故。如遇火灾、停电、停水、机械设备故障等事故，现场工作人员应立即启动应急预案。

（四）财务因素

体育场馆运营风险，尤其是市场价格风险，都和经济环境密不可分。

经济方面的风险主要是经济实力、经济形势及解决经济问题的能力等方面潜在的不确定因素。如宏观经济形势不利、投资环境差，场馆运营中遭遇资金不到位、延期付款、信用缺失、利率调整幅度大、原材料价格无规律上涨、相关责任人违约等问题。

场馆签订经济合同时也有一定的风险，由于合同内容不明确、权利义务关系不细致可能导致项目实施结果与项目目标产生差距。

体育场馆在开发新的运营项目时会存在投资风险，由于不可控因素或随机因素的影响，实际投资收益与预期收益会产生偏离，进而蒙受经济损失。

第三节　体育场馆风险评估

一、体育场馆风险评估概述

体育场馆风险评估是风险管理的第二个步骤，是在风险识别基础上量化风险的可能性、风险的后果及危害的大小。风险评估处于风险识别与风险应对之间，是风险管理的关键环节之一。

风险评估的本质就是运用概率论和数理统计的方法估计某一特定或者几个风险事故发生的损失概率和损失程度。风险评估包括定性分析与定量分析两个方面。风险定性分析的主要任务是确定风险发生的可能性及其后果的严重性，风险定量分析则是量化风险的出现概率及其影响，确定项目风险的等级。

风险评估的前提是分析以往风险损失资料并识别风险，充分有效地统计数据是风险评估的重要条件。风险评估的目的是为风险管理者选择风险管理技术和风险应对策略提供科学依据。

二、体育场馆风险评估方法

风险评估的常用方法有 ABC 分析图法、层次分析法、专家打分法、决策树法、矩阵分析法等。

（一）ABC 分析图法

ABC（Activity Based Classification）分析图法又称帕累托分析法。此法把被分析的对象分成A、B、C三类，A类因素发生累计频率为0～80%，是主要影响因素；B类因素发生累计频率为80%～90%，是次要影响因素；C类因素发生累计频率为90%～100%，是一般影响因素。通过对风险因素进行排序，查找出项目活动的主要风险因素、次要风险因素和一般风险因素，以便风险管理者有效把握风险监控的重点和对风险进行控制，从而有效提高风险管理水平。表12－5为用ABC分析法列举某体育场馆安全风险类型。

表12－5　某体育场馆安全风险类型ABC分析表

划分类别	A类	B类	C类
事故类型	场地因素引发的风险 器材因素引发的风险 环境因素引发的风险	场馆管理者引发的风险 使用者个人原因引发的风险 其他人引发的风险	意外事故

（二）层次分析法

层次分析法（Analytic Hierarchy Process，AHP）的基本思路是把复杂问题逐层分解为若干个层次，每层可含有多个因素，在最低层次通过两两对比得出各因素的相对重要性（权重），通过由低到高的递阶层次结构，汇总计算得出各方案相对于总目标的权重指数，为管理者提供决策依据。就风险管理而言，层次分析法首先要对最底层的风险因素进行两两对比并赋出权重，然后通过层层分析计算得出风险因素大类对项目风险发生可能性的权数。图12－3为某体育场馆风险的层次分析结构图。

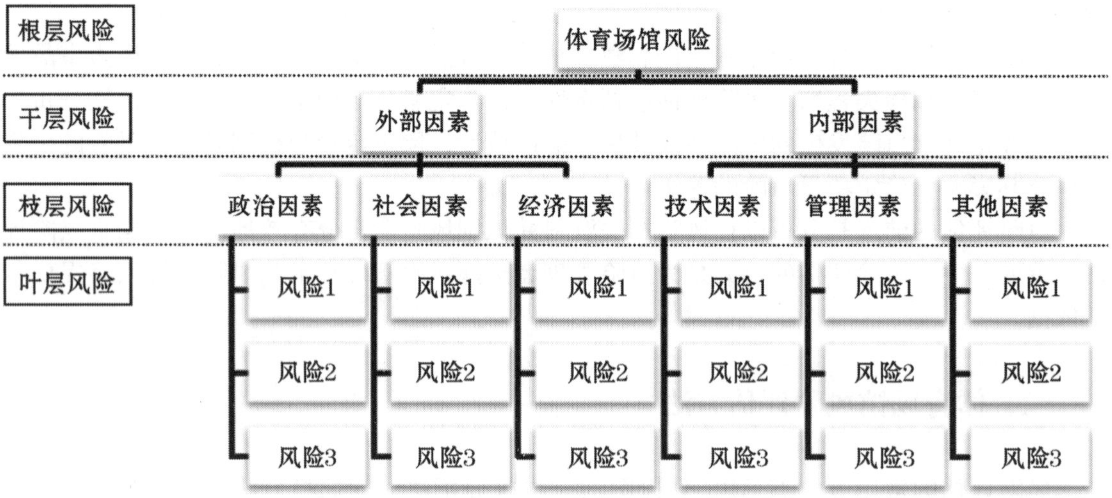

图12－3　某体育场馆风险的层次分析结构图

（三）专家打分法

体育场馆运营风险发生的概率是要进行预测的，可聘请本领域资深专家对相关概率进行打分。专家打分法是专家依据自身的专业素质以及丰富的实践经验，依照项目的具体情况做出的合理判断，所得到的专家主观概率可以近似地看成客观概率。专家打分法是一种最常用、最简单，又易于应用的分析方法。首先要识别出可能遇到的所有重要风险，列出风险调查表，然后利用专家经验，对可能的风险因素的重要性进行评价，综合成整个项目风险。以场馆举办大型赛事期间在员工管理方面可能发生的风险为例，请专家打分，见表12－6。

表12－6 体育场馆风险管理专家调查表

风险类别	风险事件	专家评定					
		可能性（频率）			损失（影响）程度		
		小	中	大	低	中	高
场馆举办赛事期间的员工管理风险	业务熟悉程度不足						
	服务态度不规范						
	员工培训欠缺						
	场馆长授权不够						
	现场服务人数过少						
	现场人员职责不清						
	其他因素（请列出名称并评定）						
	1.						
	2.						
	3.						

（四）决策树法

决策树法（Decision Tree）是一种直观运用概率分析的图解方法，描述了各种决策方案以及相关的偶然事件之间的相互影响，决策树的各个分支可以代表决策方案或偶然事件。它具有层次清晰、不遗漏、不易错的优点。体育场馆运营中可能会发生各种各样的情况，在已知各种情况发生概率的条件下，通过决策树法来评估项目风险、判断项目的可行性是十分有效的。利用决策树将不同的风险因素分解开来，逐项计算其概率和期望值，就能方便地进行风险评估和不同方案的比较。图12－4和图12－5分别列举了体育场馆突发事件决策树模型和项目营销风险决策树模型。

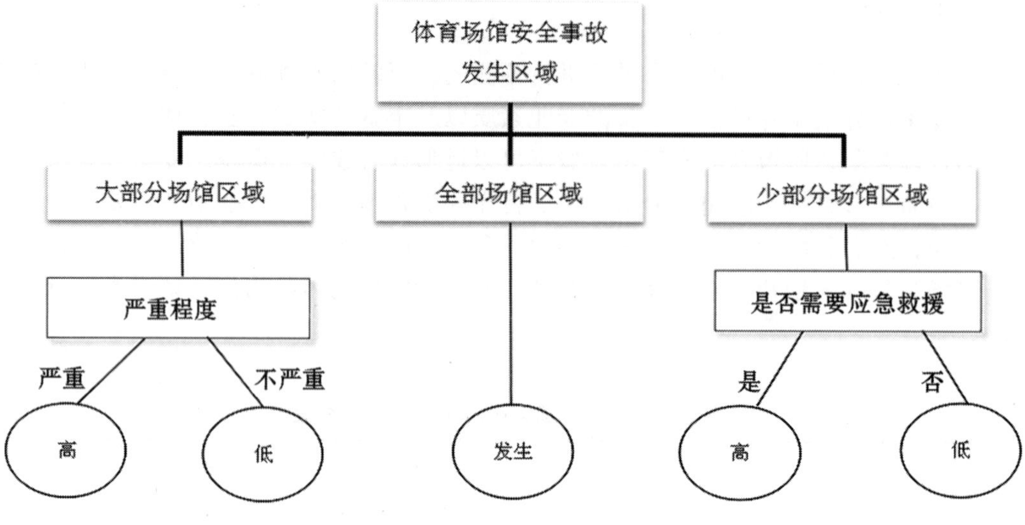

图 12－4　体育场馆突发事件决策树模型

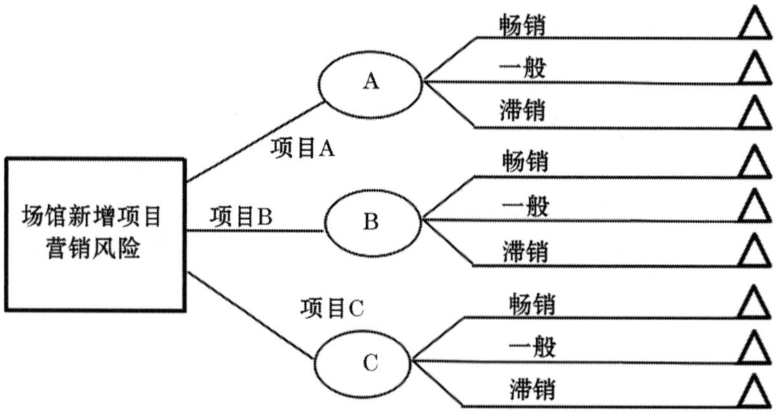

图 12－5　体育场馆新增项目营销风险决策树模型

（五）矩阵分析法

识别风险后通过强度和频率两个维度进行分类，有利于场馆管理者有针对性地选择预防和处理方法。风险所引起事故的严重程度，及其对场馆经营者所造成损失的大小称为“强度”，分为“高度”“中度”“低度”；事故发生的可能性和次数称为“频率”，分为“经常”“普通”“很少”。对严重程度和发生频率不同的事故，其预防措施和处理方法是有所区别的。通过风险分类矩阵能够确认损失的频率与严重性，表 12－7 所示的矩阵内容是针对一场球赛的风险而设计的，并依照风险发生频率和损失严重性进行了区分。

表 12－7　风险分类矩阵

发生频率	高度损失	中度损失	低度损失
经常发生	—	球票金额计算错误	在球场丢失衣物
偶尔发生	运动员受伤	在球场及周边跌倒	观众逃票进场
很少发生	运动员或观众瘫痪或死亡	中暑、冻伤	球场暴力行为

场馆管理者对照评估结果，找到每一种类的风险在风险分类矩阵中的相应位置，即可采取不同的应对措施。对于发生频率较高且损失严重的风险种类要坚决避免，对于发生频率小且损失一般的风险可采用适当的方法将风险转移，而对于发生频率小且损失较小的风险则可通过规章制度建设等将风险可能性降到最低。

第四节　体育场馆风险应对与防控

一、体育场馆风险应对措施

（一）规避风险

规避风险是体育场馆运营风险应对中最简单的方法。回避就是通过变更计划，消除风险或消除风险产生的条件，是一种彻底地消除风险影响的方法。对某些特定风险，应该在它发生之前就消除其发生的机会或可能性。

（二）转移风险

对于发生频率中等及以上，程度未达到严重的风险可以采取转移的方式来减少损失。最常用的方法就是购买保险，主要有财产险和人身意外伤害险两类。健全的体育保险制度能够有效保护体育场馆的利益，对运动员、健身人群、体育团体等进行体育活动时给予保障，而且能够促进体育产业的发展。

太平洋保险公司推出的“学校体育场馆对外开放公众责任保险”，根据学校对外开放的体育场馆类型，划分了不同的风险等级，每所学校保险金额 100 万元，每人每次事故赔偿限额 20 万元。覆盖范围包括外来人员蓄意行为、工作人员管理不善、外来人员运动伤害等多种责任保障，是我国首个针对学校体育场馆对外开放而设计的险种。

（三）自留风险

对于场馆经营方面的风险，可以采用风险自留的方式将可能的损失摊入经营成本。损失发生后，场馆只需承担这种损失，将损失计入当期损益，摊入经营成本。但这种方法只适用于损失程度较小的风险。

建立意外损失基金也是一种风险自留的方法，场馆可以采取一次性转移一笔资金的方式，也可以采取定期注入资金的长期积累方式。建立意外损失基金的方法能够积聚较多的资金储备，因而能自留更多的风险。

（四） 构建风险防控体系

风险防控是控制场馆风险的一种策略，以保证场馆安全运营为目标，对可能的风险变化进行跟踪，对已实施的风险防范措施进行有效性检测，对不完善的风险管理计划进行修改，对潜在的风险进行评价并制订应急处理计划。

风险防控的关键是获得准确的风险信息并及时采取应对措施，详细、具体的场馆风险防控体系能够对场馆运营全过程进行监控，全面考察风险应对措施的执行效果并给出评价，降低应对风险时出现错误的可能性，使场馆风险管理更加有效规范。

风险防控体系包括风险种类和判断依据、场馆组织机构层次和组织形式、风险控制程序、风险责任划分制度、信息统计报告制度、风险状况收集和评价、风险变化防控、资金风险预测与控制等。

二、构建体育场馆风险防控体系

（一） 体育场馆基础设施安全防控体系

体育场馆基础设施安全防控体系主要指体育场馆安全防卫工作中的硬件系统，是体育场馆安全防卫管理成败的前提条件和物质载体。国家强制标准《体育场馆公共安全通用要求》明确了体育场馆基础设施的具体内容和要求，包括体育场馆选址、建筑物设计、运动场地技术要求、附属用房、卫生要求等内容。

1. 体育场馆选址应远离危险源

体育场馆选址与污染源、高压输电线路及油库、化学品场馆、油气管线等易燃易爆物品场所之间的距离应符合有关规定，同时应防止洪涝、滑坡等自然灾害的发生所产生的严重后果，并注意体育设施使用时对周围环境的影响。场馆选址还应交通方便。根据体育场馆规模大小，至少应有一面或两面临接城市道路。道路应有足够的通行宽度，以保证疏散通道和道路交通畅通。

2. 建筑物设计应考虑体育运动特点

建筑物设计应考虑体育运动特点和观众情绪激动带来的危险，考虑体育场馆的使用特点，考虑建筑物防雷和用电的具体要求，考虑建筑装修材料对安全的影响。应采取必要的分区隔离设施，以保障观众、运动员、裁判员、工作人员的人身安全以及内部设施设备的安全；看台、疏散通道等设施要符合安全要求，与观众有直接接触的建筑构件应经过结构验算，确保安全。

3. 运动场地、附属用房和卫生条件等应符合相关标准要求

运动场地应符合《体育建筑设计规范》（JGJ 31—2003）和有关体育场地标准的要求。如根据不同的运动项目，对场地使用的材料的阻燃性能、有毒有害物质剂量、放射性物质剂量等提出要求，对设施的牢固度、结构以及设备提出技术要求。

附属用房应符合《体育建筑设计规范》（JGJ 31—2003）有关条款的要求。如对用房的面积、位置、供电接口及通信接口的位置、数量、规格等应根据使用目的提出具体要求。

体育场馆卫生要求应符合国家有关部门颁发的《文化娱乐场所卫生标准》（GB 9664—1996）、《游泳场所卫生标准》（GB 9667—1996）、《体育馆卫生标准》（GB 9668—1996）等有关规定。

（二）体育场馆公共安全防控体系

体育场馆公共安全防控体系是为保证体育场馆中人员、财产、信息的安全而设置的综合性防护设备和设施，包括建筑物安全、消防、安防、疏散、信息安全、安全管理、应急指挥中心等方面。主要包括监控中心、应急预案、消防安全系统、疏散指示标识和体育场馆突发公共事件应急平台。

1. 监控中心

安全监控系统包括体育场馆入侵报警系统、出入口控制系统、视频安防监控系统、电子巡查系统、停车库（场）及场馆道路智能管理系统、防爆安全检查系统等，其他还涉及有线/无线通信系统、电子售检票系统、竞赛信息处理系统、电源与接地系统、防雷系统、应急指挥系统等。监控中心能够对体育场馆各监控点进行集中监视，并具备有效控制、管理安全信息的功能，是能够配合相关部门实施应急指挥的管理场所。

2. 应急预案

应急预案主要是根据体育场馆的安全风险，为保证迅速、有序、正确、有效地开展应急与救援行动、降低事故损失而预先制订的有关计划或方案。体育场馆应根据国家有关法律法规、规章并结合体育场馆实际情况编制应急预案。综合应急预案能从总体上阐述事故的应急方针、政策，应急组织结构及相关应急职责，应急行动、措施和保障等基本要求和程序；专项应急预案是针对具体的事故类别，如消防安全、人身伤害等应急保障而制订的计划或方案，应制定明确的救援程序和具体的应急救援措施；现场处置方案是针对具体的场所或设施、设备器材、岗位所制定的应急处置措施，现场处置方案应更加具体、简单、有针对性。应急预案应根据风险评估结果逐一编制，做到事故相关人员应知应会，熟练掌握，并通过应急演练做到迅速反应、正确处置。

3. 消防安全系统

消防安全系统包括火灾自动报警系统、自动灭火系统、消火栓及附属设施、紧急广播系统、防火封堵、自动排烟系统及其他消防设施。通过高度精确的红外探测系统、高射程的自动喷水灭火设备等整体提高建筑的消防安全水平。

4. 疏散指示标识

疏散指示标识系统主要包括疏散引导系统、疏散标识等。疏散标识用于指示疏散方向和位置，引导人员疏散，能保持疏散人员视觉连续并引导人员通向安全出口。

5. 突发公共事件应急平台

体育场馆日常安全管理以及处理突发公共事件的管理与指挥中心，具备日常与应急情况下相关安全信息的获取、智能应急以及应急指挥的功能，软硬件相结合的突发公共事件应急保障技术系统是实施体育场馆突发公共事件应急预案的有效工具。能够通过紧急广播、有线无线通信和电视监控以及疏散引导及标志子系统实施人员疏散的指挥与管理，组织实施救援方案，对外发布事故预警、事故处置状态等信息。

（三）体育场馆赛时安全防控体系

安全是体育场馆成功举办赛事的根本保障，也是赛事成功的主要标志。为实现体育赛事安保工作的战略目标，体育场馆需要完成多项预定的工作任务。为使体育场馆赛事安保工作高效运行、严谨有序，赛事运作管理机构应结合赛事实际情况，制订赛事安保工作的总体计划及方案。

1. 确定赛事安保的关键环节和重要区域

入场安检、消防安全是赛事安保的关键环节；比赛场馆、运动员驻地、重大活动（如开、闭幕式）的举行现场是重要的安保区域。在制订赛事安保总体计划的基础上，应针对这些环节和区域分别制订详尽的安保方案和处置各类突发事件的应急预案。

2. 对安保的对象进行分类

不同类别的人员由于背景、数量、行为方式的不同，受到的风险及可能的威胁也不同，应按照身份、级别等对赛事相关人员进行分类，制定不同的安保策略。

3. 做好赛时供电供水保障工作

供电、供水保障工作包括设备更新、改造和维护，供电、供水运作的调度和调试，保障赛事期间的用电、用水安全及供电、供水的充足稳定。由于供电、供水保障工作技术性强，要求配置的工作人员必须熟悉和掌握供电、供水设备运行及维护等知识。对供电、供水保障工作人员要进行设备操作、运行与维护方面的培训，熟悉水力、电力系统，提高对突发事故的处理能力。

4. 赛时医疗卫生保障工作

医疗卫生保障工作包括卫生监督、医疗救护、疾病控制、医疗保健等方面，是赛事顺利举办的重要保证。体育场馆应根据赛事需要，设置医疗卫生保障部门和人员。大型赛事可分别设医疗救护处、卫生监督处、疾病防控处、医疗保健处等。医疗卫生保障工作需配备具有医务专业知识、经验丰富的工作人员，包括医疗救护人员、卫生督察人员、疾病防控人员等。对医疗卫生保障工作人员要进行培训。对医疗救护人员的培训侧重于掌握急诊医学的基础理论、常见危重病的临床特点及赛事突发事件中的急救处理。对卫生督察人员的培训侧重于相关法律法规和赛事有关医疗卫生规定的培训，要求熟练使用卫生检测设备。对疾病防控人员的培训侧重于掌握常见传染病的特征、疫情监测手段及传染病疫情应急处理方法。

5. 赛时通信保障工作

体育场馆应组织和协调邮政、电信等通信服务商，为比赛场馆及周边地区提供通信服务，保持赛事相关人员内外部沟通的渠道顺畅，保证赛事的顺利举行。应根据赛事需要设置通信保障部门及人员，满足参与赛事的人员各方面的通信需求。必要时应设置基站、信号发射器等，保障赛事相关活动的通信畅通。

6. 赛事信息系统保障工作

赛事信息系统包括基础网络系统和应用服务系统。其中基础网络系统包括本地网络系统、场馆网络系统等，应用服务系统包括人员注册系统、计时计分系统、现场成绩处理系统、综合成绩处理系统、数据通信系统、综合查询系统、竞赛信息系统、仲裁录像系统、指挥调度系统、通信服务系统以及多媒体查询系统、办公系统、电子商务系统等。信息系统风险来源于系统自身和外部两方面。由于系统本身设计、安装、运行方面的缺陷、漏洞，可能导致信息系统出错，某些恶意及不法分子对赛事信息系统的攻击，也会影响信息系统正常运行，重则导致系统瘫痪，引发巨大损失。因此，要通过技术防范和严格管理两方面的工作来加强对赛事信息系统的安全管理。

需要注意的是，在场馆、驻地、现场、安检、消防、通信、防恐、证件等各类防控体系制定完成后，并不意味着这些方案是一成不变的，应随着赛事安保工作的逐步深入，赛事内外部环境的变化，不断进行更新、补充和完善。无论赛事规模大小，在安保工作组织方面，始终要保证有集中、统一、高效、畅通的指挥系统，并且要建立严格的安保工作管理制度，包括工作制度、会议制度、公文处理制度、重要事项监督制度、保密制度、财务制度、印章管理制度等。在建立了体育场馆安全防控体系并配备相关工作人员后，需制订并实施培训计划，针对不同工作人员所承担的具体职能开展专业培训，包括紧急救援、现场疏散、突发事件处置、场馆驻地安检规范等。

第五节　体育场馆危机处置机制

体育场馆的安全防卫管理，必须优化管理成效，提高管理效率，坚持以危机应对的硬件设施准备建设为基础，以危机处置的机制和预案准备为核心，以危机处置的组织和机构准备为前提，以危机应对的人力资源准备为依托和保障，以避免危机、最大可能地降低危机的危害为目标，构建系统完善的危机预防体系。

一、建立危机处置组织和机构

体育场馆的拥有方应联合大型赛事主办方，在赛事举行之前的准备期间，预先根据场馆和赛事本身的特点和需要，建立用于应对各类危机的组织机构，确保组织机构设置完整健全、科学合理。这类组织机构体系应包括指挥协调机构、现场应对组织、媒体协调机构等，只有这样，才能保证在应急处置各类危机事件时由专业组织机构实施，避免组织机构“缺位”，组织机构准备结构图如图 12 －6 所示。

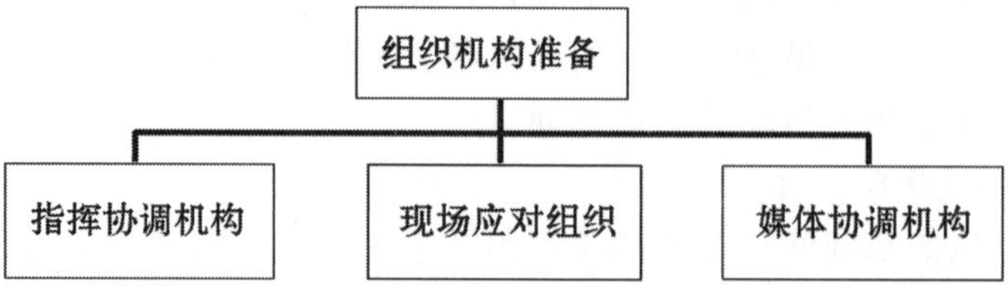

图 12－6　组织机构准备结构图

来源：谭华．大型国际赛事危机预防对策初探［D］．上海：上海交通大学，2008.

（一）指挥协调机构

指挥协调机构是应对组织机构体系的核心机构，应有强大的综合能力，负责整个危机应对机构体系的指挥协调、信息交换处理、过程控制等，有效地指挥和调度场馆和比赛中多元化、立体化、网络化的危机防范组织机构体系。这一组织机构需要指挥和协调不同部门和机构的协作与分工，故须以精简、高效、层级少为原则，但横向指挥控制的能力要强。

在常态管理下，指挥中心通过信息交换系统，建立充分的信息来源渠道，全天候地接受各个通信终端的信息汇总和紧急呼叫，做出准确而切实的战术决策；并根据实际的险情快速调度警察、快速反应部队、消防车或救护车赶赴现场，把危机消除在萌芽状态。在危机事件发生时，指挥中心进入非常态管理模式，指挥协调体系内相关的治安、消防、急救、交通、物资调拨、气象等现场应对处置组织，依据各自专业职能，及时开展危机应对处理行动；并保持对事态情况的监控和追踪，及时掌握和处理事件处置的反馈信息，据此调整应对策略，实现对危机管理的过程控制。

（二）现场应对组织

根据在场馆安全防卫中发挥作用的不同，可大致设置以下几类现场应对人员组织，具体情况可根据场馆规模、赛事级别设置不同的应对组合。

1. 现场便衣安保人员组织

为了确保对赛场内、住地、交通路线等场所突发事件的快速低调处理，防止其向更大危机的转变，在这些场所安排大量的、训练有素的现场便衣安保人员是反应最迅速、最灵活、最低调的处置力量。对一般的小型突发事件，便衣安保人员能迅速将对象带离现场，清理现场，不会引起更大的影响。

2. 反恐特种部队

反恐特种部队的组建是安全防卫的重要手段，主要职能是执行安保反恐防暴任务，如反劫持、反爆炸、反袭击等特殊作战任务。

3. 专业快速反应小组

消防、紧急医疗救护、反生化、反核等专业快速反应小组对于场馆内和比赛中可能发生的火灾，运动员、观众受伤、突发急性病症，甚至可能发生生化武器袭击等危机事件，需建立具有较强的专业知识和装备、由专业人员组成的快速反应小组。

4. 现场周边应急待命力量

如防暴警察、部队等。对于场馆和比赛中可能出现的观众大规模秩序失控，甚至是骚乱、暴动，可以在有关场所附近布置防暴警察甚至是部队，作为应急待命力量。在奥运会、世界杯等高规格赛事中，还可考虑在一定时间内对相应空域实施空中禁飞管制，在赛场周边部署空军战机、防空部队等手段。

5. 志愿者和工作人员

在赛事的各个机构部门的工作人员和志愿者，就其各自的工作岗位和职责而言，并不能算作危机应对处置的专门组织。但考虑到这些人员活跃在赛事的各个方面和环节，在危机突发时，他们很可能是危机处于初期阶段时最先发现和面对危机的人员。他们对危机的发生发展，具有一定程度的干预和影响作用。因而，从这个意义上来说，这类组织机构同样具有发现危机、应对危机的职能。

（三） 媒体协调机构

对于场馆和赛事的安全防卫管理工作而言，媒体协调机构对危机的预防和化解至关重要。在赛事举行之前，预先建立公开、顺畅、权威的媒体协调机构，负责赛事新闻发布、媒体关系协调等功能。在危机发生时，一方面，可及时而有效地确保信息发布的主动权；另一方面，也要塑造公开、透明、自由的赛事信息形象，满足公众的知情权，避免产生恐慌。

二、建立危机处置机制和预案

危机处置组织机构正常运作需要一系列的规则和制度，这种运作既包括组织机构个体本身的运作，也包括各类组织机构有机的联系，使它们在共同的规则和制度的框架内，互相配合、互相作用，形成一个协调完备的系统，发挥各自的职能作用，共同达到安全防卫管理的目标，机制预案准备结构图如图 12－7 所示。这里所指的机制预案准备包括危机应对的决策机制、指挥协调机制、危机预警评估机制、不同类型危机的应对预案准备机制等。

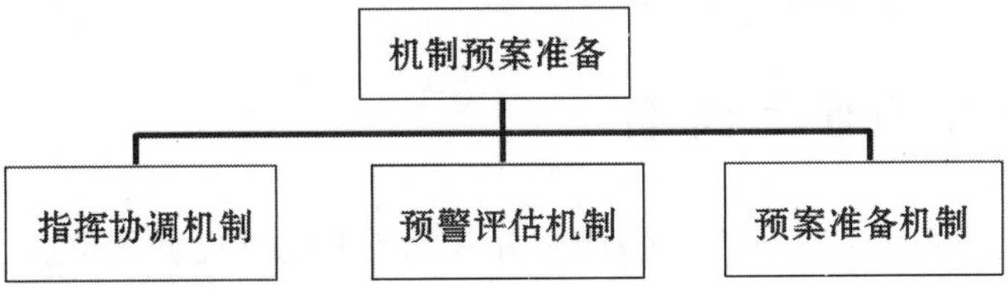

图 12－7 机制预案准备结构图

来源：谭华．大型国际赛事危机预防对策初探［D］．上海：上海交通大学，2008.

（一） 指挥协调机制

为实现各个危机应对组织机构和部门的联合与协调，要成立精简、高效、层级少的指挥协调机制和完善的信息处理网络，建立和健全指挥协调、信息交换处理、过程控制等一系列机制，形成大型赛事的多元化、立体化、网络化的指挥协调机制。这一机制系统应包括指挥决策机制，指令传递机制，信息协调、交换、反馈机制，信息综合分析机制，紧急情况信息报告机制等。

这些机制的制定原则是，应使预先设定的各类指令、信息的传递、反馈、协调的统一标准和操作程序必须符合共同的规则和在制度的框架内互相配合、互相作用，形成一个协调完备的系统，充分发挥各自的职能作用，共同达到危机管理的目标。

（二） 危机预警评估机制

危机预警评估机制的建立能尽早地发现赛事危机的来临，确立预警范围和预警等级，建立一套能感应危机来临的信号，通过对危机风险源、危机征兆进行不断的监测，信息收集、信息分析并转化为指标体系；将加工整理后的信息和指标与危机预警的临界点进行比较，从而对是否发出警报进行决策；在各种信号显示危机来临时，及时发出警报，提醒危机应对组织对危机采取行动的机制。

建立大型国际赛事危机风险预警评估机制还需要特别注意以下几点：一是要全面掌握各类信息，全面分析情况；二是要科学确定分析评估的程序和标准，确定预警的等级和指标，确保既不会误报预警，也不会漏报预警；三是要根据确定分析评估程序和标准，从危机苗子的不同层面、不同角度、不同可能性，综合研判、统筹考虑，做出评估；四是要保持对预警等级的即时监控和调整预警等级。

（三） 危机应对预案准备机制

应急预案的制订一般要注意四个要素：一是情景，即一切预案编制和实施的有关危机情况和背景；二是主体，包括应急预案的决策者、组织者和执行者，制订和实施预案的组织和个人；三是措施，包括各种应急措施、管理方法、控制手段和技术；四是目标，即应急预案所要达到的目的和效果。只有完备的危机应对方案，才能在危机来临时，有组织、有条理、有步骤、有目的性地开展危机管理。

三、危机应对的硬件设施准备

在场馆硬件设施的防卫管理上，强调充分考虑各类危机灾害的情况，预先做好比赛场馆应急场所的土木建设，安保硬件设施的采购安装、预警侦测和应急救援设备器材的采购、储备、部署、调试，急救人员所需食品药物的调拨准备等，硬件设施准备结构图如图12－8所示。

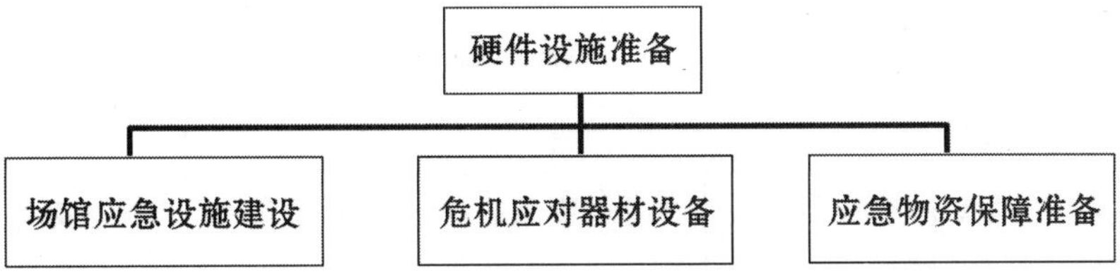

图 12－8　硬件设施准备结构图

来源：谭华．大型国际赛事危机预防对策初探［D］．上海：上海交通大学，2008.

（一）场馆应急设施建设

场馆及配套设施的安全防范设计，主要应做好应对各类事故、灾害、危机等的安保技术、管理手段的有效投入及备灾能力建设，强化场馆的安全减灾能力，要在危机预防思路的指导下进行安全防灾和危机防范设计的综合化设计，使各场馆及其系统获得本质安全，以保证系统运行的安全度及可靠度。

（二）危机应对器材设备

体育场馆的安全防卫应充分考虑各类可能出现的危机类型和情况，有针对性地进行处置装备和器材的采购和配置，以早做准备。如主办方应准备好充足的“三防”（防核、防生化、防生物）场所和设备（如防毒面具、防辐射护具等）。在重要比赛举办之前，还应根据赛事规模和人数及赛期的天气预计情况，分析对这些器材装备的需求数量及部署位置，尽早进行采购和部署，并详细掌握这些资源的情况，在处理危机时才能及时有效地利用这些资源，将其投入到危机处理活动中。

（三）应急物资保障准备

社会资源是处理危机的基础。特别是在大型国际赛事的危机预防中，要充分调度可用的资源进行梳理，通过强化、组合、调整和提高，为后续的危机管理打下良好的物质基础。主办方应预先有针对性地准备好急救药品、食品等物资。在危机事件发生时，由指挥中心在最短时间内达到社会资源的最大整合，保障部门要根据指挥中心的统一指挥和安排，组织、调配一切可能的社会物资，为危机管理需要提供服务和保障。

四、危机应对的人力资源准备

“人”是一切因素中最重要的因素，在赛事的各类组织准备、机制准备、设施准备都较为完善的条件下，各个岗位上的人员的岗位责任意识、专业素质和应对危机事件的能力就成了关键因素。系统化的专业培训和反复多次的模拟演练，是强化这些因素的主要手段和方法，人力资源准备结构图如图 12－9 所示。

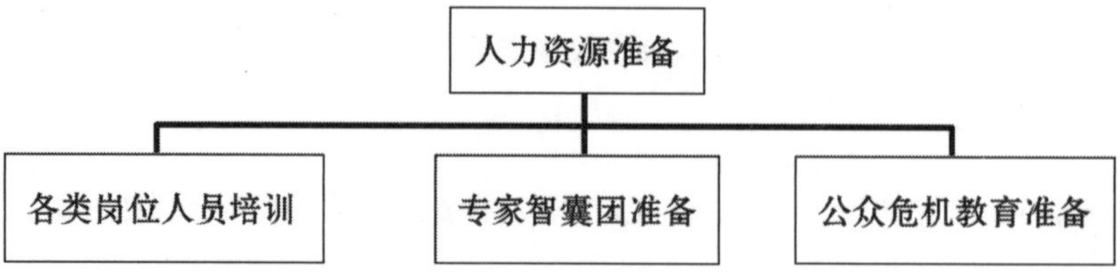

图 12－9　人力资源准备结构图

来源：谭华．大型国际赛事危机预防对策初探［D］．上海：上海交通大学，2008.

（一）积极开展各类岗位工作人员培训和预案演练

结合场馆和赛事实际，对各类岗位工作人员进行有重点、分层次的培训。一是对危机管理指挥人员重点培训突发事件临时处置的组织与指挥方式，包括安保预案的制定等常规内容；二是对具体参与安保方案实施的专业应急处置人员，重点培训其如何在特定情况下迅速开展协同配合，形成合力，达到最大效能；三是对参加安保任务的保安人员，有针对性地培训其安检器械使用、进出人员身体检查、口头盘查、交通指挥等技能；四是对志愿者进行一般性安保常识培训，重点强化他们面对各类突发事件时如何进行初步处理、通过有效途径及时上报、确保指挥中心迅速了解情况并采取相应措施的培训。

（二）全面的专家智囊团准备

场馆和赛事中的危机是多种多样的，应急预案也不可能周密到无懈可击；预先准备好涵盖各个可能领域的专家，形成随时待命的智囊团非常必要。在紧急情况下，专家智囊团可迅速形成较为科学完备的应对方案。

（三）公众危机教育准备

公众的危机教育和应急能力直接关系危机中公众对自身和他人生命、财产的保护能力。事先对公众进行风险防范和应急自救教育，培养镇定的心态和应急自救的能力，尽可能地避免危机发生时，公众的大规模恐慌和失控局面出现，降低不必要的伤亡和损失。

1. 培养公众危机意识和心理调控能力

要通过各类已发生的危机事件进行多方宣传，强化全民教育，增强全民危机意识，提高公众对危机的接受能力，遇险保持镇定冷静的心态，提高在危机情况下的“自救”“共救”“公救”意识，能听从和配合危机管理专业人员的指挥和救助行动，在疏散撤离时保持秩序良好、行动迅速。

2. 强化公众的应急自救知识教育

公众应急自救知识教育应包括各种常见危机的知识，有效防范和减轻人身伤害和各种损失的知识，依照有关科学的知识采取行动的能力，以及在灾害发生后自发的应急组织能力等。公众只有具备了必要的防灾减灾知识和行动的能力，才有可能将灾害所造成的损失降到最低。

第六节　滑雪场风险管理

一、滑雪场风险种类识别

滑雪场面积广阔、地形复杂、空间距离大，风险多样，需要识别各种风险因素，进行有效评估与监控。

（一）滑雪场设计规划风险

滑雪场选址和规划设计有严格的要求，雪道坡度、角度必须合理、规范，安全、环保方面也必须符合要求。一些滑雪场在坡度、预留区域、角度等方面设计不合理，极易造成滑雪事故。尤其是没有预留慢滑区、限速区以及足够的缓冲区，滑雪者在滑下时会因为速度过快，身体失去控制而发生冲撞事故。

（二）自然灾害风险

滑雪环境包括天气因素和雪况信息。自然灾害主要有直接危害滑雪场经营的雪崩、山崩、泥石流、火灾、恶劣气候等；间接危害主要是道路关闭、缆车停运等引起滑雪人数下降带来的经济损失。由于全球变暖和气候反常，雪崩、雪灾以及雪场大风、大雪、大雾、阴雨、能见度低等天气因素都会对滑雪者和雪场经营造成重大风险。

（三）场地及器材设施风险

滑雪场安全事故往往与场地器材有关，如雪道缺少或防护网残缺，提示牌、警示措施不足，压雪机压雪时间与停放位置不当等造成冲撞伤害风险。滑雪场雪层厚度不足，雪道上有树枝、石头等杂物，铺雪太薄、压雪不实、积雪太少、雪道不平整、局部结冰、铺雪断裂、光度不均等现象，会给滑雪者带来很大的安全隐患。滑雪场安全防护设施包括防护网、安全垫、警示颜色、游客提示牌等可以起到保护、警示、阻拦等作用，但雪场安全防护设施不完善、设置不合理、安全网材质不合格或未完全闭合等，都起不到防护作用。滑雪的索道、吊椅、拖牵等设施设备故障会导致索道突停、吊椅脱落、吊椅掉人、快慢不均，上下缆车、吊椅不方便，很容易被吊椅刮倒造成摔伤、冻伤等。滑雪板长度、鞋号、固定器安全阈值设定等必须适合滑雪者的身高、体重、年龄、性别、滑雪技术水平、雪质特点、雪道状况等，滑雪器材不适和使用不当也是一种隐患。

（四）滑雪者自身风险

滑雪者安全意识淡薄，对滑雪道类型、雪道格局或雪面宽度、长度、坡度、梯度、落差等因素不熟悉，对雪场气候条件不了解，或者对滑雪技术规范、滑雪器材、雪道状况、伤害风险认识不足，尤其是对自身滑雪经历和水平、身体状况、疲劳度、年龄等重视不够，都将带来安全隐患。初学者往往冒险越级滑雪，在没有掌握技术，缺乏指导的情况下滑雪，极易造成摔倒、冲撞事故；另外，患有高血压、心脏病，过度疲劳等疾病或酒后滑雪也可造成伤害事故。

（五）运营管理不当风险

滑雪场安全管理问题主要表现在缺乏安全巡察人员，安全管理不到位以及缺乏安全信息等方面。缺乏安全巡察人员及服务体系，无法随时掌握场地危险因素，无法及时制止不安全行为，无法有效开展安全救援。管理方面，由于相关安全制度不健全，在雪场人满为患或滑雪者不遵守秩序时无应急措施，或者安全巡察措施实施不到位，造成雪道雪质条件差、平整度不够，以及设备故障、器材损坏等，都会极大地降低雪场的安全性。雪场信息不足也是重大隐患，滑雪场未提供整体向导图，未标注雪道长度、面积、雪质、设备位置等信息，未提示危险区域，尤其是未设置明显的分级、警示、防护标识，无法有效保护滑雪者安全。

二、滑雪场风险预防控制

风险防范体系要以人为主，以技为辅，其风险评估与控制见表 12－8。主要包括全员安全知识培训，发布自然地质灾害、游客数量等安全预警，加强全面安全服务监控，设置各类安全标识，加强事故前后应急处理，做好公共关系处置，开展安全救援，办理保险理赔等措施。

表 12－8　滑雪场风险评估与控制表

风险来源	问题识别	预防控制
相关人员	人的失误、错误	全员风险教育培训、行为、预警
气象地质	没资料、没检查	预警、监控、记录、分析、巡逻
场地条件	雪道况差、冲撞	清整、标识、监控、巡逻、封闭
设备设施	操作不当、质量差	标识、正确操作、必要更新
器材装备	不适合、质量差	个性服务、保养、打磨、维护
处理方法	错误的操作方法	计划、规范干预安全技术操作
管理服务	不足资源、拥挤	规划分流、及时通报、应急管理
延伸	宏观与微观保证	以上所有及救援、保险

（一） 自然环境风险控制

做好滑雪地气象、自然灾害、森林险情、地质灾害的信息监测，完善气候预警系统，加强信息通报，加强事故易发区的监控巡逻，提前消除隐患。要及时发布信息，向滑雪者提供咨询服务，特殊情况下要做好应急通告，让滑雪者及时收到预警信息提示。

（二） 运营管理风险控制

滑雪场管理者在有关法规和监督部门的指导下，要全面执行滑雪场安全管理规范，竭力保证滑雪场所的安全。滑雪场管理者要采取适当的措施预防事故的发生，并时刻准备进行急救，努力防止和减轻滑雪者人身伤害。要在滑雪场入口和其他醒目的地方设置滑雪场整体向导图，并在空中索道乘用处设置向导图以及与该索道匹配的滑雪道路线图。要配备训练有素的安全巡察员，加强安全救护巡逻。备齐急救医疗准备，做好员工急救知识和技能培训，常备急救用具、运输工具等，以应付突发事故。要做好安全标识设置，包括禁止危险行为的“禁止标识”，提醒注意危险警告的“注意标识”，指示特定使用方法的“指示标识”，表示雪道难度的“难易度标识”等。要设立禁止进入区域，必要时可用绳索、绳网、栏杆等阻拦。对危险物要有警示，提示滑雪者注意。遇特殊天气、雪道异常、器材故障等特殊情况时要有应急通告。

（三） 滑雪者自身风险控制

滑雪场要加强对滑雪者的提示，在入口或醒目的地方，设置语言简练的提示板，提示滑雪者容易发生危险的雪道地点，标注在非滑雪道、未开放或已关闭的雪道、非该项目的滑行道等区域，如发生伤害事故，需自己负责任。告知滑雪者要为自己的行为负责，滑雪前要进行相关知识、信息、心理、物质和体力上的储备。要摒弃侥幸心理，主动躲避危险，根据自己的体能健康状况、技术水平能力及地形、雪情、天气情况等，控制速度和选择适宜的滑雪道、滑行路线和滑行方式。滑雪者在下雪、浓雾、日落等能见度较低的时候，能读懂并理解广告牌、警示板标注内容。不冒险越级滑雪，认真观察滑行方向情况，注意教练或其他引导人员、安全标识提示；遵守滑雪“优先”规则，牢记禁止事项，减速缓行的场合，最好在前方无人或人少的情况下滑行，避免失控造成与他人或物体相撞。

（四） 场地及器材设施风险控制

雪场要时刻加强雪道的维护，及时清理雪道上的各种杂物、裸露石块，保持雪道的清洁、平整，保障滑雪者的安全。要加强对安全防护网的检查，确保其能承受滑雪者冲撞。要强化滑雪设备的日常检测、打磨、保养、维护和科学规范操作，以减少伤害。对于器材维护，要建立维护保养制度，时常进行检修。对于造雪机、压雪车、缆车、吊椅、拖牵、雪地摩托、大型机械等设备，做到日用夜检，时时管护。滑雪场还要根据滑雪者的身体状况和水平等级来调整器材的参数；器材供应员应用口头和书面形式说明器材的性能及安全、正确、简单、明了的使用方法。

三、滑雪场安全救援系统

（一）安全救援组织系统

滑雪场要建立安全救援组织系统，明确各部门在风险管理及救援工作中的权限和职能，明确人员的岗位任务和职责，通过安全培训、安全监控、制度建设、应急管理、紧急救援、保险理赔等一套安全救援体系来减少安全隐患。应研制游客救援方案、救援流程等，建立各类应急方案，如大客流应急方案、索道应急方案、火灾应急方案等。滑雪场必须有专业医疗人员、救护设施、器材药品、急救中心和救援巡逻组织，滑雪场作为第一现场有责任全力救护、医治或将伤者快速送往医院。

（二）安全救援人员与技术装备

滑雪场要成立专业的救援团队，一旦发生事故，各部门迅速配合，完成救援。安全人员要熟知救援流程，经常开展救援演练，以便在安全事故发生时能够提供及时的救援方案。应加大对救援队伍的管理，提升救援团队职业素养和服务水平，培养一批高素质、负责任的团队；注重提升救援指挥中心、救援人员、设备中心之间的协同工作能力；还要做好事故前后处理、安全预警、公关处理等工作。滑雪场还要加大对救援硬件设备的资金投入，完善各项救护设施；增加高效救援设备器材的数量，配备全能型雪地山地特种车等先进救援设备，确保救援设备齐全；并定期对救护设备进行检查、维修，定期考核相关人员熟练使用器材的程度；配备高速、便捷的急救车，防止重伤者病情进一步恶化。

（三）滑雪保险

保险能够分担滑雪场压力，促进滑雪运动的健康、可持续发展。国内许多保险公司都已推出滑雪运动专项保险，有大众滑雪运动意外伤害保险、滑雪场所经营责任保险等，包括投保范围、保险责任（意外伤害事故和残疾保险责任、意外伤害医疗保险责任）、保险期间、保险金的申请与给付比例（意外伤害保险金额、医疗费用赔偿限额、医疗费用免赔额、日保费、残疾程度与给付比例）、争议处理、附加律师费补偿特约条款等其他事项。如滑雪事故发生，滑雪场应及时通知保险公司并协助认定事故，消费者将在事故发生后获得保险公司更优的解决方案。滑雪者和经营者应增强对滑雪保险的认知和体验，解除后顾之忧。

思考题

1. 体育场馆风险的定义是什么？有哪些类型？
2. 体育场馆风险管理的定义与内容有哪些？
3. 体育场馆风险识别的内容与方法有哪些？
4. 体育场馆风险系统包括哪些风险因素？
5. 体育场馆风险评估有哪些方法？请列举一种方法。
6. 如何构建体育场馆风险防控体系？
7. 请阐述体育场馆赛事安全防控体系。
8. 体育场馆危机应对的硬件设施准备、人力资源准备有哪些？
9. 滑雪场风险种类有哪些？简述如何预防控制滑雪场风险。

第十三章　体育场馆规划与设计

本章教学提示

1. 了解体育场馆规划与设计的理论基础。
2. 理解体育场馆园区规划理论。
3. 了解体育场馆特色小（城）镇规划理论。

第一节　体育场馆规划与设计的理论基础

随着体育事业的发展和全民健身意识的增强，体育活动的范围已经扩展到休闲、娱乐等许多领域。体育设施的使用者和体育活动的参与者也从专业运动员扩大到社会各阶层。在这样的社会背景下，我国大部分体育场馆面临着如何适应新时期人民大众多元化的使用需求、如何合理科学地建设和管理等问题。

一、新供给经济学理论

早在20世纪80年代，先后有一些学者在扩展的意义上讨论"供给管理"，侧重于讨论因政府而使总供给发生变化的机制中更多样化的政府作为，并特别注重在转轨经济学和制度经济学框架下与政府产业政策实现机制优化等相关联的结构优化，强调在供给角度实施结构优化，增加有效供给的宏观调控创新。新供给经济学是在考察西方传统供给学派、凯恩斯主义等理论和政策主张的得失基础上提出的，是根据我国现实国情提出的创新理论。

我国现阶段供给侧结构性改革提出的背景是自2015年以来，央行为扩大需求，连续几次降准降息，但是结果并不理想，企业融资成本依然居高不下，经济形势并没有从根本上扭转，国内多个行业出现大量过剩产能，与之形成鲜明对比的是，国外消费数额持续攀升，进而验证了我国经济中存在的消费不足源于供给方。另外，我国人口、投资、资源、外资等红利不断减少，经济增速开始回落，经济发展面临较大压力，主要依靠"三驾马车"拉动经济的方式已遇到阻碍。在这种情况下，为寻求一种新的经济增长模式，我国提出了供给侧结构性改革这一新的理念，其本质是一种提高全要素生产率的改革模式，旨在改善我国供需错位的现象，促进经济增长。

新供给经济学是近年来由一批跨行业跨领域学科的专家、学者、企业家、政府官员等组成的民间智库，围绕中国新常态下中国经济到底应该如何深入研究而进行的一系列理论探索和政策主张。主要的理论观点体现在：一是在新的经济学基本框架中强化供给侧的分析和认知。具体解决"生产什么"和"如何生产"的供给侧问题，尤其是"制度供给怎样优化"的问题。二是正视现实并加强经济基本理论支点的有效性和针对性。三是市场、政府、非营利组织等主体应各有作为并力求合作，这是优化资源配置的客观要求。四是强调制度供给应充分引入供给侧分析，从而形成一个有机联系的认知体系，更加注重"理性的供给管理"。

二、效益最大化理论

"效益"是多元化的，其包含了社会效益、经济效益、环境效益和使用效益四个方面。

第一，体育场馆规划与设计的社会效益体现在，为了响应“全民健身”的号召，鼓励大众参与体育活动，体育场馆应尽可能地满足大众的体育需求，多开展一些适合大众需要的体育活动，配置符合体育运动需要的设施。第二，体育场馆规划与设计的经济效益体现在，体育场馆规划与设计时为场馆提供了多样化的功能设计，确保体育场馆资源能够得到充分的开发；同时也为今后的持续发展提前预留出了足够的空间。第三，体育场馆规划与设计的环保效益体现在，体育场馆的建设均采用生态、环保、节能的材料和理念，从而保证整个场馆可持续发展的要求；同时体育场馆周围应保证一定范围的绿化，使得整个场馆在人文景观方面实现人与自然环境的和谐统一。第四，体育场馆规划与设计的使用利益体现在，体育场馆应建在交通便利之处，方便大众参与体育活动；或是靠近居民生活的地方，即“城市健身圈”提倡的观点——体育场馆建设在居民步行 15 分钟可以达到的健身圈范围，从而提高体育场馆的使用率；同时体育场馆内的通道和外部的马路足够宽敞，便于人群疏散。

三、新竞争优势理论

迈克尔·波特在《国家竞争优势》一书中提出国家竞争优势的“钻石模型”，从组织变革、价值链、经济效率和柔性方面所创造的竞争优势角度重新审视产业集群的形成机理和机制。“钻石模型”构架主要由四个基本因素（要素条件；需求条件；相关及支撑产业；企业战略、结构和竞争）和两个附加要素（机遇和政府）组成。在竞争优势理论中，波特强调各个要素在发挥作用时，是一个动态系统性机制的变化。国内竞争压力和地理集中使得整个“钻石”构架成为一个系统。“钻石模型”是一个动态系统，只有在每个要素都积极参与的条件下，才能创造出企业发展的环境，促进企业投资和创新，因此，地理集中是必要条件。该理论认为，形成产业集聚的区域往往从三个方面影响竞争：首先是提高该区域企业的生产率；其次是指明创新方向和提高创新速率；再次是催生新企业的建立，从而扩大和加强集群本身。“钻石模型”如图 13－1 所示。

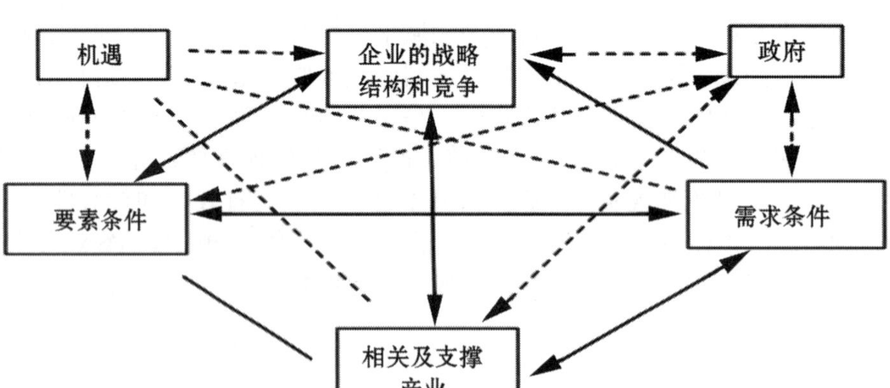

图 13－1 “钻石模型”

四、系统原理

系统是普遍存在的，它既可以解释和应用于自然和社会事件，又可以解释和应用于人、事、物之中。因此，我们可以将任何一个管理对象看作一个特定的系统。系统原理是指人们在从事管理工作时，运用系统的观点、理论和方法对管理活动进行充分的系统分析，以达到管理的优化目标。如何对管理的对象进行系统的分析、如何根据系统的整体性特征从全局考虑和解决人、事、物，是实际工作中运用系统原理的关键。系统原理需要遵循以下原则：第一，动态原则。事物的正常运作，不仅受到系统本身条件的限制和制约，还会受到其他有关系统的影响和制约，并随着时间等因素的变化而变化。这要求我们在事物发展的每个阶段制定相对应的解决措施。第二，整分合原则。系统原理要求首先从整体功能和整体目标出发，其次在整体规划下实行明确的、必要的分工或分解，最后在分工或分解的基础上，建立内部横向联系或协作，使系统协调配合、综合平衡地运行。

体育场馆规划与设计并非易事。体育场馆规划与设计包括前期论证与策划、规划条件的设定、项目基本构想、项目方案设计等环节，每个环节都不是独立存在的，需要将整个流程环节看作一个整体，对于整个体育场馆规划与设计的要求落实到每一个环节之中；同时，每个环节又必须在前一环节的基础上完成，从而形成系统的体育场馆规划与设计流程。

第二节　体育场馆园区规划

一、体育场馆园区的内涵和规划原则

（一）内涵

体育场馆园区是指政府为了促进区域体育产业发展，通过行政或市场化等多种手段促进体育场馆服务业和体育场地建设企业的地理集中，实现体育产业集聚与集群，从而获得更高的生产率和竞争优势。例如，奥林匹克体育中心等。随着时代的发展和人们日益增长的消费需求，体育场馆不仅仅作为体育活动的场所，更是大众日常社交、消费的文化载体。通过在体育场馆周围引进一定的休闲娱乐、集中商业、主题餐饮、健康居住、特色酒店等的集成空间，加剧人群聚集消费，最终形成良性的多功能、可持续发展的体育场馆园区。

（二）原则

1. 整体性

体育场馆园区规划的整体性是指在规划和设计该体育场馆园区时，应将整个体育场馆园区看作一个整体，既要系统性地处理体育场馆与其他配套设施建筑之间的有机联系，也要考虑园区的特色风格、自然与人文之间的融合，更要考虑体育场馆园区内整个功能区的分布，结合周边地理位置，保证场地安全，如建于1959年的英国小鹅体育公园（Gosling Sports park）。公园内除了露天足球场和滑雪场以外，其余均为室内体育设施，包括SPA（水疗）、健身房、田径与自行车场地、壁球场、乒乓球场、羽毛球场、网球场及体操房等，另外，还配有儿童游戏、餐饮、医疗、会议、洗浴、洗车等一系列配套服务。Gosling体育公园不仅满足了大众日常的体育锻炼、体育保健和嬉戏玩耍的要求，也为人们开展其他休闲活动提供了条件。Gosling体育公园说是一个公园，其实更像是以体育建筑为主的，集体育、休闲于一体的体育休闲中心。

2. 匹配性

随着社会的不断发展，体育场馆园区的规划与设计不仅仅只需要满足体育场馆的运动项目使用性，还需要考虑该体育场馆园区是否与整个所在城市或地区的文化背景和形象特征相契合，是否能展现当代经济、科技的发展水平，是否能带动整个城市或地区经济、文化、政治的可持续发展。以成都金马国际体育城为例，通过结合成都目前所处的经济、政治、战略地位，成都市温江区政府希望将金马国际体育城打造成国际体育城，并将园区划分为专业体育竞技、体育休闲体验、商务配套三大区域，主要功能区设为成都国际马术体育公园、金马河体育休闲公园、鲁家滩水上运动公园、电子竞技主题公园、高尔夫体育休闲公园、环金马湖25千米的自行车观光骑游道、旅游与居住的配套服务区等。成都金马国际体育城的建成将有力推动成都现代服务业的发展，并能对整个西部地区形成辐射和带动作用。

3. 可持续发展

生态问题是影响城市形象塑造的重要因素。当今体育场馆园区发展的要求除了保证社会效益、经济效益，也需要重视环保效益，时刻将生态可持续发展放在重要地位。以成都金马国际体育城为例。成都金马国际体育城（见图13－2）位于成都市西部成温邛城市发展带与金马河（岷江）生态景观廊道的交会点上，区政府打算以成都休闲资源和国家体育产业基地发展为基础，在金马河（岷江）环境保护的前提下，根据体育休闲、体验市场需求导向，以建设国际一流的成都国际马术体育公园为切入点，全力打造集体育、旅游、休闲、度假、娱乐于一体的城市新单元。体育产业是绿色产业、新兴产业，但在体育场馆小城镇建设过程中，难免对周围环境有负面影响，如噪声、尘土等。但是，在体育场馆园区规划过程中，应在不破坏自然生态的前提下进行宏观设计，最大限度地降低对生态环境的影响。

图 13－2　成都金马国际体育城设计图

可持续发展还体现在体育场馆建筑规划时自身长期发展条件的打造，即未来是否能扩建、是否符合体育竞赛规则、是否有资质承办大型专项赛事等长期性体育场馆运营考虑。体育场馆方通常将视野放在目前盈利模式上，而忽视了场馆长期可持续的健康发展。如果不在规划设计时预留出未来改造的余地，巨额建造的场馆建筑终将面临利用率不足，在将来被时代发展所抛弃的命运。如加入互联网、物联网为代表的“智慧”元素，就是体育场馆未来发展的趋势，也让场馆规划有更多的想象力和创造力。

4. 以人为本原则

体育爱好者到体育场馆健身运动，目的是享受安静、优质的大自然环境和高品质的健身场地（馆）。因此，在设计和规划体育场馆时，必须秉承“以人为本”的核心理念，而对应到体育场馆中的“人”就是体育爱好者和游客。因此，要将体育场馆规划和设计成一个能充分满足体育爱好者和游人生活、休闲、运动、旅游需求的公共场所。体育场馆“以人为本”的理念不仅要体现在体育场馆（地）的功能布局上，还应体现在体育场馆（地）的服务设施中。例如，为了方便残疾人士进出体育场馆（地），可以在体育场馆（地）的入口开设无障碍通道；在体育场馆（地）附近设立医疗安全站点，使得在体育运动中受伤的人能得到及时的救治；体育场馆门口和售票处等人群聚集地都应留出足够宽阔的空地，营造一个给予大量人流缓冲的空间。

二、体育场馆园区规划基本思路

（一）规划人员组成

体育场馆特色园区的规划团队中的成员除了包括体育场馆等体育产业的学者专家，还要包括地形勘探专家、建筑设计师、园艺设计师、传媒产业专业人士，以及当地政府有关部门人员等，以确保园区达到科学规划的目的。

（二） 场地调研

现场场地调研是整个体育场馆园区规划的第一步。通过现场走访，对现状情况进行调查和分析，充分了解该地区自然地理环境情况、当地社会经济文化情况、体育需求者及潜在体育需求者占周边居民住户的比重等情况。

1. 该地区自然地理环境情况

调查了解该地区的自然地理环境情况，首先，要确认该地区的空气质量、环境是否有利于社会大众参与到体育运动中来。因为人们参与体育运动的首要目的是追求健康，而体育运动区域的负氧含量、空气质量对于参与运动的人群的身体健康和运动感受都非常重要。其次，确认场馆的选址区域的地形状况和自然条件是否有利于建设大型建筑设施。勘探地形地质条件是建设体育场馆规划的基础性工作，也是保证场馆建设安全和财产保证的重要内容。若适合，则需要通过结合自然地理条件，开发与之相适应匹配的体育运动活动，从而充分发挥当地的自然地理优势，做到物尽其值。

调查的自然地理环境数据通常包括：

（1）是否依山。若该地区附近有山系，地质环境如何？山系的高度、坡度等如何？

（2）是否傍水。若该地区内有水源，看看该湖泊或溪流、江河是否适合开发水上运动。

（3）当地气候条件。了解该区域所处的气候带、年平均气温、降水量和雨季等情况。

（4）植被资源。了解该区域适合种植什么品种的树木；是否有常青树？

2. 社会经济文化水平

调查了解该地区的社会经济文化水平，是为了掌握该地区内居民的消费能力和消费类型，以及主导产业类型，以此通过实际情况，开发与体育爱好者经济能力相匹配的体育运动项目，引进主导产业的商家进入该体育场馆园区。另外，大型体育场馆一直是我国建设社会主义精神文明和物质文明的主要阵地，更是发展民族体育事业的重要的物质载体。依据当地经济文化水平，大型体育场馆经营内容可以深度开发一些高附加值的服务产品。根据市场需求，从根本上转变经营思路和经营方式。除此之外，更能够注重对地方传统遗产的开发，结合地方特色体育文化产业，立足于自身的文化生态特点，提高体育场馆举办体育赛事和文化活动的影响力。

3. 周边体育爱好者的情况

调查了解该地区附近的居民人口数量和年龄层分布，以及体育参与者的比重、体育参与者的偏好项目、参与时间和习惯，同时也要对体育参与者进行细致的细分——经常性参与体育活动的大众有多少，潜在体育参与者有多少等，以便于今后针对不同的体育参与者开发适合他们频次和强度的体育活动。

（三） 现状分析

通过对现场实地走访调查收集的有关数据进行整理、统计和分析，合理估计该体育场馆园区目前的体育市场情况，并合理预测该体育场馆园区开园后会带来的市场客源情况，以此制定有关体育运动项目的引进、户外运动设施的比例及增减幅度、体育收费价格梯度、饮食娱乐休闲产业的引进等。

（四） 确定规划定位与发展目标

通过对现实情况的分析，明确该体育场馆园区的规划定位。根据已有体育参与者的数量、年龄层的分布，可以采取以下几种体育场馆园区类型。

（1）倘若该区域附近的体育参与者经济消费能力较低，老年人、青少年居多，则可以响应我国目前“全民健身”“健康中国”的战略号召，将该体育场馆园区定位为全民健身体育场馆园区，吸引周围的体育参与者来园区内健身锻炼，整个园区可以以健身步道、室内外塑胶跑道、羽毛球、乒乓球等大众参与度高、简单易学的体育运动项目场地为主。

（2）倘若该区域附近的体育参与者消费能力高，中高端社会人士居多，则可以引入与之经济实力相匹配的体育运动项目，以室内外网球、室内外高尔夫、高级健身俱乐部、室内外攀岩为主，配套室外健身步道、自行车道、室外塑胶跑道等大众参与度高的体育场地。

（3）倘若该区域附近的体育参与者消费能力高，体育迷较多，则可以在建设体育场馆的同时，积极引进高质量的精品赛事，充分满足体育迷的观赛娱乐需求。

（五） 总体规划

1. 开展空间布局

确定了体育场馆园区的主题和定位，便可以落实空间布局。第一，结合前期调研的现场地理情况，因地制宜，设置与之相适应的体育运动项目场地；第二，根据前期调研的附近居民的消费能力和类型，引入与之相适应的餐饮、娱乐休闲产业，既提高整个体育场馆园区的服务功能，又提高整个园区的经济效益；第三，设计与体育场馆（地）相融合的绿化带和园林景观，在保证体育实用性的基础上，增添美化绿化功能。

2. 保障体系规划

整个体育场馆园区的主产业得到有效规划后，不能忽视保障体系的规划。主要包括安全保障体系规划、交通保障体系规划、能源保障体系规划等。

（1）安全保障体系规划。体育场馆园区设计者必须考虑到，随着体育场馆园区人流量的增加和个别位置的人流聚集，必须保证园区内每位入园者的生命安全。因此，必须重视安全保障体系的规划设计。

第一，主体育场馆周围和体育场馆园区入园处必须留有较为宽阔的空地，以便于体育参与者出入场（园）；第二，主体育场馆内的通道和大门应设计得足够宽，以便馆内大量体育参与者的疏散；第三，在主体育场馆和室外体育场地附近，均设立相应的安全医疗救助点，用于对受伤或出现不适的体育参与者进行急救；第四，在体育场馆内应设置多个消防报警按钮和灭火器材、消防栓等，以提高遇险时体育参与者进行自救的能力，或提高专业消防人员处理火灾的能力。

（2）交通保障体系规划。随着当今社会的快速发展，交通工具也快速发展，购买私家汽车的人越来越多。因此，体育场馆园区应在入口附近，或在园区门口外设置大片空地，用于停车场的规划和建设。同时，与该地区或该城市的交通部门合作，建立经过该体育场馆园区的公交车，或为该体育场馆园区开设公交专线，以便当地居民来该体育场馆园区健身、娱乐和休闲。如果该体育场馆园区远离城市中心，可以考虑建设直达的高速公路，方便市中心的市民来往，增加园区的客流量。

（3）能源保障体系规划。体育场馆园区规划与设计必须保证园区内日常供电、供水的稳定及废弃物的定期收集处理。园内所涉及的能源计算，都应结合前文所提到的前期调查的附近住户人口规模预测来开展。通过科学、有依据的供给方法，在保证整个体育场馆园区的公共服务质量的同时，实现节能减排、节约资源的理念，为整个体育场馆园区节省不必要的运营成本。

三、体育场馆园区功能区设置

（一）体育运动场地功能区

无论该体育场馆园区周围配有如何优质的餐饮、住房等其他商业娱乐设施，体育场馆本身必须是整个体育场馆园区的核心。因此，整个体育场馆园区的规划应按照体育运动场地的需要进行设计。除此之外，制定合理的规模和功能标准是一个重要课题。必须考虑目前以及未来该体育场馆园区附近所存在的体育运动需求，然后再根据自身实际情况，制定符合规模和功能的体育运动场地（馆），从而保证当地群众的实际体育需求得到满足，并且不会导致体育场地（馆）未得以充分利用。

1. 室内体育运动场馆

室内体育运动场馆的设计应视为整个体育场馆园区的标志性建筑。体育场馆的外形不仅要代表该体育场馆园区的发展理念，更要体现出该城市或区域的发展理念，成为该城市或区域的标志性建筑。除此之外，该体育场馆的建设还应积极运用当代先进的科学技术，无论是在体育场馆建设选择材料方面，还是室内“互联网+”的应用，都应体现这个时代的先进性。以荷兰阿姆斯特丹的 Arena 体育馆（如图 13－3 所示）为例，为了实现人工与自然环境的融合，并且达到绿色节能环保的要求，Arena 体育馆采用了开合屋盖方法，在雷雨天等恶劣天气时，屋顶可以关闭；当天气晴朗、空气质量佳时，屋顶则又可以开启，从而保证新鲜空气进入体育馆内。

图 13－3　荷兰阿姆斯特丹的 Arena 体育馆

此外，为了保证体育场馆的长期可持续发展，在建设规划前期，就应留出足够的空间用于满足未来需求的多功能化开发。只有在体育场馆设计之初就留出了足够充足的空间，才有可能满足时代发展变化下的新需求、新商机。同时，由于有了前期的调查和预测，已经对周围的体育爱好者需求有所了解，再对这些数据进行分析，即可根据体育需求和参与时段制定出阶梯定价，或者针对部分特殊人士（残疾人士或老年参与者）免费开放。

2. 室外体育运动场地

一般情况下，室外体育运动场地多位于公园、小区、体育场馆园区内，或者独立建成。室外体育场地一般有篮球场、排球场、网球场、羽毛球场、足球场、田径场、游泳池、乒乓球台等场地区域，可以满足参与运动的人锻炼、教学、训练的需求。室外体育运动场地的分布应根据每个运动项目的性质并结合地形进行设计、建设。例如，英国伦敦的摄政园，摄政园的场地设计者充分利用了园区内的湖泊和草坪等自然资源，在其周围设计了多条休闲健身步道（图 13－4），从而既满足了大众观赏自然景观的需求，又为体育爱好者提供了一个开放的室外体育运动场地。

图 13－4　英国伦敦摄政公园健步道

3. 衍生辅助内容

随着社会的发展，越来越多的体育场地（馆）还配套设置了相关辅助内容，就是在主要运动项目中衍生出适合不同人群的有改进的运动项目。如游泳馆内附属设置儿童池或儿童戏水游乐园；在健步道旁边设置可供残疾人士根据自身情况调整的健身器械（如图13－5 所示）等；同时，还应在体育场馆的入口旁和室外塑胶跑道旁设置相应的无障碍通道（如图 13－6 所示），方便残疾人士进入体育场（馆）内，以体现当代人性化越发重要的特点。英国的伊斯特本体育公园除了为残疾人士提供各种相应的机械和场地外，还专门设计了残疾人的开放时间表，以方便残疾人士更自在舒适地使用体育场地。

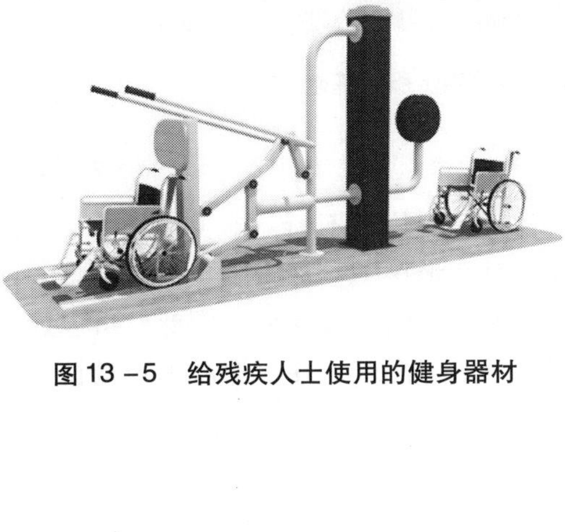

图 13－5　给残疾人士使用的健身器材

图 13－6　室外体育场地旁的无障碍通道

（二）其他辅助功能区

在建筑学领域，根据房屋的使用功能和各共有建筑部位的服务范围而划分的区域称为功能区。上一级功能区可再分为几个下一级功能区，各功能区之间可能相互包含、交叉、并列。体育场馆园区之所以被视为体育场馆综合体，就是因为它不仅有体育场馆业和体育休闲健身业，更像是一个微型的体育产业。体育产业功能区是指具有一定规模和特色的体育及相关产业在空间上集聚，并能提供专业服务机构和公共服务保障的一种城市功能区。为了丰富体育场馆园区内多业态的发展，满足社会大众的更多体育需求，它还可以包含除休闲健身业外的其他体育产业。例如，体育用品销售业、体育培训业、体育健康业、体育票务等。

1. 体育用品售卖功能区

体育用品售卖功能区应当靠近主体育场馆，目的是能更好地提升销售业绩，又能给体育参与者提供更丰富的服务。为了体现体育场馆园区的专业性和质量，体育场馆园区经营者可以引入国内外知名体育品牌，如阿迪达斯、耐克、李宁、安踏等。将这些知名品牌引入，并不只是简单地售卖运动服饰和球鞋，而是为了提升体育场馆园区的服务性和专业性，体育场馆园区与体育品牌签订合约，要求它们在售卖运动服饰和球鞋的基础上，再配备更多体验式、定制化的器械，以满足现代体育爱好者个性化的需求。特步在奥林匹克森林公园的跑步服务基地如图 13－7 所示。

图 13－7　特步在奥林匹克森林公园的跑步服务基地

2. 体育培训功能区

近年来，青少年体育培训业成为热门。随着体育产业的热潮不断，不少家长为了提高孩子的身体素质，也为了追寻社会潮流，都利用周末时间带孩子参加青少年体育培训。网球、羽毛球、篮球、滑雪等体育项目都成了家长们争先报名的火爆课程。因此，可以通过前期的调查数据分析出体育场馆园区周围的青少年体育培训需求，并根据需求数量按时段划分体育场地。

3. 体育票务售卖功能区

体育场馆园区具有为社会大众提供日常健身场地及设施的作用。为了提高体育场馆园区的知名度，同时丰富园区经营业务、提高园区利用率，可以将体育场馆作为当地知名球队的主场地，或引入高质量的精品赛事和娱乐演唱会、展会等活动。因此，可以在园区入口，或者是核心体育场馆入口附近搭建体育票务售卖功能区。体育票务售卖功能区应选址在较为宽阔、无遮挡的地方，从而有利于大量观赛人群聚集、取票。鸟巢售票处如图13－8所示。

图13－8　鸟巢售票处

4. 体育健康功能区

随着“健康中国”理念成为我国国家战略，社会大众越来越重视自己的身体状况。一个人是否健康不仅要看其体重有多少，更要通过一系列的测试仪器对全身及各个部位的体脂进行测试。众所周知，体育的首要功能是强身健体，这正是目前流行“体医结合”理念的基础。如果仅靠医院进行体检、处方的治疗，是不能从根本上治好心脑血管等亚健康疾病的。因此，必须以体育为预防手段，通过日常生活中的体育活动，将身体中的“负担”清除。目前，已有不少国人意识到了体育的积极作用，但是没有对自身能力有一个清楚的认识，强制进行超负荷、不健康的体育活动，不仅亚健康问题没有得到改善，反而造成了肌肉拉伤、关节劳损等问题。

因此，体育场馆园区可以在主要体育场馆和室外运动场地附近建设体育健康功能区。设置和安排一些体质监测与康体服务，并开设与运动损伤预防、跑者急救及运动后科学拉伸恢复有关的课程，也可以在健步道附近设立宣传展板（如图13－9所示）等，积极向社会大众宣传科学健身、健康体育的理念。

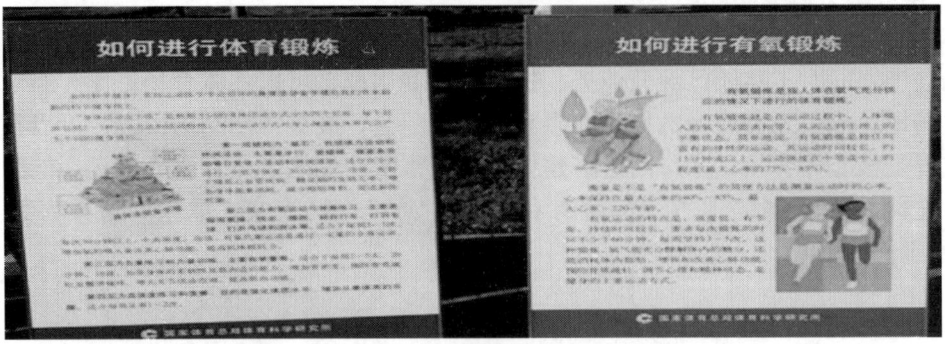

图 13－9　科学体育展板

（三）餐饮休闲功能区

餐饮、便利店应集中在体育场馆（地）的周围，以便于体育参与者在运动后能及时进行能量的补给。此外，还应在开设体育培训的场地附近设立餐饮等休闲功能区。因为不少家长会送孩子来上课，并在场边等候孩子。因此，我们可以在青少年体育培训场地附近设立咖啡店等休息区域，供家长休息等候，同时还可以保证家长留在体育场馆园区内，为体育场馆园区提供经济收入。除此之外，餐饮和便利店里应尽量售卖健康食品和营养品，保证消费者拥有健康的饮食习惯。

（四）安全医疗功能区

上文提到，不少国人由于对自身能力没有一个清楚的认识，过于超负荷的体育活动反而造成了肌肉拉伤、关节劳损等问题的。并且，许多人没有掌握科学的体育健身方法，在运动前没有做热身活动，所以，在运动时会出现疝气、拉伤等症状。这时，就需要尽快送到安全医疗室进行救护。因此，安全医疗功能区也应设置在室内体育场馆和室外体育场地连线的中间点。

（五）绿化美化功能区

绿化带应尽量种植符合当地自然环境气候条件的植被，或是四季常青的植被，同时也需要选择一些释放氧气能力较强的植被。绿化植被应多栽种在室外体育运动场地周围，在室内的体育场馆外可以少量地种植，以起到美化或隔离的作用。绿化带的设计不仅为体育场馆园区增添美化功能，更是为整个大环境的空气质量提供保障，使得参与室外体育活动的大众能够呼吸到健康、清新的空气。以英国伦敦摄政园为例，伦敦摄政园就是将主要的体育设施设置在公共绿地茂盛之处，从而充分利用公园的自然绿化环境为社会公众提供了一个露天的休闲锻炼场所，如图 13－10 所示。

图 13－10 英国伦敦摄政园全景

第三节 体育场馆特色小（城）镇规划

一、体育场馆特色小（城）镇的内涵和特征

（一）内涵

以体育场馆服务业为主导的特色小（城）镇，简称“体育场馆小（城）镇”，分为体育场馆特色小城镇和体育场馆特色小（城）镇两个层次，分别指以体育场馆服务业为主导，具有和谐宜居的美丽环境、彰显特色的传统文化、便捷完善的设施服务和充满活力的体制机制的建制镇和不同于行政建制镇与产业园区的体育复合地域空间（或体育创新创业平台）。简言之，体育场馆小（城）镇就是在建制镇或复合地域空间中通过体育场馆服务业实现就地城镇化的产物，呈现形式为“可不断集聚资源而持续获得发展的地理空间”。需要说明的是，根据《国家体育产业统计分类》标准，场馆服务包括体育场馆和其他体育场地（社区、公园、健身步道、多功能城市广场等运动场所）的管理服务。就体育场馆小（城）镇而言，场馆服务业的范畴不仅包括场馆的日常维护、租赁服务管理，还包括由场馆运营者依托场馆经营主体创办或主导的竞赛表演活动、体育培训、运动休闲活动、体育金融等各种服务内容。此外，体育场馆小（城）镇的特征决定了其既不等同于大型体育赛事场馆赛后运营产物，也不等同于场馆群。

（二）特征

并非所有的体育场馆供给区域都能够成为体育场馆小（城）镇建设的适宜地点。培育以体育场馆服务业为主导的特色小（城）镇应具有以下两个特征。

一是依托体育场馆建设所形成的体育场馆服务业是体育场馆小（城）镇经济发展的核心驱动力。体育场馆小（城）镇的形成和发展依靠主导产业的牵引，其关键要素是基于体育场馆硬件建设基础上的场馆服务业，而不是小（城）镇中场馆设施的单一管理或是作为小（城）镇众多产业中的一种。但是，体育场馆小（城）镇打造还需要与其相关的产业相结合，打造“体育场馆服务业 +”模式。

二是体育场馆小（城）镇运营具有比较优势。体育场馆小（城）镇的比较优势体现在资源优势、产业优势、环境优势和产品优势四个方面。就体育场馆小（城）镇而言，并非要同时具备以上四个特征，只要具有其中一个特征或多个特征，其打造就具有了一定的可能性。具体而言，①资源优势是指体育场馆小（城）镇在培育之前已具备了一定数量或质量的场馆资源或者培育启动阶段已有投资方愿意并能够生产一定数量或质量的场馆资源。就前者而言，在我国，既有隶属于省政府或省级体育行政部门的体育中心或奥体中心，又有隶属于区政府或县政府的体育中心，多为“一场两馆”。但是，并非等同于大型赛事场馆的集聚。集中供给的模式为场馆设施的空间集聚（复合地域空间的形成）提供了先天优势，也为体育场馆小镇的建设提供了天然资源。就后者而言，目前我国已有部分上市公司将业务拓展至体育小（城）镇建设，如万科集团的松花湖度假区冰雪小镇、莱茵体育的桐庐莱茵国际足球小镇、棕榈股份的贵安新区棕榈·西布朗足球小镇等。②产业优势是指在某区域范围内体育已经成为人们的一种生活方式或者主要经济谋生手段，相比其他产业而言，该区域范围内体育场馆服务业提供的产品成本较低、产品质量较好，所占的市场份额较大。③环境优势是指体育场馆小（城）镇建设备选（潜在/可能）区域拥有良好的自然环境和人文环境，具有吸引已有或潜在的投资者和消费者的能力。例如，奥地利基茨比厄尔滑雪小镇产生之初，已有来自德国等地的旅游者来此休闲度假。④依据产品空间理论，产品优势是指体育场馆小（城）镇提供的产品代表了一整套生产力，包括所需要的资源要素投入，以及相应组织机制与法律制度等外部环境在内的全部生产条件的集合。

二、体育场馆特色小（城）镇规划原则

（一）尊重自然环境

体育场馆特色小（城）镇与上文所述的体育场馆园区在环境上的要求有些不同，体育场馆特色小（城）镇要求尽最大可能地保留小镇内的所有纯天然环境和生态系统，避免过多开发造成小镇发展同质化，失去其本身的特色。

瑞士的冰雪特色小镇（如图 13－11 所示）是被全世界公认的最原生态、最无污染的体育特色小镇，去那里运动休闲、旅游度假的体育爱好者和游客络绎不绝。一定程度上是因为瑞士的特色小镇将小镇定位在面向全世界高端人群，除了小镇内设置的高配置体育运动项目，如登山、滑雪等，更有纯自然、干净美丽的自然环境，宛如天堂般的安谧宁静，使得世界各国的高端人群能在那里放下一颗沉浮的心，通过极限运动突破和超越自己，追

求自我、享受自我。

图 13－11　瑞士的冰雪特色小镇

（二）注重前期调研

由于在体育场馆特色小（城）镇设计和施工前，聘请了体育产业方面的专家组成专业的科学考察评估团，对该体育场馆特色小（城）镇周边社会经济文化情况进行了调研。所以，在之后的规划与设计中，应积极遵循调研情况，进行切合实际的体育场馆特色小（城）镇建设和开发。该体育场馆小镇的承载能力、容量、开发规模、盈利目标等都应遵循实际的市场调查结果。

同时，在线下考察调研的过程中，如果发现周围市场上已经有了类似的体育场馆特色小（城）镇，应对其也进行细致的走访和调查。了解了行业中对手的实际情况后，挖掘和培养自己小镇的独特性，从而与对手形成差异化发展模式，避免未来因同质化而造成恶性竞争。

（三）因地制宜，实现四季运营

在前期的调研考察后，应整理出有关自然地理环境的详细数据，并细致研究分析。与体育场馆园区相比，体育场馆特色小（城）镇更依赖于原生态的自然环境。因此，应充分利用该体育场馆特色小（城）镇区域内的所有地理信息，因地制宜，开发和引进与现实情况相契合的体育运动项目和其他业态。

由于我国幅员辽阔，跨纬度较广，距海远近差距较大，地势高低不同，地形类型及山脉走向多样，因而气温降水的组合多种多样，形成了多种多样的气候，也造就了我国大部分地区城市四季分明，且每个季节都有自己的特色的现状。因此，要求在规划与设计体育场馆特色小（城）镇时，应充分利用当地的自然气候环境条件，尽可能地把握每个季节的特点，从而保证该体育场馆特色小（城）镇四季运营，全年有持续而稳定的客流量和资金进入。

以新西兰的皇后镇为例。皇后镇位于新西兰南岛南阿尔卑斯山脉，四季分明，春季平均气温为15℃～16℃；夏季最高温度在22℃；秋季最低气温在6℃左右；冬季气温为1℃～10℃。四季温度不同，所以皇后镇充分利用了四季的差异，开发出了各种各样适合四季的户外运动。当地政府对大自然有很好的保护，使得皇后镇四季都很美丽，每个季节均有自己的特色。皇后镇的夏季，你可以乘坐喷射快艇、激流泛舟、玩跳伞玩蹦极等，充分享受夏季的激情与凉爽；到了冬季，你可以在各式各样的滑雪场上尽情地享受冰雪运动，世界各地的滑雪与雪板爱好者们会齐聚此地参加一年一度的冬之祭；而在春秋两季，皇后镇则可以依托高山开展远足、高端休闲、探险活动和航空运动。由此可见，皇后镇拥有优质的天然地理环境和四季运营的体育活动，使得全年都有大批休闲度假的游客和体育爱好者来此。皇后镇拥有稳定的客源和资金盈利，无疑是全球最好的体育场馆特色小（城）镇。

（四） 多业态联动、协同发展

如果体育场馆特色小（城）镇内仅有体育产业，那么这个体育场馆特色小（城）镇也注定无法实现长远发展。通过将餐饮业、住宿业、娱乐业等其他服务设施产业引入该体育场馆特色小（城）镇中，实现多产业的联动发展和协调发展，不仅可以满足体育参与者和游客不同的度假休闲需求，而且可以带动镇内全部业态实现客观的收益，使得整个特色小镇内的多业态形成良性互补、互利共赢的局面，共同促进当地的就业和社会经济健康、全面发展。

（五） 引入信息技术，实现场馆可持续发展

“智慧场馆”是指各类场馆在建设时期以及运营管理阶段，利用智能化的信息技术与场馆运营管理、服务的实际应用相结合的场馆类型。以场馆为主体品牌，通过智能硬件、软件设施的投入，联合周边产业共同发展，致力于拓宽完善服务项目、增强场馆管理水平、降低综合运营成本、促进场馆的营销推广、获得社会效益与经济效益，进而促进文化发展、推动产业发展。“智慧场馆”是公共体育产业发展的新方向；“智慧场馆”是现代场馆可持续发展的理念与实践，是未来场馆的理想模式；“智慧场馆”是智慧城市的重要组成部分，是文体产业基于新时代的具体实践。在体育场馆未来的规划设计中，需要越来越重视场馆的智慧智能原则，建造科技含量高的体育场馆。

三、体育场馆特色小（城）镇规划基本思路

（一） 规划成员组成

体育场馆特色小（城）镇的规划团队成员应当与体育场馆园区的团队成员在设置上有差别。体育场馆特色小（城）镇无论是从地域规模，还是从产业链聚集程度，都要大于体育场馆园区的范围，因此，在团队成员的选择上覆盖面应更广。除了必须拥有体育场馆等

体育产业方面的学者专家外，还必须配有房地产行业、投融资产业、地理地质勘探专业、园艺专业、旅游产业、传媒专业、互联网产业等方面的业内专家和学者，从而保证该体育场馆特色小（城）镇在产业链和整体开发上最完善。

（二） 场地调研及数据分析

1. 自然地理气候因素

体育场馆特色小（城）镇对于选址的自然地理气候因素要求极高。一般情况下，体育场馆特色小（城）镇多为户外运动项目聚集区，因此对自然地理气候因素有较高的要求。以滨海体育特色小镇为例，滨海体育特色小镇必须选址在没有海啸、海平面平静的海边，拥有绵长的海岸线和柔软干净的沙滩；沙滩外或是绿树成荫，或是直通柏油马路，拥有良好的交通条件等。必须保证小镇先天的自然地理气候资源禀赋，才有可能在海上开展水上体育运动，并以此吸引水上运动爱好者和度假游客长期来此。

2. 社会经济因素

一般的体育场馆特色小（城）镇多为户外运动，如滑雪、攀岩、徒步、自行车、蹦极等极限运动。因此，小镇的选址应在人口区域相对密集的地方，且绝大部分的人有一定的体育需求和稳定较高的收入，年龄应在 50 岁以下为宜。

3. 交通区位因素

体育场馆特色小（城）镇必须拥有绝对的交通区位优势。因为体育场馆特色小（城）镇占地面积广、场馆服务设施齐全、对地理位置地形要求高，多选址在城市的近郊，甚至远郊地区。因此，如果不同步配有通达的交通道路（公路、铁路、航线、空线等），或是便利的公共交通工具（公共大巴、火车、轮船、载人飞机等），社会大众可能不愿意常去，也就无法保证稳定的体育参与者和旅游客源市场。

（三） 确定规划定位与发展目标

通过前期对体育场馆特色小（城）镇在地理、气候、空气质量等自然环境和所在地区的社会经济文化环境的调研，对小镇区域内的资源条件和承载能力有了一个综合考量。这时，就应结合所有条件因素，确定小镇在核心体育运动主题、面向的核心人群等方面的规划定位。例如，如果小镇区域位于高纬度地区，内有海拔较高的山地，但无雪崩、山体塌方等自然灾害存在，冬季气温较低、有稳定的积雪，空气质量好；小镇附近的居民经济基础较为殷实，有旺盛的体育锻炼需求，也有旅游度假的愿景；同时，小镇区域周边有便利的交通可以通往周围的城市中心等。由此可知，具备这样区位优势的地区可以规划和建设以冰雪为主题的体育场馆特色小（城）镇。

以沙木尼滑雪小镇为例。沙木尼滑雪小镇位于法国中部东侧，毗邻意大利和瑞士，地处阿尔卑斯山主峰勃朗峰脚下的山谷里；主峰勃朗峰海拔 4807 米，峰顶终年积雪，有“欧洲屋脊”之美称。沙木尼地处温带和亚热带之间，由于位于山谷里，空气较为干燥，但日照充足，天气极佳。邻近的法国主城区和毗邻的意大利、瑞士居民都拥有较为稳定的经济基础，体育爱好者特别是滑雪爱好者众多，加上法国、意大利、瑞士都是世界著名的旅游城市，每年都有大批旅游爱好者来这些国家度假休闲。另外，法国、意大利、瑞士等发达国家社会基础设施建设较好，交通便利。因此，在沙木尼规划和建设以冰雪运动为核心的体育场馆特色小（城）镇是具有可持续发展能力的。沙木尼小镇作为现代登山运动发源地，如今长住居民仅 1.3 万人，但每年需接待超过 200 万的登山滑雪者和日常游客，被称为“户外爱好者的乐园”“滑雪者的天堂”。

（四） 总体规划

有了前期确定下来的体育场馆特色小（城）镇核心体育主题、定位和发展目标后，体育场馆特色小（城）镇进入最后的总体规划阶段。根据前期的场地勘探和核心体育主题的确定，可以确定各个体育运动项目场馆及其所需的运动设施、设备。以滑雪特色小镇为例，首先，应确认低、中、高级雪场的位置及缆车、滑雪装备领取点等的事项；其次，结合当地四季气温的特点和地形特点，开发和引进其他体育运动项目，并确定各个运动项目场馆、设施设备的落地；再次，在各大体育运动项目场馆周围确定是否引入餐饮、住宿、娱乐休闲、教育文化等产业链；然后，确定大门入口、游客服务中心、洗浴厕所、安全医疗站点、保障体系站点（供水、供电、垃圾处理站等）、停车场等公共服务配套设施的落地；最后，如果有必要、有需求，还应及时与当地旅游局、广电总局等部门，以及国家级或当地著名的体育单项运动协会和社团进行深度联系、合作，开展与小镇相适应的体育赛事活动或体育培训，以保证该体育场馆特色小（城）镇的可持续发展。

四、体育场馆特色小（城）镇案例分析

（一） 美国太阳谷滑雪场小镇

美国太阳谷滑雪场小镇是依托自然禀赋的休闲、娱乐胜地，是美国疗养与旅游的标志性场所，是美国西部滑雪行业的领导者。太阳谷滑雪场小镇位于爱达荷州中部的一个小村庄，离凯彻姆镇中心不足 2 千米，联合太平洋铁路公司投资建设而成。太阳谷滑雪场小镇自 1936 年运营至今，其主要特征表现在：一是自然禀赋、大众休闲需求增长与滑雪小镇产品供给紧密相关。太阳谷滑雪场位于美国国家森林公园内，具有天然的良好的滑雪地形基础优势，为滑雪场的建设创造了良好的区域。休闲需求的不断增长促使休闲产业管理者和投资者采取一系列的措施，吸引和满足大众需要。例如，露营爱好者的增加促使林务局在森林中开辟了专门用于露营的特殊区域；阿巴拉契亚山脉俱乐部等户外俱乐部成员的滑雪兴趣、对滑雪装备和滑雪技能要求的提升促使其增加服务内容。太阳谷滑雪场小镇提供的滑雪服务及相关衍生产品成为消费者热衷追求的重要原因。二是依靠精准的营销策略留住滑雪消费者并满足滑雪消费者多样化的需求。为了吸引凯彻姆镇以外的潜在滑雪消费者并提升滑雪场小镇的知名度，一方面，滑雪场小镇管理方聘请美国著名的广告设计师斯蒂文·格林博格为其宣传太阳谷滑雪场。独特的广告设计结合了当地特色的气候特征和地理位置特点，让滑雪消费者能够拥有在三角裸露的冰屋内晒日光浴、雪上冒险者与风景如画

的牧羊人在越野之旅中遇到滚动房屋等不同寻常的体验。另一方面，滑雪场小镇管理方邀请好莱坞著名演员参与滑雪场的开业典礼，并聘请著名的滑雪运动员开辟专栏宣传太阳谷滑雪场。在此基础上，基于滑雪消费者的不同需求，太阳谷滑雪场管理方将其打造成为场馆服务综合体，引入曼哈顿百货公司、萨克斯第五大道精品百货店等高端流通企业开展滑雪设备的销售等服务。三是太阳谷滑雪场小镇的发展与联邦政府、林务局支持紧密相关。虽然太阳谷滑雪场小镇在运营中具有诸多的自身特色，但是，其场地设施的发展很大程度上依赖于联邦政府和林务局的支持。当然，这与拥有太阳谷滑雪场土地所有权的林务局有关国家森林公园的经营理念有直接的关系。林务局将森林视为一种产品，并且极力主张在国家森林公园中大力发展休闲业。随着各种山区和户外团体的娱乐活动迅速发展，相关森林服务的休闲政策也由联邦政府颁布实施。因此，依托太阳谷滑雪场的小镇服务内容才得以有效开发。太阳谷雪道布局图如图 13－12 所示。

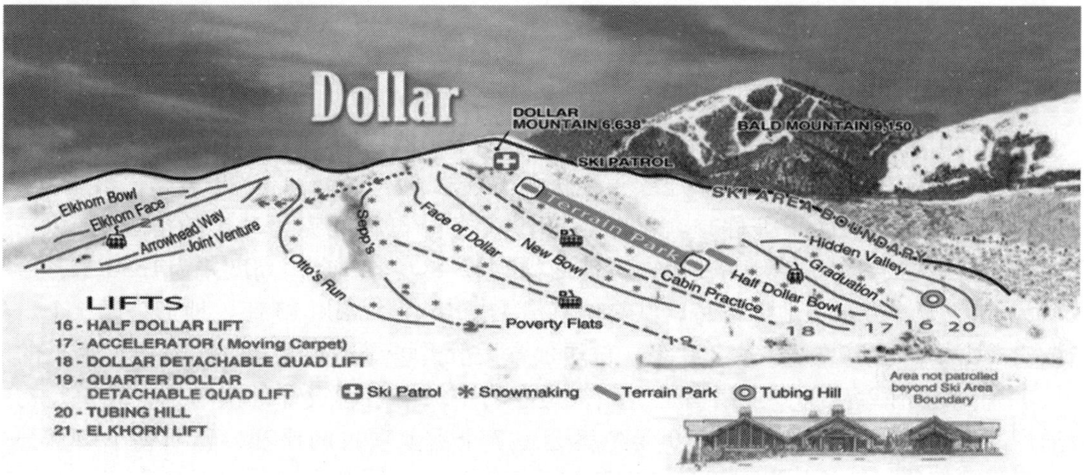

图 13－12　太阳谷雪道布局图

（二）奥地利基茨比厄尔滑雪小镇

奥地利基茨比厄尔是世界闻名的滑雪胜地，具有瑞士滑雪小镇的风格。奥地利基茨比厄尔的发展之路独具特色：①当地居民众筹建设了基茨比厄尔滑雪小镇。小镇的诞生源于当地居民对基茨比厄尔地区经济发展的迫切需求。在基茨比厄尔当地的客栈老板弗兰茨·莱施的倡导下，基茨比厄尔村的村民共同创建了“基茨比厄尔冬季运动协会”，并大力发展滑冰运动、长撬运动（现代冬季两项的起源之一）和滑雪运动等，同时建成了溜冰场、长撬雪道等冰雪运动设施。因此，当地居民期望通过建设冬季运动项目设施及发展场馆服务业以改变自身和当地的经济状况。②完善与滑雪旅游相关的配套服务设施和服务内容。首先，为了满足滑雪旅游者的需求，管理方先改善了小镇的住宿和用餐条件。尤其是米其林星级餐厅的加盟，也成为这个地处阿尔卑斯山脉的小村庄吸引冰雪运动爱好者的特色之一。其次，培养当地居民的孩子学习高山滑雪并成为滑雪向导服务人员的储备力量。再次，举行跳台滑雪比赛和具有当地特色的音乐节，以丰富小镇的延伸服务内容。最后，依靠著名滑雪运动员的口碑效应，吸引更多潜在的消费者。奥地利基茨比厄尔滑雪小镇雪场俯瞰图如图 13－13 所示。

图 13－13 奥地利基茨比厄尔滑雪小镇雪场俯瞰图

（三）加拿大惠斯勒滑雪小镇

惠斯勒山滑雪场位于加拿大温哥华以北约 120 千米的惠斯勒，是北美洲最大面积的滑雪胜地，惠斯勒在 1992—1995 年连续 4 年获滑雪杂志 *Snow Country*“北美第一滑雪胜地”及“最佳度假胜地设计”等称誉。它也是 2010 年冬季奥林匹克运动会的滑雪场地之一。惠斯勒山滑雪场于 1966 年开始使用，占地面积 1462.8 万平方米，高度差为 1530 米，滑雪区域为 3307 万平方米，地形奇特，共有碗状滑雪场 16 个、冰川 13 座、地形公园 5 个。惠斯勒山滑雪场的雪道数量多达 200 条，位居加拿大滑雪场雪道数量第一。其中，最长的雪道长 11 千米，有 25% 的专业滑雪道、55% 是专为中级滑雪者设计的滑雪道，20% 是初学者适用的滑雪道。由于承办了 2010 年冬奥会中 7 个雪上项目的比赛，惠斯勒小镇享誉全球，每年都有络绎不绝的滑雪爱好者和游客前来滑雪。惠斯勒小镇的滑雪场主要有惠斯勒山滑雪场和黑梳山滑雪场，它们不仅是北美两大著名滑雪场，更是国际级的滑雪场地。但由于夏季气温的上升，不少雪场的积雪不适合滑雪。因此，经过 100 年的发展，如今惠斯勒小镇已经形成了冬夏两季均衡发展、以中产阶级家庭为主要稳定客源的滑雪胜地。

惠斯勒小镇相关体育设施包括：惠斯勒滑雪中心（Whistler Sliding Centre）、惠斯勒奥林匹克公园（Whistler Olympic Park）［以前称惠斯勒诺迪克会场（Whistler Nordic Venue）］和惠斯勒湖边区（Whistler Creekside，于 2017 年年底完工）。在 2010 年冬奥会期间，惠斯勒奥林匹克公园主办冬季两项、越野滑雪、北欧两项和跳台滑雪比赛项目，可以容纳观众 12 000 人左右；惠斯勒滑雪中心主办雪车、雪橇和钢架雪车比赛项目；惠斯勒的湖边区主办高山滑雪比赛项目。冬奥会期间，惠斯勒冬奥村共接待 2800 余名运动员、教练员及政府官员。惠斯勒雪橇运动中心（Whistler Sliding Centre）、惠斯勒奥林匹克公园（Whistler Olympic Park）和惠斯勒奥林匹克广场（Whistler Olympic Plaza）都是 2010 年的冬奥会和残奥会给惠斯勒小镇留下的宝贵旅游遗产。

奥运会过后，惠斯勒雪橇运动中心和惠斯勒奥林匹克公园不仅成了当地运动娱乐场所，还承办了许多公众赛事、特别活动和许多诸如世界杯的高水平大赛。惠斯勒奥林匹克广场则成了当地人和游客聚集的场所，人们可以在那里观看露天现场音乐会和演出，也可以在宽敞的草坪上野餐和玩飞盘。

惠斯勒除了有一流的滑雪场外，还有 4 个锦标赛高尔夫球场、世界级购物体验、餐厅和酒吧、徒步旅行路线、水疗，以及可称得上是世界上最好的山地自行车公园。可以看出，惠斯勒小镇为实现四季运营做好了充足的准备。冬季以雪上运动为主，主要包括降速滑雪、直升机滑雪、林间滑雪、越野滑雪等竞技类雪上运动，雪圈滑雪、雪地摩托、狗拉雪橇等娱乐性雪上活动；春季至秋季则有许多节庆、音乐会等娱乐活动；夏季主要开展室外高尔夫、徒步、自行车、钓鱼等户外休闲运动，是理想的避暑胜地；其休闲服务设施配套齐全，主要是惠斯勒村和上村，引进了许多优质的住宿酒店、当地特色餐饮店、商场、酒吧、温泉水疗馆、画廊艺术馆、儿童托管中心等多业态；除此之外，小镇配套了专门的山谷特快巴士，以供体育参与者和游客出入惠斯勒小镇及雪场等地区。由此可见，有这么多丰富且高品质的体育场地和配套的旅游服务设施，惠斯勒小镇绝对不辜负“全球最佳滑雪胜地”的称号。

（四）美国洛杉矶圣莫妮卡体育特色小镇

圣莫妮卡体育特色小镇分为两个部分：圣莫妮卡海滩和威尼斯海滩。圣莫妮卡海滩区域外是著名的 66 号公路——电影《阿甘正传》里阿甘奔跑的终点。正是因为有了这条公路，圣莫妮卡小镇拥有了与其他水上运动体育小镇不同的开始。圣莫妮卡海滩的海上运动项目不比别的水上运动小镇少，由 66 号公路引出的自行车道几乎与海岸线平行，这是一条由水泥铺成的、宽 1.5 米的自行车道，供市民日常跑步、骑行、遛狗、玩滑板等。海边有免费的淋浴卫生设施，供体育参与者们洗澡、更衣。除此之外，圣莫妮卡还积极引入高品质的体育赛事，如 2028 年的奥运会，圣莫妮卡海滩是奥运会沙滩排球和冲浪比赛的场地。

距离圣莫妮卡海滩 5 分钟车程的威尼斯海滩则与圣莫妮卡海滩形成了鲜明的差异化发展。这里展现的是青少年热爱的潮流街头文化体育——滑板公园（如图 13－16 所示）、街头篮球公园、网球公园、手球场都在这里；但最有特色并且广受欢迎的是肌肉海滩，该区域内设置了大量的吊环、双杠、单杠等体育设施，堪称一个“体操公园”。不少美国健身达人和网红会来此健身，并录制小视频，在 INS（Instagram，社交应用）上发布。因此，受健身达人和网红的传播影响，越来越多的健身爱好者来此打卡，参与健身运动，秀出自己的肌肉。

由此可见，圣莫妮卡海上运动体育特色小镇在保证水上运动项目发展的基础上，融进了自行车、沙滩排球、滑板、街头篮球、健身等较为大众化的体育运动项目，使其与其他水上运动特色小镇形成了差异化，避免未来因同质化而出现恶性竞争的情况；同时也是因为进行了差异化发展，使得圣莫妮卡体育小镇脱颖而出，成为美国大众日常参与体育活动的场所。

五、体育场馆特色小（城）镇机制设计

（一）投融资机制

投融资机制是体育场馆小（城）镇培育不可或缺的运行方式。鉴于体育场馆小（城）镇的形成方式不同以及依托场馆载体的特殊性，投融资机制的设计始于培育之初，贯穿于体育场馆小（城）镇的建设和运营。投融资机制可以划分为两个层次：一是基于国家政策层面，从国家政策性银行、中国建设银行等获得多元化信贷金融支持，展开体育场馆小（城）镇的基础设施和配套设施建设；二是采用市场化手段，挖掘社会资本力量，参与体育场馆小（城）镇建设和运营。

1. PPP 模式，即政府和社会资本合作模式

2014 年至今，国家出台了一系列关于推行 PPP 模式的相关政策，PPP 模式的应用从政策层面逐步趋于规范化和制度化，体育场馆国家级 PPP 示范项目逐年增多，为体育场馆小（城）镇培育打下了良好的基础。需要说明的是，体育场馆小（城）镇 PPP 项目顺利实施需要强调以下两点：

（1）项目治理机制设计的合理化。公司治理可以解决投资者按时收回投资并获得合理回报的问题。就 PPP 项目而言，需要成立项目公司统一规划和实施。确定的公司治理结构需要通过完善的公司治理机制约束和激励，有利于协调体育场馆小（城）镇培育监管部门、国有投资股东、非国有投资方、社会公众等多方利益相关者的权责关系。通过法律对投资者权益保护、公司控制权市场、媒体等外部治理机制，以及大股东监督、董事会和监事会、经理人薪酬契约和机构投资者的角色等内部治理机制协调安排公司治理机制，保障项目的顺利实施。

（2）合同契约的完备性和弹性。通常，对于资源交易双方而言，标准化合同是保障双方权益的重要表现形式之一。但是，标准合同更适用于资产专用性和不确定性低（但不是更复杂的项目）的项目。然而，对于资产专用性高和交易不确定性较大的体育场馆小（城）镇 PPP 项目而言，非标准合同的使用能在一定程度上降低双方的交易成本。

2. ABS 模式，即资产证券化模式

体育场馆小（城）镇实施资产证券化是以其项目资产未来经营收入作为基础资产进行融资的活动，首要基础条件是体育场馆小（城）镇项目资产产权归属明晰。在我国迈入新时代的大背景下，市场化改革已成为不可逆转的趋势，从而为体育场馆小（城）镇中场馆资产和其他配套设施实施资产证券化提供了有利的制度环境。同时，诸如美国 Pepsi Center 体育馆和 Staple Center、中国国家体育场等项目相继使用资产证券化模式为基础设施成功融资的经验为体育场馆小（城）镇运用资产证券化的模式提供了参考。体育场馆小（城）镇项目资产支持证券发行可以到主板市场挂牌融资。

3. 众筹模式

众筹是一种大众依托互联网平台，将手中资金进行汇集，用于投资由其他组织和个人

发起活动的集体行动。就线上众筹而言，体育场馆小（城）镇作为一个项目整体可以通过项目分拆实施股权众筹、债权众筹、捐赠式众筹和奖励式众筹。目前，美国凯沃斯体育场重建项目和老虎体育场、苏州的云球场均是国内外场馆运用众筹模式的典型案例。同时，基于体育场馆小（城）镇中项目最终输出产品的属性，分类采用不同的众筹类型。通常，体育场馆小（城）镇中用于衬托或辅助体育场馆服务业有序运营的追求社会效益的公共产品适用于捐赠式众筹，由政府和社会资本等多元化主体投资的场馆等设施可以将其归入准公共产品，或者政府不介入的纯私人产品类，场馆股权众筹、场馆债权众筹、场馆奖励式众筹更适合。

综上所述，体育场馆小（城）镇投融资体系具有双重性，但不局限于以上类别的单一融资方式。由于银行借贷、PPP 融资、ABS 融资和众筹并不存在互斥性，实践中，体育场馆小（城）镇项目投融资通常可以根据项目融资规模和投资者类型采用不同模式的结合。

（二） 生态机制

生态机制是新时代体育场馆小（城）镇建设需要满足的必备条件。政府明确提出特色小（城）镇培育的五大要求，其中一点就是拥有“和谐宜居的美丽环境”。就体育场馆小（城）镇而言，一是原始环境的绿色性、生态性；二是体育场馆小（城）镇培育过程中要践行人与自然和谐共生的理念，以满足人民日益增长的优美生态环境的需要，也是保证体育场馆小（城）镇未来潜在消费群体规模扩张的前提。因此，体育场馆小（城）镇培育应以生态环保为导向，切实把绿色发展、低碳发展作为基本途径。因此，生态机制的设立势在必行。

（1）体育场馆小（城）镇培育中的场馆、基础设施及配套设施建设应践行绿色发展理念。以场馆为例，无论是新建场馆还是场馆改扩建，在选材中应符合国际建筑标准或是国家建筑标准，适时采用膜结构，可拆卸、可再利用建筑材料。

（2）在已有环境资源禀赋的基础上，遵循适度开发、合理开发原则，在不破坏原有生态环境的基础上，科学选择场馆小（城）镇开发的范围和领域，真正践行“绿水青山就是金山银山”的理念。为此，应引入第三方环境评估机构，实现从体育场馆小（城）镇培育之初到持续经营期间的全过程跟踪，定期披露体育场馆小（城）镇环境评估报告。

（3）针对体育场馆小（城）镇运营期间对于资源环境破坏行为设立惩罚机制。场馆服务业本身是绿色产业，但是在实际运行中也会产生外部不经济的行为。例如，活动期间的噪声、交通拥堵、户外活动造成的环境破坏等。总之，生态机制的建立既是体育场馆小（城）镇符合国家培育要求的必备条件，也是体育场馆小（城）镇得以生存和发展的不可或缺的组成部分，还是体育场馆小（城）镇发挥区域产业优势的关键要素。

（三） 产业发展机制

产业发展机制是保障体育场馆小（城）镇有效运行的市场机制和产业政策的总称。市场机制是体育场馆小（城）镇中交易各方参与市场交易的内在联系。首先，体育场馆小（城）镇需要拥有一定的市场厚度，即保证市场能够吸引来参与市场交易的潜在市场交易者（消费者和厂商）达到一定的数量。市场厚度的提升，一方面可以借鉴国外发展经验，制定与实施基于体育场馆服务业及相关产业的潜在消费者心理及行为的精准营销策略，策划具有收益的事件；另一方面借助物联网、云计算、大数据等实现体育场馆小（城）镇服务业转型升级，加强智能化、信息化、数据化建设，创新运营模式，拓展服务领域，延伸配套服务，提高运营和服务供给能力。其次，体育场馆小（城）镇中交易各方交易行为具有安全性与简易性。产权保护程度、消费者权益保护与交易争端仲裁机制、市场信息聚合机制等越完善，交易的安全性与简易性程度越高。最后，体育场馆小（城）镇可能出现市场拥塞。因此，作为体育场馆小（城）镇的运营者，在建设与开发之初，应预留弹性空间，尤其是停车场设施的配套，从而避免由于市场拥塞而出现市场失灵问题。

尽管体育场馆小（城）镇看似是一个区域概念，但实质上是由主导产业支撑的。因此，体育场馆小（城）镇内产业的发展同样需要产业政策的支持。体育场馆服务业作为体育产业“十三五”期间八大重点子产业之一，得到了国家相关政策的支持。由于各地方在发展体育场馆服务业方面的侧重点不同，相关政策的支持力度也存在差异性。但是，如果地方政府支持体育场馆小（城）镇的发展，那么适度的扶持政策也是体育场馆小（城）镇得以顺利发展的必要条件。产业扶持政策可以从土地政策、财政政策、金融政策等方面着手。但是，需要注意以下几个方面的问题：第一，土地政策的支持要设置防御条款，防止投资者打着体育场馆小（城）镇的名义搞圈地开发，或者项目（设施）建设规模过大导致资源浪费。第二，财政政策应实施组合拳，引导基金、财政补贴、项目奖励等有选择性地组合。第三，金融政策支持应防止地方政府提供担保，以免增加地方债务风险。

（四）文化机制

文化是体育场馆小（城）镇可持续发展的内在动力，文化积淀是显示体育场馆小（城）镇特色的重要亮点。例如，被世界誉为滑雪胜地的瑞士达沃斯小镇，19 世纪末建成欧洲最大的天然冰场以及冰雪体育馆，每年均有国际赛事。20 世纪以来，开始大力发展休闲旅游业，世界上第一条雪橇道、第一条滑雪索道、第一个高尔夫球场均在这里。帕森地区是最大也是最受欢迎的滑雪场，克罗斯特滑雪场是英国皇室的最爱。体育场馆小（城）镇文化来源于当地体育历史文化的传承和新型体育文化的培育。新型体育文化的培育可以着手从以下三方面进行：第一，打造体育场馆小（城）镇体育制度文化，包含体育组织、章程、规则和法律制度等。第二，运用各类文化形态与手段包装推广体育场馆小（城）镇，可以借鉴美国太阳谷滑雪场发展经验，通过新闻报道、广告、仪式等形式开展。第三，创造以体育场馆小（城）镇为题材的各类文化载体与文化产品。例如，既能显现小（城）镇历史文化，又能承载新型体育文化培育的体育博物馆。体育博物馆在体育产业发达国家是传播体育文化、彰显场馆特色的重要标识。就体育场馆小（城）镇而言，体育博物馆所能承载的内容应与体育场馆服务业紧密相连，既包含体育场馆自身核心产品和延伸产品，又包括以体育场馆为载体供给的产品。体育场馆小（城）镇体育博物馆的项目运营性质既可以是公益性的，也可以是经营性的。

六、体育场馆特色小（城）镇规划应注意的问题

（一） 特色产业是关键

体育场馆特色小（城）镇的特色和差异化要求体育场馆特色小（城）镇在建设规划时，要多考虑自己主题的独特性和唯一性，即要多考虑小镇“纵向”的核心体育旅游产品的特色化，以及在“横向”丰富小镇内体育产品及其他产业的内容。

近期，自国家住建部、发改委、财政部联合下发了《关于开展特色小镇培育工作的通知》等一系列助力我国特色小镇发展的政策、文件以来，体育特色小镇引起了社会各界的关注。再者，体育产业成为我国全民生产总值新的增长点，人民对体育运动和旅游有了新需求，体育特色小（城）镇受到了我国众多房地产商和各地体育局的青睐。然而，随着一座座体育场馆特色小（城）镇规划方案的落地和正式实施建设，我们可以很明显地看出，与国外体育场馆特色小（城）镇相比，我国的体育场馆特色小（城）镇同质化严重，清一色的户外休闲小镇均缺失了自己的特点和独特性。

当然，国内也存在核心体育旅游产品特色化的体育场馆特色小（城）镇。以贵州的关岭奇缘谷冰雪小镇为例。关岭奇缘谷冰雪小镇位于贵州省安顺市，整个小镇耗资 3.8 亿元，历时 10 个月建成，共占地 55 万平方米，总建筑面积 7 万多平方米。关岭奇缘谷冰雪小镇通过将体育与旅游相结合，把荒山打造成国际化的冰雪主题欧洲文化小镇。为了保证自己的独特性，又希望小镇的内容更加丰富，小镇内除了核心主题滑雪运动外，还引进了马术、赛车、红酒等体育、娱乐、文化等元素，力争将欧洲风情的娱乐生活方式植入小镇。

同时，为了提升小镇的知名度和品质，关岭奇缘谷冰雪小镇创办了首届贵州国际马术邀请赛。作为贵州省的首届国际马术邀请赛，为了壮大赛事名声、吸引高级骑手来参赛，这次比赛的奖金创造了国内 125～130 厘米级别奖金纪录的新高。除了高奖金外，为了进一步提升外省市高水平骑手参赛的积极性，此次赛事的报名费、马房费用全免，上海、北京、广州提供运马补助 2000 元/匹，成都、重庆、昆明等地区提供运马补助 1000 元/匹，运输补贴将在奖金发放时统一发放。以上两项联合优惠措施，也创造了国内马术运动发展的纪录。同时，为了进一步提升比赛的观赏性和激烈程度，除了邀请国内高水平骑手外，此次赛事还特意从荷兰、美国、意大利、比利时、德国等国家邀请了 12 名国际顶级骑手前来参赛，12 名外籍骑手同场竞技，同样创造了国内马术赛事邀请外籍骑手参赛数量最多的纪录。通过高额比赛奖金、多项优惠措施、国际顶尖骑手同场竞技等措施，这场邀请赛受到了社会的极大关注。

（二） 注重运营内容创新

当今社会是一个高速发展的社会，几乎每天、每个行业都会有新进展、新变化，是我们所不可预知和掌控的。如今，我国体育特色小（城）镇已经成为国内新的需求发展点，

各地政府、各房地产商均想成为体育特色小（城）镇产业中的领先者。但由于这个时代变化、发展得太快，如果体育场馆特色小（城）镇中先行者们没有创新意识，很快就会被后来者赶上，甚至是被超越、淘汰。因此，为了保证自身的可持续健康发展，必须在体育场馆特色小（城）镇的内容上做出创新，无论是体育运动的玩法、小镇的运动模式、小镇的商业模式，还是小镇消费人群的导入，都需要根据现实情况进行改革创新。业内专家认为，体育场馆特色小（城）镇必须以3～5年为一个周期进行上述方面的改革创新。

以崇礼太舞滑雪小镇为例。随着我国成功申办2022年冬奥会，冰雪产业在我国迅速成为潮流。由于张家口的滑雪小镇相对比较成熟，不少北京地区的居民或是家庭选择在周末或节假日驱车去崇礼滑雪。目前，崇礼地区已经有云顶、万龙、多乐美地、长城岭、太舞等规模较大的滑雪场，小型滑雪场更是不胜枚举，从而形成了以太子城冰雪小镇为中心，在10千米半径范围内形成了国内最大的雪场集群。面对如此庞大的竞争对手，要想在相同的自然地理气候环境下脱颖而出，吸引更多的滑雪体验者和游客，就必须进行内容的创新，与其他雪场形成差异化，根植于受众群体的切实需求，增添自身的独特性。通过对滑雪体验者的消费能力、消费频次、年龄群的考察，太舞滑雪小镇发现，绝大多数滑雪参与者都是举家出行或是成团出行，他们的滑雪水平参差不齐，各有高低。因此，崇礼太舞滑雪小镇根据滑雪者水平的高低，设置了不同级别、有难度进阶的初、中、高级雪道，以便滑雪者通过长时间、多次滑雪后，能力得到提升，从而加大难度。值得一提的是，由于不少家庭会举家出行，随行中有年龄较小的孩子，因此，太舞滑雪小镇特意开辟了针对儿童玩耍的越野滑雪探险乐园、儿童专属雪道、滑雪圈等滑雪产品，一方面可以替家长们看管小孩，让家长们放心地参与滑雪运动；另一方面，也增加了小镇的内容创新，为小镇带来了更多经营性收入。

（三）重视小镇内的安全问题

体育场馆特色小（城）镇内存在诸多安全隐患，必须重视小镇内的安全问题，从而保证小镇可持续发展。以下就选址安全、建造安全、运营安全和保障体系安全四个方面的问题进行详细说明。

1. 选址安全

体育场馆特色小（城）镇在前期场地调研时，就应对小镇所处的地理、地质情况进行详细的调查。要确保小镇远离火山爆发、山洪、海啸、地震、台风、泥石流、滑坡、崩塌等自然灾害地区。只有合理避开自然灾害及次生灾害的威胁，体育场馆特色小（城）镇才能安全、顺利地开展建设和运营工作。如果实在不能避免，则要在建设时充分保证体育场馆的抗灾质量，防止巨大自然灾害后的次生灾害对小镇进行二次伤害。

2. 建造安全

体育场馆特色小（城）镇内的运动场地、运动场馆、旅游服务设施的建设，以及体育运动项目设备采购与安装都应符合技术标准和安全标准。首先是为了防止自然灾害及次生灾害对小镇的伤害；其次也是为了保证体育爱好者和游客在体验小镇运动项目时，生命安全得到保障。

3. 运营安全

体育场馆特色小（城）镇建成运营前，必须建立相应的安全运营规范和高素质的专业运营团队，可以和当地的体育高校合作，以保证体育场馆特色小（城）镇的顺利运营。同时，还应建立有关完善的医疗救护体系，以应对安全事故的发生。

4. 保障体系安全

为了保障小镇区域内的安全，体育场馆特色小（城）镇必须建立专业的安保体系，并且组建24小时巡逻的安保队伍；除此之外，还应在整个小镇多点配备专业的求救信号发射点和自救点，以应对无法控制的危险。

（四）引进西方经验的同时，保留自有特色

由于西方发达国家经济、政治、社会、文化、生态发展较完善，同时体育产业发达，培养了一批批已经形成良好运动生活习惯的体育爱好者。因此，发达国家的体育场馆特色小（城）镇已经拥有了较完善的体系。随着全球消费需求的转变，体育越来越受到大众的喜爱，特别是社会高端人士，通过参与体育活动，既达到了强身健体的效果，又增强了内心的抗压能力和坚毅的品格等。因此，体育场馆特色小（城）镇成了社会大众参与体育活动、旅游休闲度假的不二之选。

我国体育产业的发达程度远不如西方发达国家，我国大部分社会大众还没有形成良好的运动生活方式。因此，可以得出结论，我国体育场馆特色小（城）镇的发展程度远不如西方发达国家。但是，为了完善我国的产业体系，增强全国人民的身体素质，在体育场馆特色小（城）镇的建设和运营方面，我们应向西方发达国家学习经验，承认自身存在的问题与不足，积极接受国外体育场馆特色小（城）镇成功的原因。

但是，毕竟我国的发展阶段和现状与西方发达国家有着巨大的差别。如果一味地、毫无考虑地就将它们的经验用在自己的身上，是不理智的，更是不长远的。因此，必须在坚持当地实际现状的基础上，对西方发达国家体育场馆特色小（城）镇经验进行去粗取精，从而在实现经验最大化的同时，形成自己的特色。

（五）通过与旅游、文化、广电等部门合作，加大宣传力度

1. 与旅游部门合作

体育场馆特色小（城）镇是“体育+”的概念，其中又以“体育+旅游”的结合最为广泛。毕竟体育场馆特色小（城）镇作为体育主题的旅游度假区，结合我国小镇发展的现状，现阶段我国的体育场馆特色小（城）镇必须与旅游部门和当地旅行社进行深度合作。通过合作，小镇能成功得到旅游部门的宣传推广、获得旅行社的游客资源，从而知名度得以提升，并保证充足的客源。

2. 与文化部门合作

通过与文化部门合作，可以立足于时代前沿，开发和引进最适合现代发展的、具有创意的文化产品，从而丰富和完善公共服务设施的质量。同时，还可以充分开发和保留当地非物质文化遗产，或建设历史文化博物馆、动漫产业等。除此之外，体育场馆特色小

（城）镇与国外签订有关中外文化合作、交流协定和对外交流活动也可以由文化部门给予帮助实施。

3. 与广电部门合作

广电部门拥有丰富的传播媒介资源。通过与广电部门的合作，能够使体育场馆特色小（城）镇的知名度得到最大化的曝光。同时，如果该体育场馆特色小（城）镇内有优质的精品赛事，通过与广电部门的合作，将赛事在各大体育频道、旅游频道或当地频道进行直播，必将得到广大社会公众的关注，不仅提升赛事知名度，而且整个小镇也会拥有更多的客源。

（六）要积极与国家级社团和当地著名单项协会进行深度合作

当体育场馆特色小（城）镇处在体育旅游淡季，且又没有大型赛事支撑的工作日时，则可以通过与国家级的社会团体、当地著名的运动项目单项协会进行合作。小镇提供足够的场地给协会和团体进行锻炼及培训，既可以充分利用闲置的场地资源，又可以拉拢一批有参与体育活动兴趣与习惯的稳定顾客源。当有赛事时，可以再召集这些社团和协会来赛场进行比赛，通过实战提升自己的水平，这样可以为赛事签约一批稳定的高水平运动员，从而提升整个赛事的专业性和知名度。

（七）处理好小镇房地产开发和圈地的问题

目前，我国体育场馆特色小（城）镇多由政府牵头，资金雄厚的房地产商作为投资者加入小镇的建设与规划当中。然而，现实状况是不少房地产商在拿到规划土地后，圈地建房地产，而完全忽视了体育场馆特色小（城）镇中的“体育”元素。例如，在我国东部的某省会城市里，一家大型企业与当地政府签订协议，准备在人口密集的城乡接合部打造“足球小镇”。计划建设的商业和住宅项目需要进行大面积拆迁，而作为“准拆迁户”的当地居民却觉得，无论是“足球”还是“小镇”都离自己的生活很远。但没有房地产商的进入，体育场馆特色小（城）镇的发展又是不可持续的。

因此，体育场馆特色小（城）镇在前期应选择合适的房地产商进行投资，适度开发商业地产。以安徽六安市的南山小镇为例，参与小镇投资的房地产商对体育有独特的情怀、拥有强烈的体育愿景，所以当其开始参与到小镇的建设时，首先对体育服务设施进行了建设。当政府看到体育场馆特色小（城）镇的体育设施建设已经完成后，确保了该体育运动项目仍是该小镇的核心主题，政府部门为了奖励该房地产商，批准了更多土地资源让其进行商业开发；地产商拿到了更多的商业用地，就可以滚动式地开发商业性住房等，卖了第一期住房，获得投资回报后，进行第二期、第三期住房的建设。这么做既保证了该体育场馆特色小（城）镇的体育核心主题，避免了过度商业圈地，又让房地产商得到了合理的投资回报，从而形成良性合作循环模式。其次，体育场馆特色小（城）镇的开发团队中应吸收从事过房地产行业的成员。这样，既有能和地产商进行沟通、协商的成员，又使整个团队具有考虑未来商业性盈利的长远眼光。

思考题

1. 如何开展体育场馆园区规划？
2. 举例分析体育场馆特色小（城）镇如何建设并运营。
3. 体育场馆特色小（城）镇的发展如何避免房地产化，谈谈你的看法。

附　录

附录一　体育场馆企业业务模式

一、中体产业

1. 企业基本情况

中体产业集团股份有限公司（600158. SH）成立于1998年3月，是由国家体育总局体育基金管理中心、国家体育总局体育彩票管理中心、国家体育总局体育器材装备中心和中华全国体育基金会等共同发起组建的中国体育产业规模最大的股份制企业，也是国家体育总局控股的唯一一家上市公司，目前该公司控股股东为国家体育总局，通过下设3家平台进行控股。国家体育总局体育器材装备中心股权1.40%；国家体育总局体育基金管理中心股权20.46%；华体集团股权7.36%。

2. 主营业务

中体产业主要涵盖的业务有：专业赛事管理及运营；体育场馆咨询、设计，场馆工程建设、设施提供，场馆运营管理、赛事内容提供；体育中介服务、休闲健身等体育服务；体育彩票等相关业务；海外相关业务；体育地产等。

据该公司2016年度报告显示，中体体育会深化体育场馆全产业链运营商的战略定位，重点投资建设体育公共服务设施，积极参与体育场馆PPP项目，继续扩大运营规模，复制运营模式。以智能化为抓手，以互联网为平台，为公共服务提供便利，提高场馆运营效率。

目前，主要运营管理的项目有佛山岭南明珠体育中心、合肥体育中心、九江体育中心、青海体育中心、包头市体育场馆、福建马尾综合体育馆等。2016年新获3个场馆的运营权：中标江苏仪征综合体育场馆PPP项目、浙江宁波全民健身中心场馆项目，天津市武清体育中心运营管理权。目前，每年承办或主办国内外体育赛事及活动近200场次，直接服务人群超过300万人次。在所有子公司中有7家专门从事体育场馆管理业务。

3. 业务模式

体育场馆运营和管理业务是为客户提供围绕体育场馆的全链条服务，包括从体育场馆定位咨询、设计、施工建设、设施提供到建成后一系列后续运营管理服务。其主要经营模式为通过对体育场馆建设的咨询、设计、代建收取费用，通过场地出租、承接赛事、演出以及培训等收入盈利。

中体产业主要通过以政府委托和PPP模式两种方式取得场馆运营管理权：①以政府委托方式主要通过与当地政府签订委托运营管理合同，承担体育中心的所有资产的经营、管理工作。如合肥体育中心，中体产业集团与合肥市政务新区投资开发有限公司签订的委托运营管理合同，承担合肥体育中心的运营管理工作。按照相关委托运营管理合同的约定，中体合肥体育中心运营管理有限公司每年将在合肥体育中心至少举办48场以上的高水平体育赛事、大型文化活动和群体活动，并承担体育中心所有资产的经营、管理工作。②PPP模式主要采用BTO（Build－Transfer－Operate，即建设—移交—经营）方式进行运作，以中体在内的项目联合体将与政府平台公司合资组建项目公司，负责项目的融资、建设、移交及运营维护等项目所涉及的全部工作内容。如江苏仪征综合体育场馆PPP项目、浙江宁波全民健身中心场馆项目。

二、中智华体

1. 企业基本情况

中智华体（北京）科技股份有限公司（简称“中智华体”）成立于2009年，是一家专门提供体育场馆工艺及智能化系统建设、体育赛事信息系统服务的专业化服务商。公司专注于体育场馆及体育赛事领域的系统研发及新技术、新产品推广，是面向体育场馆建设和体育赛事服务领域的高新技术企业。

2. 主营业务

体育场馆业务方面，该公司主要开展体育场馆工艺咨询、体育场馆专项设计、体育场馆智能化系统销售和施工服务。

（1）体育场馆工艺咨询。体育场馆工艺咨询主要服务内容为建筑功能咨询内容和系统功能咨询内容。建筑功能咨询涵盖“建筑功能与定位”“场馆等级与规模”“场地工艺、功能流程”和“辅助用房”等方面；系统功能咨询涵盖“机电设备系统”“建筑智能化系统”“信息设施系统”和“竞赛智能化系统”等方面。

（2）体育场馆专项设计。中智华体主要提供从初步设计到施工图设计的全程设计服务，分阶段提供设计成果，按国家规定的技术规范、标准和设计深度进行设计，按合同约定的内容、时间及份数向客户交付设计文件，并对提交的设计文件的质量负责。其主要负责内容有“场地工艺设计文件”“设计说明、主要设备材料表、图例”和“设计概算”。

（3）体育场馆智能化系统销售与施工服务。中智华体提供体育场馆竞赛信息系统设备供货及施工、安装调试服务。可提供以下系统：信息显示及控制系统、场地扩声系统、场地照明及控制系统、计时记分及现场成绩处理系统、竞赛技术统计系统、现场影像采集及回放系统、售检票系统、电视转播和现场评论系统、标准时钟系统、升旗控制系统、比赛设备集成管理系统。

3. 业务模式

中智华体业务范围贯穿大型体育场馆从建设到赛事服务及赛后经营的全业务链，能够在体育场馆不同的建设或应用时期介入项目服务，拓展市场创造效益；以“自有产品开发+合作商”模式，通过持续的技术创新和应用，结合“云计算技术”“三网融合技术”“物联网技术”“移动互联网技术”等技术理念开发拥有自主知识产权的系统产品，以持续、优质、差异化的产品及服务提高利润空间，以技术升级和设备升级实现新一轮的市场占领。

三、华熙国际

1. 企业基本情况

华熙国际文化体育发展有限公司（以下简称“华熙国际”），注册资本5 000万元人民币，是华熙国际投资集团有限公司旗下文化体育产业板块的主力军，公司业务主要有场馆运营、活动策划与组织、互联网、股权投资四大板块。

2. 主营业务

华熙国际投资集团业务领域包含地产、文化体育、生物科技、金融证券等多个行业，在文化体育领域涉及体育场馆建设与运营。已建成五棵松体育馆、五棵松篮球公园、北京时代美术馆，以及正在建设的“华熙·528艺术村”等。

3. 业务模式

华熙当前最为成功的运营项目为五棵松文化体育中心，其采取“以体为主，多种经营”的模式。“以体为主”就是以承办NBA赛事等体育竞赛、体育训练、健康娱乐为主；“多种经营”，即体育场馆的多功能使用包括举办大型音乐会、演唱会、戏剧表演、时装展示、商业展览及各种娱乐表演活动等。

华熙将场馆与酒店、商业设施、办公楼、休闲娱乐设施等结合起来，实现一体化，形成复合休闲娱乐中心，打造华熙Live模式，这一模式可以向其他的文化体育空间移植。

四、奥地利AST公司

1. 企业基本情况

奥地利AST公司是成立于1903年的奥地利EWR电力集团旗下全资子公司，在法国、德国、英国、瑞士、奥地利、意大利、瑞典、芬兰、荷兰、阿联酋、比利时、卢森堡、中国香港等全球40多个国家和地区成功建设和部分运营了超过3000个冰场和滑雪场项目，并以每年200多个项目的速度递增，占有全欧洲冰场和滑雪场项目70%以上的市场份额。2005年，AST公司在北京设立了负责亚太地区业务的全资子公司——艾斯特制冷与太阳能技术（北京）有限公司（简称“AST中国公司”）。

EUROJOY（欧悦）品牌是AST中国公司在华真冰场投资、建设和运营平台。自2009年开始，欧悦已经在中国地区开发并经营了超过30家真冰场、冰上乐园、冰壶馆、冰雪嘉年华、戏雪乐园、冰雪主题乐园等相关的冰雪项目，并先后在北京、天津、上海、山东、河北、江苏、浙江、四川、广东等十几个省市建立了分支机构，员工总人数超过500人。

2. 主营业务

（1）场馆运营。目前欧悦在华共有10家门店，2017年计划开业4家门店，主要分布在北京、石家庄、长春、呼和浩特、长沙等地。AST公司拥有自己的金牌御用冰上乐队——奥地利阿尔卑斯乐队和欧悦冰上艺术团，能够为观众展现精彩纷呈的冰上艺术表演，吸引客流。同时每年欧悦冰球训练营的开展，都会吸引大批少年冰球爱好者的积极参与，也会不定期举办公益或商业的欧悦冰球队友谊联赛。

奥地利AST公司计划于2015—2020年的5年间，在中国内地拓展欧悦真冰场100家门店，按照单店平均年营业收入600万元人民币，预期实现年总营业收入6亿元人民币，利息、税金、折旧和推销前利润不低于1.2亿元人民币，并将中国内地所有欧悦真冰场全国连锁在中国香港等亚洲主要资本市场首次公开募股（Initial Public Offerings，IPO）。

（2）场馆设备制造。场馆设备制造负责冰场专用制冷系统工作。该公司制冷系统采用冰场专用高效环保低温乙二醇制冰机组。系统冷却采用开式或蒸发冷系统，制冰管道系统采用高密度聚乙烯（High Density Polyethylene，HDPE）换热器或无缝钢管覆盖白砂层结构或混凝土层结构。同时，其板墙护栏为北美冰球联盟或世界冰球锦标赛（Nation Hockey League，NHL）、冬季奥运会等冰场专用护栏。代表性项目有2014年西班牙巴萨罗那举办的国际滑联大奖赛、2016年中国第十三届全国冬季运动会冰球/冰壶/速滑冰场等。

3. 业务模式

欧悦真冰场拓展模式主要有“独立经营”和“联合经营”两类，即合作方负责提供符合条件的自持物业，欧悦负责冰场的设计和设备提供，冰场品牌归属欧悦。在经营方式上合作方可选择独立经营或与欧悦合作经营，一般合作期限不少于10年，而且项目必须为开发商自持物业。

五、沙砾体育——移动体育馆建造商

1. 企业基本情况

沙砾体育发展（上海）有限公司（简称“沙砾体育”）成立于2015年8月，以全民健身体育场馆的投资开发、设计建设、运营管理为核心业务。公司下设投资发展中心、建设和设计中心、运营管理中心，区域投资与运营公司。

沙砾体育为B端客户提供场馆投资策划与咨询，场馆运营管理，赛事与活动的组织与服务、全建筑专业设计，智能化设计和实施，装配式体育场馆，工程建设，投融资；为C端消费者提供综合运动场地，运动生活服务，体育培训与教育、赛事与活动组织策划和服务、智能化体验、“体育＋文化/娱乐/旅游”等服务。

2. 主营业务

沙砾体育利用移动建筑和装配式建筑科技，实现场馆“智能化＋移动互联网”，应用砂砾体育所采用的“乐高”式装配式建筑科技，使造价低于传统建筑价格，装修和维护成本极低，建造时间远少于行业平均水平，搬迁成本低、材料反复使用率极高。同时，未来可根据城市规划需求对体育场馆进行移动搬迁，不永久占用土地资源。目前已建成场馆数超过14个，总建筑面积达20 650平方米，总服务和触达人口超40万。

六、iRENA体育之窗

1. 企业基本情况

iRENA体育之窗隶属于北京体育之窗文化股份有限公司，成立于2001年，是国内领先的体育产业服务平台之一，专注于为体育迷提供一流的现场体验服务，同时通过组织运营国际、国内大型赛事和大众体育运动、围绕城市场馆提供体育休闲服务，为客户提供整合营销、咨询和增值服务，于2015年11月登陆新三板。

体育之窗以体育赛事运营推广和体育休闲服务为业务支点，借助中国之队赛事、中超联赛、NBA中国赛、CBA联赛、亚洲女子排球锦标赛、中国网球公开赛等国内外大型体育赛事的影响力及其培养的体育爱好者，打造了覆盖赛事、场馆、体育迷、衍生商品及服务的多维度产业链。

2. 主营业务

体育之窗以其服务的各城市体育专业场馆及其附属设施为基础，采取租赁的方式，用“体育＋休闲”的概念打造城市体育休闲综合体，使体育场馆在承办体育赛事之外产生更大的商业价值和社会文化效应，由此产生的租金收入是该项业务的主要收入来源。其中，“iRENA·工体”场馆商业服务在北京乃至国内均拥有较高的知名度，是公司目前最成功的体育休闲服务案例。目前合作的场馆有北京工人体育场、长沙贺龙体育中心、上海虹口足球场、天津市奥林匹克体育中心、陕西省体育场、海口市文化五源体育中心。

旗下创建A·hotel单体酒店和第二现场两个子品牌。A·hotel单体酒店在中国拥有北京、天津、长沙三家品牌精品酒店，分别位于iRENA旗下的北京工体、天津水滴、长沙贺龙等地标性体育场内。

3. 业务模式

体育之窗的商业模式可以概括为“两纵两横”。“两横”有两个最基本的支撑点，即体育赛事和场馆。“两纵”有两个时间维度的商业价值，即现场和非现场。在体育赛事这一支撑点上，现场赛事运营为体育之窗带来了门票、赞助等经济收益；非现场赛事运营为体育之窗带来了包括特许商品售卖、体育球迷整合营销、体育衍生品等经济收益。在场馆这一支撑点上，“现场”即通过对体育场馆设施的服务带来的场地占用等收入；“非现场”

即以城市文化及创意生活为切入点，通过深度挖掘体育场馆设施的商业和文化价值，形成更多的诸如“iRENA·工体”的标杆案例，提升公司的潜在业务市场和品牌价值。

在场馆盈利模式方面。体育之窗以体育场馆及其附属设施为平台，通过与相关体育场馆的合作，对相关设施在合同许可范围内进行深度商业开发，将其打造为蕴含体育文化概念的城市综合商圈，然后获得包括租金在内的收益。如在北京、天津、长沙三地，结合当地情况开设了以体育文化旅游为主题的特色酒店，提升了场馆的功能完备性。

七、中建体育

1. 企业基本情况

广州中建体育有限公司（简称“中建体育”），是一家专业从事智能化球场（馆）、人造草足球场、悬浮式拼装地板、悬浮多功能大基板、PVC 地板、预制型橡胶与塑胶跑道等各类运动场馆及场地营造的高新技术企业。自 2003 年成立以来，已完成 1000 多块运动场地的铺设和近 1500 万平方米各类型运动场地面层的铺装，产品通过各种途径出口到世界多个国家和地区。

公司下设新材料研究室、合成材料生产基地、新材料销售中心，也是国家重点产、学、研基地。2014 年，成立子公司——广州中建体育科技有限公司，致力于智能球场的研发与推广工作。

2. 主营业务及业务模式

（1）中建智能球场系统。中建智能球场系统首次将先进的 UWB（超宽带）定位系统引进体育行业，使这套系统的定位精度高达 15 厘米，响应频率高达 10 Hz/s，高频、快速、精准的定位系统使运动员数据更为精确，分析结果更具价值。目前，广东省佛山市顺德区德胜广场体育公园、云南省安宁市的足球训练基地、内蒙古包头市的大型国际体育中心等新建、改建工程都已配置了中建智能球场系统。

（2）幼儿两用球场及其配套设施的一站式解决方案。中建幼儿两用球场及其配套设施的一站式解决方案（在场地上铺设橡胶地板，搭载幼儿篮球场配套设施，即是幼儿篮球场；撤去幼儿篮球场配套设施，铺设人造草，再搭载幼儿足球场配套设施，即变身幼儿足球场）得以应用。目前，中建幼儿两用球场预订数已超过 1000 个。

（3）场馆建设。使用公司自有悬浮多功能大基板等材料，建造了佛山顺德德胜广场中建智能笼式足球基地、英格兰的社区俱乐部（多功能）、湖北大学篮球场、新疆克拉玛依世纪公园滑板场等场地。

（4）场馆运营。中建体育通过与顺德区政府进行积极的沟通协商，获得德胜广场体育公园 PPP 项目的运营权。

（5）赛事运营。成功运营了大众路跑系列赛、大众自行车公路系列赛、国际职业泰拳争霸赛和表演赛等多项赛事。

八、冰世界体育

1. 企业基本情况

北京冰世界体育文化发展有限公司（简称“冰世界体育”），创立于2014年，是荷兰冰世界国际股份有限公司（Ice - World International，简称“荷兰冰世界”）在中国的经销商和运营商。荷兰冰世界是一家全球领先的移动滑冰设施供应商，供应可持续性环保移动真冰冰场设备，具备杰出的专有技术、高质量产品、精致工艺、售后服务，能够同时提供设备租赁或出售的服务。自1992年成立以来，已经生产制造并供应了冰面面积超过2400 000平方米的移动滑冰场设备，客户遍布全世界40多个国家。每年在世界各地建造超过600个冰场，从安装到运营、从冰场到冰上体验活动，荷兰冰世界都参与其中。

2. 主营业务

冰世界提供专利的模块式冰场系统，冰场是由一系列能够有效串联的铝质可折叠元件组成。冰世界冰场方便在各种各样的地点建立，包括市中心、购物广场、度假公园、运动公园、娱乐园、机场、公共建筑物。冰世界可建造休闲娱乐型冰场、购物中心冰场、冰壶球场、趣味滑道、趣味滑梯、专业冰球场、班迪冰球场、专业速滑馆等多种冰场。其标志性案例主要有：

（1）墨西哥城市中心广场冰上乐园。2013年圣诞节期间由墨西哥城市政府为鼓励墨西哥全民运动而主办的占地1万平方米的冰上乐园。在一个月内共接待了349 000位游客，受到国际媒体的关注。

（2）北京五棵松冰世界。场地总面积为10 138平方米，冰面面积为2 883平方米（包含滑道，滑梯），配套区面积为6 155平方米（包含换鞋区，休息区），独具风格的五棵松万事达冰场预计每天容纳5000人前来参与冰上娱乐活动，更有各类文化商演、冰上嘉年华、冰上芭蕾表演、文化创意、特色商品展示及荷兰本土特色文化展示活动参与其中。

（3）鸟巢2014—2015年冰雪季。冰场面积为1000平方米，2015年1月10日开始营业，营业50天。

此外，还有张家口宣化冰世界、天津冰世界、西安冰世界、三亚亚龙湾冰世界等冰场。

九、啪啪运动——体育智能信息化系统

1. 企业基本情况

啪啪运动成立于2014年9月，注册资本2000万元人民币，是一家体育互联网信息技术公司，致力于采用互联网科技打造先进的体育信息化平台。产品专注于云端SaaS架构的运动场馆运营管理系统和场馆智能化硬件，打造运动场馆生态联盟，实现互联网时代场馆运营新模式。

2. 主营业务及业务模式

（1）场馆管理系统——运动馆家。运动馆家是专门为体育运动场馆运营管理特别设计

的基于云端 SaaS 架构的场馆运营管理信息化系统。运动馆家结合云计算、移动互联网、大数据、智能硬件等技术创新；功能包括场馆实现连锁场馆一卡通，线上线下场馆场地管理及预订，会员微信订场服务，智能化商品进销存管理，实时财务数据统计分析，智能化场馆硬件等。适用于各类体育运动场馆、羽毛球馆、乒乓球馆、网球馆、篮球场、足球场、游泳馆、击剑馆等，同时支持跨区域、多项目运动场馆连锁经营方式。

（2）场馆联盟。2015 年年初啪啪运动的第一家自运营球馆——啪啪运动第一馆在深圳正式向球友开放。至今啪啪运动已经在深圳、上海、长沙拥有自运营球馆 11 家，涉及篮球、羽毛球、乒乓球等多个运动项目。

（3）体育信息化公共服务平台。啪啪运动致力于运用“互联网 + 信息化 + 大数据平台”，打造体育公共服务平台，整合运动资源，提供全民健身服务。

附录二　大型体育场馆基本公共服务规范

（2014 年 9 月 12 日国家体育总局发布，体经字〔2014〕411 号）

内容	指标	标准
1. 基础设施	1.1 场地设施	设施设备和相关条件达到开放所应具备的基本条件和基本技术要求。 场地符合相关体育赛事规则要求，并能基本满足多样化体育健身及其他活动需要。
	1.2 安全设施	建筑结构完整，功能分区科学，人流控制合理，安全警示清晰，满足举办大型活动的安全要求。 水电、燃气、消防、安保、供热、应急设施和疏散系统、急救系统配置合理，设施完备，维护完好，经有关部门检验合格，符合正常使用要求。
	1.3 环卫设施	设施齐全，设备完善，维护完好，符合正常使用要求。
	1.4 交通设施	区域内导向标识完整，无障碍设施完善，交通组织顺畅。 具备可利用的与场馆规模相适应的停车位。
2. 基本管理	2.1 组织机构	机构设置健全，管理构架清晰，运营团队满足服务运营需要。 足额配备具备专业资质的工程设备、健身指导、医疗救护技术人员。
	2.2 管理制度	服务、安全、卫生、信息公示、监督考核等制度健全，执行规范，档案台账完整。
	2.3 风险控制	办理相应的责任保险。 提供意外伤害险购买服务并尽到提示购买义务。 建立自然灾害、重特大事故、消防、环境公害及人为破坏等突发事件应急预案，开展定期培训、模拟演练。 制定大型活动风险控制管理办法。

续表

内容	指标	标准
3. 基本服务	3.1 开放要求	体育场馆和区域内的公共体育场地、设施用于提供体育及相关服务的面积比例不低于60%。 体育场馆和区域内的公共体育场地、设施全民健身日免费向公众开放。 体育场馆所属户外公共区域及户外健身器材全年免费开放。 体育场馆和区域内的公共体育场地、设施年开放天数一般不少于330天，周开放时间一般不少于35小时。国家法定节假日、全民健身日和学校寒暑假期间，每天开放时间一般不少于8小时。 体育场馆所属户外公共区域及户外健身器材每天开放时间一般不少于12小时。 因维修、保养、安全、训练、赛事等原因，不能向社会开放或调整开放时间，应提前7天（不可抗力原因除外）向社会公告。
	3.2 服务内容	提供与体育健身相关的配套服务。 开展科学健身推广、体育健身技能培训等服务。 开展国民体质测试服务。 举办或承办各类体育赛事、群众体育及文化等活动。
4. 满意度	4.1 顾客满意度	定期开展测评，并根据反馈意见及时改进，提高服务水平。

注：本规范所涉及的基础设施和基本管理指标，如有相关国家标准或行业标准的，全部遵照国家标准或行业标准执行。

附录三　大型体育场馆运营管理综合评价体系

（2014 年 9 月 12 日国家体育总局发布，体经字〔2014〕411 号）

评价指标		评价内容	分值	评价细则	
				得分	标准
一、开放情况（100 分，比重 40%）					
重点考察体育场馆开放、举办活动及提供服务的情况					
1. 场地开放	1.1 开放面积（*）	体育场馆和区域内的公共体育场地、设施用于提供体育及相关服务的面积比例	20	19～20	80%及以上
				17～18	75%～79%
				15～16	70%～74%
				13～14	65%～69%
				11～12	61%～64%
				10	60%
	1.2 开放天数（*）	体育场馆和区域内的场地、设施全年开放天数	10	10	360 天及以上
				9	350～359 天
				8	340～349 天
				7	330～339 天
				6	300～329 天
				5	270～299 天
				4	240～269 天
				3	210～239 天
				2	180～209 天
	1.3 开放时间（*）	体育场馆、配套设施、户外场地每周开放时间	10	10	50 小时及以上
				9	45～49 小时
				8	40～44 小时
				7	35～39 小时
				6	30～34 小时
				5	25～29 小时
				4	20～24 小时

续表

评价指标		评价内容	分值	评价细则	
				得分	标准
2. 活动承载	2.1 体育赛事（*）	每年举办或承办体育赛事数量	10	10	10次以上
				9	9~10次
				8	7~8次
				7	5~6次
				6	4次
				注： 1. 举办省级及以下赛事计1次，国家级、国际级赛事计2次； 2. 其他赛事观众人数超座位数50%，计1次，低于50%但超过30%，计0.5次。	
	2.2 群体活动（*）	每年举办或承办群体性体育活动（含群众性体育赛事）的数量	10	10	10次以上
				9	9~10次
				8	7~8次
				7	5~6次
				6	4次
				注：活动参与人数超过1 000人，计1次	
	2.3 其他文体及相关活动	每年举办或承办文化活动、文艺演出、文体讲座、文体展览等活动的数量	10	10	10次以上
				9	9~10次
				8	7~8次
				7	5~6次
				6	4次及以下
				注： 1. 活动参与人数超过1 000人，计1次； 2. 观众人数超座位数50%，计1次，低于50%但超过30%，计0.5次。	

续表

评价指标		评价内容	分值	评价细则	
				得分	标准
3. 体育服务	3.1 体育培训（*）	每年体育培训的人次	10	10	3 000 人次及以上
				9	2 500～2 999 人次
				8	2 000～2 499 人次
				7	1 500～1 999 人次
				6	1 000～1 499 人次
	3.2 运动健身指导（*）	每年国民体质测试、运动能力评估和科学健身指导的人次	10	10	5 000 人次及以上
				9	4500～4999 人次
				8	4000～4499 人次
				7	3500～3999 人次
				6	3000～3499 人次
	3.3 专业训练	每年承接专业运动队训练累计天数	10	10	270 天及以上
				9	181～270 天
				8	91 天～180 天
				7	61 天～90 天
				6	31 天～60 天
				5	30 天及以内
				注： 1. 省级及以上专业运动队（员）或职业俱乐部运动队累计训练天数直接累计； 2. 其他专业运动队累计训练天数除以 2 后再累计。	
二、管理情况（100 分，比重 20%）					
重点考察体育场馆运营主体的自身管理和服务水平					
4. 人才队伍	4.1 学历	场馆运营单位的员工大专及以上学历人数占总员工人数的比例	20	20	50% 及以上
				16～19	40%～49%
				12～15	30%～39%
				8～11	20%～29%

续表

评价指标		评价内容	分值	评价细则	
				得分	标准
4. 人才队伍	4.2 专业技能	场馆运营单位的员工拥有三级及以上职业资格或中级及以上专业技术职称人数占总员工人数的比例	20	20	25%及以上
				16~19	20%~24%
				12~15	15%~19%
				8~11	10%~14%
5. 规范化	规范化管理（*）	管理规范化、标准化程度	30	30	全面实行标准化管理，并通过相关认证，在同行业中起示范、引导作用
				20	规范化、标准化管理水平较高，取得明显成效
				10	管理制度健全、规范，执行情况良好
6. 信息化	信息化管理	场馆网络化服务和信息化管理水平	30	30	完全实现网络化服务和信息化管理，提供网络预订，具备场馆联网健身消费的使用条件。建立场馆运营动态管理系统和统计分析数据库
				20	基本实现网络化服务，提供网络预订。建立信息化管理系统，初步实现动态管理，并具有场馆公共信息适时发布、健身人次统计等基本功能
				10	基本实现信息化管理，具有场馆公共信息适时发布、健身人次统计等基本功能

续表

评价指标		评价内容	分值	评价细则	
				得分	标准
三、综合效益（100分，比重30%）					
重点考察体育场馆社会效益和经济效益					
7. 运营效益	7.1 接待总量（*）	每万平方米面积（场馆园区用地面积）全年接待人次（包括健身、培训、参与或观看赛事活动及文艺演出）	20	20	40 000人次及以上
				16～19	30 000～39 999人次
				16～17	20 000～29 999人次
				14～15	10 000～19 999人次
				12～13	10 000人次及以下
	7.2 接待人次增长	接待人次年增长率（本年度与上年度相比）	15	15	20%及以上
				12～14	10%～19%
				9～11	5%～9%
				6～8	5%及以下
				注：每万平方米面积年接待人次（即7.1接待总量）达到或超过4万人次的，该项满分。	
	7.3 收支比例	经营收入与运营支出的比值	15	15	1.2及以上
				13～14	1.1～1.2
				11～12	1～1.1
				9～10	0.9～1
				7～8	0.8～0.9
	7.4 收入增长	场馆经营收入年增长率（本年度与上年度相比）	10	10	30%及以上
				8～9	20%～29%
				6～7	10%～19%
				4～5	5%～9%
				2～3	实现增长
				注：经营收入与运营支出的比值（即7.3收支比例）达到或超过1.2的该项满分。	

续表

评价指标		评价内容	分值	评价细则	
				得分	标准
8. 社会影响	8.1 公益活动（*）	免费举办或承办体育赛事、群体活动、体育健身技能培训、国民体质测试及其他文体活动参与或服务人次	20	20	30 000 人次及以上
				18～19	25 000～29 999 人次
				16～17	20 000～24 999 人次
				14～15	15 000～19 999 人次
				12～13	10 000～14 999 人次
				10～11	5 000～9 999 人次
	8.2 满意度	顾客满意度	20	20	80%及以上
				16～19	70%～79%
				12～15	60%～69%
四、特色加分（100 分，比重 10%）					
在健身项目设置、经济社会效益、持续驻场活动举办、管理品牌输出、人才培养等方面具有突出表现的可加分。具体根据场馆申报材料进行综合评价。					
合计：					
1. 总分＝开放情况得分×40%＋管理情况得分×20%＋综合效益得分×30%＋特色加分×10%					
2. 核心指标得分＝加“*”的核心指标得分之和（共 10 项，满分 150 分）					

附录四　地方标准——滑雪场所安全管理规范

一、研制背景

滑雪是一项魅力与风险共存的体育运动，被称作勇敢者的游戏。近年来，我国滑雪产业迅猛发展，为确保滑雪产业健康发展，促使广大滑雪爱好者安全、理性地参与滑雪运动，国家体育总局冬季运动管理中心、中国滑雪协会研制了《中国滑雪场所管理规范》。《中国滑雪场所管理规范》于2005年首次出版，2013年和2017年进行了修订。

新版《中国滑雪场所管理规范》对滑雪场地、滑冰场地的基本要求、安全标识等进行了完善和增减，重点是保障滑雪者的人身安全，促使滑雪运动及其场所健康、有序、持久发展。例如，对雪道上滑雪者密度进行了修订，增加了初级道停止区的长度要求，修订了中级道、高级道的坡度标准。在修订版中，高级道的最大坡度不再设上限，以满足更多高级滑雪爱好者的需求。同时安全问题更加受到重视，如明确了要在显著位置标识出“滑雪道的等级、平均坡度、最大坡度及滑雪道的长度等详细情况”，以便滑雪者了解和把握。此外，还新规定了滑雪场增加监控设施、提高照明度、明确雪上巡逻队员人数比例、规范滑雪器材等要求，同时对雪道安全网的标准做出具体要求。

二、主要内容

新版《中国滑雪场所管理规范》明确了滑雪场所的行业管理机构、滑雪场所适宜开展的大众滑雪项目、相关滑雪术语等内容。

滑雪场所开发建设方面，规范了滑雪场所的名称，提出开发建设滑雪场所的基本条件；规范了竞技滑雪道与滑雪场地的技术要求，设定了大众滑雪道及滑雪场地在雪道面积、有效长度、过渡雪道、引道、连接道、坡面、宽度、坡度等方面的最低要求，规定了滑雪者的器材装备条件，以及压雪机、架空索道、拖牵索道、造雪系统、雪地摩托车等设备的技术要求，并对滑雪场所标识提出具体标准。

滑雪场所运营方面，提出滑雪道的开放要求、人数密度、滑雪道平整度、索道运行、灯光照度等；规范了滑雪道上的雪层、雪量，对人工造雪提出具体要求；滑雪场所兼营的雪圈（雪橇）滑道、雪地摩托车、滑草、滑轮等其他项目须有完备的安全措施；滑雪场所举办的活动需备案或审批，广告宣传要贴切、真实，收费标准要经当地物价部门核准，明码标价；滑雪场所的环境、卫生要符合相关标准要求；需配备适当的生活服务设施；同时鼓励滑雪场所向规模化发展，建成集滑雪、旅游、竞技、度假于一体的现代化大型滑雪度假区；还提出了滑雪场所的年检要求，明确了处罚条款和处罚方式。

三、安全管理要求

《中国滑雪场所管理规范》的第四章涉及滑雪场所的安全管理。

在滑雪场所安全保证方面，指出滑雪场所要全面、严格贯彻《中国滑雪运动安全规范》；应有切实可行的、健全的人身伤害保险、伤害预防救护及治安保卫、环境监护、卫生检查、设备维修、人员服务岗位责任等制度。应有完好的救护设施，配备足够的滑雪指导员、安全巡察救护人员，并佩戴明显标识或穿着统一服装。要设立《滑雪者须知》，每天开放和结束时进行雪道察视，及时发现和清除隐患。遇恶劣天气或突发事件要及时关闭雪道；发生伤害事故时要全力救护，并填写《伤害事故记录表》。

在滑雪指导员要求方面，指出滑雪指导员（教练员）须持有中国滑雪协会颁发的有效资格证书，持证上岗。滑雪指导员除教授滑雪技术外，要有高度的安全意识，热心为客人服务的意识及科学的教学意识。对滑雪安全巡察人员，要求必须持有资质证书方能上岗。安全巡察人员的数量要充分保障实际需要。安全巡察人员要及时清除滑雪道中的安全隐患，保证滑雪道的安全、顺畅；要保证滑雪场内各种标识的布设、维护；要负责第一线救护工作。滑雪场所索道等机械设备管理者主要包括各种缆车、索道、造雪系统、雪上运载车辆等领域的直接管理者和主要操作人员、维护人员，要求必须持证上岗。滑雪场所器材服务主管人员必须熟悉滑雪器材的性能及安全的使用方法，向滑雪者提供的器材必须符合安全要求，必须设有向客人说明的“滑雪者行为及安全守则”指示牌。

对滑雪者行为及安全要求规定，每位滑雪者要对自己的行为及其所使用的器材给本人或他人造成的伤害负有责任。滑雪者有权知晓自身的“滑雪伤害保险”情况。

关于安全网，要求高 1.5 ~ 2 米，一般为橘黄色，立柱要有弹性。安全网与障碍物间要有一定的安全距离。安全网要设在雪道外侧有障碍物的地段、明显危险源暴露的地段、雪道一侧陡峭地形段、拖牵索道有必要的地段、中快速转弯处的外侧地段、中高级雪道两侧的必要地段、禁止滑行的入口、能冲出范围的终点区等。在滑雪道内设施的周围（如索道立柱、变电箱、机械停放处等）及可能有危险的地方须用安全网围住或用弹性软体物裹围。有些场合为了起到警示、阻拦作用，可以用视觉效果强的绳索、条带等物品拦阻滑雪者滑行。

四、安全管理地方标准

为进一步做好滑雪健身活动安全管理工作，河北省体育局着眼于为全省滑雪场所提供统一规范的管理运营标准，保障广大消费者人身安全，于 2017 年 2 月印发实施河北省地方标准《滑雪场所安全管理规范》，打造滑雪场所安全管理运营最严地方标准。《滑雪场所安全管理规范》从场地、器材设施、制度管理、运营管理、人员管理、应急管理等方面对滑雪场所的安全管理运营提出了明确规定，安全标准全部高于国家标准，规范提升了河北省滑雪场所安全层级，促进了冰雪运动健康有序地发展。

《滑雪场所安全管理规范》提出，滑雪人员在滑雪道上滑行时须佩戴头盔的管理措施。滑雪场所要在接待处或入口处等醒目位置公示“滑雪人员须知”“滑雪人员行为与安全守则”，并为每位滑雪者购置保险。此外，滑雪场所还应设有覆盖整个滑雪场所的中、英文广播系统。应确保安全监控摄像系统覆盖营业区域。

《滑雪场所安全管理规范》要求严格执行雪道分级管理。滑雪道及索道的起点应有醒目的等级及雪道长度标识。初级滑雪人员不能上中高级滑雪道，中级滑雪人员不能上高级和专业滑雪道。滑雪时要尽量避免在雪道上随意停留，未滑雪的人员禁止徒步上正在开放的雪道。对于提供夜场滑雪服务的滑雪场，晚场滑雪仅限初、中级滑道，吊椅索道应暂停运行。

《滑雪场所安全管理规范》要求建立急救机制。为保证滑雪场所发生意外事故时能得到妥善处理，滑雪场所应设有医疗急救室和救护运输设备，建立医疗急救机制，配备雪地救援担架、雪地摩托、急救箱等专用急救设备，有高级道的雪场宜配备船型救生舱。至少配有一名专业医务人员，各种急救药品和救护器材要摆放在便于取用的明显位置。

《滑雪场所安全管理规范》要求从业人员持证上岗。在从业人员安全要求方面，规范明确提出，滑雪场所配备的社会体育指导员（滑雪）数量要充分保证实际需要，至少5人，一般10人以上。社会体育指导员（滑雪）要依法持证上岗，佩戴统一的标识，并在雪场醒目位置悬挂社会体育指导员（滑雪）的姓名、照片、职业资格证书编号等信息。除此之外，该规范还应对滑雪人员自觉遵守的行为准则和责任要求进行详细说明，并倡导当滑雪事故发生时，其他滑雪人员要在事故中给予全力的协助，共同营造一个良好的滑雪环境。

附录五 ×××体育场馆应急预案

一、对突发事件处理的基本原则

（1）以人为本，一切应急处理措施要以最大限度地避免或减少人员伤亡为第一原则。

（2）沉着冷静，遇事不慌，严守授权，处理果断，命令准确清楚，尽可能地减少负面影响。

（3）专人负责，按统一要求及时上报，不隐瞒，不夸大，随时接受上级指挥。

（4）重点做好对突发事件最初两分钟的应急处理工作。

（5）准备充分，分工明确、责任到人、训练有素，遇事各就各位，各司其职，忙而不乱，有条不紊。

二、相关预案

（一）消防预案

在发生火灾事故时，体育场馆消防安全领导小组按下列程序和职责开展抢险工作。

（1）发现火情的人员要查明原因，立即向场馆值班领导汇报，讲清楚具体火情位置和燃烧物质。

（2）值班领导在接到火情报告后，迅速赶往现场并指挥各岗位人员分别开展如下抢险工作：

1）中控室员工负责向119及中心总值班室报告火警，通过消防广播向馆内各场所发布火情警报，在门口等候和引导武警消防队进入，如有人员伤情要通知120或999急救中心；

2）在班电工负责切断火场电源，启动应急照明；

3）火情所在场地员工负责打开场馆紧急疏散大门，指挥现场群众立即疏散；

4）其他在岗的各班组人员在体育场馆值班领导或干部的指挥下，利用体育场馆内消防设施进行现场灭火，阻止火势的发展和蔓延；

5）通知未在岗的干部职工立即赶到现场参加抢险；

6）配合武警消防人员抢险，保护火灾现场，看护好贵重物品。

（二）防汛预案

在发生汛期事件时，体育场馆防汛领导小组按下列程序和职责开展抢险工作。

（1）发现汛情的人员要查明原因，立即向场馆值班领导汇报，讲清楚具体位置和汛情情况，

（2）值班领导在接到汛情报告后，迅速赶往现场并指挥各岗位人员分别开展如下抢险工作：

1）在班电工坚守配电室，必要时切断指定区域的电源，启动应急照明；

2）其他在岗的各班组人员集中到汛情部位，利用预备好的沙袋，对低洼门口处外侧进行围挡，阻止雨水倒灌；

3）在岗保安人员重点巡查馆内、顶层楼道和各房间有无渗漏水现象，如体育场馆漏雨，场地人员应迅速采取措施保护地板；

4）派人查看馆外围雨水井口，必要时打开井盖加速排水；

5）工作人员在场馆门口铺设防滑垫；

6）如汛情比较严重，值班领导或干部可电话通知未在岗的所有职工赶到体育场馆里参加抢险工作；

7）抢险完成后，要全面进行检查统计防汛物资的消耗情况，并及时进行补充，做好下次防汛的准备。

（三）设备故障处理预案

如发生停电、掉闸、短路、停水、停空调、马桶或下水道堵塞、场地灯损坏、水管损坏、水龙头损坏跑水等，应按如下程序和职责开展工作。

（1）体育场馆馆长按程序立即跑步到现场处理故障。如停电影响正常训练，主管领导应迅速与有关人员一起达到场地说明情况，安排暂时休息，场地设备部工作人员按程序打开应急照明器材，引导运动员进入休息区；

（2）体育场馆馆长用对讲机通知相关设备人员带上工具跑步到达指定地点检查、抢修（或按照统一要求报修），并在第一时间向主管领导报告故障情况和所需修复时间。

（3）如故障严重，短时间内无法修复的，应立即报告，请求上级统一安排。

（4）应急事件出现后，体育场馆办公室主任应坚守指定电话，以保证随时接受上级领导指挥。

（5）做好善后处理工作和情况汇报工作。

（四）场地、器械故障处理预案

如发生地板损坏、手球挡网损坏或脱落、健身房器械损坏等，应按如下程序和职责开展工作。

（1）体育场馆长按程序立即跑步到现场处理故障。

（2）体育场馆长用对讲机通知相关人员按程序带上工具跑步到达指定地点检查、抢修（或按照统一要求报修），并在第一时间向主管领导报告故障情况和所需修复时间。

（3）如故障严重，短时间内无法修复的，应立即报告，请求上级统一安排。

（4）应急事件出现后，体育场馆办公室主任应坚守指定电话，以保证随时接受上级领

导指挥。

(5) 做好善后工作和情况汇报工作。

（五） 人员伤病处理预案

如发生运动员或健身群众受伤、疾病等，应按如下程序和职责开展工作。

(1) 根据伤病情况必要时拨打指定救护电话。

(2) 同时向指定部门报告。

(3) 体育场地设备部人员协助队医或救护人员积极进行救护。

(4) 体育场馆办公室主任应坚守指定电话，以保证随时接受上级领导指挥。

（六） 恐吓威胁预案

如接到恐吓电话，应立即向主管领导或指定部门报告，随时接受指挥命令。.

参考文献

[1]曹缔训．体育产业经营管理[M]．武汉:湖北科学技术出版社,1994.

[2]钟天朗．体育经营管理[M]．上海:复旦大学出版社,2010.

[3]赵刚,厉磊．体育场馆经营管理概论[M]．北京:北京体育大学出版社,2007.

[4]宇是正彦．体育管理学入门[M]．北京:华夏出版社,1991.

[5]查理德·L. 达夫特．组织理论与设计[M]．王凤彬,石云鸣,张秀萍,等,译．北京:清华大学出版社,2017.

[6]田凯．组织形式外形化:非协调约束下的组织运作——一个研究中国慈善组织与政府关系的理论框架[J]．社会学研究,2004(4):64 – 75.

[7]刘建军．中国单位:社会调控系统中的个人、组织与国家[M]．天津:天津出版社,2000.

[8]卓志．风险管理理论研究[M]．北京:中国金融出版社,2006.

[9]于敬凤,曾庆肃．大型体育场馆无形资产的开发[J]．体育学刊,2008(10):47 – 50.

[10]王钊,谭建湘,王敏．体育场馆公共服务研究[J]．体育文化导刊,2015(5):17 – 20.

[11]陈志华．外国建筑史(19 世纪末叶以前)(第 4 版)[M]．北京:中国建筑工业出版社,2009.

[12]罗小未．外国建筑史近现代建筑史(第 2 版)[M]．北京:中国建筑工业出版社,2003.

[13]赖德霖,伍江,徐苏斌．中国近代建筑史(第 1 ~ 5 卷)[M]．北京:中国建筑工业出版社,2016.

[14]沈福煦．中国古代建筑文化史[M]．上海:上海古籍出版社,2001.

[15]王浩娱．“必然性”的启示——中国近代建筑师执业的客观环境及其影响下的主观领域．中国近代建筑学术思想研究[M]．北京:中国建筑工业出版社,2003.

[16]谭建湘,霍建新,陈锡尧,等．体育场馆经营与管理导论[M]．北京:高等教育出版社,2014.

[17]中华人民共和国体育运动委员会运动技术委员会．中国古代球类运动史料初考．中国体育史参考资料第七辑、第八辑[M]．北京:人民体育出版社,1959.

[18]王俊奇．唐代体育文化史[M]．北京:北京体育大学出版社,2010.

[19]刘秉果．中国古代足球史料专辑[M]．北京:华夏出版社,1987.

[20]熊晓正．体育史[M]．北京:北京体育大学出版社,2014.

[21]国家体委体育文史工作委员会,中国体育史学会．中国近代体育史[M]．北京:北京体育学院出版社,1989.

[22]李玲修,周铭共．体育之子荣高棠[M]．北京:新华出版社,2002.

[23]熊晓正,钟秉枢．新中国体育 60 年[M]．北京:北京体育大学出版社,2010.

[24]张爱红．权利、理性和人的发展——约翰洛克体育思想释读[M]．北京:北京体育大学出版社,2012.

[25]樊可．多元视角下的体育建筑研究[D]．上海:同济大学,2007.

[26]马亚璇．1972 年以来夏季奥运会场馆赛后开发与利用研究[D]．北京:北京体育大学,2010.

[27]雷厉,肖淑红,付群,等．我国大型体育场馆运营管理:模式选择与路径安排[J]．北京体育大学学报,2013,(10):10－15.

[28]崔乐泉．浅谈中国古代体育的活动场地与器材[J]．文史知识,1997(3):87－91.

[29]帅培业．谈谈中国古代的马球场地[J]．体育文史,1987(10):43－46.

[30]刘致平,傅熹年．麟德殿复原的初步研究[J]．考古,1963(7):385－402.

[31]沃尔夫冈．贝林格．运动通史——从古希腊罗马到 21 世纪[M]．丁娜,译．北京:北京大学出版社,2015.

[32]阿伦古特曼．从仪式到记录:现代体育的本质[M]．花勇民,等,译．北京:北京体育大学出版社,2012.

[33]王颖．体育与现代城市文化发展的互动研究——以济南市为例[J]．中国学校体育(高等教育),2017,4(8):5－9.

[34]李兴钢．第一见证:“鸟巢”的诞生、理念、技术和时代决定性[D]．天津:天津大学,2012.

[35]刘伟,武联,李丹萍．当代体育建筑形态的表现途径分析[J]．建筑科学与工程学报,2015,32(1):104－110.

[36]陈融．体育设施与管理[M]．北京:高等教育出版社,2009.

[37]刘碧波．体育场馆多功能化设计研究[D]．重庆:重庆大学,2005.

[38]张汝栋．体育场地设施建设指南[M]．北京:人民体育出版社,2005.

[39]金坤．产业化进程中浙江省公共体育场馆的建筑设计特征研究[D]．杭州:浙江大学,2014.

[40]王德炜．体育场地设施[M]．北京:高等教育出版社,2010.

[41]体育设施设备标准汇编/全国体育标准化技术委员会设施设备分技术委员会,中国质检出版社第五编辑室,华体集团有限公司．体育设施设备标准汇编[M]．北京:中国标准出版社,2012.

[42]陈元欣,刘倩．我国大型体育场馆运营管理现状与发展研究[J]．体育成人教育学刊,2015,31(06):23－31＋2.

[43]耿宝权．大型体育场馆全寿命期管理研究[D]．北京:北京交通大学,2014.

[44]谭建湘,周良君,陈华．国内公共体育场馆运营管理研究述评[J]．体育学刊,2013,20(5):43－48.

[45]曾建明,王健,蔡啸镝．1960—1997 年美国四大体育联盟场馆的区域分布特征及其成因——兼论对我国体育场馆优化布局的启示[J]．武汉体育学院学报,2015,49(2):22－27.

[46]高晓波,陈淑莲,乔玉,等．大型体育场馆的空间布局和功能定位及政府决策[J]．体育学刊,2014,21(2):40－46.

[47]朱丽娜．山东省地级以上城市体育场馆布局研究[D]．北京:北京体育大学,2008:1－46.

[48]郑志明．特大城市公共体育设施布局规划研究[Z]．中国优秀硕士学位论文全文数据库,2011,第 S1 期:C038－105－1—C038－105－94.

[49]原玉杰,靳英华．体育场馆布局的影响因素分析[J]．北京体育大学学报,2007,30(11):1490－1492.

[50]林显鹏．体育场馆建设在促进城市更新过程中的地位与作用研究[J]．城市观察,2010(6):5－23.

[51]曾建明．我国大型体育场(馆)的空间布局研究[J]．体育科学,2014,34(7):63－72.

[52]曾建明．我国大型体育赛事场馆的空间布局研究[D]．华中师范大学,2013.

[53]窦海真．我国五大城市群地级以上城市体育场馆布局研究[Z]．中国优秀硕士学位论文全文数据库,2011,第S1期:H134－183－1—H134－183－50.

[54]仲崇超．中小城市公共体育场馆的合理布局研究[M]．南京师范大学,2014:1－40.

[55]胡振宇．现代城市体育设施建设于城市发展研究[M]．东南大学,2006:72－75.

[56]亚历山大·奥斯特瓦德,伊夫·皮尼厄．商业模式新生代[M]．王帅,王心宇,严威,译．北京:机械工业出版社,2011.

[57]陶倩,王子朴．公共体育场(馆)行为运营管理系统的建模与仿真方法研究[J]．体育科学,2013,10.

[58]陶倩,王子朴,等．基于服务供应链的鸟巢赛后运营管理模式的构建和分析[J]．首都体育学院报,2013(2).

[59]沈晓晓．大型体育场馆建设及运营管理研究[D]．华中师范大学,2013.

[60]中国资产评估协会．资产评估[M]．北京:中国财政经济出版社,2014.

[61]钱爱民,张新民．经营性资产:概念界定与质量评价[J]．会计研究,2009(8):54－59.

[62]王建宁．中央企业绩效评价指标体系研究[J]．西南财经大学,2009:5－10.

[63]林萌．行政事业性国有资产管理绩效评价的相关探讨[J]．管理纵横,2016,(34):107－108.

[64]赵金柱．非经营性国有资产绩效评价研究[M]．长沙理工大学,2008.

[65]李艳丽．我国大型公共体育场馆事业单位资产管理改革方案研究[J]．中国体育科学分会,2015.

[66]奥喜平．论资产定义的不足及资产的本质[J]．财会月刊,2013(11):3－5.

[67]孔庆波,张玲燕,熊禄全．体育场馆资源无形资产的开发与管理研究[J]．西安体育学院学报,2017,34(5):540－545.

[68]李艳丽．国外公共服务机构资产管理及其对我国公共体育场馆改革的启示[J]．北京体育大学学报,2014,37(8):6－11.

[69]孙义方．我国体育场馆包厢营销对策的研究[J]．科技创业家,2013(4):221－222.

[70]刘志．PPP模式在公共服务领域中的应用和分析[J]．建筑经济,2005(7):13－18.

[71]林显鹏．体育场馆无形资产开发与利用．中国体育科学学会．第十一期全国体育场馆建设、维护与经营讲习班资料汇编[Z]．中国体育科学学会,2008.

[72]孙达．NBA竞赛场馆无形资产开发研究[D]．北京:北京体育大学,2011.

[73]于善旭,等．我国体育无形资产法律保护的研究[M]．北京:北京体育大学出版社,2009.

[74]陈元欣,王健．我国大型体育场馆赛后运营现状、制约因素与对策[J]．上海体育学院学报,2010,34(5):17－21＋63.

[75]谭建湘,等．体育场馆经营与管理导论[M]．北京:高等教育出版社,2014.

[76]孙文星．我国体育场馆冠名权发展启示[J]．运动,2017(12):123＋107.

[77]雷懿．北京2008年奥运会新建场馆无形资产赛后开发利用的研究[D]．北京:北京体育大学,2007.

[78]王莎莎．我国体育场馆冠名权的开发模式研究．中国大学生田径协会．2012年国际体育科学与学校体育学术会议论文集[Z]．中国大学生田径协会,2012.

[79]向勇,等．文化产业无形资产价值评估[M]．北京:北京大学出版社,2016.

[80]刘德运,等．无形资产评估[M]．北京:中国财政经济出版社,2010.

[81]刘小峰．无形资产评估理论与实务[M]．北京:北京大学出版社,2017.

[82]李军,邵雪梅,邵淑月．体育无形资产评估体系研究[J]．西安体育学院学报,2004(4):1－5.

[83]曹彩霞．东莞篮球中心的营销策略研究[D]．北京:北京体育大学,2017.

[84]张榕林．"互联网＋"背景下"智慧场馆"的路径选择[D]．北京:首都体育学院,2017.

[85]杜伟,姚新宇,李培景．以中国农业大学体育馆为例浅谈高校奥运场馆赛后利用与运营管理[J]．中国城市经济,2012,(2):385－386.

[86]莱昂·狄骥,公法的变迁:法律与国家[M]．郑戈,冷静,译．沈阳:辽海出版社,春风文艺出版社,1999.

[87]斯蒂格利茨．经济学[M]．北京:中国人民大学出版社,1997.

[88]柏良泽．公共服务研究的逻辑与视角[J]．中国人才,2007(3):28－30.

[89]课题组．国外公共服务体系建设与我国建设服务型政府[J]．中国行政管理,2011(2):7－13.

[90]约翰·罗尔斯．正义论[M]．何怀宏,等,译．北京:中国社会科学出版社,1988.

[91]秦小平,王健,鲁长芬．实现我国体育基本公共服务均等化问题刍议[J]．体育学刊,2009,16(8):32－34.

[92]石国亮,等．国外公共服务理论与实践研究[M]．北京:中国言实出版社,2011.

[93]王丛虎．政府购买公共服务理论研究[M]．北京:经济科学出版社,2015.

[94]曹剑光．公共服务的制度基础:走向公共服务法治化的思考[M]．北京:社科文献出版社,2010.

[95]黄恒学,张勇．政府基本公共服务标准化研究[M]．北京:人民出版社,2011.

[96]雷厉．中国体育标准化体系构建研究[M]．北京:北京体育大学出版社,2014.

[97]孙成林,高建,杨媛．"十三五"我国基本公共体育设施建设标准研究[J]．成都体育学院学报,2017(5):20－25.

[98]胡税根,徐元帅．中国政府公共服务标准化建设的价值研究[J]．甘肃行政学院学报,2009(5):47－52.

[99]李晓林,从公共服务标准化实践看精细化管理趋势[J]．中国标准化,2012(3):108－111.

[100]全国体育标准化技术委员会设施设备分技术委员会,等．体育设施设备标准概述与发展,《体育设施设备标准汇编》[M]．北京:中国质检出版社(中国标准出版社),2012.

[101]王子朴,梁金辉．"鸟巢"赛后4年运营研究现状、问题、路径[J]．天津体育学院学报,2012,27(6):2－3.

[102]王健,曹磊．国家体育场智能化设计与实施[J]．全国工程勘察设计行业获奖项目案例精选专辑,2010,4(5):2－4.

[103]龚斌．体育场馆智能化基础教程[M]．沈阳:东北大学出版社,2016.

[104]沈晔．楼宇自动化技术与工程[M]．北京:机械工业出版社,2009.

[105]刘向勇,黄锦旺．楼宇智能化系统的集成设计与施工[M]．重庆:重庆大学出版社,2017.

[106]杰兰特·约翰．体育场馆设计指南[M]．北京:中国建筑工业出版社,2017.

[107]薛原．"智享无人值守场馆"即将亮相[J]．中国体育报,2018,10(1).

[108]王少国．现代西方投资理论研究综述[J]．首都经济贸易大学学报,2005(6):5－10.

[109]王仁增,高志强．投资理论的历史演进[J]．中国集体经济,2010(21):71－72.

[110]陈华敏,陈宇,叶燕．大型体育场馆公私合作研究综述[J]．体育成人教育学刊,2016(3):49－52.

[111]孙磊．BOT项目融资模式在我国的应用研究[D]．天津:天津财经大学,2006.

[112]林华．中国资产证券化操作手册(上)[M]．北京:中信出版集团,2016.

[113]李艳丽,李怡然．市场化下我国体育场馆众筹模式研究[J]．体育学刊,2017,24(3):56－60.

[114]傅穹,杨硕. 股权众筹信息披露制度悖论下的投资者保护路径构建[M]. 社会科学研究,2016,38(2):77-83.

[115]苏莉. 大型体育场馆要"用"起来[N]. 湖南日报,2012.

[116]倪刚. 体育产业投资基金的投资与管理研究[D]. 上海:上海体育学院,2004(6):1-4.

[117]王涛,刘璐. 设立中国体育投资基金的必要性与可行性分析[J]. 首都体育学院学报,2009,21(3):281-283.

[118]童刚. 我国大型体育场馆投融资的策略选择[J]. 武汉体育学院学报,2009(5):31.

[119]董新风. 阿森纳足球俱乐部资产证券化融资案例分析[J]. 首都体育学院学报,2012,24(6):503-506.

[120]王开良. 资本运营技巧与风险管理[M]. 北京:中国书籍出版社,2015.

[121]缪塞尔森. 经济学[M]. 高鸿业,等,译. 北京:中国发展出版社,1996.

[122]马克思,资本论(第3卷)[M]. 北京:人民出版社,1975.

[123]马克思,恩格斯. 马克思恩格斯全集(第2卷)[M]. 北京:人民出版社,1979.

[124]马克思. 资本论(第1卷)[M]. 北京:人民出版社,1995.

[125]吕立志. 马克思资本理论当代性研究[M]. 南京:南京航空航天大学,2007:35.

[126]李琪琦,张杰平,向锐. 抢实业投资与虚拟投资的关系[J]. 财会通讯,2004(6):51-54.

[127]许海峰. 资产重组[M]. 北京:人民法院出版社,2005.

[128]谭晓明. 现代企业债转股研究论坛[J]. 职业,2007(8):49-50.

[129]赵敏,张莉芳. 西方分拆上市经济动因综述[J]. 北方经济,2006(1):14-15.

[130]张小平. 企业整体上市的财务规划与效应分析[J]. 中国总会计师,2009(5):16.

[131]安青松. 文化企业并购重组暨借壳上市介绍. 中国证监会上市公司监管部,2009.

[132]马瑛. 我国体育产业战略性资本运营理论与实证研究[M]. 上海:华东政法大学,2013.

[133]干春晖. 并购实务[M]. 北京:清华大学出版社,2004.

[134]刘远祥,孙庆祝. 我国体育产业资本运营体系的探析[J]. 中国体育科技,2005,41(6):6-8.

[135]卢峰,姚洋. 金融压抑下的法治、金融发展和经济增长[J]. 中国社会科学,2004(1):42-55.

[136]李艳丽. 我国体育场馆国有资产混合所有制改革研究[J]. 体育与科学,2016,37(6):49-53.

[137]李艳丽. 市场化改革下我国大型体育场馆资产证券化研究[J]. 中国体育科技,2014,50(5):126-132.

[138]大卫杜柏伊斯. 绩效跃进[M]. 汕头:汕头大学出版社,2003.

[139]姚智谋. 基于价值增长的企业绩效评价指标体系的构建及实证研究[D]. 南京:东南大学,2008:13-14.

[140]魏倩. 基于模糊层次分析法的网络信息安全评价研究[D]. 长春:吉林大学,2008(5):39-40.

[141]胡利军. 企业绩效考评动态指标体系的构建研究[D]. 衡阳:南华大学,2007(5):9.

[142]谭华. 大型国际赛事危机预防对策初探[D]. 上海:上海交通大学,2008.

[143]唐云松. 滑雪度假区环境保护研究[J]. 体育文化导刊,2009(11):33-37.

[144]张桂海. 滑雪场安全问题探究[J]. 冰雪运动,2008(1):83-86.

[145]唐云松. 滑雪旅游风险管理与安全救援研究中国旅游科学年会论文集,2013.

[146]国家体育总局冬季运动管理中心,中国滑雪协会. 中国滑雪场所管理规范(2017年修订版)[M]. 人民体育出版社,2017.

[147]苏永骏. 滑雪保险研究[J]. 体育文化导刊,2009(6):58-60.

[148]秦芳,等. 滑雪旅游区规划方法与实务[M]. 北京:中国建筑工业出版社,2018.

[149]薛绍睿,彭涛．城市区级文体公园规划设计探究与实践[J]．南方建筑,2017(2):86－91.

[150]谷鑫．基于全民健身的运动休闲园区规划策略研究[D]．华中科技大学,2011.

[151]孟语．城市体育公园规划设计与发展研究[D]．北京林业大学,2016.

[152]张月蕾,张宝雷,杜辉,等．“健康中国”背景下体育特色小镇创建路径研究[J]．哈尔滨体育学院学报,2018(1):41－45.

[153]孙久文．区域经济学(第四版)[M]．北京:首都经济贸易大学出版社,2017.

[154]邓向荣,曹红．产业升级路径选择:遵循抑或偏离比较优势——基于产品空间结构的实证分析[J]．中国工业经济,2016(2):52－67.

[155]李艳丽．国外公共服务机构资产管理及其对我国公共体育场馆改革的启示[J]．北京体育大学学报,2014,37(8):6－11.

[156]柴仲学．“互联网＋”时代我国体育场馆服务转型升级的发展路径研究[J]．南京体育学院学报(社会科学版),2017,31(2):88－92.

[157]郝勤．我国体育文化“十三五”规划刍议[J]．上海体育学院学报,2016,40(2):25－28,61.